MOEWIG ARGUMENTE

Zum Buch

Am 11. Mai 1946 wurde Kurt Schumacher auf dem ersten Parteitag der Nachkriegs-SPD zum Ersten Vorsitzenden seiner Partei gewählt. Über seinen Tod hinaus – er starb 1952 erst 57jährig – hat er in dieser Funktion den Weg der SPD entscheidend geprägt und die Grundpositionen seiner Partei markiert; unübersehbar hat er – in scharfer Opposition zur Adenauer-Regierung – in diesen Jahren die politische Landschaft der Bundesrepublik mitgestaltet.
Bis heute ist Kurt Schumacher in seiner eigenen Partei allerdings nicht unumstritten: Seine Betonung des nationalen Selbstbewußtseins im demokratischen Sozialismus – in einem wiederkehrenden Selbstwertgefühl der Deutschen sah er überhaupt die Voraussetzung zum Entstehen einer Demokratie – wurde von manchen seiner Genossen abgelehnt, die nur allzugut wußten, welches Ausmaß an Schuld gerade auf dem Begriff des Nationalen lastete.
Schumacher, der noch zur „alten Garde" gehörte und schon 1930 bis zum Verbot der Partei im Jahre 1933 Abgeordneter der SPD im Reichstag gewesen war, der sich geweigert hatte, ins Ausland zu fliehen, und deshalb neun Jahre als „Schutzhäftling" im KZ zugebracht hatte, versuchte mit seinem Programm für eine neue SPD feste Positionen zu beziehen. Unter seiner Führung steckte die Partei soziale Ziele und setzte sich für ein starkes und gleichberechtigtes Deutschland ein, nicht ohne sich gleichzeitig deutlich von den radikalen Parteien abzugrenzen.
Günther Scholz, als politischer Korrespondent einer der ersten Männer in Bonn, hat Kurt Schumacher in den Jahren bis 1952 beobachtet, hat Reden und Artikel aus Schumachers Feder ausgewertet und viele Gespräche mit seinen Wegbegleitern geführt. Basierend auf einer Fülle von bisher nicht zugänglichen Quellen – Privatbriefe, vertrauliche Akten, Partei- und Parlamentsprotokolle, Berichte der US-Militäradministration aus der Besatzungszeit –, zeichnet der Autor das bewegte Leben des leidenschaftlichen Politikers nach, das nicht ohne tragische Züge war.

Zum Autor

Günther Scholz, Jahrgang 1919, arbeitete ab 1949 als politischer Korrespondent der *Süddeutschen Zeitung* und des *Weserkuriers*. Von 1962 bis 1983 war er Hauptabteilungsleiter der Deutschen Welle mit dem Schwerpunkt Innenpolitik. Bei Moewig erschien von ihm bereits die Biographie *Herbert Wehner* (Bd. 3369).

Günther Scholz

Kurt Schumacher

MOEWIG ARGUMENTE

MOEWIG Band Nr. 3435
Verlags Arthur Moewig GmbH, Rastatt

Genehmigte Taschenbuchausgabe
Umschlagillustration: Friedrich-Ebert-Stiftung,
Archiv der sozialen Demokratie, Bonn
Umschlagentwurf und -gestaltung: Werbeagentur Zeuner, Ettlingen
Auslieferung in Österreich:
Pressegroßvertrieb Salzburg Gesellschaft m. b. H.,
Niederalm 300, A-5081 Anif
Printed in Germany 1990
Druck und Bindung: Ebner Ulm
ISBN 3-8118-3435-5

Für Annemarie Renger

Inhalt

Vorwort

Kurt Schumacher, das heißt visionäre Konzeptionen, scharfer Intellekt, missionarische Beredsamkeit. Er zeigte Leidenschaft und Mut, Disziplin und Fleiß, er besaß Phantasie und Intelligenz. Durch seinen frühen Tod, im Alter von 57 Jahren, ist Kurt Schumacher nicht in die Jahre aufgerückt, in denen sich manchmal Weisheit und Milde einstellen. Sein kämpferisches Naturell gehörte zu seiner politischen Wirksamkeit. Damit hat der Widerstandskämpfer, der Arbeiterführer, der Patriot Kurt Schumacher seine unentbehrliche Rolle in der deutschen Nachkriegsgeschichte ausfüllen können. Niemandem sonst stand diese Kombination von Eigenschaften zur Verfügung.

Die Herausforderung des Oppositionsführers hat in den ersten Jahren nach dem totalen Zusammenbruch 1945 die motivierende politische Spannung geschaffen, in der sich die Bundesrepublik Deutschland als Staat aus der Retorte lebenskräftig entwickelte.

Die Nachfolger als Vorsitzende dieser ältesten und mitgliederstärksten deutschen Partei, die 1988 auf eine 125jährige Geschichte zurückblicken kann, wollen als eigenständige Politiker verstanden werden, nicht als Söhne oder Enkel eines bedeutenderen Vorgängers. Aber in den ersten vier Jahren der deutschen Nachkriegsgeschichte hat Kurt Schumacher die deutsche Politik mehr bestimmt als jeder andere. Ohne ihn wäre die Bundesrepublik Deutschland nicht so beschaffen, wie sie heute ist. Auch wer sie sich anders vorstellen könnte oder sich Reformen wünscht, der muß sich mit Kurt Schumacher und seinen Ideen auseinandersetzen. Er verdient mehr Aufmerksamkeit.

Wer klare Entscheidungen vorzieht, der findet in Schumacher ein Beispiel dafür, daß ein Demokrat durchaus Entschiedenheit und Mut zeigen darf, wenn er Niederlagen ertragen kann. Leicht ist ihm dies allerdings nicht gefallen. So umwittert ihn ein Hauch von Tragik. Kurt Schumacher ist aber zu einem Zeitpunkt geschieden, an dem er seinen Beitrag zur deutschen Nachkriegspolitik und zum Wiederaufbau seiner Partei geleistet hatte. Eine neue Aufgabe wartete nicht auf ihn. Die Nachrufe im letzten Kapitel des Buches rühmen deshalb eine in gewisser Weise abgeschlossene Lebensleistung. Sie enthält viele Elemente, die weit über seine Zeit hinauswirken.

Auch bei Schumacher sollte nicht jedes Wort auf die Goldwaage gelegt werden, besonders weil es so viele Worte sind. Mehr als zehntausend Druckseiten machen sie aus, die Artikel, die Briefe und Denkschriften, die er verfaßt hat. Hinzu kommen unzählige Reden auf Kundgebungen nach dem Ersten, nach dem Zweiten Weltkrieg, auf Parteiversammlungen und bei den verschiedensten Anlässen. Über fast alle liegen Zeitungsberichte vor. In Wortprotokollen sind seine Reden nachzulesen, im Stuttgarter Landtag, im Reichstag, im Bundestag. Dazu kommen die Texte der zahllosen Interviews, Rundfunkansprachen und »offenen Briefe« sowie schließlich noch die, nicht wortgenauen, Protokolle von internen Sitzungen des Partei- und des Fraktionsvorstandes. Zu jedem Thema liegen mehrfache Äußerungen vor. Manchmal sind die politischen Passagen in der umfangreichen persönlichen Korrespondenz am aussagekräftigsten.

Auch die vielstündigen Interviews des Autors mit Zeitgenossen, Mitarbeitern und Kulmer Landsleuten ergaben mehr als das gedruckte, seit langem vorliegende Material. Sehr interessant und ganz neu sind die Erkenntnisse, die sich aus den im Bundesarchiv und im militärgeschichtlichen Forschungsamt gesammelten Dokumenten ergeben, darunter Nachlässe von engen Mitarbeitern des ersten Bundeskanzlers wie Herbert Blankenhorn, von Ministern, von Journalisten und Militärexperten. Das gilt auch für prominente ausländische Gesprächspartner.

Schließlich sei noch erwähnt, daß in dieser Biographie zum ersten Mal das freigegebene Aktenmaterial von Besatzungsbehörden, darunter auch Geheimdienstberichte, in die Beurteilung von Person und zeitgeschichtlichem Umfeld einbezogen worden ist. Einige neue Einzelheiten aus dem privaten Bereich, insbesondere die Korrespondenz mit der Stuttgarter Lebensgefährtin Marie Fiechtl, bestätigen, was im Grunde schon bekannt war: Kurt Schumacher hat für Privates, für Hobbys oder für Freizeitvergnügen keine Zeit verschwendet. Viele bewunderten ihn, fühlten sich ihm verbunden, ja liebten ihn. Er aber liebte nur Deutschland, sagt die Parteihistorikerin Susanne Miller. Sie kann recht haben.

Danksagung

Zu danken ist der Friedrich-Ebert-Stiftung, dem Bundesarchiv und dem militärgeschichtlichen Forschungsamt. Die Fülle des Materials an Nachlässen, Dokumenten und Akten von und über Kurt Schumacher, das diese Institutionen zur Verfügung stellten, hat eine neue, umfassende Darstellung mit bisher unbekannten Einzelheiten ermöglicht. Ähnliches gilt für Memoiren verschiedener Zeitgenossen, die erst Jahrzehnte nach dem Tode von Kurt Schumacher entstanden sind. Schließlich konnten zum ersten Male vertrauliche Akten aus deutschen und ausländischen Quellen benutzt werden.

Für Gespräche, Hinweise und Unterstützung danken möchte ich: Willy Albrecht, Helmut Bärwald, Wolfgang Benz, Erich Brost, Axel von dem Busche, Albert Exler, Josef Felder, Egon Franke, Volkmar Gabert, Fritz Heine, Horand Henatsch, Walter Henkels, Herbert Hupka, Hans Wilhelm Jans, Werner Krüger, Heinz Kühn, Anja Loebler, Jochen Lorek, Christine Mester, Georg Meyer, Helmut Mielke, Susanne Miller, Dietrich Oppenberg, Heinz Putzrath, Stefan Rammes, Jürgen Real, Annemarie Renger, Waldemar Ritter, Helene Schoettle, Max Schulze-Vorberg, Stefan Thomas, Fried Wesemann und Friedrich Wurm.

Günther Scholz

Annäherungen

Selbst der Deutsche Städtetag weiß nicht, wie viele Straßen und Plätze in der Bundesrepublik nach Dr. Kurt Schumacher benannt sind. Es mögen Hunderte sein. Und zahlreiche Schulen, einige Kasernen tragen den Namen des Mannes, der 1945 die älteste und mitgliederstärkste der deutschen Parteien wieder ins Leben gerufen hat: die Sozialdemokratische Partei Deutschlands. Briefmarken zeigen den markanten Kopf, Zweimarkstücke weisen sein Profil auf und – in höherer Auflage – das von Konrad Adenauer, dem ersten Bundeskanzler.

Adenauerallee heißt die Bonner Magistrale zum Bundeskanzleramt, während die Dr.-Kurt-Schumacher-Straße von der Rheinaue zum Bundeshaus führt, zum Deutschen Bundestag. Für den ersten Regierungschef und für den ersten Führer der Opposition haben die Bonner Stadtväter die jeweils symbolträchtige Richtung gewählt.

Schumachers Genossen allerdings, seine Parteifreunde, benannten ihre staatliche Parteizentrale, das Erich-Ollenhauer-Haus, nach Schumachers Nachfolger. Ihre parteinahe Stiftung heißt nach dem ersten Reichspräsidenten Friedrich Ebert, und erst 1985 hat sich die Friedrich-Ebert-Stiftung entschlossen, eine ihrer Bildungsstätten in Bad Münstereifel nach dem schon am 20. August 1952 verstorbenen Neugründer der Partei zu taufen. Auch eine Wanderausstellung mit Fotos und Dokumenten startete erst 1985 durch die deutschen Lande, um den schon fast vergessenen Helden aus der eigenen Geschichte dem Parteivolk in Erinnerung zu bringen.

Es gibt einen Grund dafür: »Immer dann, wenn die Sozialdemokratische Partei in den entscheidenden Bereichen staatlicher Macht und politischer Geltung in ihrem machtpolitischen Selbstverständnis gefordert ist, wird eine Renaissance, eine Rückbesinnung auf Ideengut und Lebenswerk Kurt Schumachers erfolgen.« Das sagt einer seiner engsten Mitarbeiter, der Leiter des früheren Ostbüros beim Parteivorstand, Stefan Thomas, in seinem Beitrag für die Buchreihe »Profile unserer Republik«.

Thomas gehört auch zu den Gründern der »Kurt-Schumacher-

Gesellschaft«, mit der Annemarie Renger, Vizepräsidentin des Bundestages, 1985 endlich selbst die Initiative ergriffen hat, um dem politischen Mißbrauch des Namens von Kurt Schumacher, ihres Lebensgefährten, ein Ende zu setzen. Mit einem Kurt-Schumacher-Kreis 1981, einer »Kurt-Schumacher-Stiftung« 1987 war versucht worden, den Wiedergründer der SPD innenpolitisch gegen seine eigene Partei ins Treffen zu führen, unterstützt von ehemaligen Sozialdemokraten und bürgerlichen Verehrern, die für die Finanzierung solcher Aktivitäten sorgten. Schumacher als Wahlhelfer der CDU/CSU – das hat er nicht verdient. Dem wollten diejenigen in der Partei nicht länger tatenlos zusehen, die wie Thomas, wie Annemarie Renger »eine Rückbesinnung auf das Ideengut und Lebenswerk Kurt Schumachers« empfehlen.

Keine andere Figur seit Ferdinand Lassalle, der die Partei 1863 gegründet hat, und August Bebel, dem Vorsitzenden in der Kaiserzeit von 1891 bis 1913, eignet sich besser als Symbolfigur für die Geschichte, insbesondere die Nachkriegsgeschichte der deutschen Sozialdemokratie. Geboren wurde er in Westpreußen am 13. Oktober 1895, war also Heimatvertriebener schon nach dem Ersten Weltkrieg, weil der Geburtsort Chelmno (Kulm) seit 1920 zu Polen gehört.

Kurt Schumachers Leben weist dramatische Elemente für ein Heldenepos auf. Der armamputierte Kaufmannssohn, Kriegsfreiwilliger im Ersten Weltkrieg, wurde magna cum laude promoviert, Thema: »Der Kampf um den Staatsgedanken in der deutschen Sozialdemokratie« – ein zentrales Thema für das Selbstverständnis jeder Partei, insbesondere einer sozialistischen. Die Abschaffung des nach dem Siege im Klassenkampf überflüssig werdenden Staatsapparates gehört zu den sozialistischen Utopien des 19. Jahrhunderts. Kurt Schumacher begründete, warum Sozialdemokraten dieser marxistischen Illusion nicht folgen, welche ideologischen Versuchungen auch immer ihren Weg in der Demokratie begleiten.

Schumacher lehnte – und das zeigt sein Leben – den absoluten Pazifismus ab. Er kämpfte nicht nur mit Worten. Bilder aus der Weimarer Zeit zeigen den Einarmigen an der Spitze der sozialdemokratischen Schutzformation des »Reichsbanners«, das er selbst in Stuttgart 1924 mitgegründet hat, oder später in der Führung der »Eisernen Front«, der gemeinsamen Kampforganisation mit dem Zentrum gegen die »Harzburger Front« aus »Stahlhelm« und Hitlers SA.

Nach dem Zweiten Weltkrieg diskutierte Schumacher bald mit ehemaligen HJ-Führern, warb bei Emigranten um Verständnis für Angehörige der Waffen-SS. Zahlreiche Gespräche mit den Generalen Speidel und Heusinger, mit Adenauers Abwehrchef, dem ehemaligen General Gehlen, sind dokumentiert. Schumacher forderte mehr alliierte Divisionen im westlichen Bündnis und eine offensive Strategie, um den Krieg von deutschem Boden fernhalten zu können.

Er war der Patriot, der zuerst Deutscher sein wollte, um ein guter Europäer werden oder in der sozialistischen Internationale eine geachtete Rolle spielen zu können. Er war bewußt in Hitler-Deutschland geblieben, verbrachte fast zehn Jahre in Konzentrationslagern.

Er und andere Sozialdemokraten waren stolz darauf, schon 1933, lange vor den Westmächten, den – sehr verlustreichen – Krieg gegen den Diktator und für die demokratischen Grundrechte aufgenommen zu haben. Kurt Schumacher rechnete sich und die Partei, die in der Illegalität weitergekämpft hatte, 1945 zu den Siegern. Er lehnte die These von der Kollektivschuld des deutschen Volkes ab, verlangte Gleichberechtigung für ein demokratisches Deutschland von der ersten Stunde an nach der Kapitulation am 8. Mai 1945. So begann die neue deutsche Außenpolitik. Kurt Schumacher wurde der erste Sprecher dieses geschlagenen, geteilten, gedemütigten Volkes – kraft eigenen Rechtes als Hitler-Gegner wie seine wiedererstandene Partei, die als einzige das »Dritte Reich« überdauert hatte. Sie stand gegen die braune und – nach dem Krieg – gegen die rote Diktatur. Die SPD setzte sich unter seiner Führung soziale und nationale Ziele, besetzte also die Felder, auf denen nach 1945 die Kommunisten einerseits und die Rechtsradikalen andererseits agitieren wollten wie vor 1933.

Das alles verkörpert Kurt Schumacher als charismatische Figur in der deutschen Nachkriegsgeschichte. Sein hoher moralischer Anspruch hätte ihm die Arbeit als Kanzler, als Regierungschef schwergemacht. 1,5 Prozent der Stimmen fehlten der SPD am 14. August 1949 bei der ersten Bundestagswahl. Mit sieben Abgeordneten mehr wäre sie die stärkste Partei in Bonn gewesen, hätte eine Koalition unter dem Kanzler Kurt Schumacher bilden können – damals wahrscheinlich keine »Große Koalition« mit der Adenauer-Partei, der Christlich-Demokratischen Union.

Schumacher stellte den Kurs der SPD sogleich auf Opposition. Er hatte gar nicht erst versucht, mit Konzilianz oder List den sich formierenden Bürgerblock zu verhindern. Auch diese Konsequenz, damals von manchen Sozialdemokraten nicht verstanden, erscheint im nachhinein strategisch sinnvoller! Dazu gehört die Kandidatur von Kurt Schumacher für das Amt des Bundespräsidenten in der sicheren Erwartung, damit zu scheitern – um sich und die SPD freizuhalten für die

Rolle der Alternative. Die Partei spielte diese Rolle dann konsequent siebzehn Jahre lang bis zur »Großen Koalition« mit der CDU/CSU 1966: eine Opposition mit moralischer Entschiedenheit gegen die Regierungsarbeit, die mehr Realismus verlangt.

In der Partei von Kurt Schumacher, bei den deutschen Sozialdemokraten, kündigt sich heute wieder eine Rückbesinnung auf moralische Positionen an, eine »Schumacher-Renaissance« gewissermaßen. Damit, mit einem neuen Programm, auch mit der neuen jüngeren Führung läßt sich der Weg in die Regierungsverantwortung in den neunziger Jahren leichter finden als mit dem wehmütigen Nachdenken über die 1982 nach sechzehn Jahren verlorengegangene Bonner Regierungsmacht. Die SPD hat ihren Anteil gehabt an der Verantwortung auf der Bundesebene, als staatstragende Partei im Sinne von Kurt Schumacher, im Sinne seiner Dissertation über den Staatsgedanken in der deutschen Sozialdemokratie.

Sein moralisches Beispiel kann in der Opposition helfen. Schumachers Arzt Dr. Dercum, selbst kein Sozialdemokrat, schrieb 1985 an Fritz Heine, den wichtigsten der zu diesem Zeitpunkt noch lebenden Männer der ersten Stunde: ». . . wie hoch stand er in der Pflicht seines Gewissens als deutscher Politiker und als Sozialdemokrat. – Was hat er seinem Körper abgerungen, um seine Ziele zu erreichen. Wer sollte das besser wissen als der Arzt, der ihn in diesen Jahren mitunter täglich über Monate hin begleitet hat? Kurt Schumacher holte seine Energie und Kraft für das Erreichen seiner Ziele aus der einmaligen Moral. Kein deutscher Politiker hat ihn darin auch nur entfernt erreicht, geschweige denn übertroffen . . .«

Bundespräsident Richard von Weizsäcker begann im Oktober 1985 sein Grußwort an die Kurt-Schumacher-Gesellschaft mit den Worten: »Die menschliche Haltung, die selbstlose Lauterkeit, die furchtlose Freiheit des politischen Denkens von Kurt Schumacher waren der Bundesrepublik Deutschland in ihren ersten Jahren ein richtungweisendes Vorbild. In schwerer Zeit strahlte sein unbeugsamer Wille Zuversicht und unerschütterbaren Glauben an demokratische Werte aus. Er war ein Patriot. Wert und Ehre Deutschlands und seine reichen, nicht befleckten Traditionen wiederhergestellt zu sehen lag Kurt Schumacher am Herzen. Scharf und eindeutig hat er den Trennungsstrich zu jeder totalitären Ideologie gezogen . . . zugleich wußte er, daß politische Ziele nur dann erfolgreich zu verfechten sind, wenn der demokratische Wettstreit im Frieden nach innen und im Frieden nach außen sicher eingebettet ist. Es war ein Glück für unseren Staat, daß in seiner schwierigsten Geburtsphase ein Mann von der Integrität und Autorität Kurt Schumachers an der Spitze einer der großen Parteien stand. Daß unsere politischen Strukturen sich bewähren konnten, verdanken wir auch ihm. Die Geschichte unseres freiheitlichen Staates verpflichtet uns, sein Andenken wachzuhalten, zu ehren.«

Richard von Weizsäcker verfaßte diesen Text zum 90. Geburtstag von Kurt Schumacher, zu dem sich 1985 in Hannover-Ricklingen Hunderte von Freunden und Verehrern an dem schlichten Gedenkmal für Kurt Schumacher versammelt hatten. Hunderttausende waren es, die 33 Jahre zuvor, 1952, den Trauerzug mit dem Sarg von Kurt Schumacher beobachteten. Die damalige Ergriffenheit und Anteilnahme schildert Carlo Schmid in seinen Erinnerungen:

»Schon bei seiner ersten schweren Erkrankung hatte er den Wunsch ausgesprochen, am Ort seines ersten Wirkens für das durch Gewaltherrschaft, Krieg und Niederlage in seinen Grundfesten erschütterte deutsche Volk bestattet zu werden, in Hannover. Der Parteivorstand beschloß, Kurt Schumachers Sarg im Geleit seiner Freunde auf der Bundesstraße, deren Endpunkt Berlin ist, in langsamer Fahrt von Bonn nach Hannover zu bringen. Kein Zeuge wird jemals die Hunderttausende vergessen können, die die Straßen säumten, die der Wagen mit Kurt Schumachers sterblicher Hülle entlangfuhr. Das waren keine kommandierten Formationen – Männer, Frauen und Kinder sammelten sich an der Heerstraße, die durch das Ruhrgebiet führt, um dem Mann, der für sie gestritten und gelitten hatte, Blumen und frisch gepflückte Zweige auf den letzten Weg zu streuen. Mancherorts wehten aus Fenstern oder von den hohen Schornsteinen der Fabriken schwarz umflorte Fahnen. Als die Nacht einbrach, loderten Fackeln, und an erleuchteten Kirchenpforten stand der Pastor im Lutherrock mit der Bibel in der Hand.

In Hannovers Straßen standen weitere Hunderttausende dicht gereiht und warteten von sieben Uhr abends bis Mitternacht, um Kurt Schumacher einen letzten Abschiedsgruß zuwinken zu können.«

Es gibt zwei Schlüssel zum Verständnis dieses politischen Heldenlebens; der eine ist die schon erwähnte moralische Grundhaltung bei allem, was Kurt Schumacher tat. Und den anderen hat in früherer Zeit eigentlich nur der Bundespräsident Theodor Heuss erkannt. Er sagte in seiner Gedenkrede im Bundestag über den am 20. August 1952 Verstorbenen: »Ich weiß nicht, ob Kurt Schumacher träumen konnte. Vielleicht, wenn er mit seinem Hund spielte. Er stand für mich immer vor dem weiten flachen Land seiner kulmischen Heimat an der Weichsel, wo keine Lyriker wachsen, aber herbe Realisten der Volksbehauptung in die Bewährung gestellt sind. Und ich denke mich nicht zu täuschen, wenn ich die vom Ostwind bewegten Wellen dieses Stromes durch manchen Wachtraum rauschen höre.«

In Kulm an der Weichsel

Die Kulmer sind stolz auf ihre Stadt, auch die deutschen. Alle zwei Jahre treffen sich 600 bis 700 von ihnen – der Heimatkreis Kulm der Landsmannschaft Westpreußen – in ihrer Patenstadt Nienburg an der Weser. 11 718 Einwohner registrierte die alte Hansestadt an der Weichsel am 1. Dezember 1910, davon 5033 Deutsche und Juden. Man kann den alten Bischofssitz deshalb schwerlich eine deutsche Stadt nennen. Auch Kurt Schumacher, geboren am 13. Oktober 1895 in Kulm, hat das nie getan. Ein Westpreuße muß nicht immer ein Deutscher sein.

Für die Westpreußen ist Nikolaus Kopernikus ihr berühmtester Landsmann. Er hat im Mittelalter entdeckt, daß die Erde rund ist und sich um die Sonne dreht. Auch die Polen nehmen Kopernikus für sich in Anspruch. Nur Wernher von Braun, den Raketentechniker des Zweiten Weltkriegs und der amerikanischen Raumfahrtindustrie, überlassen sie den Deutschen, und natürlich Kurt Schumacher, den Kulmer.

Im Heimatmuseum der Westpreußen in Lehmbrock bei Münster hängt sein Bild im ersten Stock, rechts und links von ihm die beiden anderen deutschen Berühmtheiten, auf die die Kulmer stolz sind: Hitlers Panzergeneral Heinz Guderian, der in Frankreich den »Blitzkrieg« geführt hat, und der spätere Lüneburger, der Heidedichter Hermann Löns.

Vielleicht wären Schumacher auch ein paar polnische Kulmer im westpreußischen Heimatmuseum willkommen gewesen – so wie seine polnischen Freunde in der Abiturklasse 1914. Siebzehn Polen nämlich – bei drei Deutschen – sind seine Koabiturienten gewesen, meist Söhne von Kaufleuten und Großgrundbesitzern aus der Umgebung. Mit ihnen ist er schwimmen gegangen – unten im alten Bad an der Weichsel neben der Seilfähre. Mit ihnen hat er Fußball gespielt. In Gesprächen, die Schumacher kurz vor seinem Tod mit dem Korrespondenten der Illustrierten »Revue«, Kaufmann, im Juli und August 1952 geführt hat, erzählte er: »Das Verhältnis war von meiner Seite ohne

Animosität oder gar Haß. Ich persönlich bin sehr gut mit ihnen ausgekommen. Meine polnischen Mitschüler wurden genauso Soldat wie die deutschen.« Die Tonbandaufnahme dieses Gesprächs ist im Grunde die einzige authentische Quelle über Herkunft und Privatleben. Auch Kurt Schumacher hat nicht gern von sich erzählt und beileibe nicht alles preisgegeben, was öffentliche Neugier über das Privatleben von Prominenten erfahren möchte.

Sicher scheint nur, daß er gut behütet in einem wohlhabenden großbürgerlichen Elternhaus aufgewachsen ist. Vater Carl war ein angesehener Kaufmann, der landwirtschaftliche Produkte vermittelte; Mutter Gertrud, geborene Mesock, stammte aus einer Fabrikantenfamilie. Sie schenkte ihrem Mann fünf Mädchen, zwei von ihnen starben früh, bevor dann als »Nesthäkchen«, der ersehnte männliche Erbe, das Licht der Welt erblickte. Sie war für ihn wohleingerichtet. Er hatte eine polnische Amme; zwei Dienstboten, ein Hausmädchen und eine Köchin halfen Mutter Gertrud dabei, den gepflegten Haushalt in der Sechs-Zimmer-Etagenwohnung in Ordnung zu halten – Adresse Franziskanerstraße, Telefonnummer 12. Alljährlich in den großen Ferien zogen die Schumachers ins gemietete Haus nach Zoppot, dem mondänsten Ostseebad in der Kaiserzeit. Sie lebten standesgemäß.

Später wohnte die Familie dann in einer Villa in der Heiliggeiststraße. – Im August 1987 hat eine SPD-Delegation, unter Leitung der Abgeordneten Margitta Terborg, Kulm besucht, einen Blumenkranz am Geburtshaus aufgehängt und die Stadtverwaltung gebeten, eine Gedenktafel für Kurt Schumacher anbringen zu dürfen.

Elfriede Blum, ein Nachbarskind, berichtet über die bürgerlichen Alltagsgewohnheiten: »Die Hausfrauen hatten oft Zeit dazu – dank ihrer dienstbaren Geister –, mit ihren Familien an der Weichsel spazierenzugehen. Ziele waren das ›Schweizerhaus‹ [ein Gartenlokal] und die sogenannten Kämpen mit hohem Schilf, viel Weiden und zeitweilig ungeheuer viel Mücken. Man ging in die Forsthäuser und die Gaststätten der weiteren Umgebung und sang unterwegs Volkslieder, man besuchte die ›Parowe‹ mit ihrem vollendet höflichen weißbärtigen Wirt Guido Mehlis und dessen gastlicher Familie, wo man auch Tennis spielen konnte, die Kleinen am Reck turnen und auch in Schaukeln sitzen konnten, jeden Sonntag Konzert war oder ein Gesangverein seine Lieder darbot. Im Schützenhaus war es ebenfalls sehr gesellig. Besondere Jahresereignisse waren am 2. Juli der ›Ablaß‹ und Fronleichnam. Man bekränzte Haustüren und Balkone, schmückte die Fenster mit Heiligenfiguren und Bildern, zog Girlanden von einer Straßenseite zur anderen. Die Hilfeleistung von evangelischen und jüdischen Hausbesitzern war eine Selbstverständlichkeit.«

Zu Kulm, dem »alten, lieben Nest«, gibt Schumacher in dem Informationsgespräch mit Kaufmann selbst einige weitere Auskünfte: »Die Juden in meiner Heimat, die waren deutsch und nicht polnisch.« Und weiter, so als ob er sich selbst mit einschließt: »Wenn zum Beispiel Universitätsferien waren, und da kamen die Leute, die auf den Universitäten in den Corps aktiv geworden waren, die haben sich mit ihren früheren jüdischen Mitschülern genauso freundschaftlich abgegeben wie in der Zeit, wo sie noch zusammen auf der Schulbank saßen. Es wurden sehr viele Gegensätze auch durch Ironie und guten Witz ausgeglichen.«

›Postillon d'amour‹ für Schwester Lotte

Fried Wesemann, der 1952 die einzige noch von Kurt Schumacher selbst durchgesehene Biographie geschrieben hat, berichtet über einige Episoden aus der früheren Kindheit:

»Wenn die zweitälteste Tochter Lotte mit ihrem kleinen Bruder Kurt an der Hand durch die Straßen geht, geschieht es, daß Leute stehenbleiben und dem hübschen Kind nachschauen. Lotte, die stolz ist auf ihren kleinen Bruder, schleppt ihn weiter, bis er draußen, nahe dem Stadttor, kategorisch erklärt, so müde zu sein, daß er keinen Schritt mehr gehen könne. Das kennt sie schon. Es ist genau die Stelle, der sie ohnehin zusteuerte, ein kleiner Laden, in dem man mit der Freundin ungestört plaudern kann, während der kleine Bruder sich in die Betrachtung vieler bunter Bilder versenkt.

Wenn er nicht pünktlich zu Hause ist zur Tischzeit, was Vater Carl zu ständigen Ermahnungen veranlaßt, mag auch Schwester Lotte mit daran schuld sein. Sie mißbraucht den kleinen Bruder nämlich als Postillon d'amour. Sie schickt dem Lehrer von Kurt im Gymnasium manches Briefchen und wartet schon an der Haustür auf Antwort. Wenn der Bruder heimkommt, dann langt er, um seine Bedeutung zu unterstreichen, mit allen Zeichen des Unwillens (was man alles tun muß) in den oberen Ausschnitt seiner Bluse und zieht ein kleines Brieflein mit einer Liebesbotschaft hervor.

Bald heiratet Lotte, und als ihr Mann nach Bromberg versetzt wird, kommt sie nur noch zu Besuch herüber. Die ältere Schwester Hedwig ist inzwischen Lehrerin geworden. Elisabeth, die Jüngste, wird bald einen Studienrat heiraten. Wenn die Familie einmal nachmittags beim

Kaffee vereint ist, das heißt noch nicht, daß auch der Bruder dabei wäre. Immer ist er mit seinen Schulkameraden unterwegs, und bei aller Begabung, die in der Schule und bei den Nachbarn von sich reden macht, ist er nichts weniger als eigenbrötlerisch und weltabgeschlossen oder altklug.«

Aus den Erinnerungen von Nachbarstochter Elfriede Blum: »Kurt Schumacher diskutierte schon als Schüler sehr eifrig mit seinen Kameraden, und als ihm zu Kriegsbeginn als Leutnant [er war nur bis 1915 Soldat, entlassen mit dem EK II, konnte also nicht befördert werden] ein Arm amputiert worden war, sah ich ihn oft in der Graudenzerstraße mit seinem Armstumpf, den er mit dem gesunden Arm über der Brust kreuzte oder mit dem er in der Luft herumfuchtelte, um seinen Reden besonderen Nachdruck zu verleihen, bis er dann auf seine Uhr schauend feststellte, daß es Essenszeit war, und er im Laufschritt den Markt überquerte. Seine Eltern mit der älteren Schwester Hedwig, meiner Lehrerin, wohnten gegenüber dem Gymnasiumseingang. Oft sah ich ihn auch zur Familie seiner jüngeren Schwester gehen, weil ihre Wohnung der unserigen gegenüberlag. Bisweilen sah man Kurt Schumacher auch mit seinem stattlich-schlanken Vater.«

Carl Schumacher – sein Sohn schrieb sich ursprünglich Curt – war viele Jahre Stadtverordnetenvorsteher der 36 Ratsmitglieder. Er gehörte der Partei der Freisinnigen Liberalen an. Der Name dieser liberalen Splittergruppe leitete sich her aus ihrem Widerstand gegen die Schutzzollgesetzgebung und ihr Eintreten für den Freihandel, ein Thema, das auch in den Reihen der Sozialdemokraten der kaiserlichen Zeit umstritten war. Die »Freisinnigen« von Vater Carl Schumacher hatten viele Gemeinsamkeiten mit den Sozialdemokraten. Sie standen im Reichstag gemeinsam gegen die Regierungsmehrheit von Konservativen und Zentrum. In Kulm konnte die liberal-soziale Kombination Carl Schumacher mehr als ein Jahrzehnt das repräsentative Amt des Stadtverordnetenvorstehers sichern. Auch die Partei der Polen hatte ihn mitgewählt, wie Sohn Kurt sich erinnerte, und natürlich die Juden, die stets mit den Deutschen zusammengingen.

Bei Reichstagswahlen war stets eine Stichwahl zwischen dem polnischen Kandidaten und dem der Nationalliberalen notwendig gewesen, also der Partei von Carl Schumacher. Die anderen deutschen Parteien empfahlen, den nationalliberalen Kandidaten zu wählen. Bei der letzten Reichstagswahl im Wahlkreis Thorn-Kulm entfielen auf den nationalliberalen Kandidaten, den Thorner Justizrat Schlee, 51,7

Prozent der Stimmen, auf die Sozialdemokraten 3,6 Prozent. Fabrikarbeiter waren in diesem ländlich strukturierten Wahlkreis nur schwach vertreten.

Erst Otto Braun, der Ostpreuße, begann dort kurz vor dem Krieg mit einigem Erfolg, die Landarbeiter für die SPD anzusprechen. Es ist anzunehmen, daß Kurt Schumacher ihn damals gekannt oder von ihm gehört hat und daß – vielleicht – schon in dieser Zeit sein negatives Urteil über diesen späteren preußischen Ministerpräsidenten der zwanziger Jahre einen ersten Grund fand. Otto Braun – davon wird noch ausführlicher die Rede sein – verließ später zur Empörung Schumachers und anderer jüngerer Sozialdemokraten Deutschland bereits am Tage der Reichstagswahl vom 6. März 1933 mit Diplomatenpaß in Richtung Schweiz, ohne das Ergebnis abzuwarten.

Im Elternhaus politisch vorgeprägt

Vater Schumacher hatte enge polnische und jüdische Geschäftsfreunde. Er lebte in Distanz zum preußischen Landadel. Aus dieser Konstellation in Kulm und im Elternhaus läßt sich bereits die manchmal gestellte Frage beantworten, wie denn der Sohn eines wohlhabenden Großbürgers zur SPD gefunden haben kann. Kurt Schumacher: »Vater hat mir absolute Freiheit in der Lektüre und in der Berufswahl gelassen. Vollkommen. Und hat nie den Versuch gemacht, mich für einen Beruf oder eine Meinung zu beeinflussen. Und hat immer gesagt: ›Das ist dein Leben, das mußt du selbst entscheiden.‹«

Im Hause Schumacher wurde das »Berliner Tageblatt« gehalten. Sohn Kurt hatte als Obersekundaner die »Sozialistischen Monatshefte« abonniert, eine Eduard Bernstein nahestehende Zeitschrift der sogenannten Revisionisten in der SPD. In ihr wurde gewissermaßen ein Stück Godesberger Programm aus dem Jahr 1959 vorweggenommen und dargelegt, warum Sozialismus nicht als erreichbares Ziel, sondern als »dauernde Aufgabe« verstanden werden muß.

Die zweite Zeitschrift, mit der sich der Kulmer Gymnasiast politisch informierte, hieß »Der März«, ein demokratisch-liberales Blatt. Sozialdemokratisch und linksliberal, diese Grundeinstellung hat Vater Carl unausgesprochen in seinem kommunalen Beziehungsgeflecht verkörpert. Sie läßt sich von Kulm her bis in die letzten Bonner Jahre seines Sohnes Kurt weiterverfolgen. Besonders reizvoll ist der Gedanke, daß Theodor Heuss als Redakteur des »März« schon vor dem Ersten Weltkrieg zur politischen Bildung des späteren SPD-Vorsitzenden Kurt

Schumacher beigetragen hat. Später, in den zwanziger Jahren, begegneten sich beide in Stuttgart und schließlich in Bonn, wo sie in der Bundesversammlung zur Wahl des ersten Staatsoberhauptes der Bundesrepublik Deutschland gegeneinander kandidierten.

Bundespräsident Theodor Heuss hat dann später lange Gespräche mit dem Oppositionsführer geführt, über die Kurt Schumacher nie Einzelheiten mitteilte. Auch in den Lebenserinnerungen von Theodor Heuss kommt das besondere Verhältnis des leidenschaftlichen Westpreußen zu dem schwäbischen Schöngeist nicht zur Geltung. Und in der Trauerfeier des Bundestages war Theodor Heuss eigentlich der einzige Redner, der in einer sehr persönlichen Weise auch den Charakter von Kurt Schumacher mit einbezog, einbeziehen konnte. »Er war ein Mann . . . er war eine Macht, eine Macht über Empfindung und Gedanken, die er zu wecken, zu klären, zu festigen verstand – sein Dasein war in sich gegründet. Die Tragik liegt in seinem äußeren Schicksal, das er so souverän in seinen Willen preßte. Auch sein Leben war im inneren Sinne vollendet und erfüllt, weil es beispielhaft war in der Treue zu sich selbst.«

Das positive väterliche Urteil über die Zusammenarbeit von Liberalen und Sozialdemokraten im Reichstag, der großbürgerliche Zuschnitt der familiären Verhältnisse lassen sich ohne weiteres in vielen Äußerungen von Kurt Schumacher auffinden. Daß aber Pfarrer Richard Böckler, der mit Schumachers im selben Hause wohnte, den Sohn der Nachbarfamilie beeindruckt und beeinflußt hat, ist nicht sicher. Ebenso ist es eine schwer zu beweisende Theorie, daß Kurt Schumacher als einziger Sohn, als Nachkömmling mit drei älteren Schwestern, von Mutter Gertrud zum egoistischen »Muttersöhnchen« verzogen worden sei. Karriere und soziales Verhalten dieses angeblichen »Opfers« übertriebener weiblicher Fürsorge sprechen dagegen. Pünktlichkeit, Disziplin und Willensstärke, Treue zu sich selbst, Mut, Entscheidungsfreudigkeit sind nicht die Eigenschaften von verwöhnten Hätschelkindern. Eher wird hier das Vorbild eines strengen Vaters spürbar, »der russischen Regierung«, wie Kurt die väterliche Autorität gelegentlich zu glossieren pflegte. Gelitten hat er unter ihr nicht. Er brach sein Studium nach dem ersten Examen ab, um die nach Hannover geflüchteten Eltern unterstützen zu können. Sie zogen zu seiner Schwester Lotte. Auch sein Verhältnis zur Mutter blieb besonders eng und herzlich.

Die Lieblingskusine, und vielleicht ein bißchen mehr als das, war schon in Kulm Dorothea Kollmorgen, mit der er lebenslang Kontakt hielt. Lewis Edinger berichtete in seiner 1964 erschienenen zweifelhaften Studie »Kurt Schumacher. Persönlichkeit und politisches Verhalten«, sie habe sich daran erinnert, daß Kurt sich in Kulm am zweiten Jahrestag seiner Verwundung, also am 2. Dezember 1916, in sein Zimmer eingeschlossen hatte und niemand sehen wollte. Sie habe den Eindruck gehabt, daß sich der Armamputierte nicht mehr als »vollwertigen Menschen« betrachte.

Also nichts Besonderes in Kulm: keine familiären, keine persönlichen Konflikte, nur die bekannte, von Schumacher selbst erzählte Schulepisode, die in allen Biographien wiederkehrt: Der Direktor des königlichen Gymnasiums rügte den Schüler Kurt Schumacher, als dieser im Gespräch mit ihm die Hand in die Hosentasche steckte: »Die Hand können Sie in der Hosentasche lassen, wenn Sie mal eineinhalb Stunden im Reichstag über Brauereiaktien gesprochen haben.« Der Obersekundaner fügte sich, erinnerte sich aber dann 19 Jahre später doch an diese prophetischen Worte seines Direktors, als er 1930 in den Berliner Reichstag gewählt wurde – nicht, um über Brauereiaktien (wie der junge Gustav Stresemann in der Kaiserzeit) zu sprechen. Damals in Kulm, an der Schule, waren seine politischen Neigungen also schon bekannt.

Lieblingsfächer: Geschichte, Geographie und Literatur. Darum wohl auch das »gut« für diese Fächer. Der »Fleiß« hat Kurt Schumachers Lehrer nicht zufriedengestellt, und auch die Fächer Latein, Griechisch, Englisch, Mathematik und Physik werden im erhalten gebliebenen Abiturzeugnis vom 14. August 1914 (nachträglich ausgestellt) nur mit »genügend« bewertet. Was ihn interessiert hat, das hat er »gut« gemacht – das, aber nicht mehr, sagen die Zeugnisse.

Heimatverbunden mit Geschichtsbewußtsein

Natürlich interessierte er sich auch für die Geschichte seiner engeren Heimat. Daraus erwuchs sein nationales Selbstverständnis. Er blieb lebenslang stolz auf seine Heimatstadt. Als sich im polnischen Westpreußen 1928 eine »Deutsche Sozialdemokratische Partei Polens« bildete, unterstützte Schumacher sie nach Kräften mit Geld- und Materialzuwendungen. Das berichtet der Heimatforscher Dr. Günther Meinhardt. Er zieht auch eine sehr kühne politische Folgerung aus Schumachers Heimatverbundenheit: »Als Kulmer war er an der alten deutschen Ostgrenze aufgewachsen und hatte von Kaufleuten, die in Russisch-Polen Handelsverbindungen pflegten, oft genug Beispiele der uns Deutschen völlig fremden Gedankengänge der Russen gehört. Deshalb sah er klarer als andere die Gefahren, die der Sozialdemokratischen Partei drohten, wenn sich ihr Vorstand, wie es der Vorsitzende der SPD der Sowjetzone, Otto Grotewohl, wünschte, in Berlin niederließ.« Das ist eine immerhin interessante Überlegung für den, der nach Gründen fragt, warum Schumacher nie auch nur erwogen hat, 1945 in Berlin anzufangen – einmal abgesehen von der Tatsache, daß seine Schwester Lotte in Hannover wohnte.

Albrecht von Roon, der preußische Feldmarschall und Kriegsminister, wurde von 1816 bis 1821 im 1776 gegründeten Kadettenhaus von Kulm gedrillt. Natürlich wußte das Kurt Schumacher, der, wie er lächelnd sagte, zwischen Kloster und preußischer Kaserne groß geworden sei und deshalb habe zwangsläufig Sozialdemokrat werden müssen. Er wurde aber auch gern Soldat, meldete sich sogleich als Kriegsfreiwilliger am 2. August 1914 und trat ein beim Artillerieregiment in Thorn. Ohne Wissen der Eltern meldete er sich am 5. Oktober beim Infanterieregiment 21, um rascher an die Front zu kommen. Nach weiteren fünf Wochen Ausbildung und dem Einsatz in den Schlachten bei Plock und Bilawz wurde er bei einem Angriff in der Nähe von Lodz am 2. Dezember 1914 schwer verwundet: Sein rechter Arm wurde zerschmettert, Schrapnellsplitter und Maschinengewehrkugeln trafen seine rechte Körperseite.

Schumacher berichtete im Gespräch mit Kaufmann: »Ich bin liegengeblieben, beim Zurückgehen haben mich ein paar mitgenommen . . . Es waren zwei Querschläger durch den Oberarm und zwei Schüsse durch die Hand. Und die Oberarmquerschläger, die haben die Knochen so zerschlagen gehabt, daß die Blutungen zu kolossal waren, daß die Wunden sich nicht schließen konnten. Ich bin dann bis zum Kugelgelenk in einer Nacht amputiert worden.«

Die Russen schossen noch auf ihn, als er in der Zeltbahn vom Schlachtfeld weggeschleift wurde, erzählte er bei anderer Gelegenheit. – »Die Russen«, »das russische Regiment«, also die Autorität des Vaters, später die »roten Zaren« im Kreml, die Kommunisten »als Handlanger Moskaus« – Ressentiments, wenn man so will, von frühester Jugend an. Kulm lag 17 Kilometer vor der deutsch-russischen Grenze.

»Ich habe nie geglaubt, daß die Russen die Weltrevolution wollten«, sagte Schumacher im Juli 1949 der amerikanischen Journalistin Flora Lewis (»New York Times«). »Sie waren auf nationale Eroberung aus, auf die Unterordnung anderer Völker unter die russische Außenpolitik.« Nach dem Zweiten Weltkrieg förderte Schumacher den aktiven Widerstand, den Sozialdemokraten in der sowjetisch besetzten Zone »gegen die russischen Imperialisten und ihre deutschen Helfer« leisteten. Auch das begann in Kulm – »im alten lieben Nest«.

So läßt sich möglicherweise erklären, daß Kurt Schumacher unerbittlicher als andere in seiner Partei jede Zusammenarbeit mit Kommunisten ablehnte, schon in der Weimarer Zeit, auch im KZ und natürlich nach 1945 beim Kampf gegen die von Moskau betriebene Zwangsverschmelzung von SPD und KPD in der sowjetischen Besatzungszone. Sein Antikommunismus hatte, neben der Ablehnung jeder diktatorischen Form des Sozialismus, auch eine nationale Wurzel.

Bis zu seiner Genesung verging fast ein Jahr. Er konnte, mit Hilfe des Hausarztes der Familie Schumacher, in der Nähe bleiben, im Lazarett von Bromberg. Nach einem Erholungsaufenthalt bei Offenbach begann er im Herbst 1915 sein Studium der Rechtswissenschaften und der Nationalökonomie, zunächst in Halle, dann zwei Semester in Leipzig und ab Sommer 1917 in Berlin. Dort bestand er nach sieben Semestern im Februar 1919 seine erste juristische Staatsprüfung.

Anschließend trat er die Referendarausbildung an, zunächst am Amtsgericht Kulm, dann am Landgericht I, Berlin. Im Nachlaß von Schumachers Doktorvater Plenge, aufbewahrt in der Universitätsbibliothek Bielefeld, hat der Doktorand Norbert Jegelka 1987 sechs Briefe von Schumacher entdeckt. Sie geben Aufschluß darüber, daß er seine Referendarzeit als »unsäglich widerliche und peinliche Tortur« empfand und sie deshalb am 16. April 1920 abbrach. Am 1. August 1920 nahm Schumacher dann im Reichsarbeitsministerium eine Tätigkeit als wissenschaftlicher Hilfsarbeiter an.

Der Doktor

In Stuttgart hieß Kurt Schumacher schon »der Doktor«, bevor seine Dissertation fertiggestellt und angenommen worden war. Abgeschlossen hat er sie erst 1926 – sechs Jahre nachdem seine Prüfer an der Universität Münster die Arbeit im Sommer 1920 mit »sehr gut« bewertet, sie ihm aber noch einmal zurückgegeben hatten, mit der Aufforderung, einiges zu ergänzen und zu verbessern. Seine Tätigkeit als politischer Redakteur der »Schwäbischen Tagwacht« seit dem 1. Dezember 1920 und als Abgeordneter im württembergischen Landtag seit 1924 vermochten der wissenschaftlichen Arbeit mehr praktischen Realismus zu vermitteln.

Sie behandelt das zentrale Thema, das die Partei seit ihrer Gründung bis in die Gegenwart hinein beschäftigt: »Der Kampf um den Staatsgedanken in der deutschen Sozialdemokratie«. Das wissenschaftliche Wagnis wurde glanzvoll bewertet: »Die Rechts- und Staatswissenschaftliche Fakultät der Westfälischen Wilhelms-Universität ernennt durch diese Urkunde (am 24. August 1926) Herrn Kurt Schumacher aus Kulm (Westpreußen) auf Grund der sehr gut bestandenen Prüfung (magna cum laude) zum Doktor der Staatswissenschaften und verleiht ihm die mit dieser Würde verbundenen Rechte.« So der Wortlaut der Verleihungsurkunde.

»Doktorvater« war Professor Dr. Johann M. Plenge, damaliger Lehrstuhlinhaber in Münster. Er lehrte vergleichende Soziologie, Organisationslehre und wirtschaftliche Staatswissenschaft. Plenge, kein Sozialdemokrat, war allerdings mit Arbeiten über »Marx und Hegel« hervorgetreten. Das Rigorosum, die mündliche Doktorprüfung, hatte Schumacher bei Plenge schon am 20. Juli 1920 absolviert. Koreferent für die Dissertation war der Münsteraner Staats- und Völkerrechtler Professor Dr. Josef Lukas, der unter anderem über »Die organisatorischen Grundgedanken der neuen Reichsverfassung«, also die Weimarer Verfassung, eine vielbeachtete Schrift vorgelegt hatte. Beide, Plenge und Lukas, hatten also aus ihrer eigenen Arbeit Zugang zu dem von Kurt Schumacher gewählten politischen Thema. Es war ganz natürlich, daß der junge Doktorand seinerseits sich mit den Arbeiten seiner Professoren vertraut machte und sie positiv zitierte.

Johann Plenge (1874 bis 1963) kämpfte noch nach dem Tode seines Doktoranden Schumacher um die Veröffentlichung der Dissertation durch die Partei. Der SPD-Vorstand lehnte zunächst ab, weil sich Schumacher selbst stets gegen eine Veröffentlichung ausgesprochen habe. Plenge bezweifelte das. Er schrieb dem Nachfolger Erich Ollenhauer, Schumacher habe in seiner Dissertation wohl über den Marxismus mehr gesagt, als der Partei lieb sei. Gedruckt wurde die Dissertation erst 1973. Sie erschien unauffällig als Taschenbuch, mit einem Geleitwort von Herbert Wehner, dem damaligen Faktionsvorsitzenden der SPD im Bundestag.

Der Herausgeber Friedrich Holtmeier zitierte Plenge aus der 1948 erschienenen Schrift »Altersreife des Abendlandes«. Danach sei Schumacher ein sogenannter »Reisedoktor« gewesen, den er ausnahmsweise angenommen habe, weil sich dieser mit Plenges eigenen Schriften aus der Zeit vor dem Ersten Weltkrieg über den »Neumarxismus« beschäftigen wollte. Auch habe Konrad Hänisch seine, Plenges, Aufsätze während der Kriegsjahre in der sozialdemokratischen Zeitschrift »Die Glocke« redigiert, der Redakteur Hänisch also, der erster sozialdemokratischer Kultusminister in Preußen wurde und Schumacher an Plenge empfohlen hatte.

Das Beziehungsgeflecht für Doktoranden mit schwierigen Themen ist wahrscheinlich stets vielgestaltig und durchwirkt von den kleinen Eitelkeiten derer, die sich gern gedruckt und zitiert sehen möchten. Im Falle Schumacher hielt dieses Bedürfnis sogar über Jahrzehnte an. Sein »alter Examinator« Plenge schrieb am 8. September 1947 an Schumacher, »daß wirklicher Sozialismus um seines wissenschaftlichen Geistes willen auf dem entsprechenden Erziehungssystem aufbauen muß, wie Konrad Hänisch in der Zusammenarbeit mit mir so weitgehend begriffen hatte«. In diesem Sinne überreiche er Schumacher »zur persönlichen Würdigung meinen Volkshochschulvortrag über ein Tafelwerk zur allgemeinen Volksbildung, von der Weltanschauung zum Wirklichkeitsbild; weil dieses Tafelwerk wohl eigentlich im überparteilichen Ansatz die Grundlösung für die von Ihnen in der Dissertation geforderte Wechseldurchdringung von organisatorischem Staatsdenken und Sozialismus aus freiestem Geiste ist«. Plenge tut damit der Dissertation von Kurt Schumacher zwar ein bißchen unrecht; das Zitat zeigt aber doch, auf welche Wege der »Wechseldurchdringung« sich Schumacher hat begeben müssen, um seine interessante Studie über die Ideengeschichte der eigenen Partei überhaupt durchsetzen zu können.

Ohne Staat kein Sozialismus

Herbert Wehner schrieb im Geleitwort der 1973 veröffentlichten Doktorarbeit: »Wer Kurt Schumachers wissenschaftliche Arbeit über den Kampf um den Staatsgedanken in der deutschen Sozialdemokratie liest und bedenkt, der wird erkennen, welche gesellschaftlichen Prozesse in diesem Kampf ihren Niederschlag gefunden haben und von welch eminenter Bedeutung die Durchsetzung der Staatsgedanken in der deutschen Sozialdemokratie für Deutschland selbst war und bleibt.«

Der Schumacher-Verehrer und ehemalige Kommunist Herbert Wehner wählte damals aus der Dissertation folgenden Satz aus: »Denn vor dem Leben hat der Sozialismus nur recht, wenn er den Menschen in ihren täglichen Nöten und Leiden etwas Gegenwartsglück bringt. Diese theoretisch noch nicht genügend untermauerte Erkenntnis, daß man den Staat zu solchen Zwecken nicht missen kann, daß aber ein bloßes vom Staat immer nur Nehmenwollen nicht mehr ausreicht, ist die stärkste Wurzel der Staatsgesinnung, zu deren Bildung noch eine Reihe anderer Momente, vor allem nationaler und kultureller Art, beitragen.«

Die stärkste Wurzel der Staatsgesinnung von Sozialisten ist eigentlich eine einfache, in sich logische, schlüssige Folgerung: Wer verteilen will, umverteilen, braucht dazu einen Apparat. Wer es gerecht tun möchte, nach welchen Prinzipien auch immer, braucht dazu Behörden. Wer Planwirtschaft betreibt, muß verstaatlichen. Wer Gesetze demokratisch beraten und mit Mehrheit verabschieden will, muß dazu eine Verfassung haben, ein Parlament, freie Wahl zwischen Parteien. Wie aber kann das ohne Staat geschehen, wie kann der Staat sich und seine Bürger vor Feinden des »Sozialismus« schützen, wenn er nach dem Wunsche der Mehrheit seiner Bewohner Bestand haben soll? Solche Fragen, Zweifel und Erkenntnisse beschäftigen die Sozialisten seit alters.

Der Doktorand Schumacher beginnt richtigerweise mit einer begrifflichen Klärung, was unter »Staat« überhaupt zu verstehen sei: »Will man bei der Auflösung der Formen des menschlichen Zusammenlebens in ihre Grundprinzipien für die Gesellschaft die frei aus sich herauswachsende Wirtschaft, für den Staat die gewollte Regelung von sozialen Tatbeständen als Kennzeichen annehmen, dann wäre für die Nation die gefühlte Kultusgemeinschaft das besondere Merkmal, wenn auch in jeder dieser Formen alle drei Kräfte zusammenwirken und die eine nur als die Ausdruck gebende erscheint.« Gesellschaft, Staat, Nation – unter den »Formen des menschlichen Zusammenlebens«, die er, durch vielerlei Zitate abgestützt, definiert, wählt Kurt Schumacher als Gegenstand seiner Untersuchung einen »Staat, der sozialen Zwecken dienstbar gemacht wird«.

Er geht davon aus, »daß nur der Staat zu den letzten Zielen hinzuführen imstande ist. Der Kampf für das erstere ist der Kampf um die politische Macht, der mit jedem Erfolg den Nutznießer der Macht an sein Instrument kettet. Der Kampf um das zweite hat zu seinem Erfolge die notwendige Voraussetzung einer wahrhaftigen Staatsgesinnung, die Bereitschaft, Opfer zu bringen für die Existenz des Staates. Wie in Theorie und Praxis der Sozialdemokratie die Auffassungen vom Staate und seinem Werte für Tageskampf und Endziel die Meinungen sich bekämpften und welche Erfolge diese Kämpfe für die theoretische und tatsächliche Weiterbildung der Partei und damit auch des deutschen Volkes hatten, dies zu untersuchen, ist die Aufgabe der folgenden Arbeit.«

Auf 158 Schreibmaschinenseiten mit 130 im Quellenverzeichnis aufgeführten Titeln beschreibt Kurt Schumacher dann diesen immerwährenden »Kampf« in seiner Partei zwischen Theorie und Praxis des Sozialismus. Seinen eigenen Standpunkt läßt er jedoch deutlich in der Gegenüberstellung von Karl Marx und Ferdinand Lassalle erkennen: »Wie Marx die Spuren seiner Beschäftigung mit dem englischen Kapitalismus in seiner Soziallehre deutlich zeigte, so wies Lassalle in seiner Begeisterung für Staat und Organisation die des Preußentums auf. Ökonomisch war er immer stark von Marx abhängig, aber auch von Karl Rodbertus, und in seiner Gesellschaftslehre ging er wie Marx vom vergesellschafteten Menschen aus und strebte zum Vergesellschafteten. Nur war sein Ziel konkreter und der Weg dahin ein anderer, dem Staate besser gerecht werdender. Die Staatsauffassung Lassalles war die von Hegel und Fichte, er kannte nur die Freiheit des Individuums im Staate und durch den Staat . . . In einem Arbeiterprogramm legte er seine endgültige Auffassung vom Staate nieder, der ihm, unbeschadet der Anerkennung des Waltens ökonomischer Kräfte und der notwendigen Existenz des Klassenkampfes, das höchste Menschheitsideal vorstellte.«

Der Staat, das höchste Menschheitsideal; Preußentum; ökonomisch immer von Marx stark abhängig – mit diesen Worten, die Kurt

Schumacher wählt, um die Position seines »Vorbildes« Ferdinand Lassalle zu beschreiben, könnte auch er selbst charakterisiert werden. Sie waren sich ihrer Herkunft nach in manchen Punkten ähnlich: Beide stammten aus dem östlichen Preußen, Lassalle aus Breslau, Schumacher aus Kulm, beide waren Kaufmannssöhne, beide Akademiker.

Frühe Absage an den Klassenkampf

Zur Verdeutlichung sei zum Thema »Klassenkampf« im Vorgriff auf einen Text hingewiesen, der erst 25 Jahre später, im Jahre 1946, entstehen wird. Kurt Schumacher schrieb aus Anlaß des hundertjährigen Jubiläums des Kommunistischen Manifestes über »Die Wandlungen um den Klassenkampf« und empfahl: »Die sozialdemokratische Partei sollte den Mut haben, den Ausdruck ›Klassenkampf‹ zu eliminieren.« Der Anlauf dazu ist schon im Görlitzer Programmentwurf (an dem Schumacher als Parteitagsdelegierter mitgewirkt hat) 1921 gemacht worden. Schumacher 1946: »Die derzeitige Überlegung, daß die Partei alle Schaffenden zusammenfassen will, die vom Ertrag ihrer Arbeit leben, sollte gemeinsam mit der Erkenntnis, daß der Klassenkampf Vorbote der Diktatur ist, zum endgültigen Verzicht auf diesen historischen Ausdruck führen. Seine Eliminierung ist eine logische Notwendigkeit, hinter der heute jede taktische Erwägung oder gewohnheitsmäßige Anwendung zurücktreten sollte.«

Dieser Empfehlung Kurt Schumachers, 1926 angedeutet in seiner Dissertation zugunsten des Staatsgedankens und dann 1946 ausgesprochen vom Vorsitzenden der SPD, folgte seine Partei dann 1959 mit dem Godesberger Programm: »Wenn sie [die SPD] die Stimmenmehrheit haben will, muß sie an die Wähler mehrerer Klassenteile erfolgreich appellieren, da nach den statistischen Unterlagen [1946] selbst die absoluten Stimmen der Arbeiterklasse nicht ausreichen würden, um ihr diese Mehrheit zu sichern . . . Es bleibt nichts anderes übrig, als auf den historischen Ausdruck zu verzichten und den politischen Kampf aller Schaffenden, die auf den Ertrag der eigenen Arbeit angewiesen sind, ohne ausdruckgebende Formulierung zu organisieren.« Den traditionellen Begriff des Klassenkampfes aufzugeben und auch darauf zu verzichten, den Klassenbegriff sinnentstellend umzuformen, oder mit Marx wieder zurück zum »Klassenkampf« und damit seiner Meinung nach zwangsläufig zur Diktatur – diese Alternative hob Kurt Schumacher, der »Neumarxist«, von Anfang an hervor.

Er registrierte schon 1926 in seiner Doktorarbeit zwei verschiedene

Geistesrichtungen in der deutschen Sozialdemokratie. Die eine wolle absolute individualistische Freiheit möglichst ohne Staat, und die andere möchte sozialistisch gestalten, verlange also eine positive Einstellung zum Staat. Denn nur mit Hilfe des Staates könne ja die sozialistische Gesellschaftslehre, die von Marx zum Beispiel, in die politische Praxis umgesetzt werden. Schumacher nahm Partei zugunsten der Hauptrichtung, der Richtung des Parteigründers Ferdinand Lassalle und dessen Nachfolger Johann Baptist von Schweitzer. Sie hatten 1863 den »Allgemeinen Deutschen Arbeiterverein« (ADAV) gegründet. Im Gegenzug dazu entstand ein von Liberalen initiierter »Verband Deutscher Arbeitervereine«.

Sozialistischer Dualismus von Anfang an

Schumacher beschrieb diesen Dualismus in seiner umstrittenen Dissertation und bekannte sich eindeutig zu der Linie von Ferdinand Lassalle. Darum taten sich seine Zeitgenossen und seine Nachfolger in der Partei so schwer mit dieser Schrift. Denn der Kampf der beiden Geistesrichtungen in der SPD dauert an. Wenn auch die Mehrheitssozialisten, die staatstreuen Sozialdemokraten wie Schumacher, selbst immer das Übergewicht behalten haben, so zeugen die zahlreichen Abspaltungen und Konflikte bis zur Gegenwart von der Existenz kämpferischer Minderheiten. Manchmal gingen sie eigene Wege, wie 1915 Karl Liebknecht und Rosa Luxemburg mit dem Spartakusbund oder 1931 der junge Willy Brandt mit der SAP, manchmal kehrten sie aber auch wieder in den Schoß der alten Partei zurück – Willy Brandt erst 1947 nach seiner Wiedereinbürgerung. Sein »Umweg« über die linksradikale SAP hat manchen älteren Genossen nicht gefallen.

Mehr und Genaueres über all die Abspaltungen in der SPD-Geschichte ist beim Parteihistoriker Kurt Klotzbach nachzulesen. In der SPD lassen sich seit mehr als einem Jahrhundert, ähnlich wie bei den »Grünen« in den achtziger Jahren, die »Fundis« von den »Realos« unterscheiden: Die Gegner von Staat und System, die etwas »fundamental« Neues anstreben, wollen sich nicht durch Wahlen und Koalitionen »kompromittieren«, während sich – in der gleichen Partei – die »Realisten« bemühen, eben auf diesem Wege das gleiche Ziel zu erreichen. In diesem Sinne ist die Einheit der SPD von Anfang an bedroht gewesen. Sie mußte ständig neu erkämpft werden – mal mit Diskussionen, mal mit Ausschlüssen, mal mit Nachsicht und Geduld, mal mit Leidenschaft und Härte. Der permanente Kampf um den

Staatsgedanken in der deutschen Sozialdemokratie ist ein ständiger Kampf um die Einheit der Partei. Kein Wunder eigentlich, so betrachtet, daß die Partei noch fünfzig Jahre später sich schwertut mit der Dissertation, die aus Kurt Schumacher, später ihr wichtigster Führer nach Ferdinand Lassalle und August Bebel, den »Doktor« gemacht hat.

»Daß er in seiner Berufung zur praktisch politischen Führerschaft«, so entschuldigte Doktorvater Plenge 1947 seinen Famulus, »unter den Bedingungen eines großen Parteibetriebes nicht zur letzten theoretischen Klärung durchgestoßen ist, sondern sich mit seiner Grundüberzeugung von Lage zu Lage durchkämpfen mußte, entspricht dem inneren Übergewicht seines mitreißenden Willens zur Freiheit und zur gerechten Gemeinschaft.« Also »die letzte theoretische Klärung« sei es, die der Dissertation fehle, sagt sein Professor. Die Professorin Susanne Miller, derzeit Vorsitzende der historischen Kommission der SPD, vermißt an der Arbeit eine klare wissenschaftliche Gliederung. »Wir würden es unseren Doktoranden heute nicht so leichtmachen«, sagt die Historikerin. Aber wer sonst, welcher Sozialdemokrat, welcher bürgerliche Politiker hat es überhaupt unternommen, für seine Partei eine Staatstheorie zu entwickeln?

Kurt Schumacher führte mit der Doktorarbeit zu Ende, was er 1915 als Student begonnen hatte. Er schloß sein Studium der Volkswirtschaft mit dem Dr. rer. pol. ab und hinterließ seiner Partei immerhin eine Erklärung dafür, warum sie keine eigene Staatstheorie formulieren kann. Wie Kurt Schumacher, wie andere vor ihm und nach ihm, versteht die SPD den demokratischen Sozialismus als eine dauernde Aufgabe, nicht als ein erreichbares Endziel. Das ist die »theoretische Klärung«, die Plenge vermißt und andere immer wieder vergeblich suchen. Wer Demokratie gleich Sozialismus setzt und in der demokratischen Lebensform die politische Verwirklichung des Sozialismus sieht, der verzichtet auf die Tyrannei des Endziels, auf ideologischen Glaubenseifer. Im Grunde umfassen und enthalten bereits die Menschenrechte alle Forderungen der »Arbeiterklasse«, sind die Menschenrechte auch die Erfüllung des Sozialismus, der nur demokratisch sein kann. Das alles sah Kurt Schumacher und sprach es in den Begriffen seiner Zeit aus.

Der »Klassenkampf« kommt bei ihm noch vor, ein Begriff, den Revisionisten und Antirevisionisten – zumindest verbal – nie aufgegeben haben, auch Kurt Schumacher nicht. Aber wenn er feststellt und nachweist, in welchen Punkten sich sozialdemokratischer Reformismus und sozialer Liberalismus berühren, dann werden autobiographische

Züge deutlich. Sein Vater, der freisinnige Liberale, der auf die Stimme der Sozialdemokraten im Kulmer Stadtrat zählte, der Sohn, der in der liberalen Zeitschrift »März« soviel Vertrautes entdeckte – dieser Hintergrund wird in den langen Exkursionen der Dissertation in das gemeinsame Feld mit den Liberalen deutlich. Schumacher erwähnt Friedrich Naumann sehr positiv, den politisierenden Dresdener Pfarrer, der bis heute in der FDP geschätzt wird und der der parteieigenen »Friedrich-Naumann-Stiftung« als Namensgeber diente. Schumacher wußte sicherlich, daß die Liberalen Ende der sechziger Jahre des vorigen Jahrhunderts in Preußen, radikaler als die Sozialdemokraten von Ferdinand Lassalle, gegen Bismarck opponiert hatten – im Bündnis mit Wilhelm Liebknecht und August Bebel, dem marxistischen Flügel der noch nicht vereinigten Sozialdemokraten.

Schumacher stellt Marx und Lassalle einander als »Literat und Organisator« gegenüber: »Marx der Führer beim Sturm, Lassalle der Organisator beim Aufbau; weil aber Marx auch ein Aktionsprogramm für die Stunde nach dem Siege – wenn auch nur andeutungsweise – entworfen hatte, bestimmt durch sein individualistisches Emanzipationsideal, und der andere [Lassalle] zu seinem universalistischen Staatsideal durch die sofortige Entwicklung bestehender Ansätze hinführen wollte, mußten sie notwendigerweise aneinandergeraten.« Wie das geschah und mit welchen Folgen – das ist der nachlesenswerte historische Inhalt der Dissertation.

Schumacher schließt: »Der Trennungsstrich geht durch alle sozialistischen Parteien, ebenso durch alle politischen Organisationsprinzipien. Für sich in Anspruch nehmen kann keine Partei und keine Richtung restlos das eine oder das andere Prinzip. Die individualistische Richtung hat es leichter; revolutionäre Überlieferung, Utilitarismus, Freiheitsbedürfnis wie natürliche Veranlagung finden in ihr ihren Vertreter. Die universalistische hat es bedeutend schwerer; ihre Voraussetzung ist nicht, Bestrebungen des primitiven Menschen zu huldigen, sondern Erkenntnis der möglichen Gestaltung der Dinge. Von dem Kräfteverhältnis, zu dem beide Richtungen gelangen werden, hängt die Zukunft der deutschen Arbeiterbewegung und zum guten Teil die des deutschen Volkes ab. Unklar und schwer droht auch hier die Zukunft, von der man nicht weiß, ob das aufbauende organisatorische Prinzip den Sieg über Menschen davontragen wird, deren überlieferte politische und kulturelle Bindung durch die Ereignisse in Scherben geschlagen ist.«

Die Ereignisse, die alle Bindungen in Scherben geschlagen hatten

– das waren für Schumacher natürlich die Folgen des verlorenen Ersten Weltkriegs. Daß nicht Marx über Lassalle den Sieg davontragen, sondern zunächst Adolf Hitler »das organisatorische Prinzip« für ganz andere Zwecke mißbrauchen würde und daß 1933–45 von neuem »alle Bindungen in Scherben« geschlagen würden, konnte der Doktorand Schumacher zu Beginn der zwanziger Jahre nicht ahnen. Für den heutigen Leser ist es auch schwer, die Zuordnung der »individualistischen Richtung« zu den Marxisten und die der von Schumacher bevorzugten »universalistischen« zu den staatstreuen Mehrheitssozialisten nachzuvollziehen. Aus diesem Grunde kann die Schumacher-Dissertation nicht ohne Erläuterung für Zwecke der politischen Bildungsarbeit verwendet werden.

»Wissenschaftlicher Sozialismus«: Nur eine halbe Sache

Fritz Heine macht in seiner Schumacher-Studie darauf aufmerksam, daß sein Parteivorsitzender den »wissenschaftlichen Sozialismus« zu einer halben Sache erklärt habe, beschränkt auf die Wirtschaft. Er zitiert aus der Dissertation die Feststellung Schumachers, »daß selbst heute Führer zwar marxistisch reden und schreiben, aber lassalleanisch handeln«. Beides ließe sich mit dem Hinweis ergänzen, daß auch Schumacher selbst sich, bezogen auf die Wirtschaft, ganz selbstverständlich der marxistischen Terminologie bediente. »Marxistischer«, was die Wirtschaft angeht, als die Sozialdemokraten in ihrer Londoner Exilerklärung aus dem Jahre 1942, läßt sich nicht argumentieren. Auch Schumacher bewegte sich 1945 ganz selbstverständlich auf dieser wirtschaftspolitischen Linie und setzte den marxistischen Theoretiker Viktoı Agartz als verantwortliches Vorstandsmitglied für die zunächst klassenkämpferisch orientierte Wirtschaftspolitik der SPD ein. Marktwirtschaft und Wettbewerb als positive Begriffe tauchen erst 1959, im Godesberger Programm, auf, sieben Jahre nach Schumachers Tod.

Schumacher hätte sich die SPD schon in der Vorkriegszeit als »Staatspartei« vorstellen können, die den Staat in ihrem Sinne als Wirtschaftsfaktor mit einsetzt. Die SPD war ja im Reichstag zur stärksten Partei geworden, blieb aber befangen in der Vorstellung, daß es sich um einen »Klassenstaat« zur Unterdrückung der Arbeiterbewegung handele, dem man mit der Verstaatlichung von Wirtschaftsunternehmen nur weitere »Repressionsmittel« in die Hand geben würde. Schumacher kritisierte diese Furcht. Er verwendete übrigens in seiner Dissertation dabei zum ersten Mal den Begriff »Gemeinwirtschaft«.

Noch ein Wort zu den »Neumarxisten«, denen Schumacher ein eigenes Kapitel widmete und zu denen er sich selbst rechnete. Sie gruppierten sich um Schumachers Doktorvater Plenge und die rechtssozialistische Zeitschrift »Die Glocke«, redigiert von dem späteren preußischen Kultusminister Konrad Hänisch. Dazu gerechnet werden von Schumacher die sozialdemokratischen Reichstagsabgeordneten Lensch und Cunow sowie der Österreicher Karl Renner, 1945 erster Staatspräsident Österreichs. Der Neumarxismus habe die geistigen Waffen gegen den Spartakusbund und gegen den »staatsverneinenden Bolschewismus« geliefert. Das »freiheitliche Aufgehen der Individualität in einer Kollektivperson, dem Staat«, sei der neue, über den individuellen Freiheitsbegriff der Französischen Revolution hinausgehende Schritt.

Schumacher sah den Gegensatz von Klasse und Staat während des Krieges verschwinden. Er spricht von »Kriegssozialismus« und der Aufgabe, die Ökonomie dem Proletariat dienstbar zu machen. Es ist psychologisch interessant, daß er Engels zitiert, wo dieser den Kampf gegen das »französisch-russische Bündnis« rechtfertigt, und den Mehrheitssozialisten Hänisch auch mit dem Satz in Anspruch nimmt: »Begeistert wurde er [Hänisch] zum Jünger der lassalleanischen Apotheose des Staatsgedankens selbst und suchte in der ganzen sozialistischen Literatur Theoretisches und Praktisches zusammen, was der Festigung der Staatsgesinnung und der Stärkung des Abwehrwillens, *vor allem gegen Rußland,* dienen konnte« (Hervorhebung im Original).

Für die Mehrheitssozialisten, die den Krieg bejaht und 1914 die Kriegskredite bewilligt hatten, stand dann der Kriegsfreiwillige Kurt Schumacher ein. Er vertrat im November 1918 den Reichsbund der Kriegsgeschädigten im Berliner »Arbeiter- und Soldatenrat« und begann seine Laufbahn als Redakteur auf Vermittlung des Geschäftsführers dieses »Reichsbundes«, Erich Roßmann. Am 1. Dezember 1920 nahm »der Doktor« seine Tätigkeit bei der sozialdemokratischen Stuttgarter Parteizeitung »Schwäbische Tagwacht« auf.

Ein letztes Mal sei Schumachers Doktorvater Plenge zitiert. In einem Zeitungsaufsatz über Schumachers Dissertation schrieb er 1947: Schumacher »hätte aus seinem Bekenntnis zur Wahrheit und Wissenschaft den Weg zur Synthese zwischen Staat und Klasse finden können, auf dem er aus einem materialistischen zu einem menschheitlichen, allerdings nicht etwa nur humanistischen, sondern anthropologisch alles Menschliche in sich aufnehmenden Sozialismus auf geistigem Grunde geworden wäre. Statt dessen wurde der Mißbrauch der Begriffe Staat und Nation durch das Nazitum möglich. In den Jahren nach dem ersten Weltkrieg ist die eigentliche Entscheidung gefallen. Dafür legt die Dissertation Kurt Schumachers heute ihr Zeugnis ab.«

Schumacher hat also »den Weg zu der Synthese zwischen Staat und Klasse« nicht gefunden – eigentlich ein Vorwurf, den Plenge äußert, aber ein unberechtigter. Die Synthese zwischen Staat und Klasse ist logisch gar nicht vorstellbar, weil »Staat« eine vertikale Organisationsform beschreibt, während »Klasse« horizontal eine soziale Schicht bezeichnet. Außerdem gibt es ja mehrere »Klassen«, wenn auch wohl Plenge nur eine, die »Arbeiterklasse«, meint – begriffliche Ungenauigkeiten eines Soziologen, die erstaunen. Daß Kurt Schumacher mit dem zwanzig Jahre älteren Plenge nicht wieder Kontakt aufgenommen hat, scheint verständlich.

Zu bedenken ist, daß Kurt Schumacher noch mitten im Zeitalter der industriellen Revolution lebte und nicht in dem der »Dienstleistungsgesellschaft«. Wer will, der kann es auch die »dritte industrielle Revolution« nennen, denn »Industrie« in irgendeinem Sinne wird es vermutlich immer geben – nur keine Industriearbeiter mehr, wie sie noch Marx und Schumacher vor Augen hatten. Es geht auch nicht mehr um die Beseitigung, die Überwindung des Staates durch eine »klassenlose Gesellschaft«. Ja selbst die Aussöhnung der Arbeiterbewegung mit dem Staat muß nicht mehr postuliert werden, wie es Ferdinand Lassalle getan und die Nachkriegs-SPD mit dem Godesberger Programm und der Regierungsverantwortung seit 1966 erreicht hat.

Im Kampf um den Staatsgedanken in der deutschen Sozialdemokratie, den Kurt Schumacher nach dem Stande von 1926 in seiner Dissertation beschrieb, ging es auch darum, wie der mitgeschaffene, zeitweise mitregierte Staat soziale Politik verwirklichen könne. Einer der Autoren des Irseer Programmentwurfs der SPD von 1987, Peter von Oertzen, empfiehlt dazu, nach den eigenen Wurzeln zu suchen. Es gibt ja alte Grundsätze, die weiter Gültigkeit besitzen. Die SPD vertritt auch in einer »Dienstleistungsgesellschaft« die wirtschaftlich Abhängigen. Sie hat stets moralische Ansprüche gestellt, eine moralische Haltung in der Politik verlangt. Daher geht es um mehr als nur um den Inhalt eines künftigen Parteiprogramms. Es geht um moralische Beispiele, moralische Vorbilder für die SPD, die so glaubwürdig sind wie ihr Wiederbegründer Kurt Schumacher. Von diesem Vorbild ließe sich lernen – mehr als von anderen, mehr als von Karl Marx.

Gegen marxistische Monopolansprüche

Nicht nur deshalb sei diesem Kapitel über die geistigen Grundlagen, die Kurt Schumacher seiner Partei mit auf den Weg gegeben hat, das 25 Jahre später entstandene Bild von Karl Marx angefügt, das er seinen Nachfolgern gewissermaßen über ihren Schreibtisch in der »Baracke« gehängt hat. Es ist der kurze, im Mai 1947 entstandene Text für eine Erinnerungsgabe des Karl-Marx-Hauses in Trier, das die SPD kurz nach dem Kriege wiederhergerichtet hat und das von der Friedrich-Ebert-Stiftung verwaltet wird.

In Trier auf der Jesuitenschule eignete sich der deutsche Jude Karl Marx das dialektische Handwerkszeug an, mit dem er das Werk und die Weltanschauung schuf, die sich in der Welt als »Marxismus« verbreitet hat. Wie Kurt Schumacher ihn für die Wallfahrer aus aller Welt interpretiert, die sich dieser Gedenkstätte nähern, hat nicht nur für die SPD Bedeutung:

»In Deutschland konnte Karl Marx von Freund und Feind der Arbeiterbewegung nicht ignoriert werden. Selbst die starke Persönlichkeit Ferdinand Lassalles hat die Erfüllung der deutschen Arbeiterbewegung mit den Ideen von Karl Marx nicht verhindern können. Schon die Anfänge der deutschen Sozialdemokratie zeugen davon. Wir haben Jahrzehnte hindurch in anderen Ländern nichtmarxistische Arbeiterbewegungen erlebt. Auf die Dauer aber ist dieser Zustand nirgends geblieben. Je gewaltiger die ökonomischen, politischen und sozialen Krisen waren, desto häufiger wurden die Berührungen mit dem geistigen Werk dieses Mannes. Aus jeder Fühlungnahme aber entstand ein Eindringen des Marxismus und eine geistige Verstrickung.

In jedem Deutschen, der politisch interessiert ist, lebt Karl Marx. Je nach der Gesamtsituation als Verzerrung, als Produkt der Gegenpropaganda, als Spuk, oft als vereinfachtes Vorbild der Erkenntnis, am seltensten als der Mann des Werkes, das er wirklich geschaffen hat. Was seine Anhänger und seine Gegner aus ihm gemacht haben, ist in der Vergangenheit und der Gegenwart zur Zeit in der äußeren Wirkung eine stärkere Kraft als Karl Marx selbst.

Was ist nicht alles gegen Karl Marx aufgerufen worden: Die Sittlichkeit, die Religion, die Philosophie und alle Arten der Wissenschaften. Sie haben aber nur gegen den Karl Marx gekämpft, den sie sich zurechtgemacht hatten, und selten und nur bruchstückweise gegen den Mann, wie er wirklich war. Das meiste beruht auf primitiven Verwechslungen und Gleichsetzung von Naturwissenschaft, Ethik und Wirtschaft.

Aus dem ganz undogmatischen Marx wurde versucht, ein Lehrgebäude von Dogmen zu schaffen. Um einen Katechismus ist gekämpft worden im Namen eines Mannes, der gegen jede Katechisierung war. Karl Marx ist kritisch bis zur letzten Konsequenz. Das bedeutet, daß er antidogmatisch und nicht einmal im gewöhnlichen Sinne des Wortes skeptisch ist, daß er sich niemals ins Grenzenlose und Jenseitige verliert. Er versucht, die Logik der Dinge aufzuspüren, eine Analyse der Kräfte seiner Zeit und der Zukunft zu geben, die Bewegungsformen des Kapitalismus zu ergründen. Dabei tut er niemals den Dingen Gewalt an, sondern erforscht, welche Tendenzen sie in sich tragen.

Mit seinen Waffen hat man oft herumgeprahlt und geklirrt; auch wenn man zu ihrer Führung gar nicht legitimiert war. Es nannten und nennen auch diejenigen sich Marxisten, die nicht begriffen haben, daß mit wechselnden Verhältnissen auch die Lösungsmöglichkeiten sich ändern, daß es keine gleichzeitigen und gleichartigen Patentlösungen für verschiedene Entwicklungsstufen und verschiedene Erscheinungsformen gibt.

Aus Marx hat man alles herausgelesen und dabei übersehen, daß es verschiedene Stufen seiner Erkenntnis gibt und Variationen, die sich aus der Verschiedenartigkeit der Objekte seiner Studien ergeben. Deutsche Politik, Französische Revolution und englische Wirtschaft sind eben jeweils etwas anderes. Es ist ohne Zweifel ein schwerer Schaden, daß uns Karl Marx keine geschlossene Staats- und Gesellschaftslehre hinterlassen hat und der Marxismus sie auch nur in Bruchstücken entwickeln konnte.

Die Monopolisierung des Marxismus zu einer Staatsreligion ist der Tod des Geistes, aus dem Karl Marx geforscht und gelebt hat. So wird die Wissenschaft zur bloßen Propaganda. Man kann auch mit dem enormen sachlichen Fundus von Spezialgelehrten und der ungeheuerlichen wissenschaftlichen Apparatur von Staaten nur Bestandteil eines reinen Propagandaapparates sein. Deswegen haben wir oft die dialektische Methode zu Kunststückchen, zu Zwecken der Rechtfertigung praktischer Machtpolitik entarten sehen. Mit diesen Methoden hat man den dialektischen Materialismus mißbraucht und als Marxismus viel angepriesen, was Karl Marx und seinem Geiste fremd ist, und ist damit z. B. zu einer Anbetung der brutalen Gewalt gekommen, für die in der Marxschen Vorstellungswelt keine Grundlage vorhanden ist.

Marx lebt als Methode! Nicht die Ergebnisse seiner Forschungen sind entscheidend, sondern die Art, wie er zu diesen Ergebnissen gekommen ist. Das ist der lebendige Marx, der in jeder neuen Situation neue Untersuchungen vornimmt und neue Resultate fördert. Alle Gebiete durchdringend, ist er dauernd ergänzt, revidiert und widerlegt worden. Aber plötzlich sind in entscheidenden Krisenzeiten alle Revisionen und Widerlegungen antiquiert, und seine Methode und der sie tragende Geist sind wieder lebendig geworden.

Nachbeter und Bekämpfer übersehen fast immer, daß Karl Marx eine gewisse Periode des Kapitalismus und die staatlose Wirtschaft analysiert hat. Die veränderte Rolle des Staates in der Wirtschaft, die Entwicklung der Technik, die industrielle und politische Revolution des 19. und des 20. Jahrhunderts haben veränderte Beziehungen der Arbeiterklasse zu Staat und Nation und den Werten der Menschheit geschaffen.

Die Umwelt hat sich verändert und der Standort, die Art und die Zusammensetzung der arbeitenden Massen auch. Die geistige Entwicklung und politische Reifung der Massen hält mit der tatsächlichen Umwälzung nicht mehr Schritt. Die Welt von früher gibt es nicht mehr, und doch ist sie im Bewußtsein der Menschen noch da und spielt ihre antirevolutionäre Rolle.

Karl Marx hat auf die Bedeutung des ideologischen Überbaus, seine Tendenz zur Verselbständigung und zur Rückwirkung aufmerksam gemacht. Die Politik droht sich in einen Krieg der Ideologien zu verlieren, und hinter der Kampffront versucht der Restkapitalismus in Europa, sich den Besitz der Wirtschaftsgewalt zu sichern und damit auch das Gesicht des Staates zu bilden.

Wie groß und verhängnisvoll diese Spannungen zwischen gesellschaftlichem Sein und politischem Bewußtsein werden können, zeigen die verschiedenen Wege, auf denen Demokratien zu totalitären Staaten umgeformt worden sind. Ohne diese Spannungen und das Nichtbegreifen des geschichtlichen Entwicklungsprozesses wären auch in Deutschland die Nazis nicht ans Ruder gekommen. Mit marxistisch klingenden Begründungen hat man in der Gegenrevolution Steine aus dem Wege geräumt, indem man die Übergangsformen zu einer neuen Gesellschaftsordnung in manchen Ländern nicht erfolgreich verteidigt hat.

Wie vor 1933 droht auch heute von einer Verkennung dieser Wechselbeziehungen die entscheidende politische Gefahr. Wir erleben gerade in Deutschland eine neue Klassenschichtung. Hand in Hand mit ihr geht eine moralische und geistige Wandlung. Aber gegen die Konsequenzen politischen Denkens und politischer Aktion wehren sich die durch den Krieg enteigneten und verarmten Schichten. Von hier aus entwickelt das bürgerliche Parteiensystem und damit die Gegenrevolution ihre neuen Chancen.

Hier ist es für die Anhänger des demokratischen Sozialismus an der Zeit, Karl Marx nicht als den Finder angeblich ewiger Naturgesetze in der Wirtschaft zu feiern, sondern als den großen Frager und Entdecker um Hilfe anzugehen. Lebendiger Marxismus ist keine esoterische Geheimlehre und keine Propaganda. Er kann seine Begründung nur durch die Analysierung der neuen Klassengrenzen und des veränderten Verhältnisses von Eigentum und Ausbeutung finden. Seine Aufgaben sind das Studium der neuen gesellschaftlichen Voraussetzungen und der neuartig zusammengesetzten eigenen kämpfenden Klasse. Er ist ein Instrument der Abwehr gegen die dem Kapitalismus innewohnenden Verelendungstendenzen und ein Werkzeug der sozialistischen Neugestaltung.

Marxismus ist eine unentbehrliche Methode im Kampf um die Befreiung der arbeitenden Menschen, aber will nicht den Anspruch erheben, Monopolmethode zu sein. In diesem Sinne wäre es unmarxistisch, den Marxismus als alleiniges Motiv und einziges Mittel der Erkenntnis für den Sozialismus anzusehen. Die geschichtliche Leistung von Karl Marx ist so groß und sein geistiges Ergebnis so wenig wegzudenken, daß der Marxismus es nicht nötig hat, Totalitätsansprüche geistiger Natur zu erheben!«

Das Handwerk gelernt

Wie sich aus dem Abstand von dreißig Jahren doch manches verklären kann: »Schließlich sind die Jahrzehnte in Württemberg aus meinem Leben nicht wegzustreichen, und in diesem Land habe ich – soweit es zu erlernen ist – das politisch-parlamentarische Handwerk erlernt. Ich habe mit Dankbarkeit vermerkt, daß Sie sich in der Periode der 12 Jahre [1933 bis 1945] um mich und mein Wohlergehen bemüht haben. Die politisch-taktischen Meinungsverschiedenheiten der Vergangenheit oder der Gegenwart berühren von mir aus das menschliche Verhältnis nicht.« So schrieb dem »lieben Genossen Keil« am 31. März 1952 »Ihr Kurt Schumacher«. Adresse: Ludwigsburg, Wilhelm-Keil-Straße 19. Der damals schon 81 Jahre alte Wilhelm Keil – er hat noch das 98. Lebensjahr erreicht – war zu dieser Zeit Präsident des Landtages von Württemberg-Baden. Von 1924 bis zum November 1932 hatte er dem Deutschen Reichstag angehört.

Am 1. Dezember 1920 stellte Wilhelm Keil den Jungredakteur und Doktoranden Kurt Schumacher bei der sozialdemokratischen Parteizeitung »Schwäbische Tagwacht« ein – auf Empfehlung seiner Berliner Parteifreunde Otto Landsberg und Erich Roßmann. Aber Chefredakteur Keil war eigentlich vom ersten Tage an mit den Leistungen und dem Verhalten seines akademisch gebildeten Jungredakteurs unzufrieden. Schumacher redigierte als »Chef vom Dienst« nicht still und fleißig am Schreibtisch, sondern schrieb feurige Leitartikel, hielt große Reden landauf, landab, diskutierte am Stammtisch, im Schloßgartencafé mit Bohemiens, trank alte Genossen unter den Tisch und war auch sonst kein Freund von Traurigkeit.

Fünfundzwanzig Jahre jung, erlernte der Westpreuße Kurt Schumacher in der schwäbischen Hauptstadt, »soweit es zu erlernen ist – das politisch-parlamentarische Handwerk«. Dort blieb er zwölf Jahre, zunächst als Redakteur, seit 1924 als Landtagsabgeordneter, als Reichstagsabgeordneter seit 1930, als Vorsitzender des wichtigen SPD-Ortsvereins Stuttgart und als zweiter Landesvorsitzender des Verbandes der Kriegsgeschädigten und Hinterbliebenen. Dies war die längste Zeit, die

Kurt Schumacher an einem Orte arbeitete und lebte, von den zwanzig Jugendjahren in der Heimatstadt Kulm einmal abgesehen.

Dort in Kulm galt er in der Schulzeit schon als »Sozialdemokrat«, ohne Mitglied zu sein. Seine Mutter nannte ihn so – ein bißchen spöttisch –, weil er die »Sozialistischen Monatshefte« las. Die Kusinen registrierten mit Mißfallen, daß er mit ihren Vätern heftig politisch diskutierte.

Er selbst sagte 1952 in dem bereits erwähnten Gespräch mit Kaufmann über seine damalige Haltung zur SPD: »Das war damals, möchte ich sagen, relativ kompliziert . . . Die damalige Parteispaltung zwischen Mehrheitssozialisten und Unabhängigen hat . . . eine gewisse Verzögerung eintreten lassen.« Zur Erläuterung: Schon im September 1914 hatten einige Sozialdemokraten ihrer Partei die Gefolgschaft in der Frage der Kriegskredite verweigert. Genannt seien Karl Liebknecht, ein Sohn des 1890 verstorbenen Mitgründers der Partei Wilhelm Liebknecht, Rosa Luxemburg und Klara Zetkin. Im Mai 1915 formierten sie und andere in der SPD-Reichstagsfraktion eine Oppositionsgruppe unter Führung von Eduard Bernstein, Karl Kautsky, Hugo Haase und Franz Mehring. Unter der Leitung von Karl Liebknecht fand im Januar 1916 die erste »Reichskonferenz« dieser Gruppe in Berlin statt. Sie nannte sich »Spartakusbund«, nach Spartakus, dem Anführer des Sklavenaufstandes gegen die Römer im ersten vorchristlichen Jahrhundert.

Kurt Schumacher sympathisierte mit den »Mehrheitssozialisten« und trat erst nach der Abspaltung der USPD am 8. Januar 1918 in Berlin der SPD bei. Offensichtlich wollte er sich nicht an die Partei binden, solange Sozialdemokraten offen gegen den Krieg – seines Erachtens also gegen die Verteidigung des eigenen Landes – agitierten.

Was der Chefredakteur auszusetzen hat

Sein körperliches Handikap als Einarmiger hatte der junge Schumacher 1915 rasch überwunden; schon drei Monate nach seiner Verwundung konnte er mit der linken Hand schreiben, Beobachter registrierten später mit Erstaunen, wie er seine Behinderung ausglich. Wilhelm Keil, sein Chefredakteur: »Oft schrieb er mit der Hand, und das ging sehr flott. Von achtunggebietendem Reiz war es, ihm als Redakteur bei der Arbeit zuzusehen. War der Briefbeschwerer gerade wieder vergraben, so hielt er mit dem auf die Tischplatte heruntergedrückten Kinn das Druckstück fest, schnitt linkshändig mit verblüffender Gewandtheit heraus, was er brauchte, klebte aneinander und hielt den Pinsel und den Federhalter abwechselnd mit den Zähnen fest . . .« Es gelang ihm zwar, seine Behinderung technisch zu bewältigen, die durch die nicht entfernten Schrapnellsplitter verursachten heftigen Schmerzen ließen ihn jedoch zeitlebens oft zu Medikamenten greifen.

Wilhelm Keil hatte an seinem Jungredakteur, der ihn bei Routinearbeiten entlasten sollte, einiges auszusetzen: »Es erwies sich sehr bald, daß eine Aufgabe dieser Art dem Temperament, der Kampfeslust und dem politischen Höhenflug Schumachers nicht genügte. Schon das Eingespanntsein entsprach nicht seiner Wesensart und seinen Neigungen; die freie Verfügung über die Arbeitszeit, die Lektüre der neuesten Bücher und Zeitungen, das Diskutieren mit Freunden und Gegnern im Kaffeehaus, die Bearbeitung eines aufgegriffenen Einzelthemas in raschem Gedankenflug, das war mehr nach seinem Sinn.

Zugleich interessierte ihn das tägliche Geschehen innerhalb der Partei in hohem Grade. Es dauerte nicht lange, und er war aktiv daran beteiligt. Die Aussprache mit den Parteisekretären und Versammlungsrednern über erregende Erlebnisse war ihm ein tägliches Bedürfnis. Aus diesen Quellen bezog er seine Anregungen und anfeuernden Informationen, die er dann als Journalist auszuwerten wußte.

Das Material [aber], das sich auf dem Schreibtisch anhäufte, interessierte ihn weniger . . . Die Zeitungsausschnitte, Briefe, Manuskripte, Depeschen . . . sammelten sich wochenlang an, bis sie eines Tages beim Abräumen im Papierkorb verschwanden. Die Redaktionsstube wies die gleichen Spuren jener genialen Unordnung auf, in der allem Anschein nach der schöpferische Geist die besten Früchte trägt.

Griffbereit standen stets zur Verfügung: Heinrich Heine und der ihm besonders ans Herz gewachsene alte Göttinger Lichtenberg, von deren satirischen Epigrammen und Aphorismen er sich vor einer größeren Arbeit gern inspirieren ließ. Ob dem gleichen Zweck auch die große Zahl von Kriminalromanen, die er verschlang, diente, vermag ich nicht zu sagen. Sicher ist nur, daß Schumacher zu den fleißigsten Lesern von Edgar Wallace und vieler anderer Lieferanten dieser Literaturgattung zählte . . .

Ebenso rasch, wie er Bücher, Zeitschriften und Zeitungen überflog, schrieb er auch. Die Gedanken schienen ihm noch schneller zuzufliegen, als er sie zu Papier zu bringen vermochte. Der Stil Schumachers war nicht geschliffen, nicht elegant. Stilistischen Schmuck und Zierat verschmähte er. Es kam ihm weniger auf die Form als auf die Sache an. Nüchtern, herb, scharf und kantig schlug er zu mit der Polemik . . .

Mit hellwachem Spürsinn entdeckte er beim Gegner die Angriffsflächen. Seine Beweisführung war von jener apodiktischen Art, die keinem Zweifel Raum läßt. Ein Objektivitätsbemühen, das einen möglichen Irrtum zugibt, kannte er nicht.«

Doch auch ein bißchen Lob für den Redakteur hatte der fast doppelt so alte Genosse und Zeitungsmann Wilhelm Keil parat: »Beim Kürzen, Zurückstellen oder Wegwerfen fertiger Satzstücke wegen zu großen Stoffandrangs war er stets kurz entschlossen. Von der Qual der Auswahl, die dem besorgten Zeitungsmann oft Kopfzerbrechen bereitet, wußte er sich frei. Seine eigenen, soeben geschriebenen Arbeiten wurden, wenn es sein mußte, amputiert. Autoreneitelkeit hemmte ihn nicht.«

Kann keinen Irrtum zugeben; bemüht sich nicht um Objektivität; hält keine Ordnung auf dem Schreibtisch; diskutiert lieber im Kaffeehaus; liest am liebsten Kriminalromane – das alles fiel Staatsminister Wilhelm Keil ein zu dem Mann, der mit ihm von 1920 bis 1930 aufs engste in Redaktion und Partei zusammengearbeitet hatte. Hinzugefügt sei zu dem Verhältnis Schumacher/Keil in der Stuttgarter Zeit noch zweierlei: Keil, damals 62 Jahre alt, räumte im November 1932 seinen Platz auf der Landesliste für die Reichstagswahl – ein erstes Zeichen der Resignation in dem Wettstreit um die Spitzenposition der Partei in Württemberg. Er war es auch, der 1945, zusammen mit anderen, die Delegation nach Hannover schickte, die Schumacher anbot, in Stuttgart als erster Ministerpräsident nach dem Zweiten Weltkrieg den Wiederaufbau des Landes zu leiten.

Distanz zu Keil – Freundschaft mit Schoettle

Kurt Schumachers Kritik an Wilhelm Keil betraf später vor allem einen Punkt: Führende Stuttgarter Sozialdemokraten hatten am 11. Mai 1933 freiwillig ihre Parteiämter aufgegeben und in einer Erklärung die Mitglieder aufgefordert, alle Mandate niederzulegen. Sie sollten in einem Sinne tätig sein, der keinen Zweifel ließe an ihrer nationalen Gesinnung und an ihrem guten Willen, »die politische Neubildung Deutschlands nach den Plänen der nationalen Revolution« zu unterstützen. Es gebe drei Möglichkeiten für Sozialdemokraten, schrieb Keil im Mai 1933 den Stuttgarter Genossen: sich mit den Nazis zu arrangieren, auszuwandern oder sich aufzuhängen. Er habe sich für Arrangieren entschieden und empfehle das auch den anderen Genossen. Schumachers Freund, der damalige Stuttgarter Parteisekretär Erwin Schoettle, beantragte daraufhin, Wilhelm Keil aus der SPD auszuschließen. Dazu kam es nicht mehr. Aber die Erinnerung daran belastete 1945 das Verhältnis von Schumacher und Schoettle zu Wilhelm Keil, der nun wieder mitarbeiten wollte.

Erwin Schoettle hatte Kurt Schumacher 1921 auf einer Versammlung der sozialistischen Arbeiterjugend kennengelernt. Er berichtete, die journalistische Tätigkeit bei der »Schwäbischen Tagwacht« habe Schumacher nicht ausgefüllt. Sehr bald sei ein lebhafter und freundschaftlicher Kontakt zu den Stuttgarter Parteiorganisationen entstanden, insbesondere zu dem damaligen, sehr viel älteren Sekretär der Stuttgarter SPD, Karl Oster. Diese Freundschaft habe auch politische Folgen gehabt: »Oster stand, wie man bei uns im Süden zu sagen pflegt, gegenüber manchen persönlichen und sachlichen Zügen der sozialdemokratischen Politik auf den Hinterbeinen. Der temperamentvolle junge Draufgänger Kurt Schumacher mußte für ihn eine willkommene Bereicherung der politischen Auseinandersetzung sein, und so kam es, daß Schumacher in kurzer Zeit einer der gesuchtesten Redner für parteiinterne und öffentliche Versammlungen wurde. Der ›Preuße‹ Schumacher überwand fast mühelos die Hemmungen, die seiner politischen Wirksamkeit etwa aus der schwäbischen Schwere und Gemütlichkeit hätten erwachsen können. Der ›Doktor‹ wurde zu einem Begriff in der Stuttgarter Partei und bald darüber hinaus im ganzen Lande.« Bleibt noch hinzuzufügen, daß Karl Oster zu den innerparteilichen Gegnern von Wilhelm Keil gehörte. Möglicherweise hatten die erwähnten Spannungen zwischen Keil und Schumacher bereits hier ihren Ursprung.

Schumacher jedenfalls ging bei dem Gegner seines Landesvorsitzenden Keil ein und aus. Dessen drei kräftige Söhne, so berichtet der Biograph Fried Wesemann, bildeten für den einarmigen Versammlungsredner eine Art Leibgarde. Der Älteste von neun Kindern wurde »Alfred der Gipser« genannt. Als ein kommunistischer Diskussionsredner, so erzählte Schumacher 1952, nach zehn Minuten nicht aufhören wollte, kam Alfred der Gipser und trug den Kommunisten fort, ohne ein Wort zu sagen. Der Diskussionsredner sagte auch nichts mehr.

Karl Oster und der Stuttgarter Ortsverein, dessen Vorsitzender Schumacher 1927 wurde, stellten den mitreißenden Redner in den Auseinandersetzungen mit den Kommunisten und den Nationalsozialisten stark heraus, »besonders im Jahre 1923, das eines der schwersten war, die ich in meinem Leben mitgemacht habe«. So Schumacher wörtlich. Und auf die Frage von Kaufmann 1952, ob es damals Keilereien gab: »Und ob's Keilereien gab, o je, da gab's Keilereien. Bei mir ist es verschiedene Male losgegangen – und zwar kräftig.«

Heldenrolle mit Übungsstunden

In dieser bewegten Zeit der ersten Stuttgarter Jahre, so schilderten es Zeitgenossen dem Autor 1987, wurde Kurt Schumacher zum »Helden«, zur charismatischen Führerfigur der jungen Sozialisten. Seine Vitalität, seine Rednergabe, seine Erscheinung als Kriegsveteran mit dem leeren rechten Ärmel – der durch die heftigen Bewegungen des linken Arms hin und her geschleudert wurde – erweckten Anteilnahme und Bewunderung. Die Sozialistische Arbeiterjugend sah in dem jungen kriegsversehrten Akademiker ihren Sprecher. Und er hatte viel Zeit für sie. Auf Bildungsabenden machte er, der junge Abgeordnete, die Junggenossen mit den parlamentarischen Spielregeln vertraut – man veranstaltete eine politische Debatte, und jeder hatte darin eine Rolle zu übernehmen. Für das Zentrum und für die Kommunisten fand sich immer rasch eine Besetzung, aber auch für die Nationalsozialisten mußte einer sprechen – meist Helmut Mielke. Schumacher hatte ihn dazu bestimmt, weil er als blonder Junge dem völkischen Klischee am besten entsprach.

Der schwerkriegsbeschädigte ehemalige SAJler Mielke war bis 1973 Bildungssekretär beim SPD-Landesverband Baden-Württemberg. Viele historische und biographische Beiträge aus der Geschichte der deutschen Arbeiterbewegung tragen seinen Namen. Er erzählt weiter, Kurt Schumacher habe ihn und andere mit praktischen Übungen in gesellschaftliche Abläufe eingeführt. Auch nachgestellte Gerichtsverhandlungen gehörten dazu. Spielscharen übten für Parteiveranstaltungen Stücke von Ernst Toller ein, Sprechchöre, von Schumacher organisiert, deklamierten Gedichte oder begrüßten wichtige Gäste mit markigen Sprüchen. Auch für Otto Wels, den »Führer der deutschen Sozialdemokraten«, hatte Schumacher eine solche »Begrüßung« inszeniert, als dieser in den dreißiger Jahren zu einer Wahlkundgebung in die Stuttgarter Stadthalle einmarschierte. Wels sei sehr gerührt gewesen, berichtet Mielke.

Er erinnert sich auch an Privates, an die Lieferung eines Sessels in die Schumacher-Wohnung, Retraitestraße 6 am Neckartor, mit Aussicht auf den Schloßgarten. Die Mietwohnung war möbliert. Schumachers einziger Besitz waren Bücher, darunter »jede Menge Kriminalromane«. Helene Schoettle, die Frau von Erwin Schoettle, saß oft mit am Stammtisch im Schloßgartencafé, wo Kurt Schumacher sich zu einem Glas Rotwein mit Freunden traf – und der Freundin Marie Fiechtl. »Ein bißchen zügeln hätte sie den Kurt sollen, die Marie, daß er mehr Gemüt zeigt«, meint Helene Schoettle. Erst Annemarie Renger in Bonn habe das später geschafft. Auch ihr Mann, der Erwin, habe Kurt oft getadelt wegen dessen giftiger, aggressiver Sprechweise. An solchen Mahnungen hat sich in Bonn nach dem Krieg dann neben Schoettle auch Erich Ollenhauer, der stellvertretende SPD-Vorsitzende, beteiligt.

Helene Schoettle und Helmut Mielke führen die schon in Stuttgart beklagten, manchmal überscharfen Pointen in Schumacher-Reden auf die Schmerzen zurück, die ihn nach seiner Verwundung lebenslang peinigten. Aber sie kennen auch einen Kurt Schumacher, der in fröhlicher Runde feiern konnte und deftige Witze zu erzählen wußte. Gelegentlich wurden dann in Stuttgart Helene Schoettle, die Freundin Marie Fiechtl und eine manchmal anwesende Sekretärin rausgeschickt. Keinen Zweifel läßt Helene Schoettle daran, daß sich Kurt Schumacher in Stuttgart sehr wohl gefühlt hat.

Und ein bißchen abenteuerlich ging's auch zu. Kurt Schumacher bildete 1922 in Stuttgart eine Organisation zur Abwehr und zum Selbstschutz unter dem Namen »Schwabenland«. Sie sollte nicht nur den Saalschutz der SPD übernehmen, sondern auch bei einem Rechtsputsch bereitstehen. Erwin Schoettle hat darüber berichtet: »In den kritischen Monaten 1923 wurden Waffen und Ausrüstungsgegenstände gekauft. Sie reichten natürlich längst nicht aus, um im Ernstfall mehr als nur lokale Störungen abzuwehren, aber sie waren Anlaß zu ernsten politischen und organisatorischen Überlegungen, und sie bildeten vor allem Kristallisationspunkte für die jüngere Generation der Arbeiterschaft. Die Menschen, die unter Kurt Schumachers Führung an diesem ersten Experiment einer republikanischen Abwehrorganisation beteiligt waren, standen auch später zum großen Teil an führender Stelle im Reichsbanner. Als um den 9. November 1923 sich die Gerüchte über einen nationalsozialistischen Putsch verdichteten, lagen die ›Schwabenland‹-Gruppen nächtelang auf der Straße, um zu beobachten, zu überwachen und etwaige Zusammenziehungen von Nationalsozialisten zu stören oder zu verhindern.«

Die Organisation »Schwabenland« diente nicht nur als bewaffnete Schutztruppe, sondern besaß auch ein Informationsnetz, dessen Fäden bis ins gegnerische Lager reichten. Auf diese Weise verschaffte sich der Redakteur Schumacher die Munition für eine Artikelreihe darüber, daß die deutsch-nationale Mehrheitspartei in Württemberg mit Geld und mit Vertrauensleuten bei der Gründung von Ortsgruppen der NSDAP half. »Sie hofften«, so Schoettle, »auf diese Weise die radikalen Elemente im Lager der Rechten an sich binden und gleichzeitig zu einem Stoßtrupp gegen die Sozialdemokratie und die Republik entwikkeln zu können. Die Bloßstellung ihrer Beziehungen zu den Nazis durch Kurt Schumacher machte ihn schnell bei der ganzen Rechten zum bestgehaßten Sozialdemokraten.«

Erwin Schoettle hat von »Saalschlachten« in Nürtingen mit kommunistischen Störern und in Balingen auf der Schwäbischen Alb mit den dort starken Nazis berichtet: »Es war schon 1924 nach der Gründung des ›Reichsbanners‹, der sozialdemokratischen Selbstschutzorganisation, in die Kurt Schumacher seine Gruppe ›Schwabenland‹ überführt hatte. Kommunisten und Nazis wollten in ihren Hochburgen keine sozialdemokratische Versammlung dulden – Grund genug für Kurt Schumacher, sich vorsorglich aus Stuttgart einen Reichsbannerzug mitzubringen, lauter kräftige Bierbrauer unter der Führung des Gewerkschafters Josef Braun. Es kam, wie es kommen mußte. Als die Störungen unerträglich wurden, gab Kurt das Zeichen zur Saalräumung. Der Rest vollzog sich in Blitzesschnelle: Die Störer flogen durch Türen und Fenster. Abgebrochene Stuhlbeine und zerbrochene Biergläser ergaben für den Bezirkskassierer der Partei eine nette Rechnung. Kurt Schumacher hatte sich während der ganzen Episode nicht vom Rednerpult entfernt. – In Balingen versuchten es die Nazis. Sie hatten den gleichen Erfolg. Allerdings gab es einen Unterschied: Nach 1933 begegneten einige der Nazihelden aus Balingen dem KZ-Häftling Schumacher als Wachleute und kühlten ihr Mütchen nachträglich an ihm.«

Der Redakteur und seine Themen

In den ersten Monaten seiner Redaktionstätigkeit versuchte sich Schumacher bereits mit Leitartikeln verschiedenster Art. Am 7. Dezember 1920 kritisierte er den Völkerbund als »Produkt des westeuropäischen Hochkapitalismus« und konstatierte: »Die Ärzte, die allein noch im großen europäischen Lazarett zu helfen vermögen, sind einzig die sich gegenseitig auch unter größten Opfern helfenden sozialistisch gerichteten Staatsmächte, die sich zu einer straff gegliederten überstaatlichen und souveränen Organisation vereinigen!« Ein sozialistisches Europa also, nicht mehr und nicht weniger, forderte der 25jährige Schumacher

– Beginn einer europapolitischen Konzeption, die seine Partei 1925 im Heidelberger Programm mit der Forderung nach »den Vereinigten Staaten von Europa« aufnehmen sollte.

Vielleicht ist es dieser Artikel über den Völkerbund und über Europa, den Wilhelm Keil 1952 in seinen Erinnerungen meint: »Mit einem in den ersten Tagen von ihm geschriebenen Aufsatz, den ich als Leitartikel verwenden konnte, bewies er, daß er politische Fragen von hohen Gesichtspunkten journalistisch zu bearbeiten verstand.« Schumacher sei eingetreten »als ein Neuling, nicht als ein Lehrling«.

Wesemann erwähnt als ersten Leitartikel einen Text mit der Überschrift »Christentum und Sozialismus« und berichtet, Schumacher habe sich in jenen ersten Jahren mit allen großen politischen Themen der Zeit beschäftigt. Im einzelnen nennt er eine Artikelserie über das Programm der NSDAP und eine wöchentlich erscheinende außenpolitische Umschau. In dieser Chronik faßte Schumacher jahrelang die wichtigsten Auslandsmeldungen zusammen und kommentierte sie.

Ein Beispiel vom 19. April 1922 zum deutsch-russischen Vertrag von Rapallo: Schumacher sah darin einen »reinen Wirtschaftsvertrag« und warnte: ». . . von geradezu verbrecherischer Leichtfertigkeit zeugt es, wenn es in Deutschland eine Presse gibt, die das politische Moment in den Vordergrund schiebt. In Wirklichkeit ist diese Beweisführung grundfalsch, denn daß wir uns auf ein solches Schwindelunternehmen wie eine russische Orientierung einlassen würden, wird doch kein ernsthafter Mensch in Deutschland glauben wollen. Ein bewußter Verzicht auf die Zusammenarbeit mit den Westmächten bedeutete Selbstmord.«

Der Rapallo-Vertrag, abgeschlossen von einer Regierung, an der unter dem Zentrumskanzler Dr. Josef Wirth Sozialdemokraten beteiligt sind, darf nicht als »Orientierung« mißverstanden werden, sagt der sozialdemokratische Jungredakteur 1922, der dreißig Jahre später im Bundestag noch ähnlich argumentieren wird. »Ein bewußter Verzicht auf die Zusammenarbeit mit den Westmächten bedeutete Selbstmord« – auch nach dem Zweiten Weltkrieg der Standpunkt der deutschen Sozialdemokraten.

In einer Reihe von Beiträgen in den Jahren 1921 und 1922 beschäftigte sich Kurt Schumacher allerdings mit den Reparationsforderungen der westlichen Siegermächte. Die Reparationsfrage blieb das beherrschende außen- und innenpolitische Thema der frühen zwanziger Jahre.

In diesem zeitgeschichtlichen Umfeld hat der junge Redakteur und Politiker also »das Handwerk erlernt«. Es seien aber noch die persönlichen Verhältnisse beschrieben, in denen Kurt Schumacher in der gewerbefleißigen süddeutschen Großstadt lebte. Schon 1920 war Stuttgart bei rund 350 000 Einwohnern eine geschäftige Metropole mit einem großen Angebot an kulturellen Einrichtungen – Oper und Theater, Bibliothek und Universität. Landschaftlich eingebettet zwischen den bis ins Stadtgebiet hereinragenden Weinbergen, umgeben von waldigem Hügelland am Rande des Schwarzwaldes, mit den prächtigen Schlössern und Parkanlagen der württembergischen Könige, bot der allerdings dicht besiedelte Stuttgarter Raum für private Unternehmungen viele Annehmlichkeiten. Kurt Schumacher hat von ihnen Gebrauch gemacht – soweit er sie sich leisten konnte.

Sein Biograph Fried Wesemann, der Kurt Schumacher aus jahrelangem persönlichen Umgang kannte, sagte über dessen finanzielle Verhältnisse: »Wenn man so wenig Geld hat, daß es für den Monat auf keinen Fall ausreicht, kann man es auch zur Regel werden lassen, schon Mitte des Monats mit leeren Taschen dazustehen.« Schumacher habe zu Geld stets das kühle Verhältnis derjenigen gehabt, die ihr Leben erst gar nicht mit der Hoffnung beginnen, daß sie jemals genug davon besitzen könnten. Die Parteikasse konnte dem hochbegabten Redner nichts zuschießen. So blieb es bei dem bescheidenen Redakteursgehalt einer Parteizeitung. Davon ging ein wesentlicher Teil allmonatlich zur Unterstützung der Eltern nach Hannover. Schumacher hat aber nichts entbehrt, denn »sein Sinn für leibliche Genüsse war weniger auf ausgefallene Delikatessen gerichtet, die ohnehin seine finanziellen Möglichkeiten überstiegen hätten, als auf eine gute Küche mit sorgfältiger Zubereitung.«

Solche und andere Vergnügungen bot der Künstlerstammtisch in der »Elsässer Taverne«, an dem Kurt Schumacher regelmäßig teilnahm. Das jedenfalls berichtet in seinen »Erinnerungen« ein anderer Teilnehmer, der Schumacher im Herbst 1950 an die gemeinsamen frohen Stunden erinnerte, der spätere General und militärische Berater des Kanzlers Adenauer, Hans Speidel. Er nennt weitere Zechkumpane aus der »Taverne«, die Schumacher dort angetroffen hat: den Humoristen Joachim Ringelnatz, die Wagnersänger Fritz Soot und Lilly Onegin, den Dirigenten Fritz Busch, die Komponisten Hans Pfitzner und Paul Hindemith.

Nach dem Zweiten Weltkrieg, als es für den Partei- und den Fraktionsvorsitzenden Kurt Schumacher finanziell etwas besser hätte aussehen können, mußte er, dem dann 1948 noch ein Bein amputiert wurde, den größten Teil seines Geldes für kostspielige ärztliche Leistungen und Operationen aufwenden.

Aber zurück nach Stuttgart und zu den bescheidenen Freuden des feschen jungen Mannes. Er trug Schnurrbart, zunächst jedenfalls, war gut gekleidet, machte was her mit seinen ein Meter achtzig Körpergröße, schlank, gutaussehend – mit dem leeren Rockärmel an der rechten Seite. Er war keine Mitleid erregende, verhärmte Gestalt, schmerzgebeugt wie dann dreißig Jahre später – abgemagert nach zehnjähriger KZ-Haft. In Stuttgart feierte er gerne – was sich jungen Leuten so bietet. »Und wenn im Herbst das Volksfest in Stuttgart kam [der Cannstatter Wasen], ging er auch mit den Freunden in den Trubel, wo Männer sich am Bier zu bewähren hatten«, berichtet Fried Wesemann weiter. »Nicht die Masse Bier und die Gläser Enzian wurden bei solchen Gelegenheiten gezählt, sondern die letzten, die am Tische sitzend übrigblieben. Schumachers Ruf, es mit den Trinkfestesten erfolgreich aufnehmen zu können, ging durch die württembergischen Lande, und manche Größe der Partei, die haushoch über dem politischen Redakteur stand, wurde von ihm am Biertisch gekippt.«

Über die Sängerin Marie Fiechtl, seine »Miga«, ist nur indirekt etwas zu erfahren. Seine Briefe an sie, aus dem KZ und dann ab 1945 nach Amerika, sind durch Erbgang über einen Neffen von Kurt Schumacher erst nach seinem Tode bekanntgeworden. Sie zeugen von einer sehr engen, anrührenden Zuwendung, nicht von Leidenschaft. Ob sie tatsächlich seine »große Liebe« gewesen ist oder seine Verlobte im förmlichen Sinne, läßt sich nicht nachweisen. Auf seinen Rat hin war sie 1933 in die USA ausgewandert, hatte Ende der dreißiger Jahre in Chikago den deutschstämmigen Amerikaner Walter Seibold geheiratet und war erst als Witwe zu Beginn der sechziger Jahre wieder in ihre österreichische Heimat, das Dorf Fügen bei Innsbruck, zu Geschwistern zurückgekehrt. Dort ist sie 1982 gestorben; ein einfaches Holzkreuz kennzeichnet ihr Grab. – Während des Aufenthalts von Kurt Schumacher in den USA ist es 1947 nicht zu einem ursprünglich geplanten Treffen gekommen, angeblich aus Termingründen.

Lewis Edinger hat dort Marie Seibold über ihre Beziehung mit Kurt Schumacher befragt. Er berichtet: »Seit 1925 unterhielt er ein ziemlich beständiges Verhältnis mit einer jungen Sorpranistin, die beim Rundfunk in Stuttgart arbeitete . . . Im Grunde hatte er wenig mit dem

Mädchen gemeinsam. Sie war fromme Katholikin, er Atheist . . . Sie war Sängerin und interessierte sich kaum für Politik, er Politiker, der wenig von Musik verstand. Schumacher versuchte nicht, sie zu beeinflussen, sie von ihrer Kirche abzubringen oder sie für Politik zu interessieren. Er besprach nie politische Probleme oder Ziele mit ihr, er nahm sie auch nie mit zu politischen Versammlungen. Er wollte, daß sie so blieb, wie sie war, und nicht von dem ›Gossenleben der Politik‹, wie er es nannte, verdorben würde. Nur wenige seiner politischen Mitarbeiter haben sie je kennengelernt.

Diese Verbindung, die er sorgfältig vor der Öffentlichkeit verbarg, ermöglichte es Schumacher, sich gelegentlich von seinen politischen Aufgaben zurückzuziehen, ohne dabei die Verantwortungen einer Ehe auf sich nehmen oder weiblichen Forderungen nachgeben zu müssen. Die Tatsache, daß das Mädchen hübsch und eine Künstlerin war, machte sie zweifellos attraktiv für ihn. Viel wichtiger jedoch war, daß sie ein mütterlicher Typ war, der für ihn sorgen wollte und ihn drängte, doch weniger zu rauchen und sich zu entspannen. Bei ihr, ebenso wie bei seiner Mutter, konnte er jungenhaft und lustig – nicht sarkastisch – sein, er war Junge und Mann, Sohn und Geliebter und trotzdem frei, seine wichtigsten Ziele zu verfolgen. Dieses Verhältnis muß für beide dauerhaft und glücklich gewesen sein; es endete erst, als Schumacher 1933 verhaftet wurde.«

Er habe nie von Heirat gesprochen. Edinger schließt daraus: »In seinem einsamen Kampf um politische Macht war kein Platz für rivalisierende Loyalität und belastende Verbindungen, besonders nicht mit Frauen. Seine selbstgewählte Rolle bedeutete ihm alles, sie bedeutete ihm mehr als seine Rolle als Sohn und als Geliebter. Darüber ließ er auch nach seiner Verhaftung und im Konzentrationslager keinen Zweifel.« Hier mag Edinger recht haben, der amerikanische Biograph, der 1964 Schumacher und die deutsche Politik zum Gegenstand von psychologischen Studien gemacht hat.

Lewis Edinger und eigentlich alle, die Schumacher kennengelernt haben, berichten von der charismatischen Ausstrahlung, die von dem leidenschaftlichen hageren, hochgewachsenen Invaliden ausging, und von seinem Wesen, seiner ungeheuren Kraft, die Bewunderung erzwang. Von Gefühlen ist auch die Rede, muß die Rede sein, bei der Suche nach einer Erklärung dafür, warum Kurt Schumacher schon in Stuttgart als Politiker vom ersten Tage an so erfolgreich war.

Der neue Redakteur der »Schwäbischen Tagwacht« nahm sofort »am täglichen Geschehen innerhalb der Partei aktiv« teil, schreibt Wilhelm Keil in seinen Erinnerungen. Am 18. Januar 1921 hielt Kurt Schumacher zum fünfzigsten Reichsgründungstag den Festvortrag in einer Mitgliederversammlung des Stuttgarter Ortsvereins der SPD. Im gleichen Monat begann »der Doktor« mit einem sechsteiligen Kursus über »Historischen Materialismus«. Einen Monat nach seinem Eintreffen also in der für ihn völlig fremden schwäbischen Stadt betrieb der studierte Junggenosse aus Westpreußen bereits politische Bildungsarbeit. Stand Karl Oster, Goldschmied von Beruf und Sekretär des Ortsvereins, kein anderer Redner zur Verfügung – oder wollte er den wenig geliebten Parteifreund Wilhelm Keil, den Landtagsabgeordneten, Landesvorsitzenden und künftigen Minister, mit der Wahl gerade dieses Referenten ein wenig provozieren?

Wilhelm Keil erklärt den politischen Blitzstart seines Redakteurs auf andere Weise: »Das bereitwillige Bemühen Schumachers, der schwäbischen Mundart Konzessionen zu machen, brachte es nicht zu großen Erfolgen. Dafür war aber das persönlich-politische Verhältnis um so rascher hergestellt. Schumacher brauchte nur einmal vor einer Arbeiterversammlung zu sprechen, um die Hörer für sich zu gewinnen. Dieser Redner war mit leidenschaftlichem Herzen der Idee des Sozialismus verbunden. Der Hörer spürte, daß hier eine auf Erlebnis und Einsicht beruhende tiefbegründete Überzeugung vorgetragen wurde von einem Manne, der aus innerem Drange sich berufen fühlte, der herrschenden sozialen Ordnung den Kampf anzusagen.

Im menschlichen Verkehr mit den Gesinnungsgenossen von der Drehbank, dem Schraubstock, der Esse kannte dieser Akademiker keine Reserviertheit. Die Distanz, die den Gebildeten von dem einfachen Arbeiter trennt, war rasch überwunden. Mit nicht wenigen Arbeitern aus der Fabrik verband ihn persönliche Freundschaft. Er stellte sich zur Aussprache auch im kleinsten Kreis zur Verfügung und sprach bei aller Verschiedenheit des Dialekts eben doch die Sprache des sozialistischen Arbeiters.«

Es ist erstaunlich, daß es Kurt Schumacher nach weniger als einem Jahr, im Sommer 1921, gelang, die Mehrheit seines Stuttgarter Ortsvereins für einen Antrag zu gewinnen, den Entwurf der Berliner SPD-Kommission zu einem neuen Parteiprogramm abzulehnen und statt dessen auf dem bevorstehenden Görlitzer Parteitag nur ein wirtschaftspolitisches »Aktionsprogramm für die kommenden Aufgaben und Kämpfe« zu verabschieden. Mit sehr großer Mehrheit wurde er als Delegierter zu diesem Parteitag entsandt. Sein Haupteinwand gegen den Programmentwurf: Die Möglichkeit zur Vertiefung der sozialistischen Theorie durch »die Schaffung einer sozialistischen Staats- und Rechtslehre« sei nicht genutzt worden.

Wer weiß, daß Schumacher zu dieser Zeit selbst an einer Dissertation über den »Kampf um den Staatsgedanken in der deutschen Sozialdemokratie« arbeitete, erkennt die thematische Parallele.

Für politische Soldatenverbände

Auf dem Görlitzer Parteitag vom 18. bis zum 24. September 1921 wurde dann – mit Schumachers Zustimmung – ein anderer, revidierter Entwurf verabschiedet. Das »Görlitzer Programm« bekennt sich zur »demokratischen Republik« als der »durch die geschichtliche Entwicklung unwiderruflich gegebenen Staatsform«. Interessanter noch – jedenfalls für seine Biographie – ist es, daß Kurt Schumacher in Görlitz das Wort zu einem wehrpolitischen Antrag erhielt, den ihm sein Stuttgarter Ortsverein gleichfalls nach Görlitz mitgegeben hatte. Er forderte, das in Berlin von der »Weimarer Koalition« aus SPD und Zentrum erlassene Verbot eines Soldatenverbandes aufzuheben. Der Antrag wurde der Reichstagsfraktion zur Beachtung überwiesen.

Es handelte sich um den »Reichswirtschaftsverband deutscher derzeitiger und ehemaliger Berufssoldaten«, nach Ansicht der Reichsregierung ein für Soldaten unzulässiger politischer Zusammenschluß. Schumacher widersprach also einer Regierung, in der die SPD mit Gustav Bauer den Reichskanzler stellte. Er hielt ihr auf dem Görlitzer Parteitag vor: »Man treibt heute soziale Fürsorge für die Soldaten, aber nicht so, daß der einfache Mann und Korporal sie als ihr gutes Recht empfängt, sondern daß er sie als ein Gnadengeschenk aus der Hand der Offiziere entgegennimmt. So geht man systematisch daran, mit dem Geld der Republik eine Prätorianergarde zu züchten. Wir denken nicht daran, die Reichswehr zu politisieren, aber wir wollen dem Soldaten zeigen, daß er im Gegensatz zu früher heute als Mensch, Staatsbürger und Soldat geachtet wird und darum gewisse Rechte zu beanspruchen hat, daß er nicht nur der ausführende Schießautomat in der Hand seiner Vorgesetzten ist. Das alte Heer war unpolitisch, aber nicht farblos, es war schwarz-weiß-rot. Wir brauchen ein Heer, das schwarz-rot-gold ist.«

Dieser Soldatenverband hatte sich, wie Schumacher in Görlitz betonte, einwandfrei republikanisch verhalten, als am 13. März 1920 die Marinebrigade Ehrhardt das Berliner Regierungsviertel kampflos besetzt und Wolfgang von Kapp, den ostpreußischen Landwirtschaftsdirektor, zum Reichskanzler ausgerufen hatte. Mit diesem »Kapp-Putsch« hatte eine Verschwörergruppe von Rechtsextremisten um General Ludendorff, den letzten Generalstabschef des Ersten Weltkrieges, die Macht an sich reißen wollen, unterstützt durch General von Lüttwitz, dem die Heeresverbände in Sachsen, Thüringen und Hannover unterstanden. Der Putsch brach vier Tage später durch den Generalstreik der Berliner Arbeiterschaft zusammen. Die sozialdemokratisch geführte Reichsregierung – nach Stuttgart geflüchtet – kehrte am 20. März 1920 nach Berlin zurück. Das war, anderthalb Jahre bevor Schumacher in Görlitz für den Verband der Berufssoldaten auf dem SPD-Parteitag eintrat.

Er, der ehemalige Kriegsfreiwillige, der schwer Kriegsversehrte, begann schon 1921, sich um den Verteidigungsbereich zu kümmern, um den, wie es später hieß, »Staatsbürger in Uniform« und dessen Staatsgesinnung. Das setzte sich fort mit Artikeln, Anträgen und Reden in seiner Stuttgarter Zeit, in den wehrpolitischen Debatten auf dem Magdeburger Parteitag 1929 und, was die Soldatenverbände angeht, auch noch 1951 in seinem Eintreten für deren soziale Interessen. Seine Funktion als Führer des sozialdemokratischen »Reichsbanners« wurde bereits erwähnt, und 1951 bekundete er auf einer SPD-Vorstandssitzung sogar sein Interesse an der Wiedergründung einer »Schutzeinheit«.

Kurt Schumacher erwies sich von den ersten Stunden seines politischen Wirkens an als militanter Demokrat, der für die Belange der Landesverteidigung Verständnis hat. Er blieb bis 1930 in Stuttgart neben seinen Aufgaben in der Partei auch Landesvorsitzender des Verbandes der Kriegsbeschädigten.

Ein Zufall wollte es, daß nach dem Zweiten Weltkrieg in dieser Funktion und in der Bundestagsfraktion der Schwerkriegsbeschädigte Werner Bazille für die SPD sprach, ein Sohn des innenpolitischen Hauptgegners von Kurt Schumacher in Württemberg, des deutschnationalen »Staatspräsidenten« Wilhelm Bazille. Dieser war der Sohn eines französischen Kriegsgefangenen aus dem Krieg 1870/71, der eine Schwäbin geheiratet hatte. Als Kurt Schumacher am 4. Mai 1924 in den württembergischen Landtag einrückte, lagen noch zwei Beleidigungsklagen gegen ihn vor, die der deutschnationale Abgeordnete

Bazille wegen zweier Artikel in der »Schwäbischen Tagwacht« 1923 angestrengt hatte.

Schneidige Attacken im Landtag

Die Ausgangsbasis für die SPD im Landtag war schmal. Sie stellte 13 von 80 Abgeordneten, die Kommunisten 10. Der Bürger- und Bauernbund hatte als stärkste Partei 25, das Zentrum 13 und die Deutsche Demokratische Partei 9 Mandate. 1924 kam es zu einem Bürgerblock mit Wilhelm Bazille von der »Bürgerpartei«, wie sich die Deutschnationale Volkspartei in Württemberg nannte. Gegen den Regierungschef Bazille richtete sich auch Schumachers erste Rede im Landtag am 16. Dezember 1924 – die erste von 33 bis zu seinem Wechsel in den Berliner Reichstag 1930. Von Mai bis Dezember 1924 hatte er nur ein paar Zwischenrufe gemacht und sich in den Ausschüssen für Rechtsfragen, für Wirtschaft und für Sozialpolitik betätigt.

Den neuen »Staatspräsidenten«, wie sich in Württemberg die Regierungschefs nannten, übrigens auch kurze Zeit nach dem Zweiten Weltkrieg in Südwürttemberg-Hohenzollern, griff Schumacher zuerst in den Spalten der »Schwäbischen Tagwacht« schneidig an. Dann also, am 16. Dezember, ging es im »Halbmondsaal«, so hieß damals der Plenarsaal im Schloß, zwar um eine Nebenfrage im Zusammenhang mit einem formalen Nothaushalt, bei der Schumacher das erstemal für die SPD-Fraktion sprechen durfte. Er ging aber sofort aufs Ganze, nahm sich den Staatspräsidenten höchstpersönlich vor und startete eine Philippika gegen Bazilles Regierungsmethoden. Sie seien »das Schlimmste, was das württembergische Volk treffen« könne. Bazille hatte sich in einer zehn Tage vorher abgegebenen Erklärung gerühmt, nach den Wirren in Bayern trage nunmehr Württemberg »wie in alten Zeiten die Reichssturmfahne voran«.

Schumacher hielt Bazille vor, daß er von der »Reichstreue« Bayerns gesprochen habe, obwohl Bayern jahrhundertelang das »stehende Heer Frankreichs in Deutschland« gewesen sei. Die schwarz-weiß-rote diktatorische Politik Bayerns bis 1923 sei in der Absicht betrieben worden, die Reichseinheit zu zersetzen. Bayern steuere eine Revision der Weimarer Verfassung an mit dem Ziel, hinter die Zeit von 1871 zurückzugehen, und wolle das Reich nur zu einem völkerrechtlichen statt zu einem staatsrechtlichen Gebilde machen. Schumacher warf Bazille also vor, diese reichsfeindliche Politik Bayerns mit seiner Erklärung vom 6. Dezember unterstützt zu haben. Außerdem: Von der

Regierung Bazille werde die Staatsmacht zur brutalsten Klassenpolitik genutzt.

Es scheint, daß der junge Abgeordnete mit dieser Jungfernrede im Parlament nur seine Angriffe in der Zeitung variieren wollte, die ihm Beleidigungsklagen eingebracht hatten. Das Haushaltsthema war ein Vorwand, um auf die Rednertribüne zu kommen. Und noch ein anderer Ton klang in dieser ersten Landtagsrede von Kurt Schumacher an, der fortan immer wiederkehren sollte: ein antibayerischer Akzent – in der Partei wie in staats- und bundespolitischen Fragen. Darüber wird später noch zu berichten sein. 1924 warf er zunächst nur seinen Hut in die parlamentarische Arena, in der er später in Stuttgart, in Berlin und in Bonn noch viele rhetorische Schlachten geschlagen hat, manchmal auch, wie bei diesem ersten Male, unter Zuhilfenahme eines Vorwandes.

Schumacher avancierte bald zum Hauptsprecher der SPD-Fraktion auf vielen Gebieten. Justiz- und Sozialpolitik, Haushaltsfragen und – als Hauptthema in Variationen – die Einheit des Reiches finden sich beim Durchblättern der Landtagsprotokolle immer wieder in Verbindung mit seinem Namen. Er kam, aus welchem Anlaß auch immer, stets sofort zu grundsätzlichen Betrachtungen. Ging es um den Haushalt des Justizministers, dann ging es für Schumacher um »Klassenjustiz«, um »juristischen Doktrinarismus«. Handelte es sich um den Etat des Landesarbeitsministers, dann forderte Schumacher von der Landesregierung, die dafür nicht zuständig war, das Festhalten am Achtstundentag: Die Unternehmergewinne seien seit der Inflation gestiegen, die Arbeitseinkommen hingegen gesunken.

Und, so am 3. Februar 1925: »Wir haben nun die Situation in Deutschland, daß wirtschaftlich, steuerpolitisch und sozial die Profitsucht der Kreise, die angeblich die nationale Gesinnung gepachtet haben, dabei ist, die Nation zu zerstören. Wer sich gegen diese Politik wendet, der, aber auch nur der allein, stärkt die deutsche Nation und gibt ihr die Möglichkeit des Wiederaufstieges.« Und bei anderer Gelegenheit am 19. Dezember desselben Jahres: »Sozialpolitik in einer Situation, in der die soziale Not die Grundlagen des ganzen staatlichen und wirtschaftlichen Lebens erschüttert, ist die nationalste Tat, wie sie überhaupt getan werden kann.«

Nation, nationale Tat, nationale Gesinnung – Schumacher griff weit über die Landesebene hinaus, wenn er sich mit der Staatsauffassung seines Hauptgegners, des Staatspräsidenten Wilhelm Bazille, auseinandersetzte. Bazilles Eintreten für einen Ständestaat nach dem Vorbild des faschistischen Italien nannte Schumacher eine »Sünde wider den Geist der Weimarer Verfassung«, auf die die württembergische Regierung vereidigt sei. Mit einer zweistündigen Rede griff Schumacher schließlich am 28. Januar 1928 die Behauptung des Staatspräsidenten an, daß die Sozialisten und der Großkapitalismus die Absicht hätten, das Deutsche Reich in einen Einheitsstaat zu verwandeln. Bazille hatte von dieser Gefahr auf einer Länderkonferenz in Berlin gesprochen, zu der Reichskanzler Marx (Zentrum) unter dem Thema »Reich und Länder« eingeladen hatte. Die SPD verstand Bazilles Satz ». . . nichts ist irriger und gefährlicher als die Meinung, die Länder werden sich schließlich in ihr unvermeidliches Schicksal fügen« als Drohung, Württemberg werde notfalls aus dem Deutschen Reich ausscheiden, und stellte daraufhin Bazille mit einer großen Anfrage im Landtag zur Rede.

Für Schumachers Geschichtsauffassung werden aus dem Landtagsprotokoll vom 28. Januar 1928 gern folgende Sätze zitiert: »Die bismärckische Schöpfung von 1871 ist ein Kompromiß zwischen dem Willen des deutschen Volkes zur Einheit und den realen Tatsachen einer Fürstenmacht, die mit dem deutschen Gedanken, der deutschen Seele und der deutschen Politik überhaupt nichts zu tun gehabt hat. Ich brauche bloß an das unendlich schädliche Verhalten der Hohenzollern und der Wittelsbacher zu erinnern, um zu zeigen, daß Bismarck hier mit sehr realen Faktoren des Widerstandes zu rechnen gehabt hat, so daß eine stärker zentralistische Regelung, als sie Bismarck 1871 getroffen hat, realpolitisch gar nicht möglich war . . . Bismarck hat also in seiner Verfassung kein Endziel erreichen können. Bismarck hat nur eine Etappe auf diesem Wege schaffen können . . . Auch Weimar war nichts weiter als eine neue Etappe zum Unitarismus, dessen erste große Etappe das bismärckische Reich ist. Weimar kam, weil wir auf der ersten Etappe nicht stehenbleiben konnten. Da wir zum Ziele müssen, wollen wir über das Werk von Weimar hinaus!«

Schumacher schloß diese wichtige Grundsatzrede: »Die Reaktion denkt: Ehe wir das partikularistische Bollwerk unserer Klassenvorteile aufgeben, eher soll das Reich zugrunde gehen. Es ist der alte Standpunkt der Kreise, die sich in Deutschland national nennen und das Wort national immer nur als Deckmantel für ihre extremsten gesellschaftlichen, klassenpolitischen und parteipolitischen Vorteile benutzt haben. Wir verzichten auf die Hilfe der Deutschnationalen, wir wissen uns sicher der Hilfe der nationalen Deutschen.«

Schumacher schonte in seiner Attacke gegen den deutschnationalen

Bazille dessen Koalitionspartner, das Zentrum, angesichts der bevorstehenden Reichstags- und Landtagswahlen im Mai 1928. Die SPD erwartete – zu Recht – einen großen Erfolg und wollte sich den Weg zu einer späteren Koalition mit dem Zentrum nicht verbauen. Diese taktische Rechnung ging in Stuttgart jedoch nicht auf.

Vielleicht wurde dem katholischen Zentrum mit dieser Rede andererseits zu deutlich gemacht, daß der »Preuße« Schumacher ein Anhänger des Einheitsstaates war und ein Bewunderer Bismarcks dazu. Dieses nationale Selbstverständnis zeichnete ihn aus, behinderte aber auch nach 1945 die Kompromißmöglichkeiten mit den christlichen Demokraten und deren föderalistischer Staatsvorstellung.

Auch in der eigenen Partei tat sich Kurt Schumacher mit der Ansicht schwer, Weimar nur als eine weitere Etappe auf dem Wege zur zentralistisch gedachten Reichseinheit anzusehen. Die »königlich bayerischen Sozialdemokraten«, die es bereits in den zwanziger Jahren gab, bevorzugten in Partei und Staat das föderalistische Prinzip. Natürlich hatte auch das katholische Zentrum, auf dessen Koalitionsbereitschaft Schumacher in Stuttgart vergeblich hoffte, seit dem »Kulturkampf« in Preußen gegen Bismarck und Berlin viel einzuwenden. Diese konfessionellen Wurzeln des deutschen Föderalismus scheint der Preuße und Protestant Schumacher übersehen zu haben.

Bleibt noch ein Wort über den Redner im Landtag zu sagen, der die meisten Ordnungsrufe erhielt – Kurt Schumacher. Der junge intelligente Feuerkopf war schon in den zwanziger Jahren ein gefürchteter Polemiker. Seinen sehr selbstbewußten Gegner, den Staatspräsident Bazille, verglich er mit Herostrat, der den Tempel in Ephesus in Brand steckte, nur um berühmt zu werden. Als ein Nationalsozialist die nationale Gesinnung von Schumacher anzweifelte, erwiderte dieser: »Sie legen Wert darauf, daß ich Sie für einen Lümmel halte.« Und als der Landtagspräsident ihn deshalb rügte, fuhr Schumacher fort: »Ein Mensch mit beschränkten geistigen Gaben sollte das Zwischenrufen unterlassen.«

Seine Spottlust machte auch vor dem Chef Wilhelm Keil nicht halt. Schumacher charakterisierte dessen realistische Anpassungsfähigkeit mit »MdL« und »MdR«, den Abkürzungen für Mitglied des Landtages und des Reichstages, die in seiner Version für »Mitglied der Linken« und »Mitglied der Rechten« in der SPD standen. Seine Schlagfertigkeit brachte Schumacher bei den Schwaben den Spitznamen »preußische Revolverschnauze« ein.

Bei den Landtags- und Reichstagswahlen am 20. Mai 1928 erreichten die Sozialdemokraten ein Rekordergebnis, in Stuttgart mit einem persönlichen Triumph für Kurt Schumacher: Die SPD nahm allein in der Landeshauptstadt um 81 Prozent zu, auf der Landesebene nur um 13,3 Prozent. Kurt Schumacher war schon seit 1927 Vorsitzender des Ortsvereins Stuttgart, der wichtigste in Württemberg und einer der zwölf größten im Reichsgebiet. Mittlerweile also Ortsvereinsvorsitzender, Landtagsabgeordneter und politischer Redakteur der einflußreichsten SPD-Zeitung des Landes, erzielte Schumacher in seiner Stadt mit weitem Abstand das beste Ergebnis für seine Partei. Allerdings reichte es noch nicht für ein Reichstagsmandat, weil er an fünfter Stelle auf der Landesliste stand. Kurt Schumacher zog erst – mit einem etwas schlechteren Resultat für die SPD – nach der Wahl im September 1930 in den Berliner Reichstag ein.

Im Mai 1928 erreichte die SPD mit knapp 30 Prozent der Stimmen im Reichsgebiet 153 Mandate, 53 mehr als 1924. Sie wurde die stärkste Partei und bildete unter Reichskanzler Hermann Müller eine Große Koalition mit dem Zentrum, der Deutschen Volkspartei, der Bayerischen Volkspartei und den Demokraten. Die Nationalsozialisten erhielten erst 12 Sitze im Reichstag, die Kommunisten 54 und die Deutschnationalen 73.

Auch in Württemberg führten die Sozialdemokraten – sogar mit 30,5 Prozent. Trotzdem gelang ihr keine Regierungskoalition. Das Zentrum blieb der »Bürgerpartei« treu, nahm noch die erstmals in den Landtag eingezogenen Protestanten mit ihren drei Mandaten dazu und bildete unter dem bisherigen Innenminister Eugen Bolz vom Zentrum die nächste Landesregierung. Der Hauptverlierer, der bisherige »Staatspräsident« Wilhelm Bazille, kehrte trotz der hohen Stimmenverluste für seine »Bürgerpartei« als »Kultminister«, so hieß dort der Kultusminister, wieder. Auf den sozialdemokratischen Gegenkandidaten, Schumachers Chef Wilhelm Keil, entfielen 39 von 80 Stimmen. Ein Mißtrauensantrag der SPD gegen den Minister Bazille wurde bei Stimmengleichheit abgelehnt. Zwar hatte sich ein Abgeordneter der bürgerlichen Koalition der Stimme enthalten, doch der Staatsgerichtshof entschied in einem Prozeß, in dem Kurt Schumacher als Anwalt die Klage vertrat, daß die Stimmenthaltung als Ablehnung zu werten sei.

Schumacher war zu dieser Zeit 33 Jahre alt. Er hatte sich eine Führungsposition in seiner Landespartei erkämpft, war zur Nummer zwei der württembergischen Sozialdemokraten aufgerückt. Wilhelm Keil, noch immer der erste Mann, konzentrierte sich auf die Arbeit im Berliner Reichstag. Die große Auseinandersetzung mit der württembergischen Rechtsregierung führte im Stuttgarter »Halbmondsaal« vorwiegend Kurt Schumacher, zusammen mit Fritz Ulrich, zugleich Reichstagsabgeordneter, der übrigens nach dem Zweiten Weltkrieg bis 1956 in Baden-Württemberg Landesminister des Innern war.

Baden-Württemberg – der Zusammenschluß mit dem Nachbarlande – spielte schon in der Weimarer Zeit gedanklich eine Rolle. Kurt Schumachers Standpunkt zur Frage des Südweststaates war damals: »Man spricht sehr viel von der Vereinigung Wüttembergs und Badens. Wir sind die stärksten Befürworter dieser Vereinigung gewesen, wir wollten die Dinge im deutschen Süden endlich in Fluß bringen. Bei uns herrschte die feste Überzeugung, daß die innerdeutsche Ordnung so nicht bleiben kann. Aber wir betrachten die Frage nicht unter dem kleinen Gesichtspunkt des einzelnen Landes. Das Primäre muß bei den Zwecken und Notwendigkeiten des Reiches liegen.

Aus Baden ist aus dem Munde des dortigen Zentrumsführers das Wort erklungen, daß daraus eine Stärkung des föderalistischen Gedankens hervorgehen müßte. Damit sind wir nicht einverstanden. Wir sind für eine Neuordnung der Verhältnisse von Reich und Ländern, für eine Änderung der Größenverhältnisse der einzelnen Länder, sehen aber in einer bloßen Vergrößerung von Landkartenflächen nicht in jedem Fall einen Fortschritt; auch die Probleme, die sich um die Pfalz herumgruppieren, möchten wir in Bälde gelöst wissen. Wir wollen aber kein neues Bayern und keine neue Mainlinie. Wir sind für jede Reform, die die Möglichkeit zur Reichsvereinheitlichung bietet, wir sind aber gegen jeden Plan, der partikularistische Tendenzen verfolgt.«

Der Südweststaat als Stärkung des föderalistischen Gedankens – dieses Argument eines Zentrumspolitikers behagte dem Preußen Schumacher nicht. Er fürchtete offenbar, daß eine wachsende Stärke der Länder die Reichseinheit schwächen könnte. Hinzu kam, daß sich das Zentrum in Stuttgart einer Koalition mit den Sozialdemokraten beharrlich verweigerte und daß es in der SPD-geführten Koalition in Berlin weitgehende Zugeständnisse erzwang, die den sozialdemokratischen Wählern mißfielen. Die sozialdemokratischen Reichsminister sollten – und sie fügten sich schließlich – die schon von der Vorgänger-Regierung in den Wehretat aufgenommenen Raten für den Bau des Panzerkreuzers Typ A bewilligen. Im Wahlkampf 1928 hatte die SPD gegen den Bau polemisiert: »Kinderspielzeug statt Panzerkreuzer«. Das Zehntausend-Tonnen-Schiff hatte die den Deutschen im

Vertrag von Versailles gerade noch zugestandene Größe. Modern ausgestattet sollte es jedoch mehr Feuerkraft besitzen und schneller sein als andere Schiffe dieser Klasse.

Frühe Opposition gegen SPD-Wehrpolitik

Wilhelm Keil sah für die neue, gestärkte Reichstagsfraktion der SPD keine Möglichkeit, den von der rechtsgerichteten Mehrheit des alten Reichstages gefaßten Beschluß zu annullieren. Kurt Schumacher hingegen kämpfte dafür in der Zeitung, deren Chefredakteur Keil gerade Sommerurlaub machte: »An alle Parteiinstanzen richten wir die dringende Aufforderung, diese Dinge nicht bloß mit der parlamentarisch-politischen Elle zu messen. Hier geht es um etwas anderes, Größeres, um den Fundus der inneren Kraft der großen deutschen Arbeiterpartei . . . Der ganz eindeutige Wille der Mitgliedschaft treibt zu der Verwirklichung der richtigen Erkenntnis, daß die Panzerkreuzerfrage für eine ganze geschichtliche Epoche das Wahrzeichen ist in dem Ringen zwischen dem Kraftgefühl des nationalen Imperialismus und sozialdemokratischer Politik . . .« Es nützte nichts. Die sozialdemokratischen Reichsminister stimmten in der Kabinettssitzung am 10. August 1928 dem Baubeginn des Kreuzers zu. Die Reichstagsfraktion der SPD mißbilligte zwar öffentlich diese Haltung ihrer Minister – neben Reichskanzler Hermann Müller waren dies Finanzminister Rudolf Hilferding, Arbeitsminister Rudolf Wissel und Innenminister Carl Severing –, forderte sie aber nicht zum Rücktritt auf.

Kurt Schumacher war in seinem Kampf gegen die Berliner Reichsminister nicht allein. In der SPD hatte sich ein Proteststurm erhoben, nicht nur in Stuttgart. Auch viele andere Ortsvereine verlangten 1928 die Revision des Berliner Kabinettsbeschlusses. Schumacher forderte in der Panzerkreuzerfrage allerdings nicht den Bruch der Koalition, den sofortigen Rücktritt der Minister. Er empfahl, die Reichstagsfraktion und die Minister müßten nunmehr gegen die Bewilligung einer zweiten Rate für den Panzerkreuzer kämpfen. Diese zwiespältige Haltung war offenbar beeinflußt von dem Wunsch, die pazifistischen Strömungen in der SPD nicht von neuem zu beleben.

Grundsätzliche Auseinandersetzungen über die Wehrpolitik waren für den bevorstehenden Parteitag in Magdeburg vom 26. bis zum 31. Mai 1929 zu erwarten. Eine Kommission legte im Dezember 1928 dazu einen Programmentwurf vor. In der Zeitschrift »Klassenkampf« wurde ein Gegenentwurf veröffentlicht. Schumacher hielt beide Entwürfe für ungeeignet, wie überhaupt ein eigenes »Wehrprogramm« der Partei. In der »Schwäbischen Tagwacht« und dann auf dem Parteitag selbst trat Schumacher ein für eine »Demokratisierung und Republikanisierung der Reichswehr«. Gemeint war die Hunderttausend-Mann-Streitmacht von Berufssoldaten, die das Reich nach dem Vertrag von Versailles unterhalten durfte.

Nach Ansicht von Schumacher bestand die Gefahr, »daß aufgrund der jahrhundertealten preußischen Tradition auch das Offizierskorps der Reichswehr außerhalb des Staates, außerhalb der Verfassung leben« könnte. Im Protokoll: »Ihre Bindung an alles staatliche Geschehen erfolgte lediglich durch die Person des obersten Kriegsherrn. (Sehr richtig!) Seitdem der oberste Kriegsherr nicht mehr vorhanden ist, haben sie sich auf sich selbst konzentriert in dem Gefühl, zu schade zu sein, um sich in das parlamentarische System einzugliedern. Sie haben letzten Endes immer die Reservatio mentalis, die Grundsätze ihres Handelns, aus sich selbst und nicht aus der Demokratie und ihrer Verfassung geschöpft.«

Schumacher betonte: »Wir werden von einem anderen Standpunkt ausgehen müssen, und das ist der, daß sämtliche Parteiprogramme der Sozialdemokratie von der Bejahung des Wehrgedankens ausgehen, zumindest aber den Wehrgedanken nicht ausschließen.« Der Entwurf des Wehrprogrammes aber sei das Ergebnis einer Zufallssituation innerhalb der Partei, der Vater des Wehrprogrammes sei der Panzerkreuzer A. »Sehr wahr«, steht hier im Protokoll und dann: »lebhafter Beifall«, als Schumacher schließt: »Ich glaube, daß die Möglichkeiten des Parteiprogramms zu praktischer Politik genügen, und meine, daß die Fahne, unter der die Arbeiter der sozialdemokratischen Politik folgen werden, die Fahne der Kriegsverhinderung mit allen Mitteln ist.« Nur eine solche Armee sei vom sozialistischen Standpunkt aus zu akzeptieren, »die in ihrem Geist, ihrer Verfassung, ihrem Umfang und ihrem Zuschnitt noch kein kriegsförderndes Moment enthält. Gehen wir über den Rahmen des uns im Versailler Vertrag Gestatteten gegen die Entente hinaus, dann werden wir an die Seite der Sowjetunion gedrängt. Gestattet umgekehrt die Entente, unsere militärischen Hilfsmittel zahlenmäßig und qualitativ zu verstärken, so geht das nur unter der Bedingung unserer Gefolgschaft gegenüber den Westmächten gegen Sowjetrußland. In beiden Fällen trägt die deutsche Aufrüstung ein deutlich auf den Krieg weisendes Kennzeichen an sich, ob wir wollen oder nicht. Mit der Einbeziehung Deutschlands in irgendwelches Bündnissystem aber fördern wir nicht nur einen gewissen Rückschritt in den internationalen Beziehungen, sondern spielen unseren einzigen außenpolitischen Trumpf der Bündnis- und Verpflichtungslosigkeit aus, ohne daß er richtig zum Stechen kommt.«

Es ging Schumacher in dieser Parteitagsrede also um zweierlei: die innenpolitische Zähmung der Reichswehr, die kein Staat im Staat bleiben sollte, und die außenpolitischen Folgen einer Aufrüstung über die vom Versailler Vertrag gesetzten Grenzen hinaus. Ähnliche Überlegungen bestimmten auch 1950/51 seine Bedingungen für einen Verteidigungsbeitrag der Bundesrepublik. Die Magdeburger Rede von 1929 macht Schumachers Haltung zwanzig Jahre später verständlicher.

Die Wehrvorlage des Parteivorstandes wurde in Magdeburg trotz seiner wohlbegründeten Einwände mit 256 gegen 136 Stimmen angenommen. An der Seite von Kurt Schumacher stimmte übrigens damals schon Josef Felder aus Augsburg, 1932 Reichstagsabgeordneter und später Bundestagsabgeordneter, der mit Schumacher zusammen auch einige Monate in Dachau verbracht hat. Er erinnert sich genau an die große Hilfe, die Kurt Schumacher als Redner den bayerischen Schwaben in Augsburg während der zwanziger Jahre gewesen ist. Andere bayerische Genossen urteilten nicht so positiv über Schumacher, weder zur damaligen Zeit noch später. Schumachers Vorstellungen jedenfalls, die er in den zwanziger Jahren für eine Demokratisierung der Reichswehr entwickelte, fanden sich in einer Reihe von Punkten des Soldatengesetzes wieder, das dreißig Jahre später vom Deutschen Bundestag verabschiedet wurde.

Der Reichsbanner-Führer

Am Ende eines längeren Artikels in der Zeitschrift des »Reichsbanner Schwarz-Rot-Gold« schrieb Schumacher am 15. Juni 1929: »Es wäre ein verhängnisvoller Irrtum, zu übersehen, daß der innenpolitische Kampf um die Reichswehr die Tendenz hat, zu der großen Koalitionsfrage zu werden. Diese Tendenz ist unvermeidlich, denn man kann die Tatsache der Machtverteilung im Staat auf die Dauer nicht totschweigen.«

Kurt Schumacher führte zum damaligen Zeitpunkt diese sozialdemokratische Schutzformation in Stuttgart, die insgesamt 160 000 Mann im Reichsgebiet mobilisieren konnte. Gegründet hatte das Reichsbanner der ehemalige Hauptmann Otto Hörsing im Februar 1924 in Magdeburg. Uniform: Schirmmütze mit schwarz-rot-goldener Kokarde, Windjacke, Koppel, Schulterriemen. Gedrillt seien sie nicht worden, erinnert sich Friedrich Wurm, einer der Stuttgarter »Mitkämpfer« von Kurt Schumacher. Und mit der Bewaffnung sei es auch nicht weit hergewesen – vierzig Kleinkalibergewehre, ein paar Schlagringe. Aber fröhlich sei es zugegangen bei der Fahnenweihe. Er weiß noch die Liedstrophe: »Mit uns zieht die neue Zeit . . .«

Das Reichsbanner ist übrigens – unbemerkt von der Öffentlichkeit – von früheren Mitgliedern als »Traditionskompanie« wieder ins Leben gerufen worden. Vorsitzender des »Reichsbanners Schwarz-Rot-Gold, Bund aktiver Demokraten e.V.« wurde 1986 Walter Hesselbach, der langjährige Chef der »Bank für Gemeinwirtschaft« in Frankfurt. Aus seinem Grußwort vom 14. März 1986: »Die harten Auseinandersetzungen mit den Feinden der Republik, die bitteren Jahre der illegalen politischen Arbeit und die schwere Zeit des Krieges und der Kriegsgefangenschaft waren für meine Generation eine entscheidende Erfahrung . . . Zur Geschichte des Reichsbanners können wir uns bekennen. Es gab Fehler und menschliche Schwächen; es gab aber noch mehr Mut, Solidarität und Opferbereitschaft. Das Reichsbanner ist mehr als ein Denkmal für Geschichtsbücher. Es ist eine Einrichtung, in der heute Männer und Frauen zusammenarbeiten, um die wichtigen Einsichten der Geschichte wachzuhalten und weiterzugeben. Gerade in den achtziger Jahren brauchen wir überzeugende Visionen des menschlichen und des sozialen Fortschritts, die uns Mut machen auf dem Wege in eine gerechtere und bessere Welt.«

Kurt Schumacher verordnete dem Reichsbanner »politischen Offensivwillen« mit dem Ziel, »den Republikanern die Macht in der Republik« zu geben. Aus seinem Referat während der Gaukonferenz des Reichsbanners in Esslingen am 30. März 1930 sei ein später oft wiederholter Vergleich zitiert: »Der Weg der leider ziemlich zahlreichen proletarischen Hakenkreuzler geht über die Kommunisten, die in Wirklichkeit nur rot lackierte Doppelausgaben der Nationalsozialisten sind. Beiden gemeinsam ist der Haß gegen die Demokratie und die Vorliebe für die Gewalt. Die Kommunisten zumal, die nur in ökonomischen und kulturell zurückgebliebenen Ländern Fortschritte machen konnten, sind die stehenden Heere der sowjetischen Außenpolitik.« Die »rot lackierten Nazis«, die Kommunisten als stehende Heere der sowjetischen Außenpolitik – Kurt Schumacher knüpfte 1945 daran an, verwendete sogar wörtlich dieselben Argumente für die Weigerung der Nachkriegs-SPD, mit Kommunisten in irgendeiner Form zusammenzuarbeiten. Er war sich in dieser Ablehnung seit den zwanziger Jahren treugeblieben.

Im Reichstag für drei Jahre

Wenn die Rechte drankommt, dann kommt es zum Kriege«, hatte Kurt Schumacher schon 1928 auf dem Magdeburger Parteitag gewarnt. Am 14. September 1930, ein gutes Jahr später, verzehnfachten sich bei der Reichstagswahl die Mandate für die Hitler-Partei, die NSDAP. Statt bisher mit 12 wurde sie im neuen Reichstag jetzt mit 107 Abgeordneten zur zweitstärksten Fraktion. Die Sozialdemokraten behaupteten zwar ihre Position als stärkste Partei, sie büßten jedoch 10 Mandate ein und gingen mit 143 Abgeordneten in die nächste Legislaturperiode. Aber schon jetzt hatten Nationalsozialisten und Kommunisten zusammen mehr Stimmen erhalten als die SPD. Die KPD steigerte sich von 54 auf 77 Abgeordnete. Faschismus und Kommunismus sei es gelungen, den Aktivismus der Jugend für sich einzuspannen, stellte Schumacher auf der Reichsbannerkonferenz am 30. März 1930 in Esslingen fest.

In Berlin gab es für den Reichstagsneuling zunächst nicht viel zu tun. In Stuttgart aber, als Vorsitzender des Ortsvereins und als Leitartikler der größten Parteizeitung, wurde er dringend gebraucht. »Die Stuttgarter Parteileitung unter Schumachers Führung war in jenen Jahren eine von politischen Energien erfüllte Körperschaft«, berichtete Erwin Schoettle, seit September 1931 hauptberuflich Stuttgarter Parteisekretär. Dieser Helfer und Freund erzählte aus seinen Erinnerungen:

»Niemals zuvor und nachher haben wir dank des reibungslosen Funktionierens aller Teile der Organisationen größere Massenkundgebungen zustande gebracht als in jener kurzen Periode von 1931 bis zum Frühjahr 1933, und immer stand Kurt Schumacher entweder als Redner oder als Leiter der Kundgebungen mit seiner zündenden Rede und seiner mitreißenden Gestik im Mittelpunkt des Geschehens. Für die Gegner der Sozialdemokratie war er in jenen Jahren die Stuttgarter SPD. Auf ihn konzentrierte sich ihr Haß. Dabei war die innere Lage der Partei damals keineswegs einfach. Viele der besten unter unseren Funktionären waren von einer tiefen Unruhe über den Gang der politischen Ereignisse erfüllt. Nach dem 20. Juli 1932, als Reichskanzler von Papen seinen Staatsstreich gegen die Preußenregierung [SPD-Ministerpräsident Otto Braun, SPD-Innenminister Carl Severing] ohne Widerstand durchführen konnte, entstand eine deutlich fühlbare geistige Krise in der Partei, die gelegentlich zu dramatischen Auseinandersetzungen führte. Diese Krise wurde überbrückt durch eine Massenmobilisierung, die weit über die sozialdemokratische Partei hinaus die Reihen der Gewerkschaften und der Arbeiter-Sportvereine und Kulturorganisationen erfaßte. Der Versuch, durch die Schaffung der sogenannten Eisernen Front [Zusammenschluß von SPD, Gewerkschaften, Reichsbanner gegen die vom deutschnationalen ›Stahlhelm‹ und Hitlers SA gebildete ›Harzburger Front‹] einen Schutzwall gegen die hereinbrechende nationalsozialistische Flut zu errichten, war gut gemeint und groß angelegt. Wenn er schließlich doch scheiterte, so lag das nicht an der Bereitschaft der Massen, sondern daran, daß die Gesamtumstände sich inzwischen so sehr zuungunsten der demokratischen Kräfte verändert hatten, daß nur noch ein Wunder den Zusammenbruch der Republik verhindern konnte.

Schumacher war als einer der politischen Initiatoren der ›Eisernen Front‹ im Lande Württemberg fast Tag und Nacht auf den Beinen. Wenn er von Berlin zurückkam, gab es keine Ruhe. Konferenzen und Sitzungen jagten sich. Gespräche mit einzelnen, politische Informationsstunden mit Körperschaften oder Gewerkschaftsvorständen lösten einander ab. Ich sehe ihn noch vor mir, wie er bei solchen Gelegenheiten ohne Jacke, den rechten Ärmel schlaff herunterhängend oder mit impulsiven Bewegungen um sich schleudernd, zwischen den dicht besetzten Stuhlreihen hin und her ging und über die politische Lage referierte, spannungsgeladen, mit dem Willen, zu überzeugen und zu bewegen, damit die Partei nicht mitten in der hitzigsten politischen Auseinandersetzung mit leerer Kasse dastand. Häufiger noch sollten die Genossen zu letzter Aktivität angespornt werden. Immer aber blieb Schumacher der rücksichtslose, ja respektlose Polemiker, der Kamerad seiner Kameraden und der Freund seiner Freunde. Wie oft saßen wir in jenen Monaten allein oder mit Freunden, wie Fritz Bauer [in den fünfziger Jahren Generalstaatsanwalt in Braunschweig], beim schnell eingenommenen Mittagessen oder zu später Nachtstunde im Schloßgartencafé, das damals von Freund und Feind geradezu als das Hauptquartier der SPD bezeichnet wurde. Diese Behauptung war zwar falsch, aber doch ist nicht selten bei solchen Gesprächen ein Stück sozialdemokratische Politik gemacht worden.«

Diese lebhafte, anschauliche Schilderung von Erwin Schoettle zeigt, daß der neue Reichstagsabgeordnete Kurt Schumacher in Stuttgart von seiner Partei zunächst mehr geschätzt worden ist als in Berlin. Die württembergischen Abgeordneten auf den ersten drei Plätzen der Liste – Wilhelm Keil, Erich Roßmann und Fritz Ulrich – waren alle schon länger als Schumacher im Reichstag. Aus anderen Ländern kamen als jüngere Abgeordnete 1930 zum ersten Mal nach Berlin: Fritz Baade, Gerhart Seger, Fritz Henssler, Dr. Wilhelm Hoegner, Alfred Dobbert, Dr. Carlo Mierendorff und Heinrich G. Ritzel. Die meisten dieser Namen spielten auch nach 1945 in der Parteigeschichte wieder eine Rolle.

Der ehemalige Reichstagskollege Ritzel, der nach 1949 als Ausschußvorsitzender für Geschäftsordnung dem Bundestag angehörte, ist neben dem SPD-Vorstandsmitglied Fritz Heine der einzige Politiker, der seine Erinnerungen an Kurt Schumacher in einer Kurzbiographie hinterlassen hat. In seinem Bericht über die gemeinsame Zeit im Reichstag korrigiert Ritzel manche anderen Biographen:

»Schumacher war in der Fraktion kein Rebell. Es bestand auch keine organisierte Gruppe, die Dr. Heinrich Brüning [den Reichskanzler] nicht mehr tolerieren wollte und der, wie Keil berichtet, Schumacher zuneigte. Es ging Schumacher in der Fraktion, wie es allen anderen ging: In der von Otto Wels, Dr. Paul Hertz, Hans Vogel und Rudolf Breitscheid beherrschten sozialdemokratischen Fraktion gab es für jüngere Abgeordnete kaum eine Gelegenheit, in der Öffentlichkeit bekannt zu werden. Wenn wir Jüngeren damals überhaupt zu einer Art von Fraktion in der Fraktion geneigt hätten, dann wäre unser Sprecher ohne Zweifel der unter Hitler später gehenkte Abgeordnete Dr. Julius Leber geworden, vier Jahre älter als Schumacher. Er war bereits seit 1924 Mitglied der Fraktion.«

Mit Carlo Mierendorff hatte sich Schumacher angefreundet. Zu Julius Leber blieb das Verhältnis kühl. Sie mochten sich nicht. Schon 1928 hatte der einfache Redakteur und Ortsvereinsvorsitzende Kurt Schumacher die Berliner Parteiprominenz – Julius Leber, Reichskanzler a. D. Hermann Müller, Reichsinnenminister a. D. Carl Severing und den Parteivorsitzenden Otto Wels – angegriffen. Zum Thema »Brüssel und der Panzerkreuzer« berichtete er am 27. August 1928 auf einer Versammlung des Stuttgarter Ortsvereins, wie negativ auf dem vorausgegangenen Kongreß der »Sozialistischen Arbeiter-Internationale« der Berliner Beschluß zum Bau dieses Schiffes gewirkt habe. Er war in Brüssel Delegierter, als die Nachricht vom Bau des Kriegsschiffes »hineinplatzte« in eine »Atmosphäre des absoluten Willens zum Frieden«.

Seit dieser Kritik scheint das Verhältnis zwischen Julius Leber und Kurt Schumacher gespannt geblieben zu sein. So jedenfalls wäre es zu erklären, daß Leber in seinen Erinnerungen Schumacher einen »verbissenen, doktrinären Kaffeehaus-Marxisten« nennt. Dieses Urteil stammt aus dem Jahre 1933, in dem Julius Leber seine Betrachtungen über die »Todesursachen der deutschen Sozialdemokratie« verfaßte. Leber kam aus einer bäuerlichen Familie im Elsaß, war 1914 wie Schumacher Kriegsfreiwilliger. Nach vier Jahren in Gefängnissen und Konzentrationslagern der Hitlerzeit führte Leber in Berlin eine Tarnexistenz als Kohlenhändler, beteiligte sich aber sehr aktiv am Widerstand. Nach dem gescheiterten Aufstand vom 20. Juli 1944 ist er verhaftet, zum Tode verurteilt und am 5. Januar 1945 hingerichtet worden. Julius Leber hätte nach dem Krieg zur Schlüsselfigur der wiedererstehenden SPD werden können.

Dr. Carlo Mierendorff, Schumachers zwei Jahre jüngerer Freund in der Reichstagsfraktion , kam am 4. Dezember 1944 in Leipzig bei einem Bombenangriff ums Leben. Auch Mierendorff verbrachte die Jahre 1933 bis 1938 in Konzentrationslagern und war wie Leber an der Vorbereitung des Attentats vom 20. Juli 1944 beteiligt.

Zwischen den neu gewählten und den alten Abgeordneten gab es kaum Annäherungen, berichtet Heinrich Ritzel. Er erinnert sich, daß Philipp Scheidemann, der im November 1918 vom Fenster des Reichstagsgebäudes aus die Republik ausgerufen hatte, den jungen Genossen Ritzel in die Arme schloß mit den wenig trostreichen Worten: »Wenn du hier eintrittst, vergiß nie: Wer auf Dank rechnet, bleibe draußen.«

Wilhelm Hoegner, von Beruf Staatsanwalt in Bayern, schildert in seinen Erinnerungen seine Zeit als Neuling in der Reichstagsfraktion: »Breitscheid [der Fraktionsvorsitzende] und Hilferding [ehemaliger Reichsfinanzminister] begönnerten uns junge Abgeordnete etwas von oben herab. Ich bewunderte die Redekunst Breitscheids, der sich in seiner Gedächtnisrede auf den 1931 verstorbenen sozialdemokratischen Reichskanzler Hermann Müller selbst übertraf. Unser Fraktionssekretär Dr. Paul Hertz wurde wegen seines Fleißes und seiner Kenntnisse in der Finanzpolitik von uns allen besonders geschätzt . . . Mit Kurt Schumacher, den ich schon früher in Stuttgart kennengelernt hatte, bekam ich schon damals keine rechte Fühlung. Um so herzlicher waren meine Beziehungen zu dem leider viel zu früh dahingegangenen Dr. Carlo Mierendorff.«

Soviel zur Umgebung, zur Atmosphäre, die Kurt Schumacher in der Reichstagsfraktion antraf. Berlin war ihm noch von seinen Studienjahren her vertraut. Und es gibt nicht wenige, die seinen sarkastischen Humor, seine Schlagfertigkeit mit dem sprichwörtlichen Berliner Mutterwitz in Verbindung bringen. Wer solche Berliner Eigenschaften kennt und als Maßstab anlegt, wird manchen böse klingenden Zwischenruf von Schumacher gar nicht mehr so empörend finden. Reichstagspräsident Paul Löbe jedenfalls nennt in seinen Erinnerungen die Zwischenrufe von Kurt Schumacher »saftig«.

Scharfer Angriff auf Goebbels

Schumacher hat im Reichstag zwar nur einmal gesprochen, aber diese vielzitierte Erwiderung auf einen ehrenrührigen Angriff des späteren »Reichsministers für Volksaufklärung und Propaganda« Dr. Josef Goebbels zeugt für den Mut und die Formulierungskraft Schumachers. Darum sei diese denkwürdige Episode im Reichstag aus dem Protokoll zitiert (nach Wesemann und Ritzel):

»Goebbels hielt anläßlich der Aussprache über den Tag der Wahl des Reichspräsidenten eine Rede, die alles enthielt, was zum demagogischen Repertoire der Nationalsozialisten gehörte. Er warf Hindenburg vor, sich eindeutig auf die Seite der Sozialdemokratie gestellt zu haben, und sagte weiter:

›Es gibt unter uns Nationalsozialisten ein Wort, das bisher immer noch seine Richtigkeit erwies: Sage mir, wer dich lobt, und ich sage dir, wer du bist! (Bravo! und Händeklatschen bei den Nationalsozialisten.) Gelobt von der Berliner Asphaltpresse, gelobt von der Partei der Deserteure . . .‹ Das Protokoll verzeichnet an dieser Stelle ›stürmischen Beifall und Händeklatschen bei den Nationalsozialisten, erregte Zurufe von den Sozialdemokraten, Glocke des Präsidenten‹.

Es gibt einen ungeheuren Tumult. Präsident Löbe versucht, das Haus zur Ruhe zu bringen: ›Herr Abgeordneter Dr. Goebbels, Sie haben eine im Hause anwesende Partei die Partei der Deserteure genannt.‹ (Andauernde Zurufe von den Nationalsozialisten, Gegenrufe von den Sozialdemokraten.) ›Meine Herren, ich bitte um Ruhe!‹

(Zurufe von den Sozialdemokraten: Wer hat desertiert? Wo waren Sie? Sagen Sie das!) ›Ich bitte jetzt um Ruhe!‹ (Wiederholte Zurufe von den Sozialdemokraten, Abgeordneter Dr. Schumacher: Sie waren keinen Tag an der Front!)

›Herr Abgeordneter Dr. Schumacher, ich bitte um Ruhe. – Herr Abgeordneter Dr. Goebbels, es ist Ihnen wahrscheinlich auch bekannt, daß die Partei, auf die Sie hingewiesen haben, eine große Menge Kriegsteilnehmer und Kriegsverletzte gehabt hat. Ich nehme deshalb an, daß Sie diesen Vorwurf zurücknehmen werden.‹ (Zuruf von den Sozialdemokraten: Nehmen Sie das zurück?!)

Dr. Goebbels (NSDAP-Abgeordneter): ›Es ist mir weiterhin bekannt . . .‹ (Erneute Zurufe von den Sozialdemokraten.) ›Es ist mir weiterhin bekannt . . .‹ (Glocke des Präsidenten.)

Präsident Löbe: ›Herr Abgeordneter, Sie wollen also meine Frage nicht beantworten?‹

Dr. Goebbels: ›Ich will eine Antwort darauf geben . . .‹

Präsident Löbe: ›Dann bitte ich, das kurz zu tun; denn ich bin mit meiner Ordnungsmaßnahme noch nicht am Ende. Sie haben eine Partei die Partei der Deserteure genannt.‹

Dr. Goebbels: ›Es ist mir weiterhin bekannt, daß aus dieser Partei, aus ihrem Reichstagsbüro eine amtliche Schrift kam, in der stand, daß der Landesverrat kein Verbrechen darstellt.‹ (Lebhafte Zurufe von den Nationalsozialisten, erregte Gegenrufe von den Sozialdemokraten: Vorlegen! Das ist keine Antwort, das ist Fälschung. Glocke des Präsidenten.)

Präsident Löbe: ›Da der Herr Abgeordnete Dr. Goebbels seinen Vorwurf gegen die Partei nicht zurückgenommen hat, rufe ich ihn hiermit zur Ordnung.‹

Die sozialdemokratischen Abgeordneten setzen jedoch ihren Protest fort. Immer wieder erklären sie, das ließen sie sich nicht gefallen, und fordern, Goebbels solle das zurücknehmen oder abtreten. Der Abgeordnete Dr. Mierendorff wird vom Präsidenten zur Ordnung gerufen. Präsident Löbe betont mehrmals, daß die Angelegenheit durch den Goebbels erteilten Ordnungsruf erledigt sei. Schließlich dringen die Abgeordneten Dr. Mierendorff und Dr. Schumacher zur Rednertribüne vor. Präsident Löbe bittet sie, die Plätze einzunehmen. Goebbels spricht weiter: ›Die Juden der Berliner Asphaltpresse . . .‹, nach einer abermaligen Unterbrechung sagt er: ›Die Juden der Berliner Asphaltpresse heben heute den Feldmarschall [von Hindenburg] auf den Schild. Es sind dieselben Juden und Sozialdemokraten . . .‹

Wieder gehen seine Worte in den erregten Protesten unter. Schließlich muß der Präsident die Sitzung für eine halbe Stunde unterbrechen. Über das Ergebnis der inzwischen abgehaltenen Sitzung des Ältestenrats sagt Präsident Löbe, daß die Äußerungen von Goebbels eine so schwere Beleidigung des deutschen Staatsoberhauptes darstellten, daß eine gröbliche Verletzung der Ordnung darin zu erblicken sei. Er schließe daher den Abgeordneten Dr. Goebbels von dieser Sitzung aus. Während die Mitte Beifall klatscht, verläßt Goebbels unter Heilrufen seiner Fraktion und den Unerhörtrufen der Deutschnationalen den Saal.

In der nun folgenden Debatte ergreift Kurt Schumacher das Wort zu einer Stegreifrede:

›Es hat keinen Zweck, gegen die Ungeheuerlichkeiten, die aus dem Munde der Herren Goebbels und Strasser kamen, mit einem formalen Protest anzugehen. Diese Dinge sind ja nur Teile eines ganzen Systems der Agitation. Wir wenden uns dagegen, auf diesem Niveau moralischer und intellektueller Verlumpung und Verlausung zu kämpfen. (Sehr gut! bei den Sozialdemokraten. – Glocke des Präsidenten.) Das deutsche Volk wird Jahrzehnte brauchen, um wieder moralisch und intellektuell von den Wunden zu gesunden, die ihm diese Art Agitation geschlagen hat.

Als Vertreter der marxistischen Arbeiterbewegung betone ich mit Stolz, daß System und Politik des Marxismus derartige persönliche Schmutzigkeiten immer ausgeschlossen haben. Eine Auseinandersetzung ist schon darum nicht möglich, weil wir in dem Nationalsozialisten nicht das gleiche Niveau achten können. Wir sehen keinen Gegner, mit dem wir die Klinge kreuzen könnten. Außerdem lehnen wir es gerade bei dieser Frage grundsätzlich ab, die sozialdemokratische, durch Opfer an Gut und Blut erhärtete Politik in nationalen Fragen vor solcher Art Kritikern zu rechtfertigen. Den Herren fehlen die politischen Kenntnisse, denn die meisten von ihnen beschäftigen sich erst zwei oder drei Jahre mit Politik, so daß ihnen das alles fernliegen muß.

Die Herren bringen auch keinerlei Voraussetzungen mit, um ein kritisches Urteil über uns abgeben zu können. Die ganze nationalsozialistische Agitation ist ein dauernder Appell an den inneren Schweinehund im Menschen.‹ (Lebhafte Zustimmung bei den Sozialdemokraten. – Große Erregung bei den Nationalsozialisten. – Glocke des Präsidenten.)

Präsident Löbe: ›Herr Abgeordneter Dr. Schumacher, ich bitte Sie, solche Wendungen nicht zu gebrauchen. Im übrigen bitte ich Sie, mit diesen Dingen zum Schluß zu kommen.‹

Schumacher: ›Wenn wir irgend etwas beim Nationalsozialismus anerkennen, dann ist es die Tatsache, daß ihm zum erstenmal in der deutschen Politik die restlose Mobilisierung der menschlichen Dummheit gelungen ist. Ich kann Ihnen ein kleines persönliches Beispiel dafür geben. Ich bin im Dezember 1914 verwundet worden. Von der Führung der württembergischen Nationalsozialisten ist systematisch die Nachricht verbreitet worden, ich hätte mich selbst verstümmelt. Drei dieser Leute sind bereits gerichtlich verurteilt. Zwei davon sind nationalsozialistische SA-Leute, einer ist Sturmführer. Aber diese Untermenschen sind heute noch Kameraden von diesen Leuten . . .

Man kann ja den Herren Nationalsozialisten diese politische Methode nicht verübeln. Diese Methode ist ja erwachsen aus dem völligen Fehlen jeder geistigen und wissenschaftlichen Fundierung der Bewegung. Beispielsweise ist das einzige Stück Sozialismus in dem nationalsozialistischen Programm darin zu sehen, daß sie fremdes geistiges Eigentum entschädigungslos expropriiert haben. Herr Goebbels hat sich hier als ein großer Leitartikel gebärdet, und er ist doch nur ein mißratenes kleines Feuilleton . . .

Diese Leute wollen zu deutschen Frontsoldaten reden, diese Leute sagen bombastisch: ‚Wir deutsche Frontsoldaten', aber diese Leute waren, wie Herr Karpenstein, zu Beginn des Krieges elf Jahre alt. Nicht anders war es bei Herren wie Dr. Frank II und ähnlichen Geistern.

Ich stelle hiermit fest: Von der sozialdemokratischen Reichstagsfraktion haben im Krieg 73 Prozent aktiv gedient. Von den Herren Nationalsozialisten haben 77 den Krieg mitgemacht; davon aber beinahe die Hälfte als Offiziere, ein anderer Teil wurde erst 1918 eingezogen und ist nicht mehr ins Feld gekommen.

Abschließend sage ich den Herren Nationalsozialisten: Sie können tun und lassen, was sie wollen; an den Grad unserer Verachtung werden sie niemals heranreichen.‹ (Lebhafter und anhaltender Beifall bei den Sozialdemokraten. Lärm bei den Nationalsozialisten.)«

Das war am 23. Februar 1932. Dazu Ritzel: »Kurt Schumacher war der Held des Tages, aber er hatte sich auch die tödliche Feindschaft der Nationalsozialisten eingehandelt.« Schumacher war nun kein Hinterbänkler mehr. Schon wenige Monate später, am 31. August 1932, wurde er mit 45 von 143 Stimmen in den Vorstand der Reichstagsfraktion gewählt, übrigens mit der gleichen Stimmenzahl wie Friedrich Ebert, Sohn des ersten Reichspräsidenten, der in den fünfziger Jahren als SED-Mitglied Oberbürgermeister von Ost-Berlin wurde.

Auch die Parteiführung entdeckte Schumachers agitatorisches Talent, wie Fritz Heine, der damalige Werbechef, in seiner Kurzbiographie berichtet. Schumacher, dessen Freund Mierendorff und der russische Werbepsychologe Professor Tschachotin entwickelten mit Heine eine Reihe von Werbeideen, darunter als Reichsbannersymbol das Zeichen der »Eisernen Drei Pfeile«, zum erstenmal verwendet bei den Landtagswahlen in Hessen im Juni 1932. Das gute Abschneiden der SPD führte zu folgender Überschrift über einen Artikel von Carlo Mierendorff: »Die drei Freiheitspfeile siegen in Hessen«. Dieses Symbol kann auch als das Markenzeichen der »militanten Sozialisten« gewertet werden. Schumacher, Mierendorff, Haubach und andere Mitglieder dieses Kreises übten im Reichsbanner führende Funktionen aus. Sie wollten mit diesem Symbol ihrer »Eisernen Front« dem roten Stern der Kommunisten und dem Hakenkreuz der Nazis ein eigenes Zeichen entgegensetzen.

Die SPD vor Hitlers Machtergreifung

Schumachers Fraktionskollege Heinrich Ritzel wies auf eine – heute prophetisch erscheinende – Erklärung der sozialdemokratischen Reichstagsfraktion im Jahre 1932 hin, an deren Formulierung Schumacher beteiligt war: »Die Nationalsozialisten wollen gar nicht parlamentarisch regieren, sie wollen sich aller Machtmittel des Reiches bemächtigen, vor allem die Reichswehr und die Polizei unter ihr Kommando stellen und die maßgebenden Beamtenstellen mit ihren Anhängern besetzen . . . Eine Hitler-Regierung würde sich die Wiederholung des italienischen Beispiels zum Ziele setzen. Also Zertrümmerung aller Organisationen der Arbeiterschaft, dauernder militärischer Belagerungszustand, Aufhebung aller Presse-, Versammlungs- und sonstiger politischer Freiheiten, ständige Gefahr des Bürgerkrieges im Innern und des Revanchekrieges nach außen.« Es hat also in der SPD nicht an Voraussicht gefehlt, aber wohl an Klarheit darüber, wie der erkannten Gefahr zu begegnen sei.

Ritzel berichtete: »Ich hatte etwa Mitte Oktober 1931 eine lange Unterhaltung mit Kurt Schumacher, in der wir über einen Empfang Hitlers durch den Reichspräsidenten von Hindenburg sprachen. Wir waren beide darüber sehr erregt und stellten Überlegungen über die Gestaltung der Zukunft an. Wir kritisierten das Verhalten der Fraktionsführung, ohne selbst aber sagen zu können, wie die von uns gewünschte Aktivität praktiziert werden könne.« Im Sommer 1932 dann sei im Kreise der jungen Sozialisten überlegt worden, ob es nicht doch zweckmäßig sei, eine Auseinandersetzung mit den Mitteln der

Gewalt herbeizuführen. »Auch ich neigte dieser Auffassung zu, obwohl mir bewußt war, welch ungeheures Risiko in einer solchen Aktion liegen könnte. Kurt Schumachers militante Gesinnung stellte Bedenken dieser Art zurück. Er glaubte an das ›Reichsbanner‹ und – trotz der großen Arbeitslosigkeit – an die Macht der Gewerkschaften und an die republikanische Zuverlässigkeit der Polizei in Preußen und Hessen.«

Ein älterer Fraktionskollege, der später nach dem Attentat vom 20. Juli 1944 auf Befehl Hitlers gehenkte Wilhelm Leuschner, widersprach damals Schumacher und anderen jüngeren Sozialdemokraten, die nach Ritzels Auskunft zur Waffengewalt, zum Bürgerkrieg bereit waren. Leuschners Gegenargumente 1932, wiedergegeben von Ritzel: Man müsse mit der Macht der Bürokratie, mit der Reichswehr und mit den Truppen der SA und SS rechnen. Auf Unterstützung oder auch nur Verständnis des Auslandes sei nicht zu hoffen. Der Papst und das westliche Ausland glaubten, mit Hitler paktieren zu können, und auf dem Boden der Sowjetunion werde mit Genehmigung von Moskau die »Schwarze Reichswehr« ausgebildet.

So pessimistisch haben auch die beiden unmittelbar betroffenen Sozialdemokraten, der preußische Ministerpräsident Otto Braun und sein Innenminister Carl Severing, die Lage damals eingeschätzt. Severing hätte seine 60 000 Bereitschaftspolizisten alarmieren können, um die Absetzung der Landesregierung zu verhindern, meinten im nachhinein viele, wohl auch Kurt Schumacher. So ging Severing damals als Karikatur in die Zeitgeschichte ein: ein Bürokrat, der mit den Eisernen Drei Pfeilen in der Hand einen Reichswehroffizier aus dem Arbeitszimmer weist, der ihm das Absetzungsdekret des Reichskanzlers überbringt. »Ein Leutnant und zehn Mann«, so hieß es damals spöttisch, hätten genügt, um die Sozialdemokraten aus Preußen, ihrem Stammland, zu vertreiben.

Dieser sogenannte »Preußenputsch« am 20. Juli 1932 war der erfolgreiche, staatsstreichartige Versuch des Reichskanzlers Franz von Papen und des Reichswehrministers Kurt von Schleicher, die politische Bastion der SPD, das Land Preußen und seine gut ausgebildete, militärisch bewaffnete Polizeiarmee direkt unter ihre Kontrolle zu bringen. Allerdings hatte die SPD-Landesregierung nach den Landtagswahlen am 24. April 1932 nur noch geschäftsführend amtieren können. Die seit zwölf Jahren bestehende Koalition der SPD mit dem Zentrum hatte ihre Mehrheit verloren. Die Regierung des größten Reichslandes, Preußen, war parlamentarisch nicht mehr handlungsfähig.

Der Staatsgerichtshof bestätigte im Oktober dem durch die Reichsregierung eingesetzten Reichskommissar Bracht, daß er befugt sei, die Regierungsgeschäfte für Preußen zu führen. Gleichzeitig gestand das Gericht Otto Braun und den anderen Regierungsmitgliedern zu, sich weiterhin als Minister zu betrachten – sie behielten also Gehalt und Privilegien. Darüber haben damals Verfassungsjuristen gestritten – genauso wie bis heute die Zeithistoriker unterschiedlich auf die Frage antworten, ob denn bewaffneter Widerstand gegen die Absetzung der preußischen Regierung möglich gewesen wäre. Daraus hätte sich ein Bürgerkrieg entwickeln können: Reichswehr gegen preußische Polizei. Die bewaffneten Verbände der linken und der rechten Parteien hätten sich eingemischt, das Reichsbanner, also die »Eiserne Front«, gegen die »Harzburger Front«.

Es gab übrigens auch beim Zentrum einen später berühmten Politiker, der 1932 zu bewaffnetem Widerstand riet: der damalige Oberbürgermeister von Köln, Konrad Adenauer. Die Zeitschrift »Gegenwart« berichtete in einem zeitgeschichtlichen Beitrag, süddeutsche Ministerpräsidenten hätten den Plan erörtert, die Reichsregierung wegen des »Preußenschlags« verhaften und durch ein Direktorium aus den fünf größten Ländern ersetzen zu lassen. Auch mit Adenauer sei darüber gesprochen worden. Es sei beabsichtigt gewesen, den Sitz der preußischen Regierung in diesem Falle nach Köln zu verlegen. Adenauer habe diese Überlegung gebilligt. Das berichtet Hans Peter Schwarz in seiner 1986 erschienenen, gut dokumentierten Adenauer-Biographie. Und er erwähnt auch eine Zusammenkunft von Konrad Adenauer mit Zentrumsfreunden in Frankfurt im Frühjahr 1932. Dort soll Adenauer vor der Illusion gewarnt haben, daß man Hitler mit Propaganda aufhalten könne. »Der verstehe nur eine Sprache, die von Pulver und Blei. Und wenn wir sie nicht bald mit ihm reden werden, dann wird er sie in einem Jahr mit uns reden.«

So kriegerisch pflegte sich der spätere Bundeskanzler Konrad Adenauer selten auszudrücken. Aber immerhin, wenn das mündlich überlieferte Zitat zutrifft, taucht schon damit gedanklich wie politisch eine Gemeinsamkeit mit Kurt Schumacher auf – Konsequenz und Stehvermögen. Der Rheinländer Konrad Adenauer war 1932 auch Vorsitzender des preußischen Staatsrates, als durch den »Preußenputsch« die Reichsregierung gleichfalls entmachtet wurde. Den jungen westpreußischen Reichstagsabgeordneten Kurt Schumacher hat er erst 1946 im Zonenbeirat persönlich kennengelernt.

Das katholische Zentrum versuchte 1932 – was Adenauer für

unsinnig hielt –, sich an der parlamentarischen »Zähmung« der Nationalsozialisten zu beteiligen. Diese Bemühungen nach der empfindlichen Niederlage der Hitlerpartei bei den Reichstagswahlen vom 6. November 1932 – sie blieb mit 196 Mandaten statt 230 im Juni aber weiterhin stärkste Partei – scheiterte zwar, aber sie zeigen, daß diese in der Weimarer Zeit vom Wählerpotential her sehr stabile katholische Volkspartei in Berlin zumindest versuchte, der nationalsozialistischen Gefahr zu begegnen. Prälat Kaas, der Parteivorsitzende, gehörte zu denen, so wird mehrfach berichtet, die den Rat gegeben haben, »Hitler an Regierungen zu beteiligen und so in der Verantwortung zu verbrauchen«.

Diese »Abnutzungstheorie« bewog auch im Dezember 1932 den Papen-Nachfolger, Reichskanzler Kurt von Schleicher, dazu, Gregor Strasser, dem Organisationschef von Hitler, das Amt des Vizekanzlers und einige Ministerien für seine Partei anzubieten. Strasser kam in Versuchung, unterlag aber Hitler in einer heftigen Diskussion am 6. Dezember 1932 im »Kaiserhof«, Hitlers Tagungsstätte am Berliner Wilhelm-Platz. Gregor Strasser gab auf, legte alle Ämter nieder und reiste ins Ausland. Der »Führer« wollte die ganze Macht, keine Regierungsbeteiligung. Sicher hatte er den Versuch des Kanzlers durchschaut, mit dem großzügigen Köder für Strasser die NSDAP einzufangen oder zu spalten. Wahrscheinlich liegt hier der Grund dafür, daß Hitler am 30. Juni 1934 beim sogenannten Röhmputsch außer einer Reihe eigener SA-Führer auch Kurt von Schleicher und dessen Frau auf die Liste der Erschießungskommandos setzen ließ. Der ehemalige Kanzler habe mit Röhm und mit der französischen Regierung gegen ihn konspiriert, erklärte Hitler später vor dem Reichstag.

Kurt von Schleicher hat übrigens einen ernsthaften Versuch gemacht, die SPD und die Gewerkschaften personell an seiner Regierung zu beteiligen. Er schickte Mitte Dezember 1932 seinen Vertrauten, Oberst von Bredow, der ebenfalls am 30. Mai 1934 erschossen wurde, mit dem Vorschlag zum SPD-Vorstand, zwei Sozialisten oder Gewerkschafter in eine »Regierung der Querfront« gegen Hitler zu entsenden. Damit war der – abenteuerliche – Plan verbunden, das Reichsbanner und den Stahlhelm in einem »Reichskriegerbund« zu vereinigen, andere Wehrverbände sowie die NSDAP zu verbieten und den Reichstag zunächst unbefristet aufzulösen. Der SPD-Vorstand lehnte sofort ab. Aber auch die SPD-Prominenz wußte keinen anderen Rat mehr, als auf den Abnutzungseffekt zu hoffen, den eine Koalitionsregierung unter Hitler zwangsläufig erleiden müßte.

Mit dieser Begründung überredete im Januar 1933 Franz von Papen schließlich doch den lange widerstrebenden greisen Reichspräsidenten dazu, von Schleicher fallenzulassen und »dem böhmischen Gefreiten« (Hindenburg über Hitler) die Regierungsbildung zu übertragen. Neun Reichsminister aus bürgerlichen Parteien, die zum Teil schon den früheren Kabinetten von Papen und von Schleicher angehört hatten, drei Nationalsozialisten mit Adolf Hitler als Reichskanzler, so »harmlos« nahm sich am Tage der »Machtergreifung«, am 30. Januar 1933, das erste Hitlerkabinett aus. Eine Koalition hatte es ja sein müssen, denn im Reichstag fehlte der NSDAP bei 33,1 Prozent noch einiges zur Mehrheit. Selbst nach den letzten Wahlen zum Reichstag am 5. März 1933 erreichte sie nur 43,9 Prozent. Die SPD hatte von 20,4 auf 18,3 Prozent abgenommen.

Schon am 6. Dezember 1932 hatte es im Wahlkreis Württemberg (31) nur noch für drei sozialdemokratische Reichstagsmandate – damals jeweils etwa 60 000 Stimmen – gereicht: Erich Roßmann, der Landesvorsitzende, Kurt Schumacher auf Platz zwei, nachdem Wilhelm Keil verzichtet hatte, und Fritz Ulrich. Im Reichstag selbst sind die Abgeordneten nicht mehr hervorgetreten, mangels Gelegenheit. Adolf Hitler führte Neuwahlen zum 5. März herbei. Der Plenarsaal brannte am 28. Februar aus, aber die Fraktionsräume blieben benutzbar.

Dort, in der Fraktionsarbeit der SPD, hatte der gerade eingerückte Augsburger Josef Felder die ersten Kontakte mit Schumacher, der nun dem Fraktionsvorstand angehörte: »Er war ein sehr loyaler Mann, aber er erkannte, wir müssen sehr intensiv tätig werden gegenüber dem, was da herankommt. Da muß eine flottere Gangart eingelegt werden.«

Felder war einer der drei Neuen, die sich auf der ersten Fraktionssitzung nach den Wahlen vorstellten: »Und da war ein Raunen – die alten Herren sahen es nicht so sehr gerne, daß junge Leute hereinkommen, das merkte man. Ich weiß noch, am Mittag kam zufällig Breitscheid, der Fraktionschef, neben mich zu sitzen und fragte mich herablassend: ›Wie alt sind Sie denn?‹ – ›Zweiunddreißig!‹ – Und mit tiefer Stimme: ›Jung, sehr jung.‹ Nicht mehr. So war ungefähr die psychologische Situation.« Felder weiter: »Damals kam Schumacher gleich auf uns zu, um zu sagen: ›Kinder, ich bin selbst erst 1930 reingekommen, aber ich bin jetzt im Fraktionsvorstand. Ich muß euch sagen, die Fraktion ist zu statisch geworden. Sie leidet an Überalterung!« Felder weist seinerseits noch darauf hin, daß in der SPD-Reichstagsfraktion dreizehn Frauen saßen, die alle älter als fünfzig waren. Altersmäßig also sei es weit hinaufgegangen: »Das sah Schumacher ganz genau. Er wollte keine Extragruppe bilden, das war nicht seine Art. Aber er wollte mit uns Jungen politisch reden – vor den Sitzungen der Fraktion.« Dazu kam es, bis auf das eine Mal, durch den Verlauf der Ereignisse nicht mehr.

Auch Josef Felder war, wie Leuschner, der Meinung, daß selbst ein zustande gebrachter Generalstreik gegen den »Preußenschlag« nichts genutzt hätte. Die technische Nothilfe sei von den Reaktionären völlig unterwandert gewesen. Sie hätte überbrückt, was beim Generalstreik an Versorgungslücken entstanden wäre. »Die Reichswehr stand praktisch schon im anderen Lager.« Und über Schumachers Haltung: »Er als Innenminister anstelle von Severing hätte anders gehandelt, zumindest den Versuch gemacht. Ich muß ihm da heute beipflichten. Es wäre wahrscheinlich zum Bürgerkrieg gekommen. Aber psychologisch wären wir in der günstigeren Situation gewesen, wie später die Österreicher [die SPÖ]. Die haben bis zum Schluß gekämpft und verloren. Aber die Nachwirkungen – darum sind sie bis heute in Österreich so stark geworden.«

Kurt Schumacher hat jedenfalls mit seiner Entscheidung, im Lande des verhaßten Feindes zu bleiben und sich dessen Willkür auszuliefern, demonstriert, was andere versäumt haben: Widerstand gegen die braune Gewaltherrschaft um jeden Preis. Darum war nach dem Krieg seine Achtung vor denjenigen Genossen so gering, die, wie in Stuttgart, einfach ihre Mandate niedergelegt oder im Ausland untätig abgewartet hatten, bis der braune Sturm vorbei war. Damit meinte er nicht die Emigranten, die im Auftrag der Partei ins Ausland geschickt worden waren, um erst in Prag und Paris, später in London die politische Arbeit fortzusetzen.

Beginn des Widerstands und der illegalen Arbeit

Einer dieser Emigranten, Fritz Heine, berichtet über die letzten Monate vor dem Verbot der Partei: »Am Vorabend der Reichstagswahl vom 5. März hält Schumacher seine letzte legale Wahlkundgebung in Stuttgart mit 14000 Versammlungsteilnehmern ab. Am Tage danach beginnt die Illegalität. Er kann sich nicht mehr frei bewegen. Sehr bald wird ein Steckbrief gegen ihn erlassen. Mit seinen lokalen Parteifreunden muß er sich im geheimen in Nachbarstädten treffen. Eine letzte, abenteuerlich organisierte getarnte ›öffentliche‹ Versammlung hält er bei Hirsau im Schwarzwald ab. In Berlin verfaßt er noch zwei kleine politische Flugschriften, die bereits illegal erscheinen müssen, und nimmt an jener bedrückenden letzten Reichskonferenz der SPD vom 22. bis 24. April 1933 teil, die in der Reichstagsruine stattfindet.«

Kurt Schumacher vertrat auf dieser Konferenz zusammen mit Erwin Schoettle seine Landesorganisation. Dort wurde – schon im Bewußtsein des bevorstehenden Verbots – ein neuer Parteivorstand gewählt, der praktisch bis 1945 die Partei führte und repräsentierte. Neu in den Vorstand gelangten Paul Löbe, der ehemalige Reichstagspräsident, und auch Erich Ollenhauer, später Schumachers Vertreter und Nachfolger in Bonn. Dieser Vorstand entsandte Anfang Mai Otto Wels und Hans Vogel, die beiden Vorsitzenden von Fraktion und Partei, dazu Erich Ollenhauer, Friedrich Stampfer, Paul Hertz und Siegfried Crummerl ins Ausland mit dem Auftrag, eine neue Leitung außerhalb des Zugriffs von Hitler aufzubauen. Auch der Werbechef, damals schon, wie erwähnt, Fritz Heine, wurde nach Prag geschickt, um dort den »Rumpfvorstand« arbeitsfähig zu halten.

In Deutschland kam es noch einige Male zu Kontroversen unter den daheim gebliebenen Reichstagsabgeordneten darüber, wie sie sich auf die neue Lage einstellen sollten. Über manche Einzelheit wird unterschiedlich berichtet. So sagt Heinrich Ritzel: »Entgegen Falschmeldungen sei ausdrücklich festgestellt, daß Kurt Schumacher unter Lebensgefahr an der Sitzung vom 23. März 1933 in der Krolloper teilgenommen hat [das Ausweichquartier nach dem Brand des Plenarsaals]. Kurt Schumacher hat [aber] weder entscheidenden Anteil an der Formulierung der Erklärung der sozialdemokratischen Fraktion [verlesen von dem Parteivorsitzenden Otto Wels] gehabt, die in der Hauptsache von Friedrich Stampfer entworfen wurde, noch hat er, wie Stampfer behauptet, geweint, weil er die Erklärung nicht abgeben durfte. Der bullige Otto Wels sagte damals: ›Ich habe die Fraktion geführt in guten Tagen, ich werde sie auch in schlechten Tagen führen.‹«

Es ging um das sogenannte Ermächtigungsgesetz, mit dessen Hilfe praktisch ohne den Reichstag weiterregiert werden konnte. Hitler benötigte damit den »Umweg« über die parlamentarische Einzelzustimmung nicht mehr und konnte auch auf das Recht verzichten, mit Zustimmung des Reichspräsidenten Notverordnungen zu erlassen. Nur die Sozialdemokraten stimmten am 23. März 1933 gegen diese Generalvollmacht für Hitler, die einer Selbstentmachtung des gerade gewählten Reichstages gleichkam. Der Text, mit dem Otto Wels das Nein der SPD begründete, hat den Charakter eines historischen Dokuments:

»Wir Sozialdemokraten wissen, daß man machtpolitische Tatsachen durch bloße Rechtsverwahrung nicht beseitigen kann. Wir sehen die machtpolitische Tatsache Ihrer augenblicklichen Herrschaft. Aber auch das Rechtsbewußtsein des Volkes ist eine politische Macht, und wir werden nicht aufhören, an dieses Rechtsbewußtsein zu appellieren. Die Verfassung von Weimar ist keine sozialistische Verfassung. Aber wir stehen zu den Grundsätzen des Rechtsstaates, der Gleichberechtigung, des sozialen Rechtes, die in ihr festgelegt sind. Wir deutschen Sozialdemokraten bekennen uns in dieser geschichtlichen Stunde feierlich zu den Grundsätzen der Menschlichkeit und der Gerechtigkeit, der Freiheit und des Sozialismus. Kein Ermächtigungsgesetz gibt Ihnen die Macht, Ideen, die ewig und unzerstörbar sind, zu vernichten. Sie selbst haben sich ja zum Sozialismus bekannt. Das Sozialistengesetz [1878 von Bismarck erlassen] hat die Sozialdemokratie nicht vernichtet. Auch aus neuen Verfolgungen kann die deutsche Sozialdemokratie neue Kraft schöpfen. Wir grüßen die Verfolgten und Bedrängten. Wir grüßen unsere Freunde im Reich. Ihre Standhaftigkeit und Treue verdienen Bewunderung.«

Um diese Zeit waren schon – ohne Parteiauftrag – einige prominente Sozialdemokraten emigriert, wie der preußische Ministerpräsident Otto Braun. Die 81 Abgeordneten der KPD fehlten im Reichstag vollständig. Ihre Partei war bereits verboten worden, unter anderem mit der Begründung, für die Brandstiftung im Reichstagsgebäude vom Februar verantwortlich zu sein. In den darauffolgenden Monaten wurde der größere Teil der kommunistischen Abgeordneten verhaftet, soweit sie nicht untergetaucht waren oder entfliehen konnten. Ebenso erging es auch vielen Sozialdemokraten.

Kurt Schumacher wechselte häufig Wohnsitz und Aufenthalt, nahm aber noch an der letzten Reichstagssitzung vor dem Verbot der SPD, an der Sitzung vom 17. Mai 1933 in Berlin, teil. Entgegen seinem Rat stimmten 48 der 63 noch Anwesenden (von ursprünglich 120 Abgeordneten) in der vorbereitenden Fraktionssitzung für den Vorschlag, die von Hitler dem Reichstag vorgelegte »Friedenserklärung« zur außenpolitischen Lage gutzuheißen. Die übrigen, auch Schumacher, beugten sich der Fraktionsdisziplin und stimmten ohne eigene Äußerung der »Friedenserklärung« zu.

Wilhelm Hoegner schildert bedrückend anschaulich, was auch Kurt Schumacher miterlebt hat: »Wir Sozialdemokraten warteten gespannt auf Angriffe [Hitlers] gegen uns. Als sie ausblieben, sahen sich manche in unseren Reihen überrascht und beinahe glücklich an. Bei der

Abstimmung blickten unsere Nachbarn zur Rechten, die katholischen Parteien, erwartungsvoll auf uns. Wir erhoben uns mit ihnen und stimmten der Erklärung des Deutschen Reichstages zu. Da brach ein Beifallssturm bei den anderen Parteien los. Selbst Hitler schien einen Augenblick bewegt. Er erhob sich und klatschte uns Beifall zu. Der Reichstagspräsident Göring erklärte großartig: ›Das deutsche Volk ist einig, wenn es sein Schicksal gilt.‹ Er befahl, die Tatsache der einstimmigen Annahme der Erklärung des Deutschen Reichstages in die Niederschrift über die Sitzung aufzunehmen. Dann fingen die Abgeordneten der Rechten das Deutschlandlied zu singen an. Viele in unseren Reihen sangen mit. Einigen liefen die Tränen über die Wangen. Ich aber blickte nur auf Papen [den Vizekanzler], den Mann, der das ganze Unheil verschuldet hatte. Hätten meine Blicke töten können, er wäre von ihnen aufgespießt worden. Ich bin ein schlechter Hasser, aber diesen Mann mußte ich hassen.«

Hoegner sagte nicht, ob er selbst mitgesungen und mitgeweint hat. Aber das Stimmungsbild des damals jungen bayerischen Reichstagsabgeordneten der SPD spiegelt auf beklemmende Weise die Ratlosigkeit wider, mit der viele Sozialdemokraten die ersten Monate der Hitler-Papen-Regierung beobachteten. Von Kampf und Widerstand, von illegaler Arbeit mit höchstem persönlichen Risiko, wie bei Kurt Schumacher, war keineswegs überall in der Partei die Rede.

An der letzten Sitzung der Fraktion, am 10. Juni im Reichstagsgebäude, nahmen 73 Abgeordnete teil, darunter Schumacher und der noch in Berlin amtierende Rumpfvorstand der Partei. Es gab deshalb eine Kontroverse mit dem Exilvorstand, der sich bereits am 2. Juni in Prag mit einer Proklamation konstituiert hatte. Paul Löbe versuchte zu vermitteln. Auch Kurt Schumacher, so geht aus den erhalten gebliebenen handschriftlichen Protokollnotizen hervor, trat für »einen Ausgleich mit den Genossen von draußen« ein. Er kritisierte sogar, daß bisher zuwenig für die Vorbereitung auf die illegale Arbeit getan worden sei. Längerfristig werde es nicht möglich sein, in einem faschistischen Herrschaftssystem legal zu wirken.

Über die letzte Sitzung am 10. Juni 1933 berichtete Josef Felder, Besitzer des handgeschriebenen Zehn-Seiten-Protokolls: »Damals hat Paul Löbe zu Beginn gesagt, Genossen, bitte notiert nichts. Wir sind hier nämlich im ›Reichstagsgebäude‹, und wir wissen nicht, ob wir nicht jeden Moment verhaftet werden. Die Entwicklung war doch so dramatisch. Was ist mit denen draußen, die wir doch hinausgesandt haben, die in Prag sitzen und die in Saarbrücken sitzen, die müssen doch schweigen, solange wir noch das Mandat haben. So hab' ich denn auf den Knien stenographiert.« Felder ist am 22. Juni 1933 nach Österreich geflohen, 1934 jedoch wieder zurückgekehrt, weil seine Eltern und seine elf Geschwister mit Sippenhaft bedroht worden waren. Nach seiner Rückkehr und seiner Einlieferung ins Konzentrationslager Dachau traf er Kurt Schumacher wieder. Davon mehr im nächsten Kapitel.

Die Mehrheit der Fraktion glaubte am 10. Juni 1933 tatsächlich noch an Möglichkeiten zu legaler Weiterarbeit, wandte sich gegen den Prager Exilvorstand und berief zum 19. Juni eine neue »Reichskonferenz« nach Berlin ein. Diese setzte zwar nicht den Prager Vorstand ab, wie dies das Vorstandsmitglied Westphal beantragt hatte, beauftragte aber ein sechsköpfiges »Direktorium«, eine Neuwahl des Parteivorstandes zu organisieren. Kurt Schumacher entfesselte wiederum heftige Auseinandersetzungen mit seiner Forderung, die illegale Arbeit zu intensivieren. Damit war unter anderem der Vertrieb des bereits in Prag gedruckten »Neuen Vorwärts« gemeint. In einer Sonderbesprechung darüber nach der »Reichskonferenz« warnte er die Teilnehmer, von sich aus die Partei zu verlassen, wie es zu diesem Zeitpunkt aus unterschiedlichen Gründen schon eine Reihe von Funktionären getan hatte.

Die Diskussion blieb gegenstandslos. Am 22. Juni wurde die SPD verboten, die Mitglieder des gerade gewählten »Direktoriums« wurden verhaftet und das Parteivermögen beschlagnahmt. Kurt Schumacher konnte sich noch in verschiedenen Schlupfwinkeln bis zum 6. Juli der Verhaftung entziehen. Er wurde bereits steckbrieflich seit dem 13. Juni gesucht. Auf einer Postkarte an seine Kusine Dorothea Kollmorgen hatte er für den 8. Juli ein Treffen in Berlin vorgeschlagen mit dem Zusatz: »Ich glaube bestimmt, frei zu sein.« Aus einem Berliner Gefängnis dann bat er um Verzeihung, daß es zu dem Wiedersehen wegen »höherer Gewalt« nicht habe kommen können. Seiner Freundin Marie Fiechtl schrieb er in diesen Tagen, er rechne nicht damit, daß ihn seine »Freunde« in Stuttgart in absehbarer Zeit wieder freilassen würden. Er sollte damit recht behalten – für zehn Jahre.

Dringende Ermahnungen seiner Freundin, seiner Familie, seiner politischen Freunde, das Land zu verlassen, solange es noch Zeit sei, hatte Kurt Schumacher keineswegs als unbegründet zurückgewiesen. Er wußte von der Gefahr, wollte bleiben, arbeitete weiter, solange es eben ging.

Zu den Einzelheiten dieser illegalen Arbeit Schumachers gibt es einige Hinweise, so eine textkritische Analyse von Agitationsbroschüren des Prager Exilvorstandes. Willy Albrecht nennt in seiner 1985 erschienenen umfangreichen Dokumentation von Schumacher-Texten unter anderem die Prager Schrift »Revolution gegen Hitler, die historische Aufgabe der deutschen Sozialdemokratie«. Neben dem Autor Curt Geyer wird darin in einigen Passagen die Diktion von Kurt Schumacher und seines Freundes Carlo Mierendorff vermutet. So in dem Satz: »In der Erkenntnis, daß der Faschismus national zum Untergang Deutschlands führen muß, daß er Volk und Land in die Katastrophe stürzt, ist der Sturz des Regimes die oberste Pflicht um der Rettung von Volk und Land willen.« Und in dem Abschnitt dieser illegalen Schrift über die kommunistische Gefahr finden sich Sätze, die für Schumachers ganzes politisches Leben Gültigkeit behalten haben: »Das kann nicht das Ziel des großen Freiheitskampfes gegen den faschistischen Staat sein, daß anstelle des faschistischen das bolschewistische Arbeitszuchthaus gesetzt wird.«

Zehn Jahre im Konzentrationslager

Wer kann sich das heute vorstellen: Ein 37jähriger Mann, hochbegabt, entschließt sich, für unbegrenzte Zeit auf seine persönliche Freiheit zu verzichten. Er stellt sich den Feinden, die ihm nach dem Leben trachten. Freunde hatten ihm vorher mehrfach eine ungefährdete Existenz im benachbarten Ausland angeboten – vergeblich. Ja, seine Schergen wären sogar bereit gewesen, ihn noch ziehen zu lassen, wenn er unterschrieben hätte, daß er sich nicht politisch gegen sie betätigen werde. Viele seiner Parteifreunde haben sich damit ein unbehelligtes ziviles Leben erkauft. Er verweigerte die Unterschrift. »Mach's wie wir, unterschreib und arbeite dann doch illegal gegen Hitler«, rieten sie vergeblich. Er wollte seiner Sache offen dienen.

Vom Tage seiner Verhaftung an, vom 6. Juli 5 Uhr morgens, bis zu seiner Entlassung aus dem Konzentrationslager Dachau bei München am 16. März 1943 verbrachte der kriegsversehrte, schmerzgepeinigte und gänzlich abgemagerte Reichstagsabgeordnete der SPD, Dr. Kurt Schumacher, die besten Jahre seines Lebens hinter Stacheldraht. Er zwang sich in diese Märtyrerrolle mit der visionären Überzeugung, daß seine verbotene Partei am Ende der Schreckensherrschaft, nach Zerstörung und Teilung des Landes, die er frühzeitig prophezeit hatte, gerade einen Mann dieser Art, gerade ihn für ihren Wiederaufbau brauchen werde. Sonderbarerweise behielt Kurt Schumacher recht, überlebte er Strapazen, Hunger, Krankheit und Folter. Sonderbarerweise sollte er der einzige seiner Altersgruppe aus dem noch 1932 gewählten Fraktionsvorstand der Partei sein, der übrigblieb. Andere starben unter dem Henkerbeil, im Bombenhagel auf das KZ Buchenwald, in der Emigration. Und der Exilvorstand in London beschloß: »Nicht einer von uns soll den Wiederaufbau der Partei übernehmen, sondern einer, der in Hitlers Kerkern gesessen hat. Der ist am glaubwürdigsten.«

Wie die »Schutzhäftlinge« leben

Die Insassen der Konzentrationslager, »Schutzhäftlinge« genannt, sind nie angeklagt, nie verurteilt worden. Kein Rechtsanwalt stand ihnen bei, kein Richter prüfte Haftgründe, kein Staatsanwalt forderte Strafe. Sie wurden auch nicht vernommen. Ein eigenes System erfaßte die Häftlinge, verwaltete sie, verwendete sie zu Zwangsarbeit, bestrafte, ja vernichtete sie ohne erkennbaren Grund. Der Satz »Wer nicht arbeitsfähig ist, links raus« beim Morgenappell konnte bedeuten: zur Vernichtung freigegeben. Keiner wußte das vorher, oft nicht einmal die Wachmannschaften der SS, die Abkürzung für »Schutzstaffel«, Hitlers Sonderformation für Fälle, in denen bedingungsloser Gehorsam erwartet wurde. Das Lager Dachau bei München war eines der ersten, eine Art Modell für viele später entstandene Konzentrationslager. Sachkenner nennen es ein »Lager erster Klasse« mit etwas besseren Lebensverhältnissen und Rationen. Ein Vernichtungslager wie Auschwitz war es nicht. Ein Besuch in Dachau, heute eine Gedenkstätte, gibt eine Fülle von Informationen über den Alltag im KZ, wie ihn Kurt Schumacher von 1935 bis 1943 erfahren hat.

Elektrisch geladene Stacheldrahtzäune, Beobachtungstürme mit Suchscheinwerfern und Maschinengewehren rahmten den großen Komplex ein. Der Zaun trennte das Lager von der Außenwelt und von den Unterkünften für das Wachpersonal. Innerhalb des Komplexes lagen die Baracken, die Waschräume, das Hospital, die Küche, die Latrinen und die Wachstube. Auf einem großen Appellplatz wurden die »Schutzhäftlinge« morgens und abends zusammengerufen und gezählt. Die Gefangenen trugen, bis auf ein paar Ausnahmen, Drillichzeug, Jacke, Hose, kleine Mütze. Sie waren kahlgeschoren. Alle vierzehn Tage durften sie einen Brief schreiben. Das Faksimile eines Briefes von Kurt Schumacher an seine Verlobte im Bildteil dieses Buches zeigt, wie vorsichtig solche persönlichen Mitteilungen formuliert wurden.

Die Gefangenen schliefen auf Holzpritschen in drei Reihen übereinander, in Dachau mit Strohsäcken und etwas Bettzeug. Diese »Betten« mußten jedoch morgens in kurzer Zeit »gebaut« werden, faltenlos geglättet – für einen Einarmigen wie Schumacher eine unlösbare Aufgabe. Die Ernährung in Dachau lag theoretisch bei 2000 Kalorien pro Tag: ein Pfund dunkles Brot, ein halber Liter Kaffee-Ersatz, kleine Mengen Margarine, Zucker und Marmelade. Bis Kriegsbeginn konnte in der Kantine etwas an Lebensmitteln dazugekauft werden. Wer sich keine zusätzliche Lebensmittel beschaffen konnte oder durch Päckchen von Angehörigen erhielt, verhungerte langsam.

Sirenen weckten die Häftlinge im Sommer zwischen 4 und 5 Uhr, im Winter zwischen 6 und 7 Uhr. Nach dem Zählappell, der manchmal Stunden dauerte, nach einem zehn- bis zwölfstündigen Arbeitstag mit verschiedenen »Kommandos« und dem Abendappell blieben ein bis zwei Stunden »Freizeit«. Über die Schikanen, die Behandlung durch das Wachpersonal, die psychischen Folgen langjähriger Haft gibt es eine Fülle von wissenschaftlichen Untersuchungen.

Ob Kurt Schumacher während seines langjährigen KZ-Aufenthalts psychische Schäden davongetragen hat, die sein späteres Verhalten mitbestimmten, läßt sich nicht sicher sagen. Viele Beobachter meinen, er habe zu den wenigen gehört, die durch ihr hohes Maß an Selbstdisziplin, durch bewußte Isolierung, durch ein festes Motiv die Torturen des KZ unbeschädigt durchgestanden haben. Auch den psychischen Folgen seiner Kriegsverletzung, der Amputation des rechten Armes 1914, wird weniger Bedeutung beigemessen als in anderen Fällen. Sein Schutz, ja seine Immunität gegen Schmerzen, Strapazen und Schicksalsschläge scheint in seinem Charakter gelegen zu haben, in der stabilen Struktur seiner Persönlichkeit. Seine mitunter extremen Formulierungen, ihre ätzende Schärfe, der durchaus verletzende Hohn für manche Gegner mögen oft unangemessen erschienen sein. Sie müssen aber nicht der indirekte Beweis für körperliche und seelische Leiden sein.

Die wenigen Zeitgenossen, die ihn ein Leben lang gekannt haben, neigen zu der Ansicht, Kurt Schumacher sei schon in Kulm so gewesen, in der heilen Welt eines geordneten großbürgerlichen Elternhauses. Daß er jahrzehntelang heftige Schmerzen ertragen, bis zur physischen Erschöpfung gearbeitet, sich immer überfordert hat, das steht auf einem anderen Blatt. Er konnte und wollte in seinem Leben alles durchstehen, was an ihn herantrat. Dieser eiserne Wille, diese feste Moral halfen ihm auch, in Hitlers Konzentrationslagern zu überleben.

Zuerst, im Frühjahr 1933, als dieses System entstand, waren es noch Angehörige der SA, die jetzt ihre politischen Gegner der dreißiger Jahre einer »Sonderbehandlung« unterzogen. Sie widerfuhr auch dem »Schutzhäftling« Kurt Schumacher. Nach wenigen Tagen in Berliner Gefängnissen, Alexanderplatz und Plötzensee, wurde er in die schwäbische Landeshauptstadt überstellt. Gauleiter Wilhelm Murr aus Stuttgart hatte ihn durch die Berliner Polizei mit »Amtshilfeersuchen« verhaften lassen, ihn »angefordert«. Vom Stuttgarter Gefängnis kam Schumacher sogleich auf den »Heuberg« bei Sigmaringen, ein Lager der SA für politische Gegner, das bald wieder aufgelöst wurde. Die nächste Station waren im Winter 1933 die nicht beheizbaren Kasematten der Festung Ulm auf dem Kuhberg.

Was Kurt Schumacher in der schwäbischen Wahlheimat erwartete, in der er zehn Jahre lang als Reichsbannerführer mit den Nazis ins Handgemenge geraten war, ließ sich unschwer aus dem vierspaltigen Artikel im Stuttgarter »NS-Kurier« vom 17. Juli 1933 erkennen. Das Landesorgan der NSDAP begann: »Wie wir von zuständiger Seite erfahren, wurde der berüchtigte Reichstagsabgeordnete Schumacher auf Veranlassung der württembergischen Polizei . . . verhaftet. Die politische Polizei hat seine Überführung auf den Heuberg angeordnet. Mit Dr. Schumacher ist einer der schamlosesten sozialdemokratischen Hetzer nicht nur Württembergs, sondern ganz Deutschlands unschädlich gemacht worden. Mit einem an Hysterie grenzenden verbrecherischen Haß verleumdete er nationalsozialistische Führer und die nationalsozialistische Bewegung. Kein Württemberger wird es je vergessen, wie der rote Obergenosse in öffentlichen Versammlungen und in der ›Schwäbischen Tagwacht‹ vom Leder zog. Seine Anwürfe . . . waren so abgrundtief gemein, daß Dr. Schumacher nicht mehr erwarten kann, als politischer Gegner, sondern nur noch kriminell gewertet zu werden . . . Wir sprechen nur den Wunsch der breitesten Öffentlichkeit aus, wenn wir den Fall Schumacher der politischen Polizei einer Sonderbehandlung empfehlen, denn was dieser SPD-Genosse auf dem Kerbholz hat, übersteigt die Grenzen alles Erträglichen auch für die, die weit davon entfernt sind, mit Rachegelüsten belastet zu sein.«

Diese »Sonderbehandlung« wurde ihm schon auf dem Heuberg zuteil. Die SA-Wächter ließen den Einarmigen kleine Steine in einen Eimer füllen, den sie dann unter Gelächter umstießen mit dem Befehl, von neuem zu beginnen. Erich Roßmann, der gleichfalls dort inhaftierte SPD-Landesvorsitzende, berichtete in seinen Erinnerungen, Schumachers Lebensmittelrationen seien wegen Nichterfüllung des Arbeitssolls auf ein Minimum herabgesetzt worden. Ein Wachmann habe Schumacher schon beim Eintreffen angebrüllt: »Mensch, häng dich nur gleich auf!« Darauf Schumacher: »Nein, die Verantwortung dafür müssen Sie schon übernehmen.« Schumacher habe von Anfang an mit einer zehnjährigen Haft gerechnet – mit einer zehnjährigen Dauer des Hitlerregimes. Tatsächlich sind es bis zur Kapitulation zwölf Jahre geworden.

Er hat über seine lange Haftzeit kaum je gesprochen. Aber es gibt eine Fülle von Berichten über sein Leben dort, die von Mithäftlingen stammen. Sie sind durchweg getragen von Bewunderung und Respekt vor der Disziplin, dem Stolz, dem unbeugsamen Willen, durchzuhalten und sich trotz aller Provokationen und Schikanen seiner Wächter nicht zu unterwerfen. Josef Felder, der fünf Jahre jüngere Reichstagskollege, war schon in Dachau, als Kurt Schumacher dorthin im Frühjahr 1935 überwiesen wurde, ein besonderes Ereignis für das ganze Lager.

Josef Felder erzählt: »Walter Dambach, der Aufnahmeleiter, schrie den Schumacher an. Die anderen standen stramm, Schumacher nicht. Darauf Dambach: ›Na, Schumacher, nun sind Sie ja auch da, das ist ja doch der beste Beweis für den Bankrott Ihrer Partei.‹ Darauf Schumacher, der Neuankömmling, barsch: ›Mit Ihnen politisiere ich nicht.‹ Dann wurde mit einem der Lagerärzte darüber debattiert, ob Schumacher nun die ›Begrüßung‹ bekommen sollte, die in Dachau sogar in der Lagerordnung angekündigt war: mit dem nackten Hinterteil über einen Bock, und dann 25 Schläge mit dem Ochsenziemer [einer Lederpeitsche]. Schumacher jedoch bekam diese ›Begrüßung‹ nicht. Nach lebhafter Debatte bei den führenden Leuten wurde entschieden, mit Rücksicht auf die Kriegsbeschädigung, bei diesem Häftling davon abzusehen.« Felder sagt, er habe das gleiche Glück gehabt, weil gerade bei seiner Einlieferung eine Gruppe von Engländern durch das Lager geführt wurde und mit Rücksicht auf diesen Besuch die ominöse Lagerordnung entfernt worden war. »Ich bekam nur einige Schläge mit dem Querholz beim Strohsackstopfen. Aber acht Tage nach dem Delegationsbesuch hing die alte Lagerordnung wieder im Aushang.«

Schumacher äußerte lange Zeit später bei Gesprächen im Bundestag gegenüber Heinrich Ritzel, es sei ihm immer unbegreiflich geblieben, daß ausländische Teilnehmer an den Olympischen Spielen 1936 die Schmerzensschreie aus deutschen Konzentrationslagern nicht gehört hätten.

Zu dem Eindruck, den Schumacher damals auf seine Mithäftlinge machte, sei aus einem Brief des späteren SPD-Bundestagsabgeordneten Höhne an Ritzel zitiert: »Ich vergesse es nie, wie er krummrückig mit einem Blecheimer in der Hand die Lagerstraße einherschlotterte . . . Er war in der Lagerbücherei, wenn so etwas diesen Namen überhaupt verdient. Für eine andere Tätigkeit war der einarmige ausgemergelte Mann nicht zu verwenden. Im Laufe der Zeit kamen Kontakte mit ihm zustande, die selbst in dem engen Lagerleben nur bei gutem Winde möglich waren, denn Kurt Schumacher war mehr abgeschirmt als die anderen Mitgefangenen.«

Er wurde nicht nur durch die Lagerleitung abgeschirmt, sondern isolierte sich auch selbst, um durch Distanz besser überleben zu können. Eine »Einspänner-Natur« nannte ihn Baron Charles de Werkmann, der Schumacher in Dachau getroffen hat. Er beschrieb diese Begegnung in »Bornholms Tidende« 1947:

»Ständig nachdenklich, ständig im Gleichgewicht, sachlich nüchtern, zugleich höflich und kühl, niemals herzlich. Man kam diesem Mann nicht näher, weil er sein eigenes Leben lebte . . . Wenn er einsam und mit gesenktem Kopf durch die Straßen des Lagers ging, arbeitete er vermutlich mit den Gedanken, die in ihm gärten. Er hatte niemanden, mit dem er seine geistigen Kräfte hätte messen wollen, niemanden, dessen Widerspruch seine Ideen hätte korrigieren können.«

Schumachers Gesundheitszustand war miserabel, auch durch die Folgen eines Hungerstreiks, den er gleich nach seiner Einlieferung in Dachau im April 1935 begonnen hatte. Er sollte mit einem der Kommandos zu schwerer körperlicher Arbeit ausrücken, verweigerte aber den Gehorsam. Für den Einarmigen schien das die einzige Chance zu sein, einer Art »Hinrichtung durch Arbeit« zu entgehen. Nach 28 Tagen ohne Nahrung, sichtbar dem Ende nahe, wurde er durch die Lagerleitung für die Zukunft von Schwerarbeit freigestellt. Am 6. Mai brach er den Hungerstreik ab.

»Bibliothekar Kurt« als Ratgeber und Helfer

Er kam dann in die Lagerbibliothek, ein Glücksfall, der ihm half, geistig zu überleben. Der Bücherbestand war nicht gerade üppig. Aber unter den seltenen wissenschaftlichen Werken befanden sich zwei, so berichtet Willy Albrecht in seiner Dokumentation, die später einmal im Verhältnis zwischen Schumacher und Adenauer eine Rolle spielen sollten, zwei nationalökonomische Fachbücher von Walter Pahl aus den Jahren 1937 und 1938. In einer Sitzung des Zonenbeirats vom 18. bis zum 20. September 1946 nannte Adenauer diese Werke »nationalsozialistisch«, während der Nationalökonom Kurt Schumacher, der sie aus seiner Bibliothekarzeit in Dachau kannte, die Bücher als regimefeindliche Literatur betrachtete.

Die Bücherei wurde aus Mitteln der Häftlinge unterhalten. Für diese war der »Bibliothekar Kurt« Ratgeber und Gesprächspartner. Alois Ullmann, ein Mithäftling, hatte die beiden letzten Jahre von 1941 bis 1943 beinahe täglich Gelegenheit, zwischen 6 und 7 Uhr nach dem Morgenappell mit Schumacher die politische Lage zu besprechen: »Man mußte immer wieder staunen, mit welcher Sicherheit er die

Entwicklung der Jahre nach dem Kriege voraussah. Schon 1942 unterhielten wir uns über das Flüchtlingsproblem. Die sudetendeutsche Frage wurde damals mit einigen tschechischen Häftlingen eingehend erörtert. Die Tschechen . . . wußten schon im Winter 1941 auf 1942, daß Eduard Benesch [später Staatspräsident] im Ausland sich nach der russischen Seite orientierte und die Frage der Vertreibung der Sudetendeutschen mit den Russen verhandelte.« Kurt Schumacher sei voll Sorge über die Entwicklung gewesen. Er habe in groben Umrissen die Aufgabe bezeichnet, die von sudetendeutschen Sozialdemokraten nach Kriegsende zu lösen sein würden. »Bei allen Gesprächen über die Kriegslage äußerte er sich immer voller Respekt über die Leistungen der deutschen Armee und verurteilte nur rücksichtslos die Strategie des größten Feldherrn aller Zeiten.«

Diese Beobachtung ist in zweierlei Hinsicht interessant. Die sudetendeutschen Sozialdemokraten spielten als geschlossene Gruppe in der Nachkriegs-SPD eine sichtbare Rolle. Namen wie Wenzel Jaksch, der erste Vorsitzende des Bundes Vertriebener Deutscher, Ernst Paul und Richard Reitzner, auch Volkmar Grabert waren nicht nur in Bayern, sondern als Vorstandsmitglieder auch auf der Bundesebene der Partei geachtet und einflußreich. Zum zweiten lassen Schumachers anerkennende Worte über militärische Leistungen der Armee bereits erkennen, warum er nach dem Kriege mühelos mit jungen Offizieren in Kontakt kam, ja ihre Mitarbeit suchte.

Im KZ blieb Schumachers Gesundheitszustand schlecht. Alois Ullmann berichtet, der 1,80 m große Mann habe meistens um 80 bis 84 Pfund gewogen. Er hatte Magengeschwüre, vertrug die ohnehin karge Lagerkost überhaupt nicht, schlief sehr schlecht. Eine Netzhautablösung konnte 1940 mit Erlaubnis der Lagerleitung operiert werden, so daß er vor Erblindung bewahrt blieb. Aber seine Sehkraft war von da an vermindert.

Ullmann weiter: »Außerdem wollte er von niemandem eine Zuwendung annehmen. Wir mußten alle Finessen anwenden, um ihm hier und da in den Abendstunden ein Stückchen Kuchen oder sonst etwas zukommen zu lassen. Das gelang nur, wenn wir uns zu viert oder fünft zusammensetzten und einer den Gastgeber machte. Einmal wurden mir Schinken und Eier angeboten, die ich nach Gutdünken verwenden sollte. Ich bot Kurt Schumacher davon an. Aber er lehnte mit dem Bemerken ab: Gibt es denn keine Kranken, für die es unter Umständen das Leben bedeuten kann! – Wir hatten im Revier [Krankenabteilung] einige Badewannen zur Verfügung. An jedem Freitagnachmittag von

4 bis 5 Uhr lotsten wir Schumacher illegal ins Revier, damit er ein Bad nehmen konnte. Das letzte halbe Jahr vor seiner Entlassung aus Dachau ließen wir ihn nicht mehr allein im Bad. Wir fürchteten, daß ihm etwas zustoßen könnte, so schwach war er.«

Auch Ullmann berichtete über das Ansehen des »Lagerveteranen«: »Kaum aus der Baracke, war er [beim Sonntagsspaziergang] gleich von einer großen Zahl Häftlingen umringt . . . Sein Ansehen bei allen Häftlingen im Lager war unbestritten. Ein Wort von Kurt Schumacher wurde sowohl von den katholischen Geistlichen als auch von Franzosen, Tschechen, Politikern und Generalen eifrig weiterverbreitet und analysiert. Jeder, der mit ihm öfter Gelegenheit hatte zu sprechen, mußte vorsichtig sein, um sich und ihn nicht zu belasten, und konnte aus diesem Grunde manches, was er zur Situation sagte, nie als Äußerung Schumachers wiedergeben.«

Nach den Angaben von Ullmann, auch andere bezeugen das, nahmen in Dachau die politischen Häftlinge eine Sonderstellung ein. Sie wurden von den SS-Wachmannschaften schärfer beobachtet. Die SS versuchte, ihr Mütchen an denen zu kühlen, von denen sie wußte, daß sie geistig überlegen waren. So berichtet Josef Felder von einer selbst erlebten Kraftprobe, die Kurt Schumacher durchgestanden hat: »Ein Wachmann betrat die Baracke, in der ein Häftling als Friseur tätig war. Wir hatten vorschriftsmäßig Meldung zu erstatten. Kurt Schumacher blieb breitbeinig stehen, starrte den SA-Mann, ich glaube, es war ein Truppführer, an. Wir standen still, Schumacher nicht. Mehrmals und mit gezogener Waffe wiederholte der Bewacher seinen Befehl ›stillgestanden‹. Seine Augen starr auf Schumacher gerichtet: ›Willst du nicht?‹ In Schumachers Gesicht zuckte kein Muskel. Ich stand in unmittelbarer Nähe. Und zu unserem maßlosen Erstaunen steckte der SA-Truppführer plötzlich seine Pistole wieder ein, fluchte gräßlich und ging. – Wir zitterten entsetzlich, denn wir glaubten, daß nunmehr geschossen wird.«

In dieser Anfangszeit 1935, kurz nach dem Eintreffen von Schumacher aus dem KZ Kuhberg, das für militärische Zwecke benötigt wurde, gab es in Dachau noch eine bürgerliche Prominentengruppe, darunter Pastor Niemöller, ein früherer U-Boot-Kommandant, Domkapitular Neuhäusler und Dr. Josef Müller, der spätere erste Vorsitzende der CSU nach 1945. Mit dieser Gruppe durften Schumacher und andere Häftlinge aus den linken Parteien nicht zusammenkommen.

Kurt Schumacher seinerseits ging nur Diskussionen mit kommunistischen Häftlingen aus dem Weg. Er hatte – verbotene – Kontakte mit Juden, die in Dachau noch schlechter behandelt wurden als andere Häftlinge. Und er traf sehr viele Ausländer – mit der Folge, daß er nach dem Kriege einen großen Freundeskreis unter ehemaligen KZlern in Frankreich, Belgien, Österreich und in osteuropäischen Ländern besaß, solange dort noch keine kommunistische Gleichschaltung erfolgt war. Die umfangreiche Korrespondenz mit ehemaligen Leidensgenossen aus Dachau hielt er bis zu seinem Lebensende aufrecht.

Entlassungsgesuche von Freunden und Verwandten

Andere haben ihm auch helfen wollen. Schon kurz nach seiner Einlieferung ins KZ Heuberg 1933 erfuhr seine Schwester Lotte in Stuttgart von einem Beamten: »Wir fürchten um ihn.« Er habe ins Ausland fliehen können, es aber leider nicht getan. Anfragen aus dem Ausland lagen schon nach wenigen Wochen vor, wie Fried Wesemann in seiner Biographie berichtet. Freunde aus England verwendeten sich für Schumacher. Familienmitglieder machten eine Eingabe nach der anderen. Er wollte bleiben, schrieb seiner Verlobten am 19. September 1935 nach Chikago:

»Du bist eine Frau. Darum mußt Du in Anbetracht aller Umstände die Freiheit haben, Deine Zukunft ohne Rücksicht auf mich gestalten . . . Ich hoffe, daß diese Auslassungen bei Dir keine Mißverständnisse hervorrufen. Aber wenn ich hier in rosarotem Optimismus Dir blindes Vertrauen auf die Schönheiten eines gemeinsamen Zukunftslebens predigen wollte, so wäre das ein Verbrechen Dir gegenüber. Man kann die Sache betrachten, von welchem Standpunkt aus man immer will, das Resultat ist immer ein gleich trübes. Damit meine ich nicht nur die eventuelle Dauer meiner Schutzhaft, sondern auch, was dahinter kommen mag in wirtschaftlicher, gesellschaftlicher und persönlicher Hinsicht.

Das mußt Du Dir alles genau überlegen, sonst opferst Du Dich eventuell einem Phantom und stehst am Ende vor einem großen Trümmerhaufen zerschlagener Hoffnungen . . . Das Schlimmste wäre für mich, wenn Deine Gefühle für mich zur Zerstörung Deiner eigenen Lebenschancen führen würden. Alles das überlege Dir in aller Ruhe, fälle besonders nicht die stürmische Entscheidung unbedingter Verbundenheit. Die Klärung dieser Dinge braucht ihre Zeit und soll ihre Zeit haben . . . Für jetzt aber gilt die Parole: Schau nicht immer zu mir nach Deutschland herüber, sondern schau Dich in Amerika um, denke mehr an Dich als an mich! Später fällst Du dann Deine Entscheidung absolut ohne Zwang oder Bitte meinerseits, und sie wird gut für mich sein!«

Schumacher dankte für die zwei bis drei Briefe, die er monatlich von »Miga« aus Chikago erhalten habe, für Bilder, für ein Päckchen mit Wäsche und schloß den für beide so schicksalsschweren Brief: »sei Du herzlichst gegrüßt und geküßt von Deinem Kurt«.

Marie Fiechtl wollte sich nicht von ihm trennen, sie richtete 1936 ein Entlassungsgesuch an den deutschen Generalkonsul in Chikago. Nach beamtengerechter Bearbeitung erfuhr sie aus einem an das Generalkonsulat gerichteten Bescheid vom 19. August 1937: »Schumacher kann aus dem Lager gar nicht entlassen werden, da seine radikale marxistische Einstellung eine unmittelbare Gefahr der öffentlichen Sicherheit bedeutet. Ich bitte Sie, der Fiechtl in geeigneter Weise ohne Angabe der obengenannten Gründe eröffnen zu lassen, daß ihr Verlobter Dr. Schumacher noch nicht entlassen werden kann. Heil Hitler gez. Blankenburg.«

Wiederaufnahme der politischen Arbeit

Einmal, kurz nach dem Tode seiner Mutter 1937, schien ein privates Gesuch Erfolg zu haben. Schwester Lotte durfte ihren Bruder in Berlin sehen – sie glaubte, er werde entlassen, traf Vorbereitungen, packte Lebensmittel ein, fuhr hin, sah ihn tatsächlich, durfte ihn aber nicht mitnehmen. Weitere Entlassungsgesuche folgten in regelmäßigen Abständen. Schumachers Gesundheitszustand verschlechterte sich lebensgefährlich. Dann erhielt seine Schwester die Mitteilung, sie könne den Schwerkranken in Hannover erwarten. Sie ließ sich, so berichtet Wesemann, die Mitteilung zweimal vorlesen. »Der Zug lief mit Verspätung nach Mitternacht ein, sie spähte an den blinden Fenstern entlang, und es schien ihr wie ein Wunder, als sich die Tür des Waggons öffnete, bei dem sie stand, und der Bruder herausstieg. Er war sehr scheu. Zu sagen vermochte er nichts. Er konnte nicht ahnen, daß das Leben ihn wiederhatte.«

Er begann dieses Leben zunächst als »kaufmännischer Angestellter«, als Buchhalter in der Leimfabrik Sichel in Hannover. Dort hatten nach der Vertreibung aus Westpreußen seine Eltern einen neuen Wohnsitz gefunden. Hier lebte seine Schwester Lotte Trinkwalter, verheiratet mit einem Lehrer, der Mitglied der NSDAP war. Vielleicht hatte die unverdächtige politische Einstellung seines Schwagers Trinkwalter dazu beigetragen, daß ihn die geheime Staatspolizei zu dieser Familie entließ. Sicher aber war es Kurt Schumacher bei seiner politischen Abstinenz nach der Entlassung wichtig, seine Verwandten nicht zu gefährden. Wahrscheinlich rettete ihm sogar der vorläufige Verzicht, Kontakt mit Kreisen des Widerstandes zu suchen, das Leben. Er wurde zwar nach dem gescheiterten Attentat auf Hitler am 20. Juli 1944 von neuem in »Schutzhaft« genommen, aber schon nach wenigen Wochen aus dem KZ Neuengamme bei Hamburg wieder nach Hannover entlassen.

Friedrich Hamann, ein Mithäftling dort, schildert, daß Schumacher in Neuengamme besonders unter dem Lagerkommandanten Thiemann zu leiden hatte, der Schumacher aus Dachau kannte. Hamann hatte Schumacher schätzengelernt, »weil dieser immer Möglichkeiten fand, Mithäftlingen zu helfen. Er war vielen Halt und Stütze.« Hubert Schlebusch, ein Leidensgenosse aus Dachau, schreibt, er sei tief berührt gewesen von der Standfestigkeit dieses Mannes, »der sich lieber die Finger hätte abhacken lassen, als den Nazis auch nur die geringsten Konzessionen zu machen«. Das sind zwei von vielen Zeugnissen, die der 1947 im Organ der sowjetischen Besatzungsmacht, der »Täglichen Rundschau«, inszenierten Verleumdungskampagne gegen Schumachers Verhalten im KZ widersprechen.

Kernstück war der als Pamphlet aufgezogene Angriff von zwei kommunistischen Häftlingen, Matejka und Bogula, Schumacher habe in der Schreibstube der Lagerleitung Ende 1943 ausländische Häftlinge auf »Vernichtungslager« aufgeteilt. Er ist jedoch, wie schon erwähnt, am 16. März 1943, also lange vor den behaupteten Untaten, aus Dachau entlassen worden. Ein österreichischer Mithäftling, Heinrich Wenger vom österreichischen Gewerkschaftsbund, schrieb ihm spontan am 3. April 1947: »Noch in Rußland, habe ich aus der ›Iswestija‹ erfahren, daß unser Matejka, der inzwischen Kommunist geworden ist, einige gemeine Lügen über Dein Verhalten im KZ in die Welt gesetzt hat. Heute lege ich Dir wieder ein Pamphlet bei. Es soll Dir zur Ehre gereichen, von solchen Lumpen beschimpft zu werden, und Du wirst Dich auch sicher nicht kränken. Wir haben aus Euren Wahlergebnissen gesehen, daß sich die deutschen Genossen durch derartige Lügen nicht beirren lassen.« Diese Kampagne begann zu der Zeit, als Schumacher eine Wiederzulassung der SPD in der damaligen Sowjetzone abgelehnt hatte, die ihm von sowjetischer Seite angeboten worden war. Die Kommunisten sahen Schumacher damals nicht zu Unrecht als ihren gefährlichsten Gegner im Nachkriegsdeutschland an.

Nach seiner Entlassung aus Neuengamme im September 1944 nahm er seine Tätigkeit als Buchhalter bei der Firma Sichel in Hannover wieder auf, pflegte aber auch neu gewonnene politische Kontakte. Insgeheim begann er mit Vorbereitungen für die Zeit nach Kriegsende. In den letzten Wochen vor dem Einmarsch der Amerikaner wechselte er Wohnsitz und Stellung, schlüpfte als Vorarbeiter bei einer anderen Firma in Hannover unter.

Seine erste politische Rede hielt Kurt Schumacher am 6. Mai 1945 vor einem Kreis von Sozialdemokraten in Hannover unter dem Motto »Wir verzweifeln nicht!« Er betonte: »Wir, die wir gegen den Faschismus gekämpft haben . . . haben als einzige Vorrecht auf die Aufgabe, am stärksten für die Umwandlung Deutschlands zu arbeiten. Ich spreche nicht nur für meine Kameraden aus den Konzentrationslagern, Zuchthäusern und sonstigen Strafanstalten. Ich spreche auch für jeden Mann und jede Frau, die trotz Terror und Schikanen sich nicht gebeugt haben und schon vorher alles getan hatten, den Nazismus zu vermeiden.«

Kritisches Urteil über den Widerstand aus bürgerlichen Kreisen

Die Motive mancher Teilnehmer an dem gescheiterten Aufstand vom 20. Juli untersuchte er damals, Anfang Mai 1945, kritisch: »Im Grunde ist die Revolte bei ihren reaktionären Teilnehmern nicht aus irgendeinem Gefühl der Verantwortung gegenüber dem deutschen Volk oder gegenüber der Welt entstanden. Es war die Sorge um das Schicksal ihrer Klasse und ihres Besitzes, die diese Leute veranlaßt hat, den Versuch des Eingreifens und damit die Rettung ihrer Güter und ihrer sozialen Stellung zu unternehmen.« Er jedenfalls konnte auf eine fast übermenschliche Konsequenz verweisen, auf die Konsequenz, sich von Anfang an und über zehn Jahre hinweg einem System widersetzt zu haben, das andere lange Zeit mitgetragen hatten.

Auch gegen die von Hitler hingerichteten Offiziere der militärischen Opposition erhob er den Vorwurf, weder gegen die Judenpogrome »noch gegen die Demoralisierung und Bestialisierung der deutschen Nation, noch gegen die barbarische Kriegführung protestiert zu haben«. Vielleicht, so entschuldigt ihn die Parteihistorikerin Susanne Miller, hätte Kurt Schumacher dieses harte Urteil vom 6. Mai 1945 bei genauerer Kenntnis der Zusammenhänge und der Motive aller Beteiligten etwas modifiziert.

Natürlich waren die Informationen, die er im KZ Dachau über die

Widerstandsbewegung erhielt, nur lückenhaft. Aber spätestens nach seinem Aufenthalt im KZ Neuengamme, also im September 1944 – acht Wochen nach dem gescheiterten Attentat vom 20. Juli –, hat Kurt Schumacher manches über die Motive und die Fehler der Attentäter erfahren. Außerdem wußte er im Mai 1945 mit Sicherheit, daß Julius Leber, daß Wilhelm Leuschner, um nur zwei Sozialdemokraten zu nennen, auf Hitlers Befehl als Teilnehmer an der Verschwörung hingerichtet worden waren. Diese beiden ehemaligen Reichstagsabgeordneten der SPD und andere Genossen haben sich durchaus im Bündnis mit »Junkern« und Christen an der Planung des Attentats und der ersten Schritte nach einem erhofften gemeinsamen Erfolg beteiligt. »Die Rettung ihrer Güter und ihrer sozialen Stellung«, das mag ein Motiv, aber nicht das einzige und vielleicht auch nicht das wichtigste der »reaktionären Teilnehmer« gewesen sein, wie Kurt Schumacher am 6. Mai 1945 noch annahm.

Wahrscheinlich sprach der Genosse Kurt Schumacher zu diesem Zeitpunkt in der Befangenheit des »Klassenkämpfers«, die ihn und andere Sozialdemokraten zu Fehlurteilen über die bürgerlichen Widerständler verleitete. Diese grobe Vereinfachung der gesellschaftlichen Gegensätze traf schon in den zwanziger Jahren nicht mehr zu und entsprach auch nicht der politischen Praxis der Mehrheitssozialisten, die zeitweilig Koalitionen mit bürgerlichen Partnern eingegangen waren.

Wichtiger noch zum Verständnis der ideologischen Ausgangssituation 1945 sind die radikal marxistisch orientierten Ziele der am 19. März 1941 gegründeten »Union Deutscher Sozialistischer Organisationen in Großbritannien«. Ihr Exekutivkomitee wollte für die Zeit nach dem Kriege eine »sozialistische Einheitspartei« ins Leben rufen – unter Ausschluß der Kommunisten. Erich Ollenhauer sagte am 6. Dezember 1942 in London vor dieser »Union«: »Das wesentliche Ziel der neuen Partei in dieser revolutionären Übergangsperiode muß . . . ein tiefer Eingriff in die alte gesellschaftliche Ordnung sein. Zur dauernden Sicherung der neuen deutschen Demokratie, ihres sozialen Charakters und ihrer friedlichen Außenpolitik muß dem Großgrundbesitz, der Schwerindustrie und der Hochfinanz, der nazistisch-reaktionären Bürokratie und dem Militarismus die Verfügungsgewalt über Produktion und Staatsapparat für dauernd entzogen werden.« Ollenhauer nannte das: »Maßnahmen prinzipieller Natur zur dauernden Sicherung der neuen deutschen Demokratie«. Sie sollten sich nicht beschränken auf »die Vernichtung und Unschädlichmachung der Träger des Nazisystems . . . Es dürften dabei alle die auf ihre Rechnung kommen, denen die Revolution von 1918 zu unblutig war.« So der später so sanfte Schumacher-Nachfolger Erich Ollenhauer.

Dieses ausführliche Zitat aus vergilbten Dokumenten macht verständlich, warum Kurt Schumacher im Mai 1945 so klassenkämpferisch argumentierte – im Grunde sogar maßvoller als die Sprecher der Emigration. Sie waren noch weniger mit den Realitäten in Hitler-Deutschland vertraut als selbst der KZ-Insasse Kurt Schumacher. Aber auch er hatte keinen Kontakt zu einer zentral organisierten sozialdemokratischen Untergrundbewegung. Sie hat nicht existiert.

Die große Aufgabe

»Der erste Tag politischer Freiheit dämmert herauf! Die Sozialdemokratische Partei steht, im Bewußtsein, die einzige Partei in Deutschland zu sein, deren Politik der Demokratie und des Friedens die Probe vor dem Richterstuhl der Geschichte bestanden hat, vor ihrer größten Aufgabe: aus den Trümmern Deutschlands ein neues, besseres Reich aufzubauen.« Mit diesen Worten begann Kurt Schumacher im August 1945 seinen »Aufruf zur Besinnung und geistigen Umkehr«, so proklamierte er den Führungsanspruch seiner Partei nach dem Zweiten Weltkrieg.

Er warb mit diesem Flugblatt um »alle Unbelasteten und Aufbauwilligen«. Dazu rechnete er auch diejenigen, »die aus Angst und Ahnungslosigkeit ihren Teil zum großen Unglück beigetragen haben«. Diesen ehemaligen Anhängern und Mitläufern des Nationalsozialismus machte er im Namen der SPD in den Monaten nach dem totalen Zusammenbruch das Angebot zur Zusammenarbeit – mit einer Einschränkung: »Die aktiven Nazis samt ihren Hintermännern aus den Kreisen des großen Besitzes haben nur noch das eine Recht, schwer arbeiten zu dürfen, um ihre Verbrechen wenigstens andeutungsweise zu sühnen.«

Dieser nunmehr 49jährige Mann ist selbst zehn Jahre lang ein Opfer dieser Verbrechen gewesen, für die er »andeutungsweise Sühne« forderte – eigentlich eine sehr moderate Formulierung, kein Schrei nach Rache und Vergeltung. Warum äußerte sich Kurt Schumacher 1945 so maßvoll über die, die er die »Verderber Deutschlands« nannte?

Mehrere Antworten sind möglich. Eine liegt besonders nahe: Er hatte nach seiner Entlassung aus dem Konzentrationslager Dachau im Hause seiner Schwester Lotte in Hannover Gespräche mit Hitler-Anhängern geführt. Sein Schwager, der Lehrer Trinkwalter, ein aktiver Parteigenosse, hatte sich für ihn verbürgt. Sein Neffe war schon vor 1933 als Student ein Anhänger der NSDAP geworden, ein junger Idealist, den das Hitlerregime allerdings gründlich enttäuschte, berichtet Lewis Edinger, der noch Informationen bei inzwischen verstorbenen

Angehörigen von Kurt Schumacher gesammelt hat. Schumacher wußte also von den Motiven, von den Nöten der »kleinen Nazis« aus der eigenen Familie. Dafür spricht auch sein späteres Eintreten für Angehörige der Kriegsgeneration, die Mitglieder der Hitlerjugend, die Offiziere der Wehrmacht und der Waffen-SS gewesen waren.

Es wäre deshalb ungerechtfertigt, Schumachers Nachsicht gegenüber jüngeren Hitler-Anhängern und kleinen Nazis als Stimmenfang, als opportunistische Taktik eines Parteiführers abzutun. Natürlich ging es ihm um Mehrheiten, um das Ziel, die SPD für breite Bevölkerungskreise wählbar zu machen. Aber in der Zeit dieses ersten Aufrufes der SPD an »das ganze deutsche Volk zur Mitarbeit« war von Wahlen noch überhaupt keine Rede, waren noch keine Parteien zugelassen. So zielten die ersten Werbemaßnahmen in Hannover darauf, sogenannte »Bereitschaftserklärungen« von all denen zu erhalten, die nach der Wiederzulassung von Parteien durch die Besatzungsmacht der SPD beitreten würden. In Hannover gingen bis Anfang Juni rund 16000 solcher Bereitschaftserklärungen beim »Büro Dr. Schumacher« ein, eine ausgebombte Wohnung mit einem kleinen, erhalten gebliebenen Hinterzimmer.

Kurt Schumacher hatte bis zu der Bombennacht vom 8. auf den 9. Oktober 1944 zunächst mit der Familie seiner Schwester in einem südlichen Vorort von Hannover gelebt. Sie konnte einen Teil der Habe retten, zog in eine ländliche Kleinstadt, während sich der Bruder in einem Arbeitervorort ein Mansardenzimmer suchte. Er lebte dann bis kurz vor Kriegsende im vierten Stock bei einer Witwe, wie der gleichfalls aus Hannover stammende erste Schumacher-Biograph Fried Wesemann berichtet. Schumacher verließ diese Unterkunft im Vorort Badenstedt nach einer Warnung, die Geheime Staatspolizei wolle ihn festnehmen – hatte er doch in diesem Winter 44/45 wieder politische Kontakte mit politischen Freunden aufgenommen. Eine erste öffentliche Rede, die nicht überliefert ist, soll er am 7. April am Grabe eines bei Straßenkämpfen gefallenen neunzehnjährigen Soldaten gehalten haben. Hannover wurde an diesem Tag von amerikanischen Truppen besetzt. Zwölf Tage später, am 19. April, kam es zu einer ersten sozialdemokratischen Funktionärskonferenz in der Fröbelschule. Hitler lebte noch in Berlin, am 30. April brachte er sich dort um. Das Reich kapitulierte offiziell am 8. Mai 1945.

In Hannover bestand zu diesem Zeitpunkt schon ein »Aufbau-Ausschuß«, zusammengesetzt aus den Parteien der Weimarer Zeit im Verhältnis ihrer damaligen Stärke. Die Sozialdemokraten machten britischen Besatzungsoffizieren klar – die Amerikaner waren weitergezogen –, daß sie, nicht die Kommunisten und das Zentrum, vor 1933 in Hannover die Mehrheit hatten. Mit Hilfe alter Zeitungsbände gelang dieser Nachweis: Die SPD war noch bei den Reichstagswahlen im März 1933 in Hannover stärkste Partei. Aus diesem Grund schritt auch ihr Wiederaufbau rasch voran.

Richtlinien für den Aufbau der Partei

Kurt Schumacher erprobte in Hannover bestimmte Verfahrensweisen, die er dann auch den Genossen in anderen Regionen empfahl, wie in seinem Brief vom 2. Juli 1945 an Otto Steinmayer in Stuttgart:

»Der Zwang zur Politisierung der Arbeit konzentriert sich [jetzt] vor allen Dingen auf den Zwang zur Sammlung aller für unsere Partei in Frage kommenden Kräfte . . . Ich schließe einige Sammelbogen bei, auf die Männer und Frauen, die den Wunsch nach einer sozialdemokratischen Partei haben, sich entweder selbst eintragen oder von dem Sammler eingetragen werden. Anhand dieser Liste kann die sammelnde Parteistelle bereits eine vollständige Kartothek anlegen und sich aus den angegebenen Namen einen Funktionskörper auswählen, der in kleinen Zirkeln bereits geschult und zur praktischen Arbeit und vor allem auch zu weiteren Sammlungen dieser Art herangezogen werden kann. Ebenso kann dieser Funktionskörper zur Verbreitung politischer Forderungen und Parolen und zu eventuell notwendigen Auseinandersetzungen in Betrieben und als Grundstock für eine positive Gewerkschaftsarbeit ausgenutzt werden. Voraussetzung bei allem ist aber, daß es sich dabei um die Konzentration der demokratischen Sozialisten handelt. Die Zusammenarbeit mit den anderen Gruppen soll so intensiv wie nur denkbar sein, aber die Ordnung in den eigenen Reihen ist die erste Voraussetzung für den Erfolg in der Zusammenarbeit.

Um Ihnen gleich zu sagen, wie wir uns hier die Sammlung der uns nahestehenden Elemente vorstellen, unterrichte ich Sie darüber, welche Gruppen man hier bearbeitet und auf die Listen nimmt:

1. Die früheren Parteigenossen und Genossinnen, die sich in den zwölf Jahren politisch und menschlich sauber gehalten und sich nicht den Charakter erkältet haben. Die Defekten und Brüchigen laßt ja weg!

2. Männer und Frauen, die zwar noch nicht in der Partei waren, deren Haltung aber in diesen Jahren so einwandfrei war, daß sie von den aufnehmenden Genossen politisch und charakterlich gewissermaßen garantiert werden können.

3. Vor allem möglichst viel junge Leute, wobei man aus der früheren Zugehörigkeit zur Hitlerjugend diesen jungen Menschen keinen Strick drehen soll. Wir sind nämlich in der Gefahr, daß Ihre Generation, mein lieber Genosse Steinmayer [1876 geboren], und meine Generation (ich werde nämlich im Oktober auch schon fünfzig Jahre alt) noch einmal eine große Sache zusammenbringen, die dann aus Mangel an geeignetem Nachwuchs bald austrocknen und absterben würde, wenn wir nicht genügend Voraussicht im Heranholen der Jugend zeigen.«

Dieser Punkt drei war von fundamentaler Bedeutung – der eindringliche Appell an die älteren Genossen: vor allem möglichst viel junge Leute . . . Schumacher erinnerte sich dabei sicher an die Folgen der Überalterung schon der Reichstagsfraktion, in die er fünfzehn Jahre vorher eingetreten war. Jetzt schrieb er einem 69jährigen, der in Stuttgart die Partei wiederaufbauen wollte, der dann noch mal Verkehrsminister in Württemberg-Baden wurde und Landtagsabgeordneter bis 1950 blieb. Der Ratschlag hätte auch an andere ältere Genossen gerichtet sein können, die überall im Lande 1945 sehr rasch begannen, die überlebenden Mitglieder zu sammeln, auch »die Defekten und Brüchigen«, vor denen Schumacher warnte.

Er selbst nahm jene nicht in seine Umgebung auf, verhinderte, daß sie beim Wiederaufbau wichtige Parteiämter übernahmen, wie prominent sie in der alten Partei auch immer gewesen sein mochten. Der KZ-Häftling mißtraute ehemaligen Sozialdemokraten, die zwölf Jahre friedlich ihren Geschäften nachgegangen waren, ihre Pension verzehrt hatten und sich nun wieder zum Dienst in der Partei zurückmeldeten. Gegen diese alten »Genossen« richteten sich die Hinweise, wie die Auswahl für die neu zu gründende Partei, für den neuen Anfang zu treffen sei – nicht gegen die Millionenschar der Kriegsgeneration, die in der Hitlerjugend groß geworden war, gekämpft hatte und nun gedemütigt, desillusioniert, entmutigt in dem totalen Chaos nach dem verlorenen Krieg einen Beruf, einen Halt, einen Standort suchte.

Sofortige Abgrenzung gegen Kommunisten

Schon in seiner ersten – programmatischen – Rede am 6. Mai 1945 mit dem Titel »Wir verzweifeln nicht« zeigte Kurt Schumacher Verständnis für Kriegsteilnehmer: »Der weitaus größte Teil der deutschen Soldaten wird ganz selbstverständlich, wenn auch unter schwerster Arbeit und größter Anstrengung, in sein neues Vaterland zurückfinden und bald zu seinem eigentlichen Träger emporwachsen.«

Er, der Kriegsfreiwillige des Ersten Weltkrieges, stellte sich auf sie ein, hatte schon im KZ, wie berichtet, zwischen der militärischen Tapferkeit und den verbrecherischen Kriegszielen Hitlers unterschieden. Kurt Schumacher war kein Pazifist, kein Gegner der Landesverteidigung – zu keiner Stunde. Aber er war und blieb stets ein Gegner der Kommunisten. Schon in der erwähnten ersten Rede vor sozialdemokratischen Freunden in Hannover machte Schumacher im Abschnitt »Wir und die Kommunisten« deutlich, daß für ihn eine Verschmelzung oder auch nur zeitweilige Kooperation mit den Kommunisten im Nachkriegsdeutschland nicht in Frage kam. Für andere Sozialdemokraten, auch in Westdeutschland, war zu diesem frühen Zeitpunkt die »einheitliche Arbeiterpartei« durchaus diskussionsfähig.

Schumacher lieferte Gegenargumente: »Wenn eine Einheitspartei unter den heutigen Verhältnissen möglich wäre, dann hätten die vor uns befreiten Länder das große Beispiel [dafür] bereits gegeben. Sie ist nicht möglich, kraft der machtpolitischen Gegebenheiten und der außenpolitischen Bindungen. Die Trennungslinie ist dadurch gezogen, daß die Kommunisten fest an eine einzige der großen Siegermächte und damit an Rußland als Staat und an seine außenpolitischen Ziele gebunden sind. Wir demokratischen Sozialisten dagegen gehen nicht von der Auffassung ab, daß wir uns nach den politischen und sozialen Notwendigkeiten der deutschen arbeitenden Klasse zu richten und von diesem Standpunkt aus die internationale Zusammenarbeit mit allen Arbeiterparteien der Welt zu betreiben haben, die dazu bereit sind. *Wir können nicht und wollen nicht das autokratisch gehandhabte Instrument irgendeines fremden imperialen Interesses sein.*

Es ist also nicht die Verschiedenheit in der Radikalität, sondern ein anderer Blickwinkel in der Betrachtung der politischen Welt, eine andere Art, die Verhältnisse und Ideen zu werten, die diese Trennung hervorruft. Die einen wollen eben das Vorbild eines Landes und seine Methoden auf die politischen und ökonomischen Verhältnisse aller Länder übertragen und erklären dieses für die richtige Form des Klassenkampfes. Die anderen erkennen keine Schablone des Klassenkampfes und allgemeingültige Regeln für alle Länder oder gar für Fälle an, die der Zukunft angehören.«

Es kam den Sozialdemokraten zugute, daß sich unter den Beratern der amerikanischen Militärregierung eine Reihe von deutschen Emigranten befand. Aus den zu Beginn der achtziger Jahre zugänglich gewordenen Dokumenten läßt sich ersehen, wie in Washington schon im Sommer 1944 das künftige Verhalten einer wieder zugelassenen SPD eingeschätzt wurde. So heißt es in politischen Leitsätzen des US-Kriegsministeriums vom 21. Juli 1944 zum Beispiel: »Die bei den Massen vorherrschende Furcht vor dem Bolschewismus wird sich voraussichtlich zum Nachteil der kommunistischen Partei, jedoch nicht unbedingt zum Vorteil der sozialdemokratischen Partei auswirken. Viele deutsche Arbeiter machen offenbar die Beschwichtigungspolitik der Sozialdemokraten während der Weimarer Republik für den Aufstieg des Nazismus haftbar und scheinen aus diesem Grunde deren Rückkehr an die Macht nicht zu begrüßen.«

Aus diesen Gedankenspielen von 1944 ist deutlich zu erkennen, daß die amerikanischen Berater in Washington die Fehler der SPD in der Weimarer Zeit ähnlich beurteilten wie Kurt Schumacher. Sie irrten sich auch, ähnlich wie Kurt Schumacher 1945, mit der Prognose: »Nach dem Kriege könnte der Zentrumspartei eine Schlüsselrolle in der politischen Szenerie zufallen.« Daß an die Stelle dieser katholischen Traditionspartei die breiter gefächerte Christlich-Demokratische Union treten würde, hat niemand vorhergesehen.

Der SPD kam 1945 zustatten, daß zum Beispiel die Militärregierungen und nicht etwa deutsche Stellen mit der Verantwortung für Reparationen, Demontagen, Gebietsabtrennungen belastet wurden. Auch wenn 1919 eine SPD-geführte deutsche Reichsregierung nur unter Protest dem Friedensdiktat der Siegermächte zugestimmt hat, sind die Sozialdemokraten den Vorwurf der »Erfüllungspolitik« in der Weimarer Zeit nie losgeworden. Diese Gefahr jedenfalls konnte und sollte nach dem Zweiten Weltkrieg der SPD erspart bleiben. Sie war interessanterweise den Planern im amerikanischen Kriegsministerium schon 1944 durchaus gegenwärtig.

So enthält bereits ein Washingtoner Dokument vom 10. September 1944 Überlegungen zu den parteipolitischen Folgen der Vertreibung aus den deutschen Ostgebieten, die zu diesem Zeitpunkt von den späteren Siegermächten noch gar nicht offiziell angekündigt worden war. Im Abschnitt über »grundlegende Probleme der deutschen Politik unter der Militärregierung« wird zunächst über separatistische Bewegungen im Rheinland spekuliert, unterstützt von »Industriellen . . . in der Hoffnung, in separierten Einzelstaaten besser davonzukommen«. Ein interessanter Gedanke – hergeleitet aus der Zeit nach dem Ersten Weltkrieg –, aber: »Realistischer ist jedoch das Thema der Annektierung deutscher Gebiete wie Ostpreußen, Oberschlesien und sogar Niederschlesien. Falls dies beschlossen wird, wird die nationale Frage höchste Bedeutung erlangen. Dabei ergibt sich freilich nicht nur ein politisches, sondern ein immenses soziales und ökonomisches Problem. Der Verlust überwiegend deutsch bevölkerter Gebiete an Polen wird auf das politische Leben in Deutschland einen tiefgreifenden Einfluß haben. Er könnte in der Politik der Arbeiterbewegung wie ein Sprengsatz wirken: Sozialisten aller Schattierungen könnten sich gegen die Annektierung wenden. Die Kommunisten indes könnten einwilligen unter der Bedingung, daß die Annektierung von der UdSSR gebilligt wird. In diesem Falle nähme die Auseinandersetzung zwischen Kommunisten und Sozialisten in Deutschland ernstere Züge an als während der Weimarer Republik, wodurch nationalistische Tendenzen gestärkt würden.«

Schumachers erster Programmentwurf 1945

Dieser Gefahr wollte Kurt Schumacher beim Neuaufbau der Partei vorbeugen. Radikalen von rechts oder von links sollte die SPD keinen Spielraum lassen – auch auf den Vorwurf hin, selbst radikal, selbst nationalistisch oder sozialistisch genannt zu werden. Kurt Schumacher war kein »Beschwichtigungspolitiker«. Er kannte die Fehler und Schwächen seiner Partei aus der Weimarer Zeit, hatte sie damals schon bekämpft. Wer seine »politischen Richtlinien« vom 25. August 1945 zur Hand nimmt, bestimmt nur für die führenden Funktionäre, erkennt, welche Felder die SPD besetzen sollte. »Das Ziel: Sozialismus und Demokratie!« lautet die erste Überschrift des dreißig Druckseiten umfassenden wohlgegliederten Dokumentes. Es endet mit der Aufforderung an die älteren Genossen, »den nachfolgenden Generationen unsere Ideen beizubringen und sie organisatorisch um uns zu sammeln . . . Wir müssen jeden jungen Menschen von Kraft und Einsicht in die erste Reihe der Kämpfenden stellen, ihm Vertrauen schenken und Anerkennung zollen!« Ein Ausrufungszeichen am Anfang für Sozialismus und Demokratie, eines am Schluß für das Werben um die jungen Menschen – Schumacher hielt sich an diese beiden selbst gesetzten Imperative.

Der Satz, den Kurt Schumacher an die Spitze der »Richtlinien« stellte, klingt wie ein Stück aus dem vierzehn Jahre später verabschiedeten Godesberger Programm: »Die Demokratie ist untrennbar von Begriff und Ethik des Sozialismus. Der Sozialismus ist in sich demokratisch, ist als Kampf um die geistige, politische und ökonomische Befreiung der arbeitenden Massen ein Kampf um das Recht und die Freiheit gegen Vergewaltigung und Knechtung. Ein auf diktatorischem Wege erkämpfter und behaupteter ›Sozialismus‹ ist kein Sozialismus, sondern bestenfalls Staatskapitalismus oder irgendeine andere überindividualistische Wirtschaftsform.«

Diese Richtlinie galt weiter. »Der demokratische Sozialismus . . . will keine letzten Wahrheiten verkünden«, hieß es in Godesberg 1959. »Der Sozialismus ist eine dauernde Aufgabe . . .« Auf diesen Weg, auf diese »dauernde Aufgabe« hat Kurt Schumacher die SPD 1945 hingewiesen – ein Hinweis, den seine Nachfolger haben stets wiederholen müssen. Wer am Ende eines Weges ankommen, wer eine Aufgabe lösen will, der kann sich schwer damit abfinden, daß der Weg bereits das Ziel sei.

Zu den »Voraussetzungen sozialdemokratischer Politik« im Sommer 1945 gehörte auch der Umgang mit den Siegermächten. Dazu heißt es in den »Richtlinien«: »Wir dürfen bei aller Loyalität nicht ängstlich werden, sondern müssen das Recht stets für uns in Anspruch nehmen, bei jeder Gelegenheit auch gegenüber den Siegern unsere Meinung zu sagen.« Dabei ging Schumacher sogleich mit gutem Beispiel voran. Die ersten drei Punkte richten sich gegen die Sowjetunion: ». . . im Osten des Reiches bedeutet der Zusammenstoß so ganz andersartiger Kulturen eine andere Quelle von Schwierigkeiten, als sie aus den deutschen Lebensauffassungen gemäßeren Kulturkreisen des Angelsachsentums entstehen. Gegenüber gewissen Umständen, die sich dort ergeben haben, verlangen wir zwar nicht ein politisches Eingreifen der angelsächsischen Staaten, wohl aber die moralische Intervention der Öffentlichkeit in den Ländern der europäisch-amerikanischen Kultur.«

Als Punkt zwei kritisierte er: »Die deutsche Ostgrenze ist zum Zwecke der Bildung eines neuen Polens sehr viel zu weit westlich gelegt . . . Die Deutschen bekommen die auf die Dauer unerträgliche Folge zu spüren, daß viele Millionen von ihnen im Osten ausgebürgert werden . . . Auf weite Sicht gesehen, werden hier Gefahrenquellen geschaffen, die eine Bedrohung des Friedens und der Vernunft in der Politik bedeuten.«

Der dritte Punkt seiner »Richtlinien« wandte sich gegen die von der sowjetischen Besatzung betriebene »unbeschränkte Wegnahme von intaktgebliebenen Maschinen«. In den drei westlichen Zonen würden hingegen nur 25 Prozent der Anlagen abgebaut. Als Folge dieser Demontagen fürchtete der Sozialdemokrat eine stärkere Senkung des Lebensniveaus für die Industriearbeiter als für andere Teile der Bevölkerung. »Hier wird also von Rußland unter Duldung der westlichen Alliierten eine Politik mit eindeutig reaktionären Konsequenzen gemacht.«

Kurt Schumacher war zu diesem Zeitpunkt schon der Berliner Gründungsaufruf der KPD vom 10. Juni bekannt, der ersten Partei, die in der sowjetischen Besatzungszone und im Nachkriegsdeutschland überhaupt öffentlich hervortrat. In diesem Aufruf kam das Wort Sozialismus nicht vor. Auch von Klassenkampf und Arbeiterklasse war keine Rede, hingegen von Privateigentum. Das Bekenntnis der Kommunisten mute wie ein verspäteter Aufruf der längst verstorbenen Partei des deutschen Mittelstandes an, höhnte Schumacher. Der wichtigste Satz des kommunistischen Aufrufes laute: »Wir sind der Auffassung, daß der Weg, Deutschland das Sowjetsystem aufzuzwingen, falsch wäre, denn dieser Weg entspricht nicht den gegenwärtigen Entwicklungsbedingungen in Deutschland.« Nicht den »gegenwärtigen Bedingungen«, wohl aber den künftigen, die von der KPD erhofft würden, fügte Schumacher hinzu.

Für eine praktische Zusammenarbeit in sozialen Fragen auf der Ortsebene solle darauf geachtet werden, »daß die Sozialdemokratische Partei und die Kommunistische Partei ideologisch und organisatorisch ihre völlige Selbständigkeit behalten«. Die »unübersteigbare Barriere« zu den Kommunisten sah Schumacher in »außenpolitischen Machtverhältnissen und Bindungen . . . Die Kommunistische Partei ist unlösbar an eine einzige der Siegermächte, und zwar an Rußland als nationalen und imperialistischen Staat und an seine außenpolitischen Ziele gebunden. Im Gegensatz dazu gehen die Sozialdemokraten von den politischen und sozialen Notwendigkeiten der arbeitenden Massen in Deutschland aus . . . Man darf nicht übersehen, daß die Rolle Rußlands als des unbarmherzigsten aller Reparationsgläubiger mit den vitalsten Interessen der körperlich und geistig Arbeitenden in der Industrie im schroffsten Widerspruch steht . . . Wir wollen an Reparationen leisten, was zu leisten möglich ist, aber wir wollen keinen Selbstmord begehen. Am allerwenigsten aber kann man den deutschen Arbeitern zumuten, den Selbstmord an sich noch mit überströmender Begeisterung vorzunehmen. Das aber muten die Kommunisten den deutschen Arbeitern zu. Man kann das Unrecht von heute nicht mit dem Unrecht von gestern entschuldigen.«

In diesen ersten Richtlinien über den Umgang mit der kommunistischen Partei sind bereits alle Elemente enthalten, die später gegen eine sozialistische Einheitspartei vorgebracht wurden, als dieses Modell in der sowjetischen Zone erzwungen wurde. Zum Zeitpunkt der »Richtlinien«, Ende August 1945, war davon noch keine Rede, ja es schien zu diesem Zeitpunkt so, daß Kurt Schumacher seine Parteifreunde vor der Absicht warnen mußte, ihrerseits die lang erstrebte Einheit der Arbeiterbewegung anzusteuern. In ihren Aufrufen traten – auch in der sowjetischen Zone – die Sozialdemokraten klar für sozialistische Ziele ein, die Kommunisten nicht.

Gegen die These von der Kollektivschuld

Besonders verurteilte Kurt Schumacher, daß sich die Kommunisten als einzige Partei in ihrem Aufruf zu der Schuld des gesamten deutschen Volkes am Nazismus und damit am Kriege bekannten. »Wir können diese These, die jeden Nazi und Kapitalisten mitschuldig spricht, um ihn zu entschuldigen, nicht akzeptieren . . . Das Bekenntnis zu dieser These ist nur möglich als Ausdruck des Willens, die weitgehenden Reparationsansprüche Rußlands politisch und moralisch zu rechtfertigen . . . Das echte Schuldbekenntnis der Kommunisten könnte nur darin liegen, daß sie ihre große Schuld am Aufkommen des Faschismus in ihrer Bekämpfung der Demokratie, in ihrem Gerede von den ›Sozialfaschisten‹ [dieser Begriff war auf die SPD gemünzt], in ihrer Erklärung der Sozialdemokratie zum Hauptfeind . . . vor der deutschen Öffentlichkeit eingestehen würden. Aber davon ist mit keiner Silbe die Rede.«

Die SPD sollte vom ersten Tage an allein ihren Weg gehen. Sie hatte Aussichten, zur stärksten Partei zu werden. Davon war nicht nur Kurt Schumacher überzeugt, auch die amerikanische Militärregierung berichtete am 1. September 1945 an das Kriegsministerium in Washington:

»Sie, die Sozialdemokraten, profitieren auf zweifache Weise:

1. Von den zahlreichen Positionen, die von der Militärregierung an sie vergeben worden sind, und

2. von der Tatsache, daß die Kommunisten mit den Maßnahmen der sowjetischen Besatzungsmacht identifiziert werden. Es kann also mit allem Vorbehalt davon ausgegangen werden, daß die Aussichten der

SPD, sich in den Westzonen als große nichtkommunistische Arbeiterpartei (die linke Sektoren der Mittelschicht und der Intelligenz miteinschließt) zu etablieren, aller Wahrscheinlichkeit nach recht günstig sind. Wohl wird die SPD nach Hitler der SPD vor Hitler in Zusammensetzung und Politik weitgehend ähneln, doch wird ihre Führung überwiegend neu sein. Die Tatsache, daß die SPD den Aufstieg der Nazi-Bewegung nicht wirksam zu verhindern vermochte, hat sie entscheidend kompromittiert und wird sie dazu zwingen, sich von einem gewichtigen Teil ihrer Führungsspitze zu trennen – obwohl gewisse Sympathien für die Führer im Exil gehegt werden.«

Was Kurt Schumacher anging, war diese Beobachtung zutreffend. Er suchte sofort den Kontakt mit »der alten Führungsspitze«, mit dem Exilvorstand in London, und berichtete Hans Vogel ausführlich, was er unternahm und wie er die Lage einschätzte.

Vogel, ein aus Franken stammender gelernter Bildhauer, war seit 1933 einer der beiden Vorsitzenden der SPD. Seit 1919 hatte er dem Reichstag angehört. Der Ton des Briefes vom 4. August 1945 an den damals 64jährigen, der kurz vor seiner geplanten Rückkehr nach Deutschland am 6. Oktober 1945 in London starb, zeigt Respekt und Verehrung: »Alle Genossen im Reich, mit denen ich gesprochen habe, lassen Euch herzlich grüßen. Ich selbst grüße Euch mit derselben Herzlichkeit, Sie, lieber Vogel, Ollenhauer und alle anderen, von denen leider schon zu viele verstorben oder in eine fernere Sphäre der Emigration verzogen sind.« Schumacher schildert von seiner »bedingten Entlassung« aus dem KZ Dachau im März 1943 an, was er erlebt hatte und was er politisch plante. Die ihm zugedachte Führung in Württemberg, das Amt des Ministerpräsidenten, habe er nicht übernommen, »da sich gewisse politische Aufgaben der Partei und der allgemeinen Politik von Stuttgart aus nicht bewältigen lassen«. Damit deutete Schumacher seine Absicht an, die SPD insgesamt zu leiten.

Er besaß zu diesem Zeitpunkt schon vierzehn »Mandate« dafür, schriftliche Aufträge von Parteiorganisationen aus verschiedenen Teilen Westdeutschlands, den Aufbau der Partei zu übernehmen. Formell war er seit dem 6. Mai Vorsitzender des Ortsvereins Hannover der noch nicht lizensierten SPD. Zwei frühere Sekretäre des alten Parteivorstandes halfen im »Büro Dr. Schumacher« bei der organisatorischen »Erweckung, der taktischen Leitung, der geistigen Beeinflussung« der SPD überhaupt. Es waren dies Herbert Kriedemann und Alfred Nau, der spätere langjährige Schatzmeister. Hinzu kamen, neben Egon Franke aus dem ehemaligen Ortsverein (später einmal

Minister für innerdeutsche Beziehungen), andere, nur örtlich bekannte ehemalige Funktionäre.

Solche Einzelheiten erwähnte Schumacher in dem Brief an Vogel nicht. Er sprach aber von der »Berliner Führung«, wo sich schon am 17. Juni ein »Zentralausschuß der Sozialdemokratischen Partei Deutschlands betitelt« habe: »Die Rede Dahrendorfs, die eine Kapitulation vor der KP bedeutet, lehnen wir ab, da wir auf Denkfehlern und Geschichtsklitterungen keine neue Partei aufbauen können.«

Gustav Dahrendorf, ehemaliger Reichstagsabgeordneter, hatte in Berlin »eine völlig neue SPD« angekündigt, die gern »zugunsten einer einigen und geschlossenen sozialistischen Bewegung aller Werktätigen« wieder abtreten werde – ein Angebot an die KPD also, das Schumacher von der ersten Stunde an mißbilligte. Hinzu kam, daß auch die Ost-Berliner Kommunisten zu diesem frühen Zeitpunkt keineswegs an der Verschmelzung mit der SPD in der sowjetischen Besatzungszone interessiert waren. Sie änderten ihren Kurs erst Ende September 1945, als die Berliner SPD ihrerseits von einer sozialistischen Einheitspartei nichts mehr wissen wollte.

Gustav Dahrendorf und Karl Germer stellten sich später im Zentralausschuß gegen Otto Grotewohl und die Mehrheit, die schließlich 1946 die Verschmelzung mit den Kommunisten zur SED billigte. Gustav Dahrendorf strebte in Westdeutschland kein Parteiamt mehr an, sondern übernahm in Hamburg die Geschäftsführung der wiederbelebten Konsumgenossenschaften. Sein Sohn Ralf ging andere Wege. Er wurde stellvertretender FDP-Vorsitzender, Staatsminister im Auswärtigen Amt, Kommissar bei den europäischen Behörden in Brüssel, Direktor der London School of Economics, Vorsitzender der Friedrich-Naumann-Stiftung und schließlich politischer Schriftsteller.

Was die Kursänderung im Berliner »Zentralausschuß« der SPD zugunsten einer Fusion Ende 1945 erzwungen hat, ist zu vermuten: die dringende Mahnung der sowjetischen Militäradministration an »ihre« Kommunisten, sich nicht wie bei den Wahlen in Österreich am 25. November auch in Deutschland einer vernichtenden Niederlage auszusetzen. Die SPÖ hatte zehnmal mehr Stimmen erreicht als die KPÖ, die Kommunistische Partei Österreichs. Und auch in der sowjetischen Zone – erst recht in Westdeutschland – wuchs die Mitgliederzahl der Sozialdemokraten viel rascher als die der Kommunisten.

Daß die Auseinandersetzung im Sommer 1945 zunächst mit der Annäherung an die Kommunisten begonnen hat – Ausnahme Schumacher –, ist in Vergessenheit geraten.

Schumacher damals, am 4. August, in seinem Bericht an Vogel in London: »Wir gehen . . . von dem Grundgedanken aus, daß wir nicht russisch und nicht englisch, nicht amerikanisch und französisch, sondern die Vertreter aller körperlich und geistig arbeitenden Menschen in Deutschland sind.« Auch das Programm der Kommunisten verhindere gemeinsame Deklarationen, weil es sich »in einem kleinbürgerlichen Taumel der Verherrlichung des ›freien Unternehmertums‹ und der ›freien Wirtschaft‹ und ähnlicher Schönheiten gefällt«. Für die SPD sei dagegen »die programmatische Betonung des Sozialismus unverzichtbar«, und dieses Ziel müsse »mit den Mitteln der konsequenten Demokratie angestrebt werden . . . im Rahmen des Deutschen Reiches . . . Die Reichseinheit ist für uns ebensosehr klassenpolitisches wie nationalpolitisches Ziel.«

Kritik an Adenauers Teilungsplänen

Demokratie, Sozialismus und Reichseinheit nannte Kurt Schumacher dem Parteivorsitzenden Vogel also als die zentralen Punkte für die Nachkriegszeit der SPD. Er hatte in Westdeutschland zu diesem Zeitpunkt schon Gegner der »Reichseinheit« ausgemacht, insbesondere einen, mit dem er es später in Bonn vor allem zu tun haben sollte. »Ich will darauf verweisen, welche fürchterliche Konsequenz es für den Osten des Reiches hätte, wenn die Angelsachsen etwa auf die Pläne eingehen würden, wie sie Adenauer in Köln vorgezeigt hat.« Schumacher bezog sich hier auf ein Interview des damaligen Oberbürgermeisters von Köln, Konrad Adenauer, vom 10. Juli 1945 mit der amerikanischen Nachrichtenagentur »United Press« und dessen Vorschlag, Deutschland für eine Übergangszeit in drei große, selbständig regierte Länder entsprechend den drei großen Besatzungszonen zu gliedern. Schumacher befürchtete, damit werde in diesen Ländern so viel Staatsmacht entstehen, »daß für eine starke zentrale Reichsgewalt gar kein Raum mehr bleiben könnte, aber wir wollen doch gerade ein starkes Reich«.

Nach Ansicht von Schumacher sollten die neu zu schaffenden Länder eine Größe von fünf bis acht Millionen Einwohnern haben, als Beispiel nannte er Niedersachsen – »wir betreiben den Zusammenschluß von Hannover, Braunschweig und Oldenburg« – sowie die »Vereinigung von Württemberg und Baden oder von Hessen und Hessen-Nassau«. Es ist bemerkenswert, wie viele seiner Überlegungen auf diesem wie auf anderen Gebieten nach einigen Jahren Gestalt annahmen. Er trat zum Beispiel schon im August 1945 für ein Wahlrecht ein, das »die klare Herausbildung eines festen Mehrheitswillens, eines Regierungs- und Machtwillens« zeitigt, und beschrieb es genauer: »Uns scheint das Proportionalwahlrecht in verkleinerten Wahlkreisen (etwa 250 000 bis 300 000 Einwohner) mit Listen, die nur wenige Personen umfassen, und mit starken Sperrmaßnahmen das richtige zu sein.« Nur diejenigen Parteien sollten Mandate erhalten, die im Wahlkreis mindestens zehn Prozent der abgegebenen Stimmen erreichen. So ähnlich wurden in den folgenden Jahren alle Wahlgesetze in Bund und Ländern gestaltet, wenn auch die Sperrklauseln gegen Splitterparteien dann eine Hürde von fünf Prozent der Stimmen vorsahen.

In seinem Brief an Vogel betonte Schumacher, wie selbstbewußt die SPD den kommenden innenpolitischen Auseinandersetzungen entgegensehen könne. »In dieser Situation, wo jeder den anderen an demokratischer Gesinnung aus bloßem Opportunismus zu übertreffen versucht, haben wir die anerkannte Legitimation, die Demokratie stets als Prinzip und nicht als Taktik gewertet zu haben und noch zu werten. In diesem Sinne braucht Ihr die kommunistische Gefahr nicht hoch zu werten. Sie liegt nur in der Staatsmacht der Sowjets und nicht in der Stimmung der deutschen Arbeiter . . .«

Dieser Lagebericht enthielt bereits wesentliche Elemente der Wochen später verfaßten »Richtlinien« für die Funktionäre, die schon erwähnt worden sind. Es sei aus diesem Programmdokument nur noch hinzugefügt, daß Schumacher nicht mit der Bildung einer überkonfessionellen bürgerlichen Sammlungspartei rechnete und auch nicht daran glaubte, daß die noch kaum in Erscheinung getretenen Christlichen Demokraten genügend Resonanz bei protestantischen Wählern finden würden. Er empfahl eine Zusammenarbeit mit dem Zentrum. Organisatorisch sollte auch vor einer offiziellen Lizensierung jetzt »in beschleunigtem Tempo von der Vertrauensmännerorganisation zur Massenbasis der Mitgliedschaft aller unbelasteten Aufbauwilligen« übergegangen werden: »Hier wird über die Kreise der eigentlichen Arbeiterklasse hinaus tief in die geistig und kulturell interessierten Schichten sowie die Kreise des Mittelstandes und des Bauerntums einzugreifen sein . . .«

Der schon erwähnte »Aufruf« und die »Richtlinien« wurden von Schumacher am 21. und am 28. August 1945 zugleich mit der Einladung zu »einer Art Reichskonferenz« versandt. Sie sollte vom 5. bis zum 7. Oktober in Hannover stattfinden. Eingeladen dazu waren auch »die Genossen in London« und der »Zentralausschuß« in Berlin. Im Einladungsschreiben nach Berlin vom 30. August fehlte das Wort »Reichskonferenz«. Vielmehr wurde um Teilnahme gebeten an einer »Konferenz der drei Westgebiete«: »Es wird für beide Teile ein großer Gewinn sein, wenn wir uns aussprechen und dabei herausfinden können, was doch trotz aller Verschiedenartigkeit der Verhältnisse zusammen beraten und getan werden kann.« Auswahl und Bestimmung der Zahl der Teilnehmer aus Berlin blieben dem »Zentralausschuß« überlassen. Den Parteibezirken in Westdeutschland hingegen wurden jeweils drei Mandate zugeteilt mit der ausdrücklichen Bitte, bei der Auswahl der Delegierten neben den bewährten alten Genossen auch die jüngeren stark zu berücksichtigen, »weil nach den schweren Opfern, die der Nazi-Terror aus unseren Reihen gefordert hat, neue Kräfte in die vordere Linie treten müssen«. Bedauernder Hinweis am Schluß: »Wir haben leider keine Benzinreserve.«

In seinem Brief an die Parteibezirke der amerikanischen Zone vom 21. August 1945 führte Schumacher Zustimmungserklärungen »mit unseren Linien« an aus Schleswig-Holstein, Bremen-Unterweser, Westfalen-Nord (insbesondere Carl Severing als Person), Westfalen-Süd, Köln und Aachen. Es ist anzunehmen, daß es dort bereits arbeitende Bezirke der – noch immer nicht lizensierten – Partei gab. Jede Ortsgruppe hatte einen eigenen Antrag auf Zulassung gestellt, so auch Mitte August der Ortsverein Hannover. Die Besatzungsbehörden ließen jedoch vorbereitende Aktivitäten zu. Schumachers Legitimation in der Gründungsphase stammte aus Mandaten der Bezirksorganisationen – das Papier des Bezirks Hannover vom 11. Juli 1945 etwa lautete: »Der Bezirk Hannover der Sozialdemokratischen Partei Deutschlands beauftragt den früheren Reichstagsabgeordneten Dr. Kurt Schumacher mit der organisatorischen und politischen Führung der Partei im gesamten Reich.«

Unterschrieben: Johannes Lau, Egon Franke.

Von seiner ersten Reise nach Württemberg und Hessen vom 17. bis zum 20. Juli hatte Schumacher eine Anzahl solcher Mandate mitgebracht. Er berichtete darüber Carl Severing, dem früheren preußischen Innenminister – zeitweise auch Reichsinnenminister –, in einem Brief vom 25. Juli und bot einen Besuch in Bielefeld an, dem Wohnort von Severing. Er wollte sich dessen Zustimmung versichern. Vorwürfe aus dem Jahre 1932, Severing hätte mit einer Mobilisierung der preußischen Polizei auf die Entmachtung der SPD-geführten Regierung antworten können, wurden nach 1945 nicht wiederholt. Schumacher berichtete in dem Brief: »Wir haben trotz aller Hemmnisse eine verhältnismäßig recht große Partei aufgebaut, und zwar eine richtige Sozialdemokratische Partei . . . Im übrigen geht unsere Politik auf die Neugliederung des deutschen Raumes unter stärkster Betonung der Reichseinheit als des kardinalen Problems für uns als Nation und als Klasse. Über all diese Dinge würde ich mich brennend gern mit Ihnen in allernächster Zeit unterhalten.«

Zu diesem Gespräch kam es am 5. August. Severing schreibt in seinen Erinnerungen: »Die Ankündigung dieses Besuches hatte besonders meine Frau begeistert, die von dem Martyrium Schumachers im Konzentrationslager aufrichtig ergriffen war. Alles, was in jener Zeit aufzutreiben war, um lieben Gästen eine Erfrischung zu bereiten, hatte sie herangeschafft in Unkenntnis des Umstandes, daß Schumacher an eine sehr bescheidene Diät gebunden war. Das Wiedersehen mit den alten Kollegen und Mitarbeitern [Johannes Lau, preußischer Landtagsabgeordneter, im KZ von 1937 bis 1945; Hinrich Kopf, schon Regierungspräsident in Hannover, später Ministerpräsident von Niedersachsen] schuf bald eine freudige Stimmung, von der auch ein anderer Besucher, der damalige Oberbürgermeister Brisch aus Solingen, erfaßt wurde. Es war kein Wunder, daß sich in der Aussprache über unsere politischen Aufgaben völlige Übereinstimmung ergab.«

Severing wollte die SPD in Ostwestfalen aufbauen, weiter ging sein Ehrgeiz nicht. Seine Pläne damals: sechs Unterbezirke, sechzig Ortsvereine. Ostwestfalen war und blieb einer der mitgliederstärksten Bezirke der SPD überhaupt. Carl Severing, der frühere Berliner Minister, begnügte sich bis zu seinem Tode 1952 mit einem Mandat im Düsseldorfer Landtag.

Nach dem Besuch von Schumacher schrieb der Siebzigjährige sogleich an Hans Vogel, den Vorsitzenden der Exilpartei, nach London:

»Ein Freund aus dem Rheinland, der die Stimmung aus der Rheinprovinz kennt, und ich haben mit Schumacher die Dinge besprochen und volle Einmütigkeit in unseren Auffassungen festgestellt. Ich halte mich darum für berechtigt, zu sagen, daß Kurt Schumacher auch im Sinne der großen Mehrheit der rheinisch-westfälischen Freunde spricht . . .« Durch den Besuch bei Severing also hatte Kurt Schumacher seinem Brief vom 4. August an Hans Vogel eine besonders gute Aufnahme gesichert – ein interessanter Einblick in die psychologisch schwierige Phase der Wiederannäherung von sozialdemokratischen Führungspersonen in der Zeit des Wiederaufbaus.

Wer den ersten Schritt tat, wer wem etwas anbot, welche Reaktionen erhofft oder befürchtet wurden – alles war ungewiß, jede Möglichkeit war zu bedenken. Schumacher operierte geschickt und vorsichtig, ließ sich das Gesetz des Handelns aber von niemandem aus der Hand nehmen. Als er erfuhr, daß Carl Severing in wichtigen Personalfragen auf die britische Besatzungsmacht Einfluß ausübte, bat er ihn ebenso diplomatisch wie bestimmt, solche Eigenmächtigkeiten zu unterlassen: »Wir wissen alle sehr wohl«, schrieb Schumacher an Severing am 5. Dezember 1945, »daß Sie sich in die politische Position, die Sie bei der erst langsam anlaufenden Parteitätigkeit heute kraft Ihrer Persönlichkeit und Ihrer Tradition ausfüllen, nicht gedrängt haben und daß Sie Ihren Rat niemandem aufzwingen, sondern daß Sie von allen möglichen Leuten und Stellen um Rat gefragt werden. Die einheitliche Meinung aller Vertreter sämtlicher Parteibezirke ging aber dahin, daß die Entscheidungen sachlicher und personeller Natur an die Führung der Partei verlagert werden müssen und daß nur diese Stelle in der Lage ist, die Partei zu binden und zu verpflichten . . . Sie werden ja diese Dinge letzten Endes wohl ähnlich sehen wie unsere Freunde und ich.« Severing versicherte in seiner Antwort, es sei ihm nie in den Sinn gekommen, mit einem Ratschlag oder einer Empfehlung die Partei zu binden und zu verpflichten.

Probleme mit Emigranten

Es liegt nahe, schon in diesem Zusammenhang den »Chef« von Severing, den ehemaligen preußischen Ministerpräsidenten Otto Braun, zu erwähnen. Dieser war am Tage der Reichstagswahl im März 1933 bereits unter Benutzung seines Diplomatenpasses mit seiner kranken Frau in die Schweiz gereist – zur Empörung der verfolgten Hitler-Gegner daheim. Er lebte unter relativ komfortablen Umständen in seiner Villa in Ascona, die er allerdings später aus Geldmangel nicht mehr halten konnte. Erste Kontaktversuche nach dem Kriege galten der Wiedererlangung der Pension, was schließlich auch durch Vermittlung von Carl Severing 1948 von der Düsseldorfer Landesregierung gewährt wurde. Der 74jährige hatte sich eine gewisse Beachtung erhofft. Briefe an Severing, Herbert Weichmann, den späteren Hamburger Bürgermeister, sowie Hermann Ritzel und Wilhelm Hoegner, die wie er in der Schweiz überlebt hatten, bezeugen sein Interesse an der politischen Entwicklung in Deutschland genauso wie seit 1948 die Teilnahme an SPD-Parteitagen als Gast. Für Kurt Schumacher allerdings gehörte Otto Braun zu denen, so meint Hagen Schulze in seiner Braun-Biographie, »die 1933 selbstsüchtig kapitulierten und daher besser täten, in Vergessenheit zu bleiben«.

Das kann Otto Braun nicht verborgen geblieben sein. Er äußerte abfällig in einem Brief Anfang 1947 an die Witwe des Völkerrechtlers Fritz Fleiner (zitiert nach Hagen Schulze): »Zehn Jahre Konzentrationslager haben ihn [Schumacher] von der Welt und dem öffentlichen Leben abgeschlossen. Da entsteht ein Vakuum an Erfahrung und Erkenntnis, das auch durch Verinnerlichung nicht ausgeglichen werden kann. Doch es wächst der Mensch mit seinen höheren Zielen, also muß man abwarten, wie der Mann sich entfaltet . . . Für meinen Geschmack redet er zuviel.« Später, als Schumacher trotz eines Vermittlungsversuches von Ritzel ein Treffen in Zürich während des Kongresses der Sozialistischen Internationale 1947 verweigerte, wurde Braun bitterer. Er kritisierte Schumachers »taktisches Vorgehen, das parlamentarische Erfahrung und koalitionspolitische Übung schmerzlich vermissen« lasse. Eine Koalition mit der CDU sei das Gebot der Stunde, um den Aufbau des Staates sozialdemokratisch zu beeinflussen. Dazu mehr in dem Kapitel über Schumachers Oppositions-Verständnis.

Hier, bei den ersten Kontakten mit nicht wieder heimgekehrten Emigranten, interessiert Schumachers Umgang mit diesem Personenkreis. Gerade in der Schweiz, aber auch in den USA – nicht aber in London –, hatten es sich Sozialdemokraten miteinander schwergemacht. Politische Richtungskämpfe entzweiten sie, Eifersüchteleien und schließlich die Folgen bitterer materieller Not. Nicht überall konnten, wie in London, die gut verdienenden Handwerker der sudetendeutschen Emigranten den Genossen finanziell helfen, die ausschließlich Parteiarbeit leisteten. Darum muß nicht alles politisch gedeutet werden, was in Zeiten der Emigration gesagt und getan worden ist. In den Zuchthäusern und Konzentrationslagern des Hitlerreiches jedenfalls war das Überleben noch schwerer. Schon darum hat keiner der Politiker aus der Emigration auch nur den Versuch gemacht, die Führung der Nachkriegs-SPD für sich zu reklamieren.

Rivalität mit dem Berliner Zentralausschuß

Hans Vogel und der Londoner Exilvorstand akzeptierten das »Büro Dr. Schumacher« in der Jakobstraße 10 ohne Zögern als Koordinierungsstelle für den Aufbau der Partei in den westlichen Besatzungszonen, entsprechend erkannten sie die Verantwortlichkeit des »Zentralausschusses« in Berlin für die sowjetische Zone an. Es ist registrierenswert, daß die Berliner nicht nur ihrerseits Kontakt mit dem Exilvorstand in London aufnahmen, sondern auch Beauftragte zu regionalen SPD-Veranstaltungen in Westdeutschland schickten, ohne das »Büro Dr. Schumacher« zu fragen. So erwähnt Emil Werner in seinem Buch über »Die bayerische SPD«, der Berliner Zentralausschuß habe Willy Buch zur ersten Bezirkskonferenz am 23. September nach Franken geschickt. Die Nürnberger hätten aber bereits vor dieser Gründungsveranstaltung Verbindung mit Kurt Schumacher in Hannover aufgenommen. 210 Delegierte aus 62 Ortsvereinen nahmen in Nürnberg teil und setzten provisorisch den alten Bezirksvorstand aus der Zeit vor 1933 wieder ein. Von fünfzehn Vorstandsmitgliedern standen nach zwölf Jahren immerhin noch neun zur Verfügung. Provisorisch wie in Nürnberg begann die Parteiarbeit auch anderswo. Die alten Mitglieder meldeten sich zahlreich, die alte Organisationsstruktur wurde wiederbelebt.

Das »Büro Dr. Schumacher« ermittelte im August und September durch Rundbriefe, was in den Bezirksorganisationen bisher geschehen war. Sind örtliche Anträge auf Zulassung gestellt worden? Wird Beitrag kassiert? Welche Zeitungen erscheinen? Gibt es Schulungsarbeit? – Solche und andere Fragen stellte das erste Rundschreiben an die »Bezirksorganisationen der Sozialdemokratischen Partei Deutschlands« am 5. September. Die Partei wurde also als existent vorausgesetzt, obwohl noch keine Lizenz erteilt war, nicht einmal in Hannover.

Am 15. September mahnte Kurt Schumacher in seinem nächsten Rundschreiben einleitend: »Werte Genossen! Genauso, wie wir in der staatlichen Politik die Erhaltung der Reichseinheit als oberstes politisches Ziel in den Vordergrund stellen, ist uns das wichtigste in der Parteipolitik die Erringung der Parteieinheit. Das gilt für die geistigpolitische Linie sowohl wie für den regionalen Zusammenschluß.« Die »Parteieinheit« machte ihm zu diesem Zeitpunkt Sorge, weil es eigentlich fünf »Besatzungszonen« gebe. Er nannte neben den vier Zonen die Londoner Emigration als fünften Bereich. »Dabei darf mit Genugtuung festgestellt werden, daß zwischen unseren politischen und organisatorischen Anschauungen und denen der Londoner Emigration keinerlei Gegensätze bestehen . . . Aber auch aus dem Brief des Genossen Vogel (London) hört man die Besorgnis darüber heraus, daß die Berliner einen zentralen Geltungsanspruch für das ganze Reich behaupten. Diesen Anspruch erkennen wir nicht an und können wir aus den andersartigen Gegebenheiten unserer Politik auch nicht anerkennen.«

Schumacher warnte vor dem Emissär des Berliner Zentralausschusses, Willy Buch, der sich nicht in Hannover gemeldet hatte, aber in Braunschweig und in Nürnberg aufgetaucht war. Er wies weiter darauf hin, daß die Berliner Genossen schriftlich und mündlich zur Konferenz am 5. Oktober nach Kloster Wennigsen eingeladen worden seien. Dort sollten »anständig und klar unser Standpunkt« fixiert und die Kompetenzen abgegrenzt werden. »Eine echte zentrale Reichsinstanz werden wir erst nach dem ersten richtigen Reichsparteitag aller vier Besatzungszonen und der westlichen Emigration haben.« Mit diesem Rundschreiben wurde also schon jeder Führungsanspruch der Berliner zurückgewiesen. Hans Etzkorn, seinen damaligen Beauftragten in Berlin, wies Schumacher am 20. September an, keine »Delegierten« aus ostdeutschen Parteibezirken einzuladen, weil es sich in Hannover nicht um einen »Parteitag« handeln werde. Die Einladung gelte nur dem »Zentralausschuß«.

Die Besatzungsbehörden machten Schwierigkeiten. Noch einen Tag vor der Konferenz im Kloster Wennigsen wollte der britische Konsul die gesamte Konferenz verbieten und rief Kurt Schumacher zu sich. So kam es zu dem Kompromiß, daß die Vertreter aus der britischen, der amerikanischen, der französischen und der sowjetischen Zone nicht gemeinsam beraten, aber miteinander sprechen durften. Zugelassen wurde lediglich eine eintägige Konferenz der Delegierten aus der britischen Zone unter Hinzuziehung der Gäste vom Exilvorstand aus London. Nach der Versammlung sollte der Militärregierung eine Namensliste der Teilnehmer vorgelegt werden. Auch die Veröffentlichung von Resolutionen sei nur mit Erlaubnis der Militärbehörden statthaft.

So fand diese erste Zusammenkunft deutscher Sozialdemokraten nach Kriegsende mit gestaffelten Terminen statt. Zuerst tagten die 33

Delegierten der britischen Zone gemeinsam mit den drei Vertretern des Londoner Exilvorstandes Erich Ollenhauer, Erwin Schoettle und Fritz Heine. Dann, am 6. Oktober, sprach Kurt Schumacher mit den 25 Delegierten aus der amerikanischen und den acht Delegierten aus der französischen Besatzungszone. Die Vertreter des Berliner »Zentralausschusses« Otto Grotewohl, Max Fechner und Gustav Dahrendorf empfing er in seinem Büro. Dieses Treffen leitete Josef Simon aus Nürnberg, ein früherer Reichstagsabgeordneter, der mit Schumacher befreundet war. Es soll zu einem lebhaften Streit zwischen Schumacher und Grotewohl gekommen sein, der erst bei einer Unterredung im kleinen Kreis geschlichtet werden konnte, berichtet Willy Albrecht in seiner Schumacher-Dokumentation.

Aus einer Aufzeichnung von Fritz Heine ist zu erfahren: »Die Konferenz fand in einem festlich geschmückten Saal statt. Blumen, rotes Fahnentuch und ein Bild von Karl Marx füllten die Bühne . . . Für alle Teilnehmer gab es außerdem am Abend des 6. Oktober eine besondere Begrüßungsfeier. Ein Arbeitersängerchor und eine Arbeitermusikkapelle bestritten das Programm. Sie boten so Gutes, daß es unwahrscheinlich schien, daß Sänger und Musiker erst vier Wochen zuvor ihre Tätigkeit wiederaufgenommen hatten. Als der Chor nach vielen Jahren zum ersten Male wieder den Sozialistenmarsch in einer öffentlichen Veranstaltung sang, da wurde manches Auge feucht.«

Beinahe symbolisch scheint es, daß an diesem Tage, am 6. Oktober, Hans Vogel in London gestorben ist – der letzte der noch im April 1933 bestätigten beiden SPD-Vorsitzenden. Er hatte am 23. September 1945 im Namen des Vorstandes der Exilpartei eine schriftliche Botschaft an die Konferenz verfaßt, als feststand, daß er nicht selbst würde reisen können. Sie wurde vervielfältigt und allen Teilnehmern ausgehändigt. Vogel schrieb: »Wir sehen für das deutsche Volk keinen anderen Weg in eine hellere und lebenswerte Zukunft als eine klare und eindeutige Friedenspolitik nach außen und eine aktive und soziale Politik im Innern . . . Die Partei sollte nach unserer Auffassung ihre Bereitschaft erklären, die volle Verantwortung für eine Politik des friedlichen Wiederaufbaus Deutschlands und Europas zu übernehmen und im Sinne dieser Politik mit den Besatzungsbehörden zusammenzuarbeiten . . . Wir glauben, daß die Partei jedem Versuch entgegentreten muß, der das Ziel verfolgt, das deutsche Schicksal durch andere als durch friedliche Mittel zu korrigieren.«

Außerdem enthielt die letzte Botschaft von Hans Vogel noch die Bitte: »Wir wünschen, daß unsere Genossen in den nichtrussisch besetzten Gebieten des Reiches jeden Versuch machen, um mit den Genossen der Berliner Parteiorganisation in einen ständigen und freundschaftlichen Kontakt zu kommen . . . Politik und Führung der Partei können nach unserer Auffassung erst endgültig bestimmt werden, wenn eine durch demokratische Wahlen der Mitgliedschaft berufene Vertretung der Gesamtpartei darüber beschließen kann.« Kurt Schumacher hielt sich an dieses Konzept. In seiner »programmatischen Erklärung« von Wennigsen nahm er den Wunsch von Vogel auf und versprach: »Wir warten auf den Tag, an dem in einem einheitlichen Deutschen Reich die Vertreter der Besatzungszonen zusammen mit den Führern der Emigration den großen deutschen Parteitag abhalten.« Seine Einschränkung: »Wir sind aber nicht in der Lage, die fundamentalen Tatsachen von heute einfach zu ignorieren, sondern ziehen aus ihnen die einzig möglichen Konsequenzen.«

Das Stillhalteabkommen mit Grotewohl

Die »einzig mögliche Konsequenz« im Interesse einer künftigen Einheit der Partei war eine Art Stillhalteabkommen mit den nach Wennigsen angereisten drei Vertretern des Berliner Zentralausschusses. Beide Seiten erkannten sich als die Repräsentanten für ihre Zonen an, in denen sie tätig waren, und vereinbarten, sich ständig zu konsultieren: »Solange das Deutsche Reich in einzelne getrennte Besatzungszonen zerfällt und es die Vorschriften der Militärregierungen nicht gestatten, ist eine organisatorische Einheit der Sozialdemokratischen Partei nicht gegeben«, heißt es wörtlich in der mit Handschlag besiegelten ersten Abmachung zwischen Kurt Schumacher und Otto Grotewohl, die in einem Rundschreiben Mitte Oktober den Bezirksvorständen in den drei westlichen Zonen mitgeteilt wurde. In einem Brief an Carl Severing vom 12. Oktober erläuterte Schumacher: »Praktisch liegen die Dinge so, daß die politischen Gefahren, die sich aus den Ansprüchen der Berliner Genossen hätten ergeben können, abgewehrt worden sind.« Severing hatte wegen des plötzlichen Todes seiner Frau in Wennigsen nicht teilnehmen können.

Wichtiger noch als die Abwehr des Führungsanspruches der Berliner Genossen erschien später die Vereinbarung, daß unter keinen Umständen eine Parteientscheidung auf der Zonenebene über eine Vereinigung mit der KPD fallen dürfe. Grotewohl sagte zu, er werde in dieser Frage warten, bis ein Parteitag der gesamten Sozialdemokratischen Partei möglich sei und zur Frage einer Vereinigung mit den Kommunisten

Stellung nehme. Grotewohl hat sich nicht an dieses Versprechen gehalten – obwohl er Schumacher sogar zugesagt hatte, eher die Partei in der sowjetischen Zone aufzulösen, als sie mit den Kommunisten zu vereinigen.

Grotewohls Selbstbewußtsein verblüfft genauso wie die offensichtliche Fehleinschätzung, was die sowjetische Militäradministration anlangt. Er versprach den noch auf die regionale Lizensierung in der britischen Zone wartenden westdeutschen Genossen, »daß wir für euch die politische Freiheit erkämpfen«. Grotewohl rühmte in Wennigsen: »Das Versammlungsleben sowie die Arbeit der Parteien [in der sowjetischen Zone] unterliegt keinen Beschränkungen.« Das war schon zu diesem Zeitpunkt nicht richtig, wenn auch die Sowjets bereits im Juni 1945 Parteien in ihrer Zone zugelassen hatten. Grotewohl selbst hatte Zensur zu spüren bekommen, beispielsweise als die SPD in einer Entschließung auf den provisorischen Charakter der Oder-Neiße-Grenze hinwies. Dieser Passus wurde von sowjetischen Stellen aus dem Text gestrichen.

Gegen einen Führungsanspruch der SPD hingegen hatten die Sowjets nichts einzuwenden. Grotewohl formulierte ihn in seiner – in Wennigsen schriftlich verteilten – Rede: »Die Sozialdemokratische Partei Deutschlands hat die Aufgabe, für die politische Willensbildung als Sammellinse zu wirken, in der sich die Ausstrahlungen der übrigen Parteien und Anschauungen des politischen Lebens in Deutschland treffen.« Die zweite Aufgabe sei der Abbau der Besatzungszonen, um ein einheitliches Reich wiederherzustellen. Für separatistische Gesichtspunkte sei daher kein Raum. Aus dem gleichen Grunde dürfe auch keine Aufteilung der Partei in Zonen erfolgen.

Grotewohl hatte den Grundgedanken des Referates von Schumacher zugestimmt, auch dessen Kritik an der Politik der KPD. Außerdem war eine Grotewohl-Rede vom 14. September 1945 an die Delegierten in Wennigsen verteilt worden, in der er Wilhelm Pieck, den KPD-Vorsitzenden, wegen dessen Angriffen auf die Haltung der Sozialdemokraten vor 1933 zur Rede stellte. Arno Scholz vertritt allerdings in seiner Schumacher-Biographie die Ansicht, Grotewohl habe versucht, »seine eigene Person als mindestens gleichberechtigt mit der von Kurt Schumacher aufzubauen«. Kurt Klotzbach meint in seiner Nachkriegsgeschichte der SPD, Schumacher habe Grotewohl nie für vertrauenswürdig gehalten und für viel zu schwach, um dem kommunistischen Druck zu widerstehen. Grotewohl seinerseits soll in Wennigsen von der Absicht gesprochen haben, sich allen Annäherungsversuchen der

Kommunisten durch immer höhere Forderungen zu entziehen. Die SPD werde auch stets als der größere Partner bei einer Einheitsfront profitieren und so besser an die kommunistischen Arbeiter herankommen. Schumacher bestritt in Wennigsen die Vorteile einer »Einheitsfront« der Antifaschisten und nannte sie eine Tarnorganisation, mit der die sowjetische Besatzungsmacht den schwindenden Einfluß der KPD wieder stärken wolle.

Aus einem internen Bericht der amerikanischen Besatzungsmacht geht hervor, daß nicht Grotewohl, sondern sein Begleiter Max Fechner – nach dessen Angaben – den Führungsanspruch für das Berliner »Zentralkomitee« auf der Konferenz von Wennigsen begründet habe. Er selbst und Richard Weimann seien die einzigen Überlebenden des elfköpfigen Ausschusses für die illegale Arbeit in Deutschland gewesen, der 1933 vom SPD-Vorstand eingesetzt worden sei. Diese Behauptung von Fechner wurde später von Weimann, der nach Westdeutschland floh, bestritten.

Der Kompromißvorschlag, der das Streitgespräch in Wennigsen beendete, stammte von Wilhelm Knothe, dem damaligen Landesvorsitzenden in Hessen. Er garantierte das – schon erwähnte – Nebeneinander von Zentralausschuß für die sowjetische Zone mit dem Büro Dr. Schumacher für die drei Westzonen. Das Abkommen existiert sogar schriftlich in Form eines Briefes an die Französische Sozialistische Partei (SFIO), den Schumacher und Grotewohl gemeinsam unterschrieben haben – ein einzigartiges Dokument im »Archiv der sozialen Demokratie« in Bonn.

Da kein Protokoll und keine genauen Teilnehmerlisten vorhanden sind, läßt sich – gestützt nur auf mündliche Äußerungen und geheimdienstliche Studien von Besatzungsmächten – der Verlauf der Konferenz von Wennigsen bisher nicht in allen Einzelheiten rekonstruieren. Nur Fritz Heine, einer der aus London angereisten Delegierten, hat erwähnt, daß Erich Ollenhauer sich an der Aussprache des ersten Tages beteiligte und auf die Verflechtung der deutschen Probleme mit der internationalen Situation hinwies. In der Diskussion und in vielen Einzelbesprechungen seien zahlreiche Probleme der gegenwärtigen innerdeutschen Situation behandelt worden: Zusammenarbeit mit den Besatzungsmächten, Aufbau der neuen deutschen Verwaltung, Beseitigung des Nazieinflusses, Fragen des Wiederaufbaus – vor allem die Probleme der Ernährung, der Wohnsituation und der Erziehung.

Fritz Heine nannte in seinem Bericht für den Londoner Exilvorstand noch einen Punkt, der für die sozialdemokratischen Emigranten wichtig war: »Der Zentralausschuß in Berlin und die Vertreter der Partei in den westlichen Zonen erkennen die Gültigkeit des Mandates des im April 1933 gewählten Parteivorstandes an. Sie akzeptieren den Standpunkt der Vertreter des Parteivorstandes [Heine, Ollenhauer und Schoettle], daß sie ihr Mandat dem ersten Parteitag mit einem Rechenschaftsbericht über ihre Tätigkeit in der Emigration zurückgeben und damit ihre Treuhänderrolle für die Partei beenden wollen . . . Es wurde vereinbart, daß die Genossen Ollenhauer und Heine so bald als möglich für dauernd nach Deutschland zurückkehren. Soweit die Vertretung des Parteivorstandes in London bis zur Rückgabe ihres Mandates an die Gesamtpartei die Interessen der Partei im Ausland wahrnimmt, ist sie berechtigt, im Namen der jetzt in Deutschland wiedererstehenden Partei zu sprechen.«

Diese Vollmacht, für die SPD im Ausland zu sprechen, war den Londonern wichtig, denn es gab in den USA, in der Schweiz, in Schweden noch sozialdemokratische Gruppen von Gewicht, zu denen auch ehemalige Reichstagsabgeordnete und Minister gehörten. Fritz Heine stellte in Wennigsen fest: »In der Partei gibt es keine Animosität gegen die politische Emigration. Die Genossen im Lande sind nicht in jedem Falle davon überzeugt, daß die Notwendigkeit einer Emigration vorlag. Sie wünschen aber die Genossen, die bereit sind, in der Partei wieder mitzuarbeiten, so bald wie möglich in Deutschland wieder an der Arbeit zu sehen . . . Dabei wird als selbstverständlich vorausgesetzt, daß die Genossen, die aus der Emigration zurückkehren, sich den veränderten Umständen und Bedingungen anzupassen bemühen. Ihre Position in der neuen Partei wird allein von ihren Leistungen abhängen, die sie in der neuen Partei und für die Partei nach ihrer Rückkehr vollbringen.« Das war eine deutliche Warnung an die Emigranten, die sich aufgrund früherer Verdienste oder Positionen eine bevorzugte Verwendung versprochen hatten.

Außenpolitische Positionen

Für ein politisches Programm war es auf dieser ersten zentralen Tagung der SPD nach dem Zusammenbruch der Hitler-Diktatur noch zu früh. Als maschinenschriftlicher Redetext liegt aber eine politisch aussagekräftige Erklärung von Kurt Schumacher selbst vor. Einige Zitate daraus gehören zu den »Klassikern« in der SPD-Parteigeschichte. Das bekannteste: »Wir deutschen Sozialdemokraten sind nicht britisch und nicht russisch, nicht amerikanisch und nicht französisch. Wir sind die

Vertreter des deutschen arbeitenden Volkes und damit der deutschen Nation. Wir sind als bewußte Internationalisten bestrebt, mit allen internationalen Faktoren im Sinne des Friedens, des Ausgleichs und der Ordnung zusammenzuarbeiten. Aber wir wollen uns nicht von einem Faktor ausnützen lassen.« Gemeint war die sowjetische Besatzungsmacht, die nach Ansicht von Schumacher die Kommunisten – nicht nur in Deutschland – daran hinderte, sich »nach den Bedürfnissen und Erkenntnissen ihres Landes« zu richten.

Schumacher hatte aber noch mehr gegen sie einzuwenden: »Im Sinne der deutschen Politik ist die kommunistische Partei überflüssig. Ihr Lehrgebäude ist zertrümmert, ihre Linie durch die Geschichte widerlegt. Nachdem ihre Hoffnung, sich als führende Arbeiterpartei zu etablieren und zur einzigen Arbeiterpartei entwickeln zu können, von den Tatsachen so völlig unmöglich gemacht wird, muß sie nach dem großen Blutspender suchen. Das Rezept ist die Einheitspartei, die einen Versuch darstellt, der sozialdemokratischen Partei eine kommunistische Führung aufzuzwingen . . . International wäre jeder Schritt auf diesem Wege eine außenpolitische Parteinahme und würde eine Gleichgewichtsstörung von deutscher Seite bedeuten.« Ein interessantes Argument gegen die Einheitspartei, von dem Grotewohl offensichtlich nie Gebrauch gemacht hat. Er war damals ja Sprecher der Sozialdemokraten in Berlin und hätte, ohne sich zu gefährden, äußern können, was Kurt Schumacher fünf Monate nach Kriegsende diplomatisch so formulierte:

»Die Sozialdemokratische Partei hat das größte Interesse an der friedlichen Zusammenarbeit der großen Siegermächte. Sie kann sich darum nur bekennen zu einer Politik des Ausgleichs und des Gleichgewichts. Sie weiß, daß für eine lebensnotwendige europäische Wirtschaftseinheit die Bildung entsprechender politischer Formen ebenso notwendig für Deutschland wie für die Welt ist, wie Montesquieu einmal gesagt hat: ›Europa ist nur eine Nation, die sich aus mehreren zusammensetzt.‹ Sie [die SPD] hat immer auf diesem Boden gestanden, und sie würde sich nie dazu hergeben, im innerdeutschen Rahmen ein wenn auch indirektes Instrument einer Politik der Gleichgewichtsstörung zu sein. Aber eine Gleichgewichtsordnung wird nie funktionieren, wenn nicht Deutschland als Ganzes in diese Ordnung eingebaut ist. Wir Sozialdemokraten sind von tiefer Besorgnis erfüllt, wenn wir sehen, daß die Politik der Einflußzonen ihre Rückwirkungen auf das innerdeutsche Leben zeitigt.«

Schumachers Feststellungen vom Oktober 1945 sind deshalb so

ausführlich zitiert worden, weil sie die Außenpolitik der Nachkriegszeit visionär vorzeichnen: Politik des Ausgleichs und des Gleichgewichts, lebensnotwendige europäische Wirtschaftseinheit und wieder: »Deutschland als Ganzes« als Voraussetzung für eine europäische Gleichgewichtsordnung – Jahrzehnte später sprechen alle Bonner Parteien von einer europäischen Friedensordnung, in deren Rahmen allein sich eine Lösung für die deutsche Frage, eine Antwort auf die Teilung finden lasse.

Schumacher sah 1945 die Teilung Deutschlands als Folge der »Einflußzonen« voraus, ja er nannte bereits die Grundsätze der 25 Jahre später praktizierten Ostpolitik – »eine Politik des Ausgleichs und des Gleichgewichts«. Freilich, er wollte »Deutschland als Ganzes« – das nach der Potsdamer Erklärung der vier Siegermächte im August 1945 ja formal noch existierte – in die Gleichgewichtsordnung einbauen. 1969 wollte dann der sozialdemokratische Bundeskanzler Willy Brandt mit den Ostverträgen zunächst einmal durch friedlichen Ausgleich das Gleichgewicht in Europa wiederherstellen, den »kalten Krieg« beenden.

Schumachers programmatische Erklärungen von Wennigsen enthielten auch zeitbezogene Passagen. Wie das deutsche Volk angesichts der Trümmer, der Not und des Mangels über den nächsten Winter gebracht werden kann, beschäftigte die Partei und prägte ihr, wie Schumacher sagte, »ungeschriebenes Programm: Hilfe für alle Schwachen und Elenden!« Über die Klasse der Industriearbeiter hinaus müsse gedacht werden: »Entscheidende Erfolge gibt es erst, wenn es von dieser Plattform aus gelingt, die mittelständischen Massen zu gewinnen . . . Der kleine Eigentümer gehört nicht zu den Besitzverteidigern, sondern an die Seite der Besitzlosen.« Den sogenannten Morgenthauplan galt es abzuwehren, die später rasch aufgegebene Idee dieses amerikanischen Finanzministers, das besiegte Deutschland seiner Industrien zu berauben. Schumacher: »Die Wirkung der Agrarisierung wäre die einer ökonomischen Atombombe.« Allerdings erklärte er eine radikale Bodenreform für notwendig, wie sie in der sowjetischen Zone dann unternommen wurde und weniger »radikal« in Westdeutschland.

Schon zu dieser Zeit warnte er vor Reparationen, ohne zu bestreiten, »daß ein von der deutschen Nation unter Naziführung angerichteter Schaden von den Deutschen auch wiedergutgemacht werden muß«. Die Höhe der Schuld müsse jedoch fixiert werden. Sonst sei jede planende Wirtschaft unmöglich.

Innenpolitisch verlangte Schumacher die Sozialisierung der wichtigsten Wirtschaftszweige, der Banken, der Versicherungen, der Kohle-

und Stahlindustrie, der Monopole und der »Unternehmungen, die durch ihre Größe oder den Umfang der akkumulierten Kapitalien sich geradezu selbst anbieten«.

Unmittelbar nach dem Kriege hielten nicht nur die Sozialdemokraten, sondern auch die Christlichen Demokraten, ja sogar die Besatzungsmächte eine grundlegende Änderung der sozialen Struktur in Deutschland für erforderlich, um eine demokratische Entwicklung zu sichern. Führende Industrielle wurden vor alliierten Kriegsgerichten angeklagt, die Hitlerpartei unterstützt zu haben und so für den Krieg mitverantwortlich zu sein. Diese Vorwürfe milderten sich später.

Auch eine andere Gefahr, die Schumacher in Wennigsen sehr beschäftigte, nahm im Laufe der folgenden Jahre ab: separatistische Tendenzen. Damals, 1945, gab es in Hannover eine niedersächsische Landespartei, die die Welfen wieder auf den Thron setzen wollte. In Bayern regte sich ein Königsbund, im Saarland entwickelten sich mit französischem Wohlwollen sogar Tendenzen zum Anschluß an Frankreich. Die französische und amerikanische Besatzungspolitik unterstützte in Süddeutschland zeitweise Bestrebungen, die auf eine Donauföderation mit Österreich gerichtet waren. Kurt Schumacher beklagte in Wennigsen die Lage in Südschleswig, »wo sich auch Sozialdemokraten zu einer Politik des nationalen Verrates um der Illusion wirtschaftlicher Vorteile hergaben«.

Verständnis für die Jugend

Ausführlich untersuchte Schumacher auch die Frage, wie mit ehemaligen Nazis verfahren werden sollte: »Die kriminellen Naziverbrecher und die an dieser Politik Schuldigen müssen bis zur Vernichtung verfolgt werden. Aber den anderen muß geholfen werden. Sie müssen eingeordnet werden . . . Bei der Festsetzung der Reihenfolge der Hilfe werden sie freilich hinter den Nazifeinden zurücktreten müssen.« Aber: »Ganz verlassen und arm ist eine Jugend, die nichts gekannt hat als das, was man ihr in der Hitlerjugend beigebracht. Sie ist resigniert und mutlos. Für sie ist die Welt grau in grau. Dieser Jugend müssen wir uns annehmen. Wir müssen ihr sagen, daß wir ihre Mitarbeit brauchen, daß es in ihrer Hand liegt, daß ihr Leben wieder Freude und Aussicht bekommt, daß die Deutschen keine Nation ohne Zukunft zu sein brauchen.« Solche Sätze fehlten in keiner Schumacher-Rede dieser Monate. Und auch nicht das Selbstbewußtsein eines Mannes, der für sich und seine Parteifreunde stolz erklärte: »Wir Sozialdemokraten sind die Vertreter Deutschlands, für welche die Demokratie nicht der Ausdruck der Überlegenheit der angelsächsischen Waffen ist. Wenn wir Demokraten sind, dann sind wir uns nur selber treu geblieben.«

Am 13. Oktober – eine Woche nach der Gründungskonferenz in Wennigsen – beging Kurt Schumacher seinen 50. Geburtstag. Am frühen Morgen brachte der Arbeitergesangverein »Symphonia« aus Ricklingen dem Jubilar ein Ständchen: »Sohn des Volkes wollt er sein und bleiben!« Der 1888 gegründete Verein nahm alle Vorstandsmitglieder von Hannover in seine Reihen auf. Sie hatten den Geburtstag gut vorbereitet, wie Egon Franke, Mitarbeiter der ersten Stunde, schmunzelnd berichtet. Ihre Verbindungen zu den Betriebsräten der Fleischfabrik Ahrberg, zur Keksfabrik Bahlsen und zu den Fischgeschäften der »Nordsee« kam den Geburtstagsgästen von Kurt Schumacher zugute – nicht nur ihr Chorgesang. Anstelle von Frankes Ehefrau begann zu dieser Zeit Annemarie Renger als Sekretärin in der Jakobstraße.

Der Führungsanspruch

Zusammenarbeit unter sozialdemokratischer Führung – das wollte Grotewohl, das wollte Schumacher im Verhältnis zu anderen Parteien. Sie waren sich in Wennigsen auch darüber einig geworden – mit Handschlag –, daß Kurt Schumacher als »Beauftragter für die Westzonen« versuchen sollte, den Führungsanspruch ihrer Partei durchzusetzen. Der ein Jahr ältere Otto Grotewohl – von 1925 bis 1933 Abgeordneter des Reichstages – sollte mit dem »Zentralausschuß« in Berlin diese Aufgabe für die sowjetische Zone übernehmen. In programmatischer Hinsicht gab es ohnehin zwischen den beiden keine wesentlichen Unterschiede, auch wenn Schumacher von »Vergesellschaftung« wichtiger Unternehmen sprach und Grotewohl von »Verstaatlichung«. Die Gründungsaufrufe der beiden Parteien ähnelten sich nach Form und Inhalt. So konnte eigentlich im Oktober 1945 weder von politischen noch von persönlichen Rivalitäten zwischen den beiden Parteiführern gesprochen werden. Schumacher hielt allerdings wenig von Grotewohls politischer Leistung im Reichstag vor 1933, fand ihn schwach und zu sehr interessiert an den angenehmen Seiten des Lebens. Aber nicht deshalb entstanden bald Differenzen.

Der Berliner Zentralausschuß versuchte, in Westdeutschland politisch Einfluß zu nehmen. Er ernannte mit Willy Buch als ständigem Vertreter für die amerikanische Zone einen festbesoldeten Beauftragten. Otto Grotewohl, Gustav Dahrendorf, Max Fechner und andere Berliner Sozialdemokraten setzten auch nach der Konferenz von Wennigsen ihre Besuche bei westdeutschen Bezirksorganisationen fort. Das »Büro Dr. Schumacher« hingegen unternahm nichts dergleichen in der sowjetischen Zone, entsandte keine Beauftragten. Selbst in der Viermächtestadt Berlin griff Schumacher nicht in das organisatorische Gefüge der Partei ein, die dort vom »Zentralausschuß« kontrolliert wurde. Die Berliner Sozialdemokraten vermißten bereits geraume Zeit die Unterstützung aus Hannover, da es zu ersten Streitigkeiten mit dem Zentralausschuß gekommen war. Kurt Schumacher hielt sich an die Abmachung von Wennigsen.

Außerdem gab es noch wochenlang Hinweise darauf, daß Grotewohl den Kommunisten Widerstand leistete. »Eine zonenmäßige Vereinigung würde vermutlich die Vereinigung im Reichsmaßstab nicht fördern, sondern nur erschweren und vielleicht das Reich zerbrechen«, erwiderte Grotewohl dem KPD-Vorsitzenden Wilhelm Pieck am 11. November 1945. Er wies damit den kommunistischen Aufruf vom 9. November zurück, so bald wie möglich die völlige Vereinigung in einer einzigen Arbeiterpartei herbeizuführen, denn, so Grotewohl, die deutsche Arbeiterklasse habe die Einheit Deutschlands zu wahren. Zunächst müsse die Sozialdemokratische Partei erst einmal aufgebaut werden. Grotewohl wehrte sich, wenn auch verklausuliert, gegen die in Gang gesetzte kommunistische Kampagne für die Einheitspartei.

Egon Bahr, damals Redakteur einer von den Amerikanern herausgegebenen Zeitung in Berlin, berichtete vierzig Jahre später in einem Rückblick für die »Neue Gesellschaft«: »Im November bat Grotewohl in einem Gespräch mit mir, nachdem Fechner den Raum verlassen hatte, um Unterstützung in seinem ›schweren Abwehrkampf gegen die Kommunisten‹.« Egon Bahrs Meinung: »Schumacher hat Grotewohl gewiß recht schlecht behandelt. Für ihn war Otto Grotewohl einfach schon deshalb suspekt, weil er unter Kontrolle der Sowjets wirkte – damit stimmte er mit einem anfänglich sicher vorhandenen Mißtrauen Adenauers gegenüber uns Berlinern überein. Es war natürlich bekannt, wie hart sich die Eingriffe einer totalitären Besatzungsmacht auf die Entwicklung einer Partei auswirkten. Daraus resultierte der Entschluß, sich jedenfalls für eine Übergangszeit nicht den Berlinern zu unterwerfen, sondern zunächst einmal in Westdeutschland auf eigenen Füßen zu stehen und die Verbindung mit den politischen Freunden in Berlin und Mitteldeutschland auf ein Minimum zu beschränken . . .

Diese Isolierung kränkte Otto Grotewohl. Sie verletzte seinen Ehrgeiz, sie hat ihn wesentlich in seinem Glauben bekräftigt, nur über eine selbständige Parteiführung in seinem Bereich könne er wieder eine bedeutende Stellung einnehmen und schließlich auch zur Führung der deutschen Sozialdemokraten gelangen. Ein ähnliches Motiv oder Gefühl ist mir aus einer Unterhaltung mit Jakob Kaiser in Erinnerung, der die Bodenreform . . . bis an den Rand seiner Glaubwürdigkeit unterstützte, weil er die Machtbasis als Vorsitzender der CDU in diesem Teil Deutschlands brauchte in seiner Auseinandersetzung [wie Kaiser zu Bahr sagte] ›mit Adenauer, diesem Separatisten!‹«

Grotewohl fühlte sich von Schumacher isoliert. Schumacher hielt ihn für suspekt wegen der – für Grotewohl unvermeidlichen – Kontakte mit der sowjetischen Besatzungsmacht. Man ging sich aus dem Weg – so wie Konrad Adenauer und Jakob Kaiser bei den Christlichen Demokraten. Und die Besatzungsmächte steuerten mit, keineswegs im Hintergrund. Sie erteilten oder verweigerten Reisegenehmigungen, stellten Zeitungspapier zur Verfügung oder auch nicht, gewährten Vergünstigungen, ohne die eine politische Arbeit gar nicht möglich war.

Die SPD-Prominenz der sowjetischen Zone konnte in dieser Zeit durchaus in die Westzonen reisen, wohin auch immer. Der in Wennigsen anerkannte »Beauftragte für die drei westlichen Besatzungszonen«, Kurt Schumacher, wurde von den Berliner Genossen nicht um Erlaubnis gefragt. Was die Gäste aus Berlin in seinem Zuständigkeitsbereich unternahmen, beobachtete er mißtrauisch. An Thomas Wimmer (später erster Oberbürgermeister von München) schrieb er am 3. November 1945: »Nun ist kürzlich die Nachricht durch den Rundfunk gegangen, daß Genosse Grotewohl mit einem Flugzeug nach München in Fragen der Parteivereinigung gekommen sein soll. Ich möchte Euch bitten, uns doch möglichst umgehend einen möglichst detaillierten Bericht sowohl über die politischen Voraussetzungen wie über die Tatsachen mit besonderer Berücksichtigung der Haltung des Genossen Grotewohl und des Zustandekommens seines Erscheinens in München zu geben. Auch der letzte Punkt wird entscheidend für die Auffassung sämtlicher westlicher Zonen über die Frage der Vertragstreue in der Partei sein.« Wimmer antwortete schriftlich am 10. November und beruhigte: ». . . was den Zentralausschuß in Berlin anlangt, so stehen wir in München bis jetzt nicht im geringsten mit ihm in Verbindung. Auch Genosse Grotewohl ist bis jetzt nicht in München eingetroffen.« Ein ähnlicher Briefwechsel entstand zwischen dem Büro Schumacher und der Bezirksorganisation in Nürnberg. Dort hatten die Berliner ebenfalls noch nicht vorgesprochen.

Sie kamen aber doch, wenn auch erst vom 17. bis zum 26. November, nach Bayern, Hessen und Württemberg, also in die amerikanische Zone. Gustav Dahrendorf machte am 4. Dezember 1945 die folgende Aufzeichnung: »Es besteht der peinliche Eindruck, als ob Schumacher, im Gegensatz zum Zentralausschuß, um einen Führungsanspruch ringt. Demgegenüber haben Grotewohl und Dahrendorf dort, wo es notwendig war, nachdrücklich betont, daß es völlig sinnlos und falsch wäre, wenn irgendeine Instanz oder Person Führungsansprüche geltend zu machen versuche. Der Zentralausschuß betrachtet sich als nichts anderes als ein Provisorium . . . Darüber hinaus vertritt der Zentralausschuß den Standpunkt, der übrigens von allen Genossen in der amerikanischen Zone vorbehaltlos anerkannt wird, daß die Zonengrenzen für uns Sozialdemokraten innerlich als nicht existent betrachtet werden müssen.« Es könne nicht bezweifelt werden, daß Schumacher gegen den Zentralausschuß zu wirken versuche. – Was er und Grotewohl während ihrer Gespräche in München, in Frankfurt, in Stuttgart gesagt haben, ist dem Bericht nicht zu entnehmen. In Regensburg jedenfalls hat Grotewohl am 25. November vor 150 Bezirksfunktionären das Hauptreferat gehalten.

Willy Knothe beschrieb Kurt Schumacher den Besuch in Frankfurt: »Wir hatten eine drei- bis vierstündige Aussprache, die sehr kameradschaftlich verlief, und ich habe am Ende der Aussprache noch einmal hervorgehoben, daß ich es für unbedingt notwendig erachte, daß seitens der Berliner Genossen die Verbindung mit Dir ständig aufrechterhalten wird. Irgendwelche abweichenden politischen Auffassungen traten nicht zutage. Von hier aus sind die Genossen Grotewohl und Dahrendorf weiter nach Stuttgart gefahren . . .«

Grund zur Unruhe hatte Schumacher nicht nur wegen der unangemeldeten Besucher aus Berlin, sondern auch wegen der Tendenzen zu einer »Einheitspartei«, die in Westdeutschland selbst entstanden waren. In München zum Beispiel und in Hamburg waren die eigenen Genossen auf die Kommunisten zugegangen. Dabei handelte es sich um lokale Versuche, die Spaltung der dreißiger Jahre zu überwinden und jetzt endlich die Einheit der Arbeiterklasse politisch zu verwirklichen. Schon in den Gefängnissen und Konzentrationslagern waren solche Pläne geschmiedet worden. Durch den Mangel an Kommunikations- und Reisemöglichkeiten, durch das Fehlen einer zentralen Instanz, aus Unkenntnis darüber, was sich in der sowjetischen Zone vorbereitete, waren viele westdeutsche Sozialdemokraten durchaus ansprechbar für Bestrebungen, mit den Kommunisten die seit 1917 verlorene Einheit der deutschen Arbeiterbewegung wiederherzustellen. Schumacher trat dieser Illusion vom ersten Tage an konsequent und geduldig entgegen.

Er befahl nicht, er wollte überzeugen: »Auch wir sind grundsätzlich Anhänger dieser Einheit. Wir müssen aber dazu die historisch-politischen Voraussetzungen sehen. Die sind so lange nicht gegeben, als eine

Macht weiterhin für sich beansprucht, die Arbeiterschaft der Welt für ihre nationalistischen und imperialistischen Interessen ins Feuer zu schicken. Hier muß die Entwicklung erst die große Klärung und die Loslösung von solchen einseitigen Bindungen bringen, ehe man erfolgreich ans Werk gehen kann . . . Wir dürfen uns doch darüber nicht im unklaren sein, daß die Kardinalfragen der Gestaltung der innerdeutschen Kräfteverhältnisse nicht lokal und nicht bezirklich gelöst werden können.« So bat Schumacher die Münchener Genossen in seinem Brief vom 3. November 1945, von Einheitsbestrebungen abzulassen.

Kommunistische Umarmungsversuche

Wann die Kommunisten damit begonnen hatten, die Verschmelzung mit den Sozialdemokraten anzusteuern, läßt sich nicht auf den Tag genau feststellen. Wie schon erwähnt, entzogen sie sich noch im Juni 1945 ihrerseits Verbrüderungsangeboten von Sozialdemokraten auf lokaler Ebene. Vielleicht wollte die KPD erst ihren eigenen Apparat festigen, ihrer Sache sicherer sein. Wolfgang Leonhard, Kenner der Geschichte der kommunistischen Parteien, der damals mit Pieck und Ulbricht aus Moskau nach Berlin kam, datiert den Beginn der Verschmelzungskampagne erst auf den November 1945. Bei den Wahlen in Ungarn am 5. und in Österreich am 25. November seien die Sowjets von der katastrophalen Niederlage der kommunistischen Parteien völlig überrascht worden. In Westdeutschland jedoch, in München, Frankfurt, Hamburg, Oldenburg, auch in Hannover, waren Kommunisten auf der Ortsebene schon im August und September an SPD-Organisationen herangetreten.

Aus der sowjetischen Zone liegt ein Text vom 7. Oktober vor, eine Begrüßungsrede des Landessekretärs der KPD, Hermann Matern, auf dem ersten Parteitag der sächsischen Sozialdemokraten: »Ich habe den Wunsch, daß von diesem Parteitag aus in unserer gemeinsamen Arbeit bei jedem Sozialdemokraten, bei jedem Kommunisten der Gedanke lebendig ist: Wenn wir zusammenarbeiten, dann arbeiten wir zusammen als Mitglieder einer kommenden Einheitspartei.« Auch Walter Ulbricht, damals stellvertretender Generalsekretär der KPD, hatte sich schon am 12. Oktober in Berlin für eine »Aktionseinheit« mit den Sozialdemokraten eingesetzt. Es mag aber durchaus sein, daß der von sowjetischer Seite ausgeübte Druck Ende November stärker geworden ist, gewissermaßen ein Befehl mit Fristsetzung. Otto Grotewohl jedenfalls darf zu diesem Zeitpunkt noch nicht als »Befehlsempfänger Moskaus« angesehen werden. Er hat Widerstand geleistet, auf Zeitgewinn gespielt und schließlich gehofft, mit der unabwendbar gewordenen Fusion zur Sozialistischen Einheitspartei am 23. April 1946 den zahlenmäßig weitaus stärkeren Sozialdemokraten wenigstens die führende Rolle in der SED zu sichern.

Der damalige Beobachter Egon Bahr hält Grotewohl für ehrlich. Und selbst einer der engsten Mitarbeiter von Kurt Schumacher, der langjährige Leiter des Ostbüros der SPD, Stefan Thomas, sagte in einem Interview mit Ilse Brusis, das der Deutsche Gewerkschaftsbund 1985 als »Lesebuch« herausgegeben hat: »Mein Urteil über Grotewohl ist . . . von Mitgefühl und von Verständnis für seine persönliche Tragik bestimmt. Es ist das tragische Schicksal eines Mannes, der mit den integren Intentionen seines sozialdemokratischen Selbstverständnisses dem intriganten, zu allen Mitteln fähigen stalinistischen Machtapparat nicht gewachsen sein konnte. Und das war auch die Tragödie aller Sozialdemokraten in der sowjetischen Zone. Jeder Sozialdemokrat war in den Karteien des sowjetischen Sicherheitsapparates registriert. Wer als Sozialdemokrat vor oder nach der Zwangsvereinigung im April 1946 irgendwie aufgefallen war, mußte mit Schikanen, Verfolgung und schließlich mit seiner Verhaftung rechnen. So erklären sich die Tausende politischer Häftlinge in den Zuchthäusern von Bautzen, Torgau, Brandenburg etc. Nach dem Leidensweg unter der Nazidiktatur begann für viele Sozialdemokraten nun eine Leidenszeit unter dem sowjetischen Regime der SED-Herrschaft.«

Thomas leitete im Auftrag des SPD-Parteivorstandes bis 1967 die Betreuung der in Not geratenen Genossen, die Informationsbeschaffung und die Aufklärungsarbeit in der sowjetischen Besatzungszone. Er wußte auch besser Bescheid als viele andere über die tragische Rolle, die Otto Grotewohl später bis zu seinem Tode als erster Ministerpräsident der DDR spielte. Es ist vielleicht kein Zufall, daß einer der ertragreichsten geheimen Kontakte des Bundesnachrichtendienstes in der DDR zur Chefsekretärin von Otto Grotewohl bestand. Grotewohl kann davon gewußt haben. Seine Sekretärin ist dann wegen »Spionage« hingerichtet worden.

Natürlich hat die Beschaffung von Informationen aus der sowjetischen Zone nicht nur dem Büro Schumacher in Hannover, sondern auch westlichen Besatzungsoffizieren zu Erkenntnissen verholfen, genau wie umgekehrt der sowjetische Geheimdienst die Westkontakte deutscher Politiker aus seiner Zone – nicht nur der Kommunisten – mitbenutzt hat. Zu einer Zeit, wo es keine deutsche Regierungsstellen gab, wo die deutsche Souveränität nicht bestand, war die Zusammenarbeit mit Besatzungsmächten kein Landesverrat. Ein Spionagevorwurf gegen deutsche Mitarbeiter alliierter Geheimdienste konnte damals nicht erhoben werden. Auch heute wird noch, abgesichert durch Verträge mit den nur teilsouveränen deutschen Staaten, nachrichtendienstlich mit zweierlei Maß gemessen.

Für Kurt Schumacher war das im Hinblick auf seinen Umgang mit Grotewohl oder mit anderen deutschen Politikern Grund zur Vorsicht. Natürlich wußte er auch, was er tat, wenn er mit britischen Besatzungsoffizieren sprach oder mit ehemaligen deutschen Offizieren, die für die »Organisation Gehlen« tätig waren, die amerikanisch geleitete Vorgängerin des Bundesnachrichtendienstes. Davon wird später noch im Zusammenhang mit den Vorbereitungen für einen deutschen Verteidigungsbeitrag die Rede sein.

In Berlin, der Viermächtestadt, hielt Kurt Schumacher sich 1945 nicht nur deshalb zurück, weil es eine der Besatzungsmächte wünschte. Wichtiger war die in Wennigsen mit den Vertretern des »Zentralausschusses« getroffene Abgrenzung, nach der Kurt Schumacher sich als Beauftragter auf die drei Westzonen zu beschränken hatte und der »Zentralausschuß« allein für die sowjetische Zone und für Berlin sprach.

Erst als Grotewohl und Fechner sich nicht mehr an die Absprache hielten, die Partei in Berlin und in der Zone eher aufzulösen, als sie mit der KPD zur »Einheitspartei« zusammenzuführen, griff Schumacher im Februar 1946 ein. Er half als Ratgeber, machte den Besatzungsbehörden klar, daß die geplante SED nur dann in den westlichen Sektoren zugelassen werden dürfte, wenn die SPD ihrerseits in den Ostsektoren der Stadt neben der SED weiterbestehen könnte.

Franz Neumann, damals Bezirksvorsitzender der SPD in Reinickendorf, erzählt: »In den kritischen Februartagen von 1946, als viele glaubten, daß Berlin verloren war, als es um Berlins Schicksal ging, waren wir, ein kleiner Kreis von sozialdemokratischen Funktionären, beim Genossen Swolinsky in Tempelhof. Wir pflegten Beratungen, wie wir Berlins Sozialdemokratie gegen den Druck des Bolschewismus halten konnten. Und da war auf einmal Kurt Schumacher bei uns. Der Zufall wollte es, daß er neben mir Platz nahm . . . Um uns herum saßen Ida Wolf, Klaus Peter Schulz, Arno Scholz, Karl Germer, Karl Weigner, Buchwald und noch einige Bekannte – er wußte von allen, er kannte Berlins politische Bewegung so genau, als ob er immer unter uns gearbeitet hätte. Und dann gaben wir Berichte über die politische

Lage, dann entwickelte ich den Plan meiner Reinickendorfer Freunde, eine Urabstimmung in Berlin durchzuführen. Kurt Schumacher hörte sich alles an, und dann sagte er, daß wir genau überlegen müßten. ›Wenn ihr den Mut und die Kraft habt, durchzustehen, dann erhaltet ihr aber die volle Unterstützung der deutschen Sozialdemokratie in eurem Kampf!‹«

Franz Neumanns Erinnerungen lassen klar erkennen, daß Schumacher den Unabhängigkeitskampf nicht angeregt, also nicht selbst das Abkommen mit dem Zentralausschuß verletzt und in dessen Gebiet etwa zum Widerstand aufgerufen hat. Er half als Redner, aber er ließ den Berliner Initiatoren, die Franz Neumann aufgezählt hat, die Leitung und die Verantwortung bis zum Tage der Zwangsvereinigung im April.

Der Kampf um die Unabhängigkeit

Diese Oppositionsgruppe hatte schon am 17. Februar dem Zentralausschuß das Mißtrauen ausgesprochen, »weil er sich klar und bewußt als nicht gewählte Körperschaft gegen den Willen der Berliner Mitglieder der SPD gestellt und Maßnahmen eingeleitet hat, welche geeignet sind, die organisatorische Einheit der SPD zu zerbrechen und somit die Spaltung der Arbeiterschaft zu verewigen«. Verlangt wurde die Neuwahl eines Bezirksvorstandes für Groß-Berlin.

Der Zentralausschuß lehnte ab und warnte vor der von einem Berliner »Aktionsausschuß« angestrebten Urabstimmung über die Verschmelzung. Und Otto Grotewohl griff Schumacher am 3. März in einem Rundfunkinterview zum ersten Mal öffentlich an: »Dr. Schumachers Mandat stammt von einigen Konferenzen, deren Teilnehmer sich keineswegs auf die große Masse der Sozialdemokraten im Westen berufen konnten, da sich ja selbst heute noch die Parteibildung in der westlichen Zone in einem Anfangsstadium befindet. Die Einstellung Dr. Schumachers ist also keineswegs der Wille der Arbeiterschaft der westlichen Zone.« Grotewohl machte jetzt offen seinen Führungsanspruch in der Partei geltend. Er habe immer darauf hingewiesen, »daß der Zentralausschuß in Berlin die gesamte Leitung der Partei« darstelle. Schumacher schätze auch die Lage völlig falsch ein, wenn er der Auffassung sei, daß in Berlin 90 Prozent und in der Sowjetzone 80 Prozent gegen die Vereinigung seien. »Nach der Verschmelzung – davon kann auch Dr. Schumacher überzeugt sein – wird die ganze Kraft dieser einheitlichen Arbeiterpartei ungehemmt und erfolgreich vorwärtsschreiten.«

Soweit Otto Grotewohl am 3. März. Nun begann eine Serie von weiteren Resolutionen, Kundgebungen und technischen Vorbereitungen, auf beiden Seiten liefen die Uhren. Die östliche war auf den »Vereinigungsparteitag am 22. April im Friedrichstadt-Palast«, die westliche auf die Urabstimmung der Berliner Parteimitglieder am 31. März 1946 eingestellt. Abgestimmt wurde über zwei Fragen, geantwortet werden sollte mit Ja oder Nein:

»1. Bist Du für den sofortigen Zusammenschluß beider Arbeiterparteien?

2. Bist Du für ein Bündnis beider Parteien, welches gemeinsame Arbeit sichert und den Bruderkampf ausschließt?«

Von den 32 547 wahlberechtigten SPD-Mitgliedern stimmten 23 755 ab. Der Zentralausschuß hatte dringend empfohlen, sich nicht zu beteiligen. Das Ergebnis: 82,2 Prozent lehnten den *sofortigen Zusammenschluß* mit den Kommunisten ab. Für ein *Bündnis* (nicht aber eine Fusion) der beiden Parteien, Frage zwei, stimmten hingegen 62,1 Prozent. Im sowjetischen Sektor waren die Abstimmungslokale auf Anordnung der Besatzungsmacht geschlossen worden.

Der Zentralausschuß antwortete mit Parteiausschlüssen und mit dem Versuch, in den westlichen Bezirken die SPD neu aufzubauen. Die Sieger der Urabstimmung bildeten einen »Provisorischen Ausschuß«, der zur Gründung einer eigenen Bezirksorganisation aufrief. Beide Seiten beschuldigten sich, »Spalter« der Partei zu sein. Der »Provisorische Ausschuß« lud für den 7. April zu einem »Berliner Parteitag« in der Zinnowwaldschule des Vororts Zehlendorf ein. Dieser wählte Franz Neumann, den Bezirksvorsitzenden von Reinickendorf, Curt Swolinsky und Karl Germer zu gleichberechtigten Vorsitzenden eines unabhängigen Berliner Landesverbandes der SPD, der bei den Berliner Stadtkommandanten förmlich seine Anerkennung als Partei beantragte. Die SED tat das gleiche nach der Fusion am 22. April. Beide Parteien wurden in allen Sektoren zugelassen; die SPD blieb sogar im östlichen Sektor de jure bis 1961, bis zum Bau der Berliner Mauer, bestehen.

Kurt Schumacher, der »Beauftragte für die Westzonen«, unterstützte seine Parteifreunde in der Viermächtestadt. Als Beispiel für seine Erklärungen in dieser Zeit sei sein Leitartikel im »Tagesspiegel« vom 27. März zitiert. Vier Tage vor der Urabstimmung machte Schumacher klar: »Im Westen gilt der Anschluß an eine ›Sozialistische Einheitspartei‹ als unvereinbar mit der Mitgliedschaft in der SPD.« Und: »Heitere Optimisten mögen glauben, daß sie einer solchen Partei ein Stück sozialdemokratischen Inhalts geben können. Sie übersehen dabei, daß für die kommunistische Politik wie für jede Art von Diktaturidee die Macht die eigentliche Substanz der Politik ist.« Seine außenpolitischen Argumente gegen die Zwangsvereinigung in der »Neuen Zeitung«, dem Blatt der amerikanischen Besatzungsmacht, am 22. März: »In Wahrheit spielen sich jetzt Auseinandersetzungen auf deutschem Boden ab, die für ganz Europa und darüber hinaus für die Welt von Bedeutung sind . . . Die Sozialdemokratie glaubt, daß der Kern des Problems der Kampf um die Frage ist, ob Europa demokratisch oder diktatorisch geformt werden soll. Es wird Zeit, daß Europa und die Welt selbst erkennen, worum es hier geht, und daß eine ›Sozialistische Einheitspartei‹ nichts weiter wäre als die Fortsetzung der Kommunistischen Partei unter anderem Namen.«

Die am 7. April gewählten Vorsitzenden des neuen Landesverbandes baten Kurt Schumacher noch einmal zu einer Kundgebung nach Berlin. Zwei Tage vor dem Gründungstag der Sozialistischen Einheitspartei sprach er im Mercedes-Palast. Darüber der »Tagesspiegel« am 21. April 1946: »Viele Hunderte stauten sich noch stundenlang vor den Eingängen, bitter enttäuscht, einen oft langen und mühevollen Weg umsonst gemacht zu haben. Die recht kläglichen Störmanöver standen in einem grellen und beschämenden Gegensatz zu dem Geist der Kundgebung . . . Als Neumann dann Dr. Schumacher das Wort gab, bereitete die Versammlung ihm eine minutenlange Ovation.« Die Version der »Täglichen Rundschau«, der Zeitung der sowjetischen Besatzungsmacht: »Auf dem Podium schrie Schumacher mit hysterischer Stimme von der ›echten Demokratie‹, und im Saal schlugen seine Trabanten auf alle ein, die zu protestieren versuchten. Bis zum Ende der Versammlung herrschte im Saal stürmischer Protest gegen die Zehlendorfer Clique samt ihrem Häuptling. Was im Mercedes-Palast vor sich gegangen ist, war einfach ekelerregend.« Zwei Versionen über ein und dieselbe Kundgebung – »Gesinnungsjournalismus« 1946.

Kurt Schumacher hatte die Berliner Entwicklung vorausgesehen; seine Einladung zum ersten ordentlichen Parteitag der SPD in den Westzonen lag bereits vor. Dort sollte sich seine Partei, wie er sagte, »eine zentrale Lenkung mit dem dazugehörigen Apparat geben«. Das war keine direkte Antwort auf die Zwangsverschmelzung in Berlin, wenn auch der Parteitag vom 9. bis zum 11. Mai 1946 in Hannover drei Wochen danach stattfand. Schumacher hatte sich seit der Konferenz von Wennigsen nicht nur um das Verhältnis zum Berliner

Zentralausschuß gekümmert, sondern mit zahlreichen Reisen in Westdeutschland selbst den Aufbau der Partei planmäßig vorangetrieben.

Sein Terminkalender im März 1946, wiedergegeben in der Biographie von Arno Scholz, vermerkt: 2. 3. öffentliche Versammlung in Hannover, 3. 3. Bezirksparteitag in Bochum, 5. 3. Braunschweig und weiter zum Zonenbeirat nach Hamburg, 8. 3. Flensburg, 9. 3. Neumünster, 10. 3. Kiel, 11. 3. Lübeck, 12. 3. Hannover, 14. 3. wieder Lübeck, 15. 3. Reise nach Süddeutschland, 16. 3. in Fürth, 17. 3. in Nürnberg, dann Regensburg, 18. 3. München, 20. 3. Parteivorstandssitzung in Augsburg, 21. 3. Frankfurt, 25. 3. Düsseldorf, 26. und 27. 3. wieder Zonenbeirat Hamburg, 30. 3. Internationale Konferenz Hannover und 31. 3. Kundgebung in Celle. Ein ähnliches Arbeitsprogramm ließe sich auch für die vorhergehenden Monate erstellen.

Annemarie Renger führt nicht nur den Terminkalender

Schumachers Terminkalender sind im Archiv von Annemarie Renger aufbewahrt, die von Oktober 1945 an seinen Lebensweg begleitete. Sie ist das jüngste der sieben Kinder von Fritz Wildung, des hauptamtlichen Sekretärs der Arbeitersportbewegung vor 1933. Vater Wildung war auch Stadtrat und – ehrenamtlich – Bildungsbeauftragter. Auch die Mutter war Mitglied der SPD. Im Hause Wildung in Berlin verkehrten in den zwanziger und dreißiger Jahren namhafte Sozialdemokraten wie Carl Severing, Reichs- und preußischer Innenminister, und der langjährige Präsident des Reichstages, Paul Löbe – bis zu seinem Tode ein väterlicher Freund für Annemarie Renger. Als der Vater 1933 mit der Auflösung des Arbeitersportbundes arbeitslos wurde, mußte sie das Lyzeum verlassen. Sie erlernte den Beruf der Verlagsbuchhändlerin, heiratete 1938 Emil Renger, Werbeleiter eines Verlages. Ihr Mann kehrte aus dem Kriege nicht zurück. Sie verlor auch drei ihrer vier Brüder und fand sich 1945 als Kriegerwitwe und Flüchtling in einem Dorf bei Lüneburg. Dort arbeitete sie als Küchenhilfe in einem Lazarett, lebte zusammen mit ihrer Schwester und drei Kindern, darunter ihr Sohn Rolf.

Die damals 25jährige erinnert sich an die Tage nach Kriegsende: »Für mich war das eine Befreiung, die natürlich zwiespältig war. Es war mir vollkommen klar – dazu waren wir viel zu sehr gewöhnt, politisch zu denken –, daß wir eine ganz schwere Zeit in unserem Land vor uns haben würden, daß die Besatzungsmächte – und ich glaubte damals, es würde viel schlimmer kommen, als es dann gekommen ist – ein rigoroses Regiment führen würden und daß wir auf lange Zeit überhaupt nichts zu sagen hätten. Daß man in Zonen eingeteilt war, war ja bald erkennbar, als wir nicht mehr nach Berlin zurückkonnten. Daß wir auf Dauer ein geteiltes Land würden, habe ich mir damals nicht vorstellen können. Die Lethargie und die Hoffnungslosigkeit breiteten sich aus, so daß etwas geschehen mußte. Ich persönlich hatte das ganz große Erlebnis, daß Kurt Schumacher in Hannover . . . schon im April eine Rede hielt, in der er den Anspruch erhob, daß nach diesem Krieg auch die Deutschen mitgestalten, mitbestimmen sollten und daß es keine Kollektivschuld geben könne, denn es könnten ja nicht . . . Opfer und Nichtopfer in einen Topf geworfen werden. Dies war eine ganz wichtige Sache. Das entscheidende war der Eindruck, daß es hier eine neue Bewegung, eine neue Kraft gab, die sich nicht etwa beeinflussen ließ, auch nicht von den Alliierten, sondern die sagte: ›Wir haben ein Recht zu überleben, und dieses Recht wollen wir auch in Anspruch nehmen.‹ Ich ging also zu Kurt Schumacher nach Hannover, was mein Leben entscheidend bestimmt hat.«

So antwortete Annemarie Renger 1986 vor einem historisch-politischen Arbeitskreis in einer Reihe mit anderen Zeitzeugen der Jahre 45/46 auf die Frage, was damals politisch gedacht, gesagt und getan worden sei. Sie schrieb damals an Kurt Schumacher und wurde zum Vorstellungsgespräch in die Jakobstraße eingeladen. »Sie bleiben«, sagte Schumacher, und sie blieb – sieben Jahre lang bis zur Stunde seines Todes.

Ihr Arbeitsplatz, das erste Büro der Partei, lag in einem ehemaligen Speicher – kaum Mobiliar, keine Gardinen. Nur Schumacher hatte einen etwas düsteren Raum mit vergitterten Fenstern im Parterre eines unzerbombten Hauses in Hannover-Linden, in dem früher der Luftschutz untergebracht war. Bei ihm saßen als erste Mitarbeiter Herbert Kriedemann, Alfred Nau und Egon Franke. Erst im Februar 1946 durften die ehemaligen Vorstandsmitglieder Erich Ollenhauer und Fritz Heine aus London zurückkehren. Sie wollten nicht, wie manch andere früher, in britischer Uniform kommen, sagt Heine. Aus dem »Büro Dr. Schumacher« wurde nun, verstärkt durch diese beiden Genossen, das »Büro der Westzonen«. Es bereitete den ersten sozialdemokratischen Parteitag vor, der vom 9. bis zum 11. Mai 1946 in Hannover stattfand.

Bevor über dessen Verlauf und Ergebnis berichtet wird, sei noch erwähnt, wie konsequent Kurt Schumacher schon vorher den Führungsanspruch seiner Partei in den Westzonen durchsetzte. Es bestanden ja auch noch andere Parteien. Aber: »Die Sozialdemokratie meldet gerade deswegen ihren Führungsanspruch an, weil ihre Bestrebungen die einzigen in Deutschland sind, die nicht auf einen Wiederaufbau, sondern grundsätzlich auf einen Neubau in sozialer, ökonomischer, politischer und moralischer Hinsicht gehen.« So begründete Kurt Schumacher am 9. Dezember 1945 die Forderung nach stärkerer Berücksichtigung von Sozialdemokraten durch die britische Besatzungsmacht. Dieser Brief nach London war an Erich Ollenhauer gerichtet, aber auch ausdrücklich für die Vorstandsmitglieder Fritz Heine und Erwin Schoettle bestimmt: »Im folgenden bitte ich Euch wieder [das war auch schon in einem verlorengegangenen Brief vom 1. 11. geschehen], die für uns erreichbaren englischen Stellen, vor allem die Abgeordneten der Labour Party, in den nachstehenden Fragen zu beeinflussen.«

Gegen britische Verwaltungstraditionen

Die Abgeordneten der englischen Arbeiterpartei sollten die deutschen Genossen vor der Einführung der englischen Gemeindeverfassung in der britischen Zone warnen. Kurt Schumacher wandte sich gegen die Teilung der Spitzenämter von Städten und Kreisen in einen, wie er beklagte, »ehrenamtlichen, politisch wählbaren und ebenso verwundbaren Mann an der Spitze und den zwangsweise neutralisierten Verwaltungsbeamten. Dem gewählten und unbesoldeten Landrat als dem Wortführer des Kreisbeirates steht der Oberkreisdirektor als Beamter gegenüber, dem Bürgermeister der entsprechende Stadtdirektor oder Oberstadtdirektor . . .«

Schumachers Haupteinwand gegen eine politisch neutrale Beamtenschaft, den er in Reden und Briefen dieser Zeit immer wieder vorbrachte: »Dem deutschen Beamten fehlt die Selbstverständlichkeit der Demokratie, die Erziehung zum Gehorsam gegenüber dem Willen des Volkes . . . In Deutschland hat sich die Reaktion stets in die Lüge von der Objektivität des Beamten geflüchtet, um die Autarkie eines Beamtentums aus den eigenen Reihen zu erhalten . . .«

In der Tat sind all diese Folgen der englischen Kommunalverfassung bis in die Gegenwart in den Ländern der britischen Zone zu beobachten. Nur hat Schumacher damals nicht gewußt, daß dieses System in England keineswegs besser funktioniert. Es hat zwar Vorteile, wenn die Oberbürgermeister nicht zugleich als Dienstvorgesetzte in die Stadtverwaltung eingreifen und Parteifreunde begünstigen können. Die

Nachteile des von Wahlen unbeeinflußbaren neutralen Beamtenapparates, von Schumacher zutreffend beschrieben, sind aber auch in England und in allen Ländern des Commonwealth zu beobachten. Selbst englischen Beamten, nicht nur den deutschen, fehlt »die Erziehung zum Gehorsam gegenüber dem Willen des Volkes«. Kurt Schumacher jedenfalls vermutete 1945 nur in der deutschen Beamtentradition solche Tendenzen und wandte sich deshalb energisch gegen ein Verbot für Beamte, sich politisch zu organisieren.

Er hatte Grund zur Klage. Die britischen Dienststellen wählten das deutsche Personal nicht nur aus den entstehenden politischen Parteien aus. Auch andere Institutionen wurden gefragt, die Kirchen natürlich, die Wirtschaftsorganisationen, die – wie der »Reichsnährstand« – schon in der Hitlerzeit eine Rolle gespielt hatten. Fachleute sollten es ja sein, die von der Materie etwas verstanden, die es zu beraten oder zu verwalten galt. Im übrigen wurden die Parteien – da ja noch keine Wahlen stattgefunden hatten – von den Briten zunächst ungefähr gleich stark berücksichtigt. Dazu Schumacher: »Besondere Sorge scheint man sich [in London regierte die Labour Party] darum zu machen, daß man in den Verdacht geraten könnte, die Sozialdemokratische Partei zu begünstigen . . . Von den ehemaligen vier preußischen Provinzen der britischen Zone werden drei durch Angehörige der Christlich-Demokratischen Partei geführt.« Zu dieser Zeit regierte nur in Hannover, als »Oberpräsident«, ein Sozialdemokrat: Hinrich Wilhelm Kopf, später Ministerpräsident des Landes Niedersachsen. In Düsseldorf waren Robert Lehr, später Bundesinnenminister, CDU, in Münster Rudolf Amelunxen vom Zentrum und in Schleswig-Holstein Theodor Steltzer, gleichfalls CDU, die Oberpräsidenten.

Kurt Schumacher kannte sie bereits oder lernte sie kennen mit der Gründung des »Zonenbeirates« für die britische Besatzungszone am 6. März 1946. Dieses Gremium mit zunächst 27 Mitgliedern sollte über die Pläne der Besatzungsmacht beraten oder über das, was sie zu diskutieren gestattete. Ähnlich wie in dem seit Oktober 1945 bestehenden Stuttgarter »Länderrat« für die amerikanische Zone gehörten dem Hamburger Gremium die Vertreter der Landesregierungen an, dazu aber noch »politische Vertreter« wie Schumacher und Kriedemann für die SPD oder Konrad Adenauer, der spätere Bundeskanzler, für die CDU.

Zehn Mitglieder dieses Beirates tendierten zur SPD, neun zur CDU, drei zur FDP und zwei zur KPD. Erster Vorsitzender war Robert Lehr, Oberpräsident der Rheinprovinz, als Stellvertreter wurde Kurt Schumacher bestimmt. Seit dem 10. Juli 1946 führte dann Schumacher selbst den Vorsitz des Zonenbeirates, vertreten von Theodor Steltzer, dem Mitbegründer der CDU in Schleswig-Holstein.

Gemeinsamkeiten und Konflikte mit Adenauer 1946

Die Deutschen konnten Anträge stellen, aber wichtige Entscheidungen traf die Besatzungsmacht am Zonenbeirat vorbei. Darum wurde dieses Gremium von Kennern der britischen Kolonialgeschichte mit den beratenden Versammlungen aus Vertretern der Eingeborenen verglichen. Über die Bildung des Landes Nordrhein-Westfalen zum Beispiel wurden die beiden Parteiführer von den Briten erst zwei Tage vor der Bekanntgabe am 13. Juli 1946 unterrichtet, ein Vorgang, der Schumacher zur Gründung eines Sonderausschusses für die Neuordnung der britischen Zone veranlaßte, als er Vorsitzender geworden war. Schumacher und Adenauer waren sich dann – Mitte Juli – darin einig, daß diesem Ausschuß nur je ein Vertreter der ernannten Verwaltungskörperschaften angehören sollte, im übrigen ausschließlich Parteivertreter.

Innenpolitisch bedeutsam – wer will, kann das Datum auch historisch nennen – war am 6. März 1946 das erste Zusammentreffen von Adenauer und Schumacher, den beiden großen Kontrahenten der Nachkriegszeit. Der Adenauer-Biograph Hans-Peter Schwarz berichtet über ihr erstes Gespräch: »Die Unterredung erbringt . . . eine bemerkenswerte Übereinstimmung in zwei Grundfragen, die Schumacher und Adenauer als vordringlich erscheinen: Verpflichtung der Siegermächte zur durchgreifenden Verbesserung der Ernährungslage und Ablehnung der Demontagen. Doch als Schumacher die Zusammenarbeit von der Anerkennung des Führungsanspruchs der SPD abhängig macht, lehnt Adenauer eisig ab und regt an, die Entscheidung darüber den kommenden Wahlen zu überlassen. Nachdem somit die Duellpistolen verteilt sind, verläßt Adenauer das Bankett und sucht sein Nachtquartier im Hotel Perm auf, wo es so kalt ist, daß er beim Schlafen Anzug und Mantel anbehält.«

Schumacher wird in dieser Märznacht kaum weniger gefroren haben. Der zwanzig Jahre Jüngere aber blieb dabei, den Führungsanspruch für die SPD zu reklamieren, was Adenauer fortan attackierte. Schon am 26. März – auf der folgenden Sitzung des Zonenbeirates – setzte sich Adenauer eine halbe Stunde lang mit diesem »Führungsanspruch« auseinander. Schumacher antwortete und bezeichnete die

CDU als »Sammelbecken der Reaktion«, Konrad Adenauer als den »Reaktionär der Reaktionäre«. Diese polemischen Duelle füllten von diesem Zeitpunkt an viele Zeitungsspalten – bis zur Trauerfeier für Schumacher im August 1952, der Adenauer fernblieb. Zunächst, 1946, ging Adenauer in die Offensive mit der Unterstellung, die SPD genieße bei der britischen Besatzungsmacht den Vorzug, sei die »Britenpartei« – ein ähnliches Argument verwendete Schumacher 1949 bei einem Zwischenruf im Bundestag gegen Adenauer: Dieser sei der »Kanzler der Alliierten«.

Die Protektion durch eine Besatzungsmacht war für nationalbewußte deutsche Wähler keine Empfehlung. Natürlich waren alle Besatzungsmächte in dieser Zeit der Not und des Hungers in allen Zonen denkbar unbeliebt. Die Parteien profilierten sich deshalb in den ersten Wahlkämpfen mit nationalem Aufbegehren. Nur die Kommunisten akzeptierten die These von der Kollektivschuld des deutschen Volkes. Für Schumacher dehnten sie damit »ihren eigenen historischen Schuldanteil auf Menschen und Richtungen aus, welche die eigentlichen Gegenspieler des Nazismus gewesen und auch heute noch sind. Mit dem Wort von der Gesamtschuld beginnt eine große geschichtliche Lüge, mit der man den Neubau Deutschlands nicht vornehmen kann.«

Der erste Parteitag

Dieser Vorwurf gehörte bereits zu den Argumenten, mit denen Schumacher 1946 in Reden und Broschüren den ersten Parteitag im Mai vorbereitete und den Führungsanspruch der SPD in immer neuen Variationen begründete: »Die innere Notwendigkeit jeder denkbaren deutschen Politik zwingt die Sozialdemokratie, sich in die erste Reihe zu stellen und das Recht für sich in Anspruch zu nehmen, die deutsche Politik führend zu gestalten.«

Schumachers außenpolitische Position paßt dazu: »Die Sozialdemokratie kann sich ein neues Deutschland nicht als ein isoliertes und nationalistisches Deutschland vorstellen. Sie kann sich Deutschland nur als Bestandteil Europas denken. Aber sie will dieses Deutschland dann nicht als Paria, sondern als gleichwertig. Gerade eine Partei wie die Sozialdemokratie, die wegen des internationalen Charakters ihrer Politik von den verständnislosen, nationalistisch infizierten Teilen des eigenen Volkes abgelehnt worden ist, kann offen und in ruhiger Gelassenheit diesen Anspruch anmelden.«

Der letzte Satz des mehr als dreißig Druckseiten langen Hauptreferates, mit dem Kurt Schumacher am 9. Mai 1946 in Hannover den ersten ordentlichen Nachkriegsparteitag der SPD eröffnet hat, lautete: »Die Sozialdemokratische Partei wird der entscheidende Faktor Deutschlands, oder aus Deutschland wird ein Nichts, und Europa wird ein Herd der Unruhe und Fäulnis.« Er schloß den Parteitag einen Tag später bescheidener: »Wir sind mißtrauisch geworden gegenüber den großen Worten, gegenüber auch den großen Worten in unseren Reihen. Aber wenn wir uns auch nicht als Träger einer Mission fühlen können, nachdem dieser Missionsgedanke so besudelt worden ist, als Träger einer absolut notwendigen Funktion für Deutschland und den Völkerfrieden fühlen wir uns doch . . . Wir werden kämpfen, und wir werden uns durchsetzen!« Minutenlanger Beifall, steht im Parteitagsprotokoll. Die Delegierten erhoben sich und sangen die Internationale.

In seiner Rede und in seinen Beiträgen zur Diskussion auf dem Parteitag wiederholte Schumacher zumeist die bereits im ersten Jahr entwickelten Gedanken und Forderungen. Er sprach ja vor 250 Delegierten, die ihn größtenteils noch nicht kannten. Außerdem: »Es fehlt die allererste Voraussetzung für ein endgültiges Programm, nämlich das Wissen darum, wie unser Land einmal aussehen soll. Wir wissen nicht, welche Reparationen wir zu leisten haben, wir wissen nicht, welche ökonomischen Kräfte wir entwickeln dürfen, wir wissen nicht, wie die Grenzen aussehen, und wir kennen auch nicht den moralisch-politischen Standort, den die Siegermächte uns zuweisen.« Er forderte Mut statt einer untertänigen Haltung in Gesprächen mit den Offizieren der Militärregierungen: »Ein sozialdemokratischer Funktionär . . . der bei aller Anständigkeit und Noblesse in der Form, bei aller notwendigen Zurückhaltung, die einem Angehörigen eines besiegten Volkes geziemt, nicht doch den Mut hat, dasselbe . . . zu sagen, was er auch in Parteiversammlungen sagt, ein solcher Funktionär gehört nicht zu uns.«

Schumacher ging mit gutem Beispiel voran und attackierte die Siegermächte offen: »Eine noch so große totale Demontage aller Industriezweige erreicht das eigentliche Ziel der Sicherheitspolitik nicht. Ein Volk von hungernden und verhungerten Menschen ist kein Sicherheitsfaktor, sondern ein Herd der Zersetzung. Man muß uns ein industrielles Friedenspotential lassen, das es uns ermöglicht, nicht nur Arbeiter zu beschäftigen, sondern auch Exporte in dem Umfang zu machen, daß wir unsere Rohstoffe und unsere Lebensmittel selbst bezahlen können.« Der alliierte Kontrollrat in Berlin hatte am 28. März beschlossen, daß die industrielle Kapazität des besiegten

Landes auf 50 bis 55 Prozent des Standes von 1932 zurückgeführt werden sollte. Schumacher warnte die Siegermächte vor solchen Absichten, denn: »Wenn wir es erreichen, ein . . . demokratisches und friedfertiges Deutschland in Europa zu haben, dann ist es eine größere und wertvollere Reparation als alle Maschinen.«

Auf dem Wege zur Volkspartei

Den Genossen riet er, die Kommunisten nicht zu überschätzen. Sie hätten nur eine Stärke, ihre Disziplin. »Aber Disziplin haben ja auch die preußischen Unteroffiziere gehabt.« Die anderen Konkurrenten, die wieder erstehenden bürgerlichen Parteien, lebten nach Schumachers Auffassung noch in den Vorstellungen der dreißiger Jahre. »Sie merken noch nicht, daß ihre Ambitionen auf Herrschaft und Führung gegenstandslos und im Effekt für das deutsche Volk ganz uninteressant sind.« Den Marxismus wollte er nicht über Bord werfen, nur: »Ich erkenne gern an, daß er nicht eine ausschließliche Begründung des Sozialismus ist, auf die jeder Sozialdemokrat hören muß. Ich gebe jedem gern das Recht, aus anderen Motiven und mit anderen Argumentationen, vom Philosophischen über das Ethische zum Religiösen, seinen Sozialdemokratismus zu begründen.«

Schumacher folgte damit August Bebel, der als Parteivorsitzender die SPD auf dem Münchener Parteitag 1902 bereits den religiösen Sozialisten öffnete: »Jeder mag glauben, was er will. Er kann als Sozialdemokrat katholischer Christ, er kann Materialist und Atheist sein, das geht keinen Menschen innerhalb der Partei etwas an.« Jetzt, 1946, wurde diese Formel weiterentwickelt in die Einladung, die alle Nichtmarxisten willkommen heißt und den Sozialismus von der Vorstellung eines erreichbaren Endzieles, einer klassenlosen Gesellschaft, löst. Diese Lockerung ermöglichte der SPD eine Politik, die Schumacher auf dem ersten Nachkriegsparteitag den Delegierten als »geschichtliche Aufgabe« nannte: »Das wäre die Gewinnung des deutschen Mittelstandes. Es wäre die Aufgabe, das gesellschaftliche Sein, wie es sich aus dem Kriege entwickelt hat, auch in politisches Bewußtsein umzuwandeln.«

Dieser Gedanke wurde nicht weiter ausgeführt. Aber aus der ganzen Rede, aus dem Verlauf des ersten Parteitages nach dem Kriege wird klar, daß die von Kurt Schumacher geführte SPD von Anfang an den Weg zur Volkspartei der linken Mitte beschritten hat. Dort fand sie christliche Sozialisten vor, denen Schumacher in Hannover 1946 sagte:

»Heute zeigt sich schon, daß das Interesse der Besitzbürger und das Interesse der dort untergeschlüpften Reaktionäre die politische Praxis der Partei [der CDU] bestimmen werden. Ich glaube, praktische Christen der Tat haben wir mehr in unseren Reihen.«

Bei den ersten Wahlen nach dem Krieg, den Kreistagswahlen am 28. April 1946 in Bayern, hatte die Christlich-Soziale Union 67,5 Prozent, die SPD 22,1 und die KPD 3,5 Prozent der Stimmen erhalten. In den Provinzen Rheinland und Westfalen setzte die CDU mit einer Volksabstimmung die Einführung von Konfessionsschulen durch. Schumacher sah darin einen Mißbrauch des Christentums zu parteipolitischen Zwecken – von nun an ein Hauptargument der SPD gegen die Christlichen Demokraten in den folgenden Wahlkämpfen. Diese Rede aus dem Jahre 1946 ließ also bereits alle Probleme und Themen erkennen, die die deutsche Innenpolitik in den folgenden Jahren beschäftigen sollten.

Als Tagesaufgaben nannte Schumacher die Flüchtlingsfrage – »Wir machen die Sache der Flüchtlinge zu unserer eigenen Sache« – und die Hilfe für die Kriegsbeschädigten. Er selbst, der Kriegsbeschädigte des Ersten Weltkrieges, war ja zu Beginn seiner politischen Arbeit in Württemberg auch Landesvorsitzender des Verbandes gewesen. 1946 sagte er: »Wenn ich heute zusammengeschossene Kriegsbeschädigte sehe, sehe ich in ihnen nicht Nazis, sondern die Opfer der Nazis.« Dann folgte die Bitte an die Sieger: »Wir brauchen auch die politischen und moralischen Kalorien der Zuversicht und der Hoffnung! . . . Auch moralische Kalorien haben ihre Nährkraft.«

Bewegende, zu Herzen gehende Worte, in der Diskussion ergänzt durch die Forderung nach dem Selbstbestimmungsrecht und der Gleichberechtigung: »Wir wissen, daß wir sie uns selbst verdienen müssen. Gerade wir, die wir uns am deutschen Nationalismus nicht schuldig gemacht haben, wissen, daß wir die Lasten zu tragen haben, die anderen gebühren.« Solche Erkenntnisse milderten die in den Ohren der Siegermächte zu diesem Zeitpunkt provokativ klingende Forderung nach »Gleichberechtigung«. Schumacher sollte sie immer wieder erheben. Sie war sein Ceterum censeo beim Umgang mit den Besatzungsmächten, mit den Genossen der Sozialistischen Internationale, bei der Kritik an den Europaverträgen und den Formen eines deutschen Wehrbeitrages. Kurt Schumacher wollte »Gleichberechtigung« im Kreise der Sieger, zu denen er die SPD zählte.

Ihr erster Parteitag wählte den 51jährigen am 11. Mai 1946 mit 244 von 245 Stimmen zum Ersten Vorsitzenden. Am meisten Stimmen nach ihm – 242 – erhielt Viktor Agartz, der das wirtschaftspolitische Hauptreferat gehalten hatte. Erich Ollenhauer wurde Erster Stellvertretender Parteivorsitzender mit 230 Stimmen und Willy Knothe, Frankfurt, mit 191 der Zweite Stellvertreter. Festbesoldete Mitarbeiter im Vorstand waren neben Erich Ollenhauer Alfred Nau, schon damals Schatzmeister, Fritz Heine, der erste Pressechef, und Herbert Kriedemann, der die organisatorische Arbeit übernahm.

Noch im Mai 1946 bezog der Vorstand die neu hergerichteten Büroräume in der Odeonstraße 15, dem früheren Gewerkschaftshaus, das vor 1933 auch eine Druckerei beherbergt hatte. Die Arbeitsmöglichkeiten verbesserten sich. In die Jakobstraße, das bisherige Quartier des »Büros Dr. Schumacher«, zog das neugeschaffene Ostbüro ein, zunächst unter Leitung des ehemaligen Gewerkschafters Siggi Neumann. Das Ostbüro betreute Flüchtlinge und leitete die illegale Arbeit von Sozialdemokraten, die sich in der sowjetischen Zone der Vereinigung mit den Kommunisten widersetzten.

Unter Leitung von Kurt Schumacher traf der neue Parteivorstand am 4. Juni 1946 noch andere, für seine Arbeitsfähigkeit wichtige Entscheidungen. Ein zentrales Sekretariat mit Fachreferenten entstand, in denen zum Beispiel der spätere Ministerpräsident von Niedersachsen, Dr. Georg Diederichs, die Kommunalpolitik und der spätere Bonner Fraktionsgeschäftsführer Hans Hermsdorf die Jungsozialisten betreute. Herta Gotthelf leitete das Frauensekretariat, der Hamburger Karl Meitmann vertrat Kurt Schumacher im Zonenbeirat, und der damalige Chefredakteur der »Neuen Ruhr Zeitung«, Erich Brost, übernahm die Berliner Vertretung des Parteivorstandes. Als seinen Nachfolger dort schlug er ein Jahr später den aus Norwegen zurückgekehrten Journalisten Willy Brandt vor, während Brost im Ruhrgebiet eine auflagenstarke westdeutsche Zeitungsgruppe aufbaute.

Auf dem Parteitag in Hannover ist auch durch ein Parteistatut die organisatorische Grundlage der Nachkriegs-SPD geschaffen worden. Am 30. September 1946 gliederte sie sich in 23 Bezirke bei einer Zahl von insgesamt 633 244 Mitgliedern, davon 109 215 Frauen. Diese Angaben verzeichnet das erste nach dem Zweiten Weltkrieg erschienene Jahrbuch 1946, in dem der SPD-Vorstand über die Aktivitäten der Partei berichtet. Im Vorwort verteidigt Kurt Schumacher sich selbst und seine Partei gegen den Vorwurf, nationalistisch zu sein: »Diese Selbstachtung dem deutschen Volke zu geben und es dabei in gleicher Weise von der brutalen und ignorantenhaften Unverschämtheit des Nazisystems und der jämmerlichen Kriecherei vor den Mächtigen der Weltpolitik fernzuhalten, betrachtet die Sozialdemokratie als ihre Aufgabe. Die Sozialdemokraten können eine solche Politik nur als eine freie, gegenüber allen ausländischen und inländischen Potenzen unabhängige und selbständige Partei durchführen. Der Kampf gegen den Totalitarismus in jeder Form ist die Voraussetzung für das Gedeihen der Demokratie auf deutschem Boden.« Frei, unabhängig, selbständig will Kurt Schumacher Politik machen. Keine leichte Aufgabe – ein Jahr nach Kriegsende.

Konsolidierung nach innen und außen

Seit ihrer Vereinigung mit der KPD zur »Sozialistischen Einheitspartei Deutschlands« am 22. April 1946 bestand die SPD in der sowjetisch besetzten Zone nicht mehr. So konstituierte sie sich in Hannover drei Wochen später als eine auf Westdeutschland und Berlin beschränkte Partei. Sie war nun voll handlungsfähig, besaß ein Parteistatut, einen gewählten Vorstand, einen allseits anerkannten, praktisch einstimmig gewählten Vorsitzenden: Kurt Schumacher. Die anderen, bürgerlichen Parteien suchten noch nach einer Identität, zum Teil trugen sie in den verschiedenen Regionen noch unterschiedliche Namen. Die spätere FDP etwa hieß in der Sowjetzone »Liberaldemokratische Partei Deutschlands«, abgekürzt LDPD, in Württemberg »Demokratische Volkspartei« (DVP). In Bayern bestand als regionale Partei die »Christlich-Soziale Union« (CSU); nur in Niedersachsen gab es die NLP, die »Niedersächsische Landespartei«, die sich Jahre später in »Deutsche Partei« (DP) umbenannte, als sie mit CDU/CSU und FDP in Bonn die erste Regierungskoalition bildete.

Auch Konrad Adenauers Macht reichte im Mai 1946 noch nicht über die britische Besatzungszone hinaus. Er vertrat, wie erwähnt, die CDU im »Zonenbeirat«, betrieb aber schon mit Nachdruck den Zusammenschluß mit den Christlichen Demokraten aus Süddeutschland und aus Schleswig-Holstein. Der erste gemeinsame Parteitag der CDU, auf dem dann das »Ahlener Programm« verabschiedet wurde, fand erst im Herbst 1946 statt. Und die Entscheidung zugunsten einer rein westdeutschen CDU fiel eigentlich erst mit der Absetzung von Jakob Kaiser und Ernst Lemmer durch die sowjetische Besatzungsmacht Ende 1948. Ein Landesverband »Exil-CDU« nimmt seit 1949 mit eigenen stimmberechtigten Delegierten an CDU-Parteitagen teil.

Eine organisierte »Exil-SPD« hat es in Westdeutschland nie gegeben. Kurt Schumacher richtete jedoch im Mai 1946 mit dem Ostbüro der SPD eine Leitstelle für alle Mitglieder ein, die in der Sowjetzone illegal als Sozialdemokraten weiterarbeiteten. Das wiederum hatten die bürgerlichen Parteien der sowjetischen Zone nicht nötig. Sie bestanden dort unter ihrem Namen weiter, wenn auch mit der SED zusammengeschlossen in der »Nationalen Front«. Der Kontakt zu den westdeutschen Parteizentralen von CDU und FDP ist nie ganz unterbrochen worden. Die Sozialdemokraten konzentrierten sich nun auf die Konsolidierung ihrer Partei in Westdeutschland. Und sie bauten ein Geflecht von internationalen Beziehungen auf.

Kurt Schumacher war bis 1948 der bekannteste und einflußreichste deutsche Politiker im In- und Ausland. Seine Führungsposition erkämpfte und verteidigte er energisch – geachtet, aber wenig geliebt bei den Besatzungsmächten. Auch in den eigenen Reihen mußte er sich immer wieder Respekt verschaffen. Vor allem zwei Konflikte in der SPD beschäftigten ihn sehr: die – schließlich erfolgreichen – Kämpfe gegen das föderalistische Aufbegehren in Bayern und gegen separatistische Tendenzen in Norddeutschland wie im Saarland. Dort spielten Sozialdemokraten zeitweise den territorialen Interessen zweier Nachbarländer in die Hände – Dänemark und Frankreich. Mangels handlungsfähiger politischer Instanzen in Westdeutschland fielen den Parteien, fielen der SPD bis 1949 außenpolitische Aufgaben zu.

Die westlichen Besatzungsmächte hatten ja durchaus eigene, wenn auch unterschiedliche Vorstellungen, was den Aufbau und die Gliederung eines künftigen deutschen Staatswesens betraf. Die Franzosen zum Beispiel dachten nicht nur an die Abtretung des Saarlandes, wo sie nur diejenigen Parteien arbeiten ließen, die nicht gegen ihre Pläne opponierten. Sie wandten sich auch gegen jede Zentralgewalt im besetzten Deutschland und in ihrer eigenen Zone. Allerdings begnügten sie sich – statt Demontagen zu fordern – damit, die Produktion wieder in Betrieb genommener deutscher Fabriken kostenlos zu importieren. Auch der Gedanke an eine Dreiteilung Deutschlands wurde eine Zeitlang verfolgt. Es fanden sich allerdings in Süddeutschland – und sogar in Bayern – nur wenige deutsche Gruppierungen, die eine Donauföderation unter Einschluß von Österreich unterstützten.

Auseinandersetzung mit Erhard über den Föderalismus

So weit wollten die Amerikaner nicht gehen. Sie brachten die Vorstellung mit, daß die administrativen Instanzen des ehemaligen Reiches auf die Länder übergehen sollten. Entsprechend erhielt ihr »Länderrat« im Oktober 1945 nur eine koordinierende Funktion für das amerikanische Besatzungsgebiet, also für die Länder Bayern, Württemberg-Baden und Hessen. Daraus ergaben sich erhebliche Meinungsverschiedenheiten zwischen den deutschen Repräsentanten der amerikanischen und der britischen Zone, zwischen Länderrat und Zonenbeirat, bei einer Zusammenkunft am 3. April 1946.

Ludwig Erhard, damals bayerischer Wirtschaftsminister, und Kurt Schumacher, Stellvertretender Vorsitzender des Zonenbeirates, stritten über die Formulierung einer Entschließung mehrere Stunden lang. Erhard wollte die Eigenstaatlichkeit der süddeutschen Länder stärker betont wissen, Schumacher das »Reichsvolk« als Träger der Reichseinheit. In seinem Sinne kam dann ein Kompromiß zustande, in dem die Länder als »Bausteine dieser höheren [politischen] Einheit« bezeichnet wurden. Die wirtschaftliche Einheit sollte zwar sofort wiederhergestellt werden (Punkt eins), sei aber ohne die politische Einheit auf die Dauer nicht möglich. Und am Schluß dieser Stuttgarter Entschließung von Länderbeirat und Zonenbeirat, unter Punkt sechs, stellten die von den Besatzungsbehörden ernannten deutschen Politiker fest: »Erforderlich ist vor allem ein aufeinander abgestimmter Aufbau der Länder und Zentralstellen, der allein das Werden der politischen Einheit des deutschen Volkes gewährleistet und damit die Verwirklichung seiner europäischen Aufgaben ermöglicht.«

Diese erste Begegnung mit dem SPD-Vorsitzenden hat bei Ludwig Erhard bleibende Hochachtung hinterlassen. Darum sei hier aus dem Text zitiert, den der spätere Bundeskanzler 1975 für eine Fernsehsendung anläßlich Schumachers 80. Geburtstages formulierte: »Im Ringen um die Ausrichtung der deutschen Nachkriegspolitik ist dieser streitbare Kämpfer auch rückblickend nicht wegzudenken. Gewiß waren wir in wirtschafts- und gesellschaftspolitischen Fragen unterschiedlicher Meinung, aber gleichwohl oder dennoch – das glaube ich sagen zu dürfen – zollte der eine dem anderen den schuldigen Respekt.«

Diese erste Zusammenkunft im April 1946 zwischen Erhard und Schumacher ist wie die ganze Veranstaltung von Erich Roßmann, dem damaligen Sekretär des Länderbeirates, protokolliert worden: »In der Angleichung der staatsrechtlichen Konstruktionen sah man die Möglichkeit der Errichtung eines einheitlichen Deutschlands, wie es den Potsdamer Beschlüssen entspricht. Die Erörterung hierüber [zwischen Erhard und Schumacher] wurde zum Höhepunkt der Besprechung.« Bis zur Stuttgarter Konferenz hatte es nach dem Krieg noch kein parteiübergreifendes Gespräch über staatsrechtliche Konstruktionen eines künftigen Deutschlands gegeben. Das Stuttgarter Dokument trägt die Unterschriften von Kurt Schumacher, Reinhold Maier (gastgebender Ministerpräsident) und Robert Lehr, also von Vertretern der SPD, der FDP (damals DVP) und der CDU – den drei Parteien, die für Aufbau und Entwicklung der Bundesrepublik in wechselnden Koalitionen bestimmend blieben. Ihre Zusammenarbeit hatte mit dieser gemeinsamen Resolution am 3. April 1946 begonnen.

Zurück zur Position der Besatzungsmächte in dieser Zeit. Die USA forderten keine Reparationen, nur die Demontage von Rüstungsbetrieben. Von diesen Anlagen sollte, so war im Potsdamer Abkommen der Siegermächte vom August 1945 vereinbart worden, die Sowjetunion 25 Prozent erhalten. Eine rigorose Entnazifizierung in Wirtschaft und Beamtenschaft wurde durch ein Gesetz vom 5. März 1946 in der amerikanischen Zone deutschen Stellen übertragen. In der – ernannten – ersten bayerischen Landesregierung gab es sogar einen Entnazifizierungsminister. Parteien waren auf der Zonenebene seit dem 1. März 1946 zugelassen.

Die Briten änderten am wenigsten. Sie übernahmen zunächst die vorgefundene Verwaltungsstruktur, ließen die Stahlproduktion wieder zu, wie überhaupt die Industrieproduktion. Die politische »Säuberung« wurde weniger streng gehandhabt, wenn sie die Effektivität von Verwaltung und Produktion behinderte. Die Schaffung eines starken westdeutschen Bollwerks gegen vermutete sowjetische Expansionspläne stand im Vordergrund, begünstigte also in gewisser Weise auch das ähnlich motivierte Konzept von Kurt Schumacher.

Trotzdem war er empört, als die Briten im Juli 1946 das Land Nordrhein-Westfalen gegen seine Warnung aus der Taufe hoben. Er hatte seine Argumente zur Neugestaltung der britischen Zone noch am 26. Juni 1946 in der Hamburger Tageszeitung »Die Welt« sehr deutlich vorgetragen: »Hier wie überall ist es notwendig, Zwergstaaten oder auch nur Länder vom Umfang und der Tradition der Regierungsbezirke ebenso zu vermeiden wie übergroße Staaten.« Übergroß sei Bayern, sagte Schumacher, und auch ein Land Rheinland-Westfalen. »In seinem Gebiet würde sich fast die gesamte industrielle Potenz Deutschlands befinden, jedenfalls ihre schwerindustrielle Grundlage. Dieses Land wäre übermächtig gegenüber den beiden anderen Ländern der britischen Zone und würde innerhalb dieser Zone noch mehr Komplikationen erzeugen als etwa Bayern in der amerikanischen Zone.«

Schumacher fürchtete zudem eine internationale Sonderkontrolle des Ruhrgebietes, wie sie ja tatsächlich später in Form einer »Internationalen Ruhrbehörde« von den Westmächten angestrebt wurde. Darum nannte er 1946 die Schaffung von Rheinland-Westfalen »nationalpolitisch gesehen eine Katastrophe«. Seine Warnung verhallte, seine Befürchtung erwies sich aber aus Gründen, die er nicht vorhersehen konnte, als gegenstandslos. Seine Forderung aus dem Jahre 1946, in der britischen Zone nicht drei, sondern vier bis fünf Länder zu schaffen, erfüllte sich doch. Zwar entstanden Rheinland und Westfalen nicht als selbständige, getrennte Länder, wohl aber Hamburg, Niedersachsen und Schleswig-Holstein, mit Nordrhein-Westfalen also vier.

Schumacher schlug vor, insgesamt elf bis zwölf Länder zu bilden, ohne diese genau zu benennen, mit einer Größe zwischen 3,5 und 7 Millionen Einwohnern. »Was darunter ist, kann sich reaktionär auswirken, was darüber liegt, muß reichsgefährdende Konsequenzen zeitigen.« Anders als 1918 müsse vorgegangen werden bei der Neugliederung, die damals »nur auf der Überwindung der Zwergstaaten und der Zerschlagung Preußens [sic!] beruhen konnte. Daß auf diese Weise zuviel von den Methoden des alten preußischen Obrigkeitsstaates sowie von dem historisch übersättigten Eigendünkel der kleineren Länder im Reich erhalten geblieben ist, kann als eine der Hauptursachen für die Entwicklung zur Katastrophe angesehen werden. Diesmal soll und muß es anders werden.«

Schumacher warnte davor, die Koordinierung – wie in der amerikanischen Zone – allein den Landesregierungen zu überlassen. Die Vertreter der Landesparlamente müßten bei der Koordinierung mitwirken. Er selbst war ja eines der ernannten Mitglieder des ersten niedersächsischen Landtages, wenn auch nur für einige Monate. Was ihm vorschwebte in dieser ersten grundlegenden Stellungnahme zur Neugliederung – und darum wird sie so ausführlich zitiert –, war ein »Deutscher Bundesstaat«, wie er tatsächlich mit dem Grundgesetz drei Jahre später zustande kam. Der Bundesstaat »kann nur föderativ ein neues Deutschland bauen, muß sich aber von allen forciert föderalistischen Tendenzen fernhalten. Er muß ein geeintes Deutschland im Rahmen der Notwendigkeiten Europas als sein Ziel ansehen.« Wer ein Jahr nach Kriegsende ein Deutschlandbild dieser Art formulierte, der muß aus der Sicht von Nachgeborenen ein Visionär gewesen sein. Seine Zeitgenossen beurteilten Schumacher anders.

Der Streit mit Wilhelm Hoegner

Mit ganz anderen Vorstellungen zum Beispiel begann der Sozialdemokrat Dr. Wilhelm Hoegner, am 28. September 1945 anstelle von Fritz Schäffer (CSU, in Bonn erster Bundesminister der Finanzen) von den amerikanischen Militärbehörden zum bayerischen Ministerpräsidenten ernannt. Nach der Zulassung der SPD als Landespartei wurde er am 2. Februar und erneut am 4. Mai 1946 zum ersten Landesvorsitzenden gewählt. Der frühere Reichstagsabgeordnete hatte als Emigrant während der Hitlerzeit unter angenehmen Umständen in der Schweiz gelebt und war im Juni 1945 »mit 23 Gesetzentwürfen im Gepäck«, wie er notierte, nach München zurückgekehrt.

Im Reichstag hatten Schumacher und Hoegner wenig miteinander anzufangen gewußt. »Sie lagen auf verschiedenen Wellenlängen«, heißt es in der 1982 erschienenen Geschichte der bayerischen SPD von Emil Werner. 1945 bestand ihr Gegensatz dann darin, »daß Schumacher von einem Bundesstaat ausging, der den Ländern gewisse Zuständigkeiten überläßt, während Hoegner der Meinung war, daß sich die Länder freiwillig zu einem Bundesstaat zusammenschließen und dem Bund Aufgaben übertragen, die sie nicht allein bewältigen können. Die gegensätzlichen Vorstellungen über den organisatorischen Aufbau der Partei hingen damit eng zusammen. Während es die Hauptsorge Hoegners war, es könnte wieder ein zentralisierter Einheitsstaat entstehen, stand bei Schumacher die Sorge um den Zusammenhalt Deutschlands im Vordergrund.«

Der bayerische Parteihistoriker verschweigt aber nicht, daß Hoegner zur Verwunderung selbst seiner bayerischen Freunde in der Landesverfassung einen bayerischen Staatspräsidenten vorsehen wollte. Daß der königstreue Hoegner dabei an einen Wittelsbacher gedacht haben soll, also ein Mitglied der bayerischen Königsfamilie, ist nur ein Gerücht. Immerhin bezeichnete er einen Wittelsbacher am 13. November 1945 in der »Süddeutschen Zeitung« als geisteskrank. Hoegners Begründung: König Ludwig II. habe »gegen einen hohen Jahressold mit Preußen ein Schutz- und Trutzbündnis abgeschlossen«. Der damit 1871 begründete »Einheitsstaat«, gemeint ist das Deutsche Reich, werde derzeit von Bayern einmütig abgelehnt. »Berlin und der Berliner Unitarismus sind im Süden ein Schreckgespenst und ein unheimlicher Moloch geworden.« So klagte der Genosse Wilhelm Hoegner, der mit der Bekräftigung schloß: »Vor allem aber wollen wir wieder unsere eigenen Herren im Gasthaus ›Zum bayerischen Löwen‹ sein.«

Kurt Schumacher wagte sich am 19. März 1946 zum erstenmal in die Höhle dieses bayerischen Löwen. Vor einer Münchener Mitgliederversammlung antwortete er Hoegner: »Wir wollen kein Rheinland und kein Bayern, wir wollen kein Hannover und kein Württemberg-Baden, wo diese Länder in sich, in ihrer Eigenstaatlichkeit ihre eigenen Zwecke und Ziele sehen. Wir wollen all diese Länder notwendigerweise als Bausteine für ein großes, nationales Ganzes.« Der damalige SPD-Landessekretär versuchte, Schumacher und Hoegner zu einem Gespräch unter vier Augen in der Staatskanzlei zu bewegen. Diese Begegnung dauerte nur wenige Minuten, man begrüßte sich nur knapp.

Noch Schlimmeres geschah: Wilhelm Hoegner verwies an seinen Landwirtschaftsminister Baumgartner (CSU, später Bayernpartei), der Schumacher Lebensmittelkarten nur für einen Tag bewilligte und dabei sagte: »Die Preußen sollen dann wieder aus München verschwinden.« Der SPD-Landessekretär Albert »verschwand« mit Kurt Schumacher und Annemarie Renger nach Pfaffenhofen bei München. Die Verlobte des Genossen Mathias Mörtl lebte dort in der Nähe auf einem Bauernhof. Annemarie Renger erinnert sich, wie mühevoll die lange Fahrt von München nach Pfaffenhofen war: »Aber immerhin, es gab was zu essen.«

Wilhelm Hoegner stellte sich nicht nur als sparsamer Gastgeber heraus. Bei der Konstituierung der Landespartei am 19. und 20. Oktober 1946 ließ er ein Statut verabschieden, das mit dem Parteistatut des Hannoveraner Parteitages vom Mai unvereinbar war. Seine Begründung: Der Zusammenschluß von Landesparteien über die Landesgrenzen hinaus sei ja von der Militärregierung noch gar nicht erlaubt. Nach seinen Vorstellungen sollte die SPD nicht, wie in Hannover festgelegt, in Bezirken, sondern föderalistisch in Landesverbänden organisiert werden. Der Parteivorstand gar hätte nach Auffassung von Hoegner nicht von den Delegierten eines Gesamtparteitages gewählt, sondern einfach aus Vertretern der Landesvorstände zusammengesetzt werden müssen. Damit wollte Hoegner anscheinend indirekt seine Wahl in den künftigen Gesamtvorstand sicherstellen, die in Hannover im Parteiausschuß an einer Stimme gescheitert war. Das muß ihn, damals Ministerpräsident und Landesvorsitzender, schwer getroffen haben.

Erst Hoegners Nachfolger Waldemar von Knoeringen suchte, was die Statuten anging, eine Verständigung mit Kurt Schumacher. Der bayerische Landesverband paßte seine Satzung auf einer Konferenz am 12. Juli 1948 dem Statut der Gesamtpartei an. Waldemar von Knoeringen sah in dem Konflikt zwischen Schumacher und Hoegner keinen schwerwiegenden Streit um grundsätzliche Fragen: »Durch das Temperament beider Männer entstand zwischen ihnen eine Spannung, die bis zur Verabschiedung des Grundgesetzes immer mehr anwuchs.« Das entspricht nicht ganz der Realität. Den bayerischen Föderalisten mit monarchistischen Neigungen und den Westpreußen, den die Sorge um die Einheit des Reiches bewegte, trennten konzeptionelle Differenzen.

Solche Spannungen zwischen der neuen Parteizentrale in Hannover und selbständig operierenden Landesverbänden, ja Parteibezirken, traten auch bei anderen Gelegenheiten auf. Sie waren oft auch persönlich gefärbt – denn es ist schwer, einen Gegner in der Sache als Mensch dennoch sympathisch zu finden. Temperament und Herkunft, Bildung und Lebensalter mögen dann mitspielen, wenn sich Konflikte einstellen und sich kein warmherziges, freundschaftliches Miteinander entwikkelt. Es ist auffällig, aber im Grunde natürlich, daß Kurt Schumacher bei jüngeren Parteifreunden mehr Begeisterung weckte als bei denen, die ihn selbst als »jungen Mann« betrachtet und zunächst gefördert hatten.

Wilhelm Keil, sein Stuttgarter Chef, zum Beispiel oder Erich Roßmann, der den jungen Volkswirt nach Stuttgart empfohlen hatte, zeigten freundliche Distanz. Auch Otto Braun, Carl Severing und andere in der Weimarer Zeit prominentere Sozialdemokraten, die den Krieg überlebt hatten, betrachteten eher kühl, was andere an Kurt Schumacher bewunderten. Und die Sozialdemokraten, die in den ersten Nachkriegsjahren aus eigener Kraft in Spitzenpositionen gelangten, sollten ihrem Parteivorsitzenden keineswegs immer zu Füßen liegen.

Im Jahre 1946 war davon noch wenig zu spüren. In diesem zweiten Nachkriegsjahr ging es für Schumacher um elementare Fragen, um die Festigung der wiedererstandenen Partei, um die Selbstbehauptung deutscher Interessen gegenüber den Besatzungsmächten. Im hohen Norden zum Beispiel entwickelte der Bezirksverband Flensburg freundschaftliche Gefühle für die dänischen Nachbarn, die bis 1864 die Landesherren gewesen waren. Die stattliche dänische Minderheit im Norden von Schleswig-Holstein setzte sich zudem gerade aus Bevölkerungsschichten zusammen, die traditionell sozialdemokratisch wählen: Werftarbeiter und kleiner Mittelstand.

Sozialdemokratische Separatisten in Flensburg und Saarbrücken

Die schleswigschen Wähler hatten sich nach dem Ersten Weltkrieg, bei der Volksabstimmung am 14. März 1920, mehrheitlich für Deutschland entschieden. Nach 1945 jedoch schien das nördliche Nachbarland all das aufzuweisen, was auf deutscher Seite nicht zu finden war: eine stabile soziale und demokratische Ordnung, ein hoher Lebensstandard, keine Arbeitslosigkeit und eine einflußreiche Arbeiterbewegung. Die Sozialdemokraten in Flensburg hatten schon im Juli 1945 eine Resolution gefaßt, in der es hieß: »Die unterzeichneten Flensburger unterstützen jede Bestrebung, die zum Ziele hat, die Grenze von 1920 nach Süden zu verlegen und die Stadt Flensburg und ein Landgebiet Dänemark und damit Skandinavien anzuschließen.«

Die dänischen Genossen jedoch lehnten diese Offerte nachdrücklich ab. Auf ihrem Parteikongreß am 21. August 1945 sagte der damalige Staatsminister Buhl: »Die Sozialdemokratie wünscht klar und deutlich als ihren unabweichlichen Standpunkt festzulegen, daß für Dänemark keine Grenzfrage vorliegt . . .« Nach der offiziellen Zulassung des Kreisvereins Flensburg der SPD am 4. Januar 1946 hielt dessen Mehrheit dennoch am Bekenntnis zu Dänemark fest.

Kurt Schumacher hatte schon in einem Brief vom 11. September 1945 an Heinrich Schenk, den Sprecher der prodeutschen Minderheit unter den Flensburger Genossen, beklagt, wie beschämend er es finde, daß »angebliche Sozialdemokraten nicht nur ihr Land im Stich lassen, sondern auch das unmögliche Kunststück machen wollen, ihr Volkstum aufzugeben.« Es nützte nichts. Die Kreisverbände Flensburg-Stadt und -Land sowie Schleswig-Stadt und -Land stimmten am 19. Juli 1946 auf einem Kieler Landesparteitag gegen eine Entschließung, in der die Anerkennung der Grenze von 1920 gefordert wurde.

Zwei Wochen zuvor, am 7. Juli, hatte Kurt Schumacher bereits in Husum mit einer aufsehenerregenden Rede die Haltung der abtrünnigen Flensburger Genossen verurteilt: »Wir respektieren jeden Dänen, wir respektieren jeden Deutschen, aber wir haben keinen Respekt vor Speckdänen deutschen Geblüts . . . Dieses Gebiet Deutschlands ist nicht das Gebiet, in dem am stärksten gehungert wird. Ich gönne jedem sein Stück Speck und bin deswegen nicht neidisch und fühle mich nicht in der Rolle des Sittenrichters, aber Speck und Volksbewußtsein sind Dinge, die niemals auf einen gemeinsamen Generalnenner gebracht werden können und die man voneinander trennen muß . . .« Er zog den Trennungsstrich sogleich und leitete die Gründung eines neuen, deutschen Ortsvereins der SPD in Flensburg ein. Die Mehrheit des bisherigen Ortsvereins blieb bei ihrer prodänischen Linie. Sie beantragte bei der britischen Militärregierung mit Erfolg eine Lizenz als eigene Partei – die SPF (Sozialdemokratische Partei Flensburgs).

Bei Landtagswahlen wurde sie nicht zugelassen, bestand aber immerhin bis zum 4. Dezember 1953. Erst zu diesem Zeitpunkt entschied die SPF mit einer knappen Mehrheit von 111 gegen 103 Stimmen, sich mit der SPD zusammenzuschließen. Die prodänische Minderheit bildete dann vorübergehend unter dem Namen SAF (Sozialdemokratische Arbeiterpartei Flensburgs) nochmals eine selbständige Partei auf lokaler Ebene.

Diese jahrelange bewegte Geschichte der separatistischen Abspaltung im nördlichen Schleswig-Holstein fand eine gewisse Parallele bei den Sozialdemokraten im Saarland. Allerdings respektierte Schumacher hier von Anfang an, daß »durch die Eigenart der Besatzungsgeographie eine sofortige Aufnahme der Verbindungen mit der sich nur langsam entwickelnden vorläufigen Zentrale der Gesamtpartei in Hannover außerordentlich erschwert wurde«. Auf dem ersten noch illegal stattfindenden Parteitag in Völklingen hätten sich im September 1945 solche Tendenzen bereits gezeigt. So vorsichtig formulierte Schumacher im Jahrbuch der SPD 1946 die Sonderentwicklung seiner Partei, die sich seit dem 22. Dezember 1946 aus dem Anschluß des Saargebietes an das französische Wirtschaftsgebiet ergab.

Schumacher hob als »beachtenswert« hervor, daß das Saargebiet nur von 1935 bis 1940 von Lothringen getrennt gewesen sei: »Die Haltung der Sozialdemokratischen Partei wurde bestimmt durch die Erkenntnis von der besonderen Rolle, die das Saargebiet als Reparationsobjekt zu spielen hätte, und von den natürlichen wirtschaftlichen Bedingungen ... in einer engen Verbindung der saarländischen Wirtschaft mit der benachbarten lothringischen Eisenindustrie und der Landwirtschaft Lothringens.« Das war die diplomatische Anerkennung der »Sozialdemokratischen Partei des Saargebietes«, so wurde sie im ersten SPD-Jahrbuch genannt.

Von einem »Bezirk Saar« oder gar von einem »Landesverband Saar« ist dort nicht die Rede. Aufgezählt wird nur die Zahl der im Saargebiet entstandenen Ortsvereine – 170 mit 15000 Mitgliedern – und der Stimmenanteil von 25 Prozent, den die Sozialdemokraten am 15. September 1946 bei den ersten Gemeindewahlen erhielten, gegenüber 11 Prozent im Jahre 1932. Daß die Saar deutsch sei, zum Reich gehöre, daß die Partei von Hannover geführt werde, wird nicht behauptet. Immerhin zitiert das Jahrbuch 1946 aus der Parteitagsresolution der »Saarländischen Sozialdemokratie« den Satz, daß »die verantwortlichen Staatsmänner Frankreichs keine politische Annektion des Saargebiets fordern«. Die gesperrt wiedergegebenen Wörter sind auch im SPD-Jahrbuch gesperrt gedruckt.

Das Saarland, das 1935 nach einer Volksabstimmung ins Reichsgebiet zurückgekehrt war, wurde nach 1945 von Frankreich nicht als Teil der französisch besetzten Zone verwaltet. Eine eigene Saarverfassung, eine eigene Saarregierung entstanden, kontrolliert durch einen französischen Gouverneur, trotz der schwachen Proteste anderer Siegermächte. Die Saar-SPD, die Saar-CDU und die Saar-FDP (DPS – Demokratische Partei Saar) bejahten diese Entwicklung. Diese profranzösischen Parteien wurden durch entsprechende deutsch ausgerichtete Parteien gleichen Namens erst nach der Volksabstimmung 1955 ersetzt, die eine Mehrheit für den Anschluß an die Bundesrepublik ergab.

Schumacher hat das nicht mehr erlebt, aber in seinen letzten Jahren als Oppositionsführer in Bonn die Herauslösung des Saarlandes aus dem deutschen Staatsgebiet immer wieder angeprangert. – Sein gespanntes Verhältnis zu der französischen Besatzungsmacht und zur sozialistischen Partei von Frankreich, der SFIO, war früheren Ursprungs.

Am 9. April 1946 verhängte die französische Militärregierung gegen Kurt Schumacher ein Redeverbot in ihrer Besatzungszone. Gründe wurden nicht genannt. Der SPD-Vorsitzende hatte in Ludwigshafen auf einem Bezirksparteitag sprechen wollen. Selbst Adenauer, sein politischer Gegner, protestierte öffentlich, wie »Die Welt« am 15. April berichtete. Sie zitierte Adenauer mit dem Satz: »Wir müssen anerkennen, daß Dr. Schumacher und die Leiter der SPD sich in diesem Kampf [gemeint ist der Widerstand gegen die Kommunisten] verdient gemacht haben. Eine ungehinderte Betätigung der SPD ist nicht nur eine parteipolitische Angelegenheit, sondern eine Frage der Demokratie in Deutschland schlechthin.« Die CDU sei sich bewußt, so Adenauer, daß sie mit der SPD auf gesamtdeutscher Ebene zusammenarbeiten müsse. Über innerdeutsche Fragen allerdings wolle sie sich mit der SPD auseinandersetzen.

Die ersten Wahlresultate

Es herrschte Wahlkampf um diese Zeit. Vom Herbst 1946 bis zum Frühjahr 1947 fanden in allen Besatzungszonen zum ersten Male Landtagswahlen statt. Die SPD erzielte ihren größten Erfolg in Berlin mit 48,7 Prozent der Stimmen in allen vier Sektoren. In Bremen erreichte sie am 13. Oktober 1946 bei den Bürgerschaftswahlen 47,6 Prozent, in Hamburg am gleichen Tage 43,1 Prozent. Stärkste Partei wurde sie auch in Hessen am 1. Dezember 1946 mit 42,7 und in Niedersachsen am 20. April 1947 mit 43,4 Prozent. Hingegen verlor sie im größten Land, in Nordrhein-Westfalen, mit 32 Prozent gegen die CDU von Konrad Adenauer, die 37,5 Prozent erreichte. In dem Land an Rhein und Ruhr erzielten damals die Kommunisten noch 14 und das Katholische Zentrum 9 Prozent der abgegebenen Stimmen. In Stichworten noch die SPD-Resultate aus Schleswig-Holstein: 44,5 Prozent; Bayern: 28,7 und Baden-Württemberg: 31,8 Prozent. In der französischen Zone sah es für die Sozialdemokraten am ungünstigsten aus. Dort erhielten sie am 13. Oktober 1946 insgesamt 25,7 Prozent im Vergleich zu den 57,1 Prozent für die CDU.

In diesen ersten Wahlkämpfen nach dem Kriege ging es nicht nur um die Auseinandersetzung mit parteipolitischen Gegnern. Zudem kannten sich die Politiker zu diesem Zeitpunkt kaum, wußten auch wenig über das Programm der anderen Gruppen. Verantwortlich gemacht für Not und Elend wurden mangels einer deutschen Regierung die Besatzungsmächte. Sie regierten, sie kontrollierten, sie entnazifizierten. Millionen von deutschen Kriegsgefangenen waren noch in ihrem Gewahrsam. Das erste Jahrbuch der SPD nannte im Juni 1947 folgende Zahlen: Belgien 40 000, Frankreich 630 000, Großbritannien 350 000, Holland 10 000, Jugoslawien 65 000 bis 80 000, Luxemburg 4000, Polen 30 000, UdSSR 2 bis 3 Millionen, USA 15 103 – die einzige präzise, amtlich bekanntgegebene Zahl.

Die SPD hatte seit ihrer Wiederzulassung immer wieder gefordert, mit der Entlassung der Kriegsgefangenen zu beginnen, die materielle Lage der Gefangenen zu verbessern und sie geistig zu betreuen. Ein eigenes Büro beim Parteivorstand in Hannover half mit Rat und Tat, schrieb Weihnachtsbriefe, schickte Zeitungen, hielt Kontakte zu sozialdemokratischen Arbeitsgemeinschaften in Gefangenenlagern. Im SPD-Jahrbuch hieß es dazu: »Wir wissen, daß die Festhaltung der Kriegsgefangenen in den meisten Ländern nicht aus Böswilligkeit, sondern aus materiellen Erwägungen heraus geschieht. Mangelnde Arbeitskräfte werden hier praktisch und billig ersetzt. Wir erkennen die Verpflichtung Deutschlands zur Wiedergutmachung an, aber wir halten die Methode der Zwangsarbeit von Kriegsgefangenen für falsch . . . Die SPD ist der Meinung, daß die deutschen Kriegsgefangenen keine lebenden Reparationen sind.«

Scharfe Kritik an allen Besatzungsmächten

Solche provozierenden Formulierungen können den Besatzungsmächten schwerlich gefallen haben. Andere deutsche Politiker, wie Konrad Adenauer, haben 1946 und 1947 ebenfalls nicht mit Kritik an den Besatzungsmächten gespart, um sich bei den Wählern als gute Deutsche zu profilieren. Der CDU-Vorsitzende bestritt zum Beispiel am 9. Januar 1947 den Besatzungsmächten das Recht, das Reich neu zu ordnen und Ostgebiete abzutrennen, ohne die Deutschen selbst zu befragen. So steht es in einem »Public Record Office«, das der Zeitgeschichtler Josef Foschepoth 1984 zitierte. Es handelt sich dabei um eines der alliierten Dokumente aus der Besatzungszeit, die nach Ablauf der Geheimhaltungsfrist von dreißig Jahren zugänglich geworden sind. Zum Teil liegen sie in deutscher Übersetzung vor.

In seiner Arbeit über die deutsche Reaktion auf die Niederlage und die Besatzungspolitik kommt Foschepoth anhand von Meinungsumfragen in der amerikanischen Zone zu dem Schluß, daß mehr als 70 Prozent der Bevölkerung in den ersten Nachkriegsjahren eine Gesamtverantwortung der Deutschen für den Krieg ablehnten, ja daß das Vertrauen in die Bereitschaft der westlichen Besatzungsmächte zum Wiederaufbau damals noch abnahm. Glaubten daran 1946 noch 43 Prozent, so waren es 1948 nur noch 30 Prozent. Für die unzureichende Versorgung mit Lebensmitteln und Wohnraum machten im Dezember 1946 bei einer Meinungsumfrage 60 Prozent die britische Besatzungsmacht verantwortlich.

Die Briten kamen mit ihrer Besatzungspolitik bei allen Umfragen besonders schlecht weg, seit die Amerikaner mit der Verkündung des Marshall-Planes am 11. Juni 1947 sichtbar begonnen hatten, etwas für den Wiederaufbau in Europa zu tun. Die Demontagen im Ruhrgebiet gingen weiter – »Eine Frage auf Leben und Tod des deutschen Volkes«, sagte Adenauer, sagte auch Schumacher mit anderen Worten, wie Lord Pakenham der britischen Labour-Regierung nach London berichtete. Er war damals Minister für Deutschlandfragen.

Die Alliierten, auch die Amerikaner, wunderten sich immer wieder, daß die westdeutsche Bevölkerung und die Parteien ihnen die Schuld für Lasten und Nöte gaben, die doch eine Folge des verlorenen Krieges seien. Nach einem Bericht der britischen Militärregierung habe die Bevölkerung damals erwartet, daß sich »ein guter deutscher Politiker . . . gegen die auf die Zerstörung Deutschlands gerichtete Politik der Alliierten« einsetzen würde. Ein »guter deutscher Politiker« in diesem Sinne war damals nicht nur Kurt Schumacher. Auch alle anderen, die sich 1946 und 1947 den deutschen Wählern präsentierten, gaben sich so. Vielleicht verkörperte Schumacher dieses Bild aber am wirkungsvollsten.

Immer wieder wird in Biographien der Bericht des britischen Journalisten Fenner Brockway aus der Zeitschrift »New Leader« zitiert, der Schumachers Auftritt auf dem Parteitag im Mai 1946 besonders anschaulich schildert:

»Er stand an einem eichenen Rednerpult – und er schien mir ein Sinnbild der ganzen Tragödie Deutschlands. Er verlor seinen rechten Arm im Ersten Weltkrieg. Sein Gesicht spiegelt die Qual von zwölf Jahren Konzentrationslager, die ihr Mal darauf zurückgelassen haben. Seine Augen sind starr, und die Zähne wurden ihm von Gestapoleuten aus dem Mund geschlagen. Die Ohren sind ihm vom Kopfe abgezerrt worden, so daß sie hervorstehen. Seine Nase sieht ungewöhnlich groß aus, weil so wenig Fleisch auf seinen Knochen geblieben ist. Furchen markieren sein Gesicht. Die Lippen sind dünn und gerade. Seine Schultern sind gesenkt, sein Körper ist mager, und er sieht schwindsüchtig aus . . .

Aber was für ein Wandel, wenn er spricht! Die verhaltene Stärke und vorwärtstreibende Kraft in ihm, die Herausforderung und die Wucht, die Menschlichkeit und das Licht der Vision! Und lachen kann er, dieser gemarterte Mann! Er hat Humor, sardonischen manchmal, aber zu anderen Zeiten einen scherzenden und freundlichen. Noch ehe er fünf Minuten gesprochen hat, vergißt man seine körperlichen Entstellungen. Man wird von seiner Persönlichkeit ergriffen, und der Geist wird gepackt durch die klare Zusammenfassung seiner Gedanken. Er ist kein Demagoge. Seine 155 Minuten lange Rede angefüllt von Beweisführung. Aber es war nicht Schumachers Persönlichkeit, die mich am meisten entzückte. Es war vielmehr seine Botschaft, sein politischer Ausblick.

Hier war die Geistesrichtung, nach der ich ausgeschaut hatte, ein Geist, der mehr auf die Gegenwart und in die Zukunft schaute statt in die Vergangenheit, der die deutsche Reaktion und den diktatorischen

Kommunismus – mit Rußland dahinter – angriff, der aber auch gegen die Militärregierung der westlichen Alliierten vorging und die deutschen Arbeiter aufrief zu einem auf sich selbst vertrauenden und unabhängigen Sozialismus, der das Abbrechen deutschen Friedenszwecken dienender Industrie anprangerte ebenso wie die Zerstückelung Deutschlands, der aber zur gleichen Zeit den Akkord europäischer Solidarität und Weltzusammenarbeit anschlug.«

Andere Beobachter zeigten sich ähnlich fasziniert, wie viele Texte mit dem Pathos dieser frühen Nachkriegsjahre belegen. Kurt Schumacher war der erste deutsche Politiker, der auf der Bühne der Nachkriegszeit auftrat, und er wurde zum bekanntesten. Seinerseits suchte und pflegte er auch Kontakte nach draußen. So lud er zum Beispiel am 4. März 1946 den Leiter der internationalen Abteilung der Labour Party, Denis Healey (Verteidigungsminister in den siebziger Jahren), ein, eine offizielle Delegation der britischen Arbeiterpartei zum ersten SPD-Parteitag in Hannover zu schicken. »Wir sind überzeugt, daß ... vor allem die Tatsache der Entsendung ... von unseren Genossen und Genossinnen als ein sichtbarer Beweis der Verbundenheit der großen britischen Labour Party mit den demokratischen und sozialistischen Kräften in Deutschland herzlich begrüßt werden würde.«

Die Delegation kam dann nicht – zur Enttäuschung von Kurt Schumacher. Und auch das Grußtelegramm der Labour Party traf erst nach dem Parteitag in Hannover ein. Schumacher schrieb an Parteisekretär Morgan Philipps: »We nevertheless thank you and the comrades of the executive for your good wishes and we hope that in future relations between our two parties will become ever closer« – ein Wunsch, der nie ganz in Erfüllung ging.

Damals bemühte sich sogar noch ein ständiges Büro, »Die Londoner Vertretung der SPD«, mit Herta Gotthelf, Leiterin des Frauensekretariats in Hannover erst seit Mai 1946, und Wilhelm Sander, der 1949 aus der Emigration zurückkehrte, um die Kontakte. Auch Schumachers Stuttgarter Freund und Mitarbeiter Erwin Schoettle war erst im Juli 1946 nach Deutschland zurückgekommen. Er wurde in Württemberg Schumachers Vertrauensmann – da die Beziehungen zu Wilhelm Keil immer noch gespannt waren. Schumacher hatte sich bei den Stuttgarter Genossen sehr bestimmt dafür verwenden müssen, daß sie für Schoettle ein Einreisevisum bei den amerikanischen Militärbehörden erwirkten: »Es wäre sehr schlimm, wenn wir einen unserer besten Gäule unnötig in einem fremden Staat stehenlassen müßten«, schrieb er schon im Januar 1946 an den Stuttgarter Parteisekretär Denker.

»Wenn Ihr Erwin Schoettle wollt – und ich nehme an, daß Ihr ihn bestimmt und sehr nachdrücklich wollt –, dann müßt Ihr praktisch etwas für ihn tun.« In der britischen Zone hatten es die Rückkehrer aus England leichter. Das galt auch für Reisen in die umgekehrte Richtung.

Erste Auslandsreise

Naturgemäß führte die erste Auslandsreise Kurt Schumacher nach England. Am 29. November flog er mit Fritz Heine, Viktor Agartz, Wilhelm Knothe und dem Berliner SPD-Vorsitzenden Franz Neumann in die britische Hauptstadt. Franz Bögler, Vorsitzender in der französischen Zone, erhielt von der französischen Militärregierung kein Ausreisevisum. Die Pariser Regierung protestierte sogar offiziell durch ihren Botschafter in London, Massigli, dagegen, daß die deutsche Delegation als Gast der britischen Regierung behandelt worden sei.

Der Sprecher des französischen Außenministeriums sagte damals: »Schumachers Besuch in London hat die französische öffentliche Meinung ernüchtert. Wir sind uns bewußt, daß die französischen und die britischen Ansichten über die künftige deutsche Gefahr [sic!] sich nicht decken, doch die französische öffentliche Meinung kann es einfach nicht fassen, daß ein führender deutscher Sprecher nach London gehen und die deutsche nationale Sache vertreten darf, ehe die alliierten Sieger auch nur begonnen haben, Deutschlands zukünftige Gestalt und Grenzen zu besprechen. Der Besuch hat hier [in Paris] einen äußerst peinlichen Eindruck hervorgerufen.«

Die Briten nahmen Schumacher in Schutz. Für das britische Außenministerium erklärte Sir Orne Sargent dem französischen Botschafter, es müsse dem Führer einer Antinazipartei, der selber mit Erfolg dem Nationalsozialismus Widerstand geleistet habe, erlaubt sein, Großbritannien zu besuchen. Darum könne Schumacher auch offiziell empfangen werden. Der Empfang hatte übrigens in einem Londoner Hotel stattgefunden, wo am gleichen Abend in einem anderen Stockwerk auch der französische Botschafter eine Einladung gab und erleben mußte, wie die Gäste zwischen den beiden Empfängen hin und her eilten.

Kurt Schumacher selbst erklärte schon in London zu dieser französisch-britischen Kontroverse über seine Person, er könne nicht glauben, daß das französische Volk von einem Rachegefühl gegenüber Deutschland erfüllt sei. »Wir sollen und müssen ein vernünftiges Abkommen mit Frankreich und den übrigen Siegermächten erreichen.« Auf deutscher Seite sei man bereit, überallhin zu reisen, wo man im gleichen Geiste eine offene Aussprache wünsche, wie sie die britische Labourbewegung eingeleitet habe.

Die »Neue Zürcher Zeitung« kommentierte diese erste offizielle Auslandsreise eines deutschen Politikers nach dem Kriege mit einem vierspaltigen Korrespondentenbericht: »Zweifelsohne überschätzt die deutsche Delegation die Wirkung ihres Besuches in London nicht, wenn sie das Bild vom Eisbrecher für Schumacher gebraucht. Ebenso klar ist aber, daß im Augenblick das Eis nur im angelsächsischen Bereich gebrochen ist . . . Was die Entscheidung für den Westen betrifft, hat Schumacher, haben Agartz und die übrigen Mitglieder der Delegation sehr deutlich gemacht, daß keine Partei sich behaupten könnte, die sich zum Handlanger einer Besatzungsmacht mißbrauchen ließe. Ja, diesen Vorwurf, Regierungspartei der Briten zu sein, haben die deutschen Sozialdemokraten mit einer leise ironisch gefärbten Schärfe zurückgewiesen . . . Die Briten sind von ihren Besuchern nicht im Zweifel darüber gelassen worden, daß der Versuch der vier Besatzungsmächte, jeweils ihre eigene Form der Demokratie und der demokratischen Begriffe auf Deutschland zu übertragen, gescheitert ist und für immer fruchtlos bleiben muß.« Es sei in den acht Tagen des Besuches deutlich geworden, daß die Sozialdemokraten sich in der Rolle einer loyalen Opposition einzurichten begännen.

Vorentscheidung für die Oppositionsrolle

Das war eine erstaunliche Erkenntnis in dieser Schweizer Zeitung, knapp drei Jahre vor der Gründung der Bundesrepublik. Vielleicht hatte Kurt Schumacher bereits aus den ersten Wahlergebnissen diesen realistischen Schluß gezogen. Vielleicht hatte er von Anfang an die Rolle der »loyalen Opposition« angesteuert. Manche, sonst unverständliche Härte, manche seiner auf »alles oder nichts« gerichteten Forderungen könnte er in der Absicht geäußert haben, der SPD nicht wie 1918 die Verantwortung für die Folgen einer Niederlage aufzubürden, sondern ihr nach dem zweiten verlorenen Krieg aus der Opposition heraus einen besseren Start zu ermöglichen. Regierungsverantwortung ohne ausreichende Vollmachten in einem geteilten, nicht souveränen, von Siegermächten abhängigen Land muß nicht unbedingt eine dankbare Aufgabe sein.

Zu Beginn einer Pressekonferenz wurde Schumacher damals gefragt, wie er sich den Wiederaufbau, die Normalisierung des Lebens in der britischen Zone vorstelle. Er antwortete (nachzulesen im »Telegraf«

vom 30. November 1946): »›Wir leben in Deutschland in völliger Ungewißheit darüber, was unsere nächste Zukunft angeht . . . Die erste Welle des Pessimismus in Deutschland war nach dem Zusammenbruch verständlich. Jedoch jetzt zeigt sich . . . eine zweite Welle des Pessimismus, die eigentlich vermieden werden müßte und die vermieden werden könnte, wenn wir eines Tages über die Absichten der Siegermächte Klarheit hätten . . .‹ Kurt Schumacher bezeichnete die Demontagepolitik gegenüber Deutschland als verfehlt, die SPD erkenne jedoch die Notwendigkeit einer hundertprozentigen Zerstörung der deutschen Kriegsindustrie an. Die Politik der SPD richte sich gegen jede Form des Nationalismus, das deutsche Volk müsse jedoch die Möglichkeit haben, zu arbeiten und zu exportieren.«

In einem Interview mit dem Deutschland-Korrespondenten der BBC, Karl Anders, der zur Gruppe »Neubeginnen« in der Exilpartei gehört hatte, faßte Schumacher am 7. Dezember 1946 seine Reiseeindrücke zusammen: »Wir waren überrascht über das Maß des Verständnisses und über die Freundlichkeit und das Zutrauen, das man uns entgegengebracht hat. Wir sind uns darüber klar, daß wir nicht mit effektiven Abmachungen nach Hause zurückkehren können, aber wir haben gemerkt, daß der Geist, aus dem heraus eine günstige Entwicklung für das ganze deutsche Volk und die deutsche Arbeiterschaft gestaltet werden kann, hier in England lebendig ist . . . Einen großen Eindruck hat auf mich die Studentenversammlung in Cambridge gemacht, die mit einem frenetischen Enthusiasmus den Vertreter der deutschen Sozialdemokratie begrüßte.«

Schumacher nannte noch einige kleine Ereignisse, die ihn bewegt hätten; ein Bobby habe ihm beim Besuch im Unterhaus die Hand geschüttelt und ein Taxichauffeur sei zu einer Extrafahrt bereit gewesen – beide, nachdem sie erfahren hatten, daß es sich um »Vertreter der deutschen Sozialdemokratie« handelte.

Solche Schilderungen über die erste Auslandsreise rühren an. Schumacher sprach von sich in der dritten Person. Bei Herbert Wehner erlebte man später ähnliche Gesten ungelenker Bescheidenheit.

Schumacher besuchte in England auch deutsche Kriegsgefangene in Wilton Park und sagte ihnen, die deutsche Jugend sei von einem Diktator betrogen und mißbraucht worden. Sie sei voll guten Willens, voller Hoffnung. Die Rede ist nicht im einzelnen überliefert. Aber es ist anzunehmen, daß er zu den Kriegsgefangenen in England ähnliches gesagt hat wie in anderen Reden dieses Jahres, die sich an die Jugend und an die Studenten wandten.

So erklärte Schumacher in einem Rundfunkvortrag vom 2. Juni 1946 über den Weg der Jugend zur Sozialdemokratie: »Wenn es die deutsche Jugend an Einsicht hat fehlen lassen, dann ist das nicht ihre Schuld. Es ist die Schuld der mit tragischen Schmerzen beladenen Generation des Ersten Weltkrieges, aus der die wildesten Faschisten und die tapfersten Antifaschisten hervorgegangen sind, und der noch älteren . . . Die Alten haben es daran fehlen lassen, den Jungen die Einsicht und die Kenntnis zu vermitteln. Warum sollte ein junger Mensch damals nicht auch ein Stückchen Lebensschlauheit anwenden, wie es die vielen Geldverdiener und Karriereschnaufer und Charakterspieler der älteren Generation getan haben. Gerade er wußte doch gar nicht so recht, daß es etwas anderes gibt. Er wußte lediglich, daß er im Leben allein als Nazi vorankommen konnte. Gewiß mag in vielen der Fanatismus zu schnell gewachsen sein. Gewiß mag Renommisterei, Großmannssucht und ein Stück echter oder falscher Romantik in manchen gelebt haben. Gewiß mag sogar der Rausch der Macht manchmal getötet haben, was an lebendigem Gewissen da war und auch dasein mußte. Aber fast alle haben sie ehrlich geglaubt, daß sie nicht die Träger des Bösen, sondern des Guten waren.«

Enthielt diese Betrachtung nicht auch Selbstkritik? – Denn Schumacher selbst gehörte ja zu der »mit tragischen Schmerzen beladenen Generation des Ersten Weltkrieges«. Er warb nun um Verständnis für diese Jugend, sogar für die Nazis darunter, und bat: »Jetzt muß die Einsicht der Sieger helfen. Jetzt muß durch praktische Betätigung den jungen Menschen klarwerden, daß Demokratie der eigentliche Zustand der politischen und der menschlichen Freiheit ist und nicht der Zustand, der dann eintritt, wenn Deutschland – sei es auch durch eigene Schuld – zertrümmert am Boden liegt . . . Wenn die Welt der Jugend den Mut zur Demokratie gibt, dann gibt sie ihr auch den Mut, zur gleichen Zeit deutsch und weltbürgerlich zu sein. Dann schafft sie den Frieden!«

Solche bewegende Appelle »an die Welt« richteten sich in Wirklichkeit an die Kriegsgeneration, an die Jugend selbst, die Kurt Schumacher in dieser Zeit mehr umwarb als jede andere Bevölkerungsgruppe. Er hatte Erfolg. Oberleutnant a. D. Helmut Schmidt zum Beispiel, 1946 Student der Volkswirtschaft, trat unter dem Eindruck einer Schumacher-Rede in die Hamburger SPD ein, wie sein Biograph, der Engländer Jonathan Carr, berichtet: »Später verlieh er seiner tiefen Bewunderung für den SPD-Führer Ausdruck, nannte ihn sogar ein Genie, eine Bezeichnung, die er nur selten für andere Politiker verwendete. Vor allem erinnert er sich, wie fasziniert er vom Temperament des älteren Mannes gewesen war, von seiner analytischen Begabung, seiner Fähigkeit, sich mitzuteilen und zu überzeugen.«

Übrigens war Helmut Schmidt von der rhetorischen Leidenschaft Schumachers weniger angetan als von dessen anderen überragenden Fähigkeiten, wie Zeitgenossen berichten. Jedenfalls hat er Schumacher in Hamburg zu Füßen gesessen, als dieser auf der Gründungsversammlung des »Sozialistischen Deutschen Studentenbundes« (SDS) am 4. September seine später oft zitierte Rede zum Thema »Der Student in der Politik« hielt.

Schumacher versuchte eine Standortbestimmung: »Es kommt für eine politische Partei nicht darauf an, vor jedem einzelnen ihrer Anhänger recht zu behalten, es kommt darauf an, vor der Geschichte recht zu behalten, und es kommt, wenn die großen Zäsuren des weltgeschichtlichen Geschehens die Dinge durchschneiden, nicht darauf an, in einer vergangenen Periode recht gehabt zu haben, sondern es kommt darauf an, eine neue große Konzeption zu haben von den Dingen, wie sie kommen sollen und sie kommen müssen. Nur müssen wir dabei denken, daß niemals durch die taktische Schlauheit die innere und die äußere Freiheit des Menschen verteidigt werden können. Klug sein heißt auch mutig sein, und schlau sein ist in der Politik sehr oft etwas anderes.«

»Schlau sein« war für Schumacher keine Tugend, schlau wollte er nicht sein, und er war es wohl auch nie in seiner politischen Karriere. Mutproben lieferte er hingegen mehr als genug. Und er war bereit, die Realitäten klar zu benennen: »Diese Jugend muß heute wissen, daß die Sozialdemokratie eine Partei der armen Leute ist, und sie muß weiter wissen, daß mehr Leute heute arm sind, als sie selbst annehmen, und daß in weiterer Zukunft noch weitere Kreise dieses Volkes in diesen Strudel der Verarmung hineingezogen werden, nicht etwa aus einem Drang, alles verelenden zu wollen, sondern aus der Notwendigkeit, einen sozialen Ausgleich in unserem Volk zu schaffen. Denn die Zustände, die heute zwischen dem, an dem der Krieg gnädig vorübergegangen ist, und zwischen dem, der alles verloren hat, herrschen, sind tatsächlich die Zustände der latenten sozialen Revolution. Und diese Zustände müssen von Grund auf geändert werden mit Methoden, die wir einmal ganz kalt und ruhig durchzusprechen haben.«

Ganz kalt und ruhig, aber auch eindringlich machte Kurt Schumacher den Hamburger Studenten klar, daß sie mit der Idee »Nur mal fleißig lernen – eine feine Sache – und sich um Politik nicht kümmern« nicht weiterkommen würden. »Diese Idee legt mal mit allen Irrtümern schön beiseite.« Manche seien noch gar nicht reif für die Partei, aber »politisch sein heißt verbunden sein . . . Der Genosse Intelligenz, der nur in seiner eigenen Sparte sein gewichtiges Wort über die Zeit und über die Theorien der Vergangenheit spricht, hat keinen Wert für uns.«

Schumacher sagte schon bei dieser Gelegenheit voraus, der Kampf in den westlichen Zonen werde sich vor allem zwischen zwei Parteien abspielen, der CDU und der SPD, und er fügte hinzu: »Ich erkenne gern an, daß in der Periode der Gründung der Christlich-Demokratischen Union durchaus wertvolle demokratische Kräfte, die den Willen zum sozialen Lastenausgleich in sich hatten, aktiv tätig waren; aber in der Zwischenzeit hat sich in dieser Partei ein großer Prozeß der Umbildung vollzogen. Die Linke liefert das agitatorische Vokabularium, und die Rechte macht die Politik.« So am 4. September 1946 Schumachers Analyse der CDU, der ein sozialdemokratischer Politiker heute nichts hinzufügen brauchte – eine Vereinfachung, die immer noch verwendet wird.

Diese gut vorbereitete Hamburger Rede vor Studenten gehört zu den Schumacher-Texten, die wie ein Steinbruch von Sozialdemokraten und von ihren Gegnern gern zu höchst unterschiedlichen Zwecken ausgebeutet werden. Einige einschlägige Zitate: »Ich muß mich amüsieren, daß ausgerechnet der Sozialismus als Materialismus angesehen wird, aber der Kapitalismus und der Feudalismus nie. Mir scheint es idealistischer und moralischer zu sein, armen Leuten ein Stückchen nach oben zu helfen, als ein Nichtstuer, ein Konsument der bestehenden Wirtschaftsverfassung zu sein.« Oder: »Das Prinzip der arbeitenden Menschen [ist] nicht das Eigentum, sondern die Zahl.« Oder: »Alle demokratisch regierten Staaten sind sehr viel friedenswilliger als die diktatorisch beherrschten Staaten. Wir Deutsche sollten uns dessen besonders bewußt sein. Wenn wir nicht eine Regierung hätten aufkommen lassen und geduldet hätten, die wir nicht kontrolliert haben, dann würden wir jetzt nicht von den anderen kontrolliert werden.« Oder: »Wenn wir von Sozialismus sprechen, dann meinen wir keinen Staatskapitalismus, dann meinen wir keinen plumpen, dumpfen Kollektivismus, sondern dann meinen wir die ökonomische Befreiung der Persönlichkeit.«

Natürlich enthält diese vielzitierte Rede vor Studenten auch Zeitgebundenes. So wehrte sich Schumacher gegen die Unterstellung des

CDU-Vorsitzenden Konrad Adenauer, die SPD sei als »britische Regierungspartei« verantwortlich für alles, was in der britischen Zone geschehe. Er kritisierte das Modell eines Länderrates in der amerikanischen Zone als »gefährliche Nähe zu Staatenbundsideen«: »Wir wollen kein Gasthaus Zum Bayerischen Löwen, keine Herberge Zum Springenden Roß [das Wappen von Niedersachsen], und ich glaube, letzten Endes sind nicht einmal die drei Türme Hamburgs das Ideal, sondern wir wollen ein Deutschland, bei dem der Träger der Reichsgewalt das deutsche Reichsvolk ist.« Als hier Beifall aufkam, warnte Schumacher: »Wir wollen . . . nicht einen neuen Nationalismus, sondern wir wollen dieses Deutschland nur gleichberechtigt und gleichbeachtet einmal im Rate der Nationen und in einer neuen Völkerföderation sehen.« Und zur Oder-Neiße-Grenze: »Nationalpolitisch und ernährungspolitisch eine Unmöglichkeit. Dieses verwüstete Niemandsland, auf dem kein Halm und keine Ähre wächst, das die Polen weder volklich noch politisch, noch organisch auszugestalten in der Lage sind, ist das Terrain, um das wir kämpfen.«

Da wurde, im nicht vorformulierten Schlußteil, Ermüdung spürbar nach einer langen Rede. Schumacher schloß – ziemlich abrupt – mit der Forderung nach der Sozialisierung der Schwerindustrie, der Banken und des Versicherungsgewerbes. Für die damals schon diskutierte Währungsreform wünschte Schumacher, »daß der Bargeldbesitz, die Bankkredite und die Immobilien alle zusammen in einen Topf geschmissen und dann progressiv besteuert werden müssen«. Kurt Schumacher war nie der Wirtschaftsfachmann seiner Partei. Möglicherweise liegt in dieser Schwäche ein Grund für spätere Wahlniederlagen nach der Währungsreform.

Als »Sprecher für Deutschland«

An Überzeugungskraft und Mut hatte Kurt Schumacher in diesen ersten Nachkriegsjahren nicht seinesgleichen. Er verkörperte und vermittelte, was vor allem der jüngeren Generation nach dem Zusammenbruch fehlte: neues Selbstbewußtsein. Eine schwedische Zeitung, zitiert nach der Schumacher-Biographie von Arno Scholz, formulierte Ende 1946: »Es gibt kein Deutschland, es gibt also auch keinen Deutschen, der für Deutschland sprechen kann, aber es gibt zumindest einen Deutschen, auf den die ganze Welt hört, wenn er spricht; das ist Kurt Schumacher!«

Er wußte von dieser Sprecherrolle, und er nutzte sie. So begrüßte er als Vorsitzender des Zonenbeirates am 14. August 1946 die vom britischen Oberkommandierenden General Robertson angekündigte wirtschaftliche Zusammenführung der britischen mit der amerikanischen Besatzungszone »als den Anfang einer Entwicklung . . . daß aus den vier Besatzungszonen wieder einmal ein einheitliches Deutsches Reich entsteht«. Davon hatte der britische General allerdings nichts gesagt – und schon gar nichts über die Ostgrenzen dieses »Reiches«. Aber Schumacher fuhr fort: »Zur Frage des Bodens möchte ich sagen, daß das deutsche Volk die Hoffnung auf Erweiterung seiner Ostgrenzen gegenüber dem bisherigen Zustand in seiner Totalität noch nicht aufgegeben hat, zumal ja auch noch keine völkerrechtlich bindenden Vorschriften getroffen sind.« Wer das nicht beachte, riskiere, so Schumachers Warnung an die Briten, eine »Entartung des Nationalismus«.

Der seit 1933 bestehende Lohnstopp solle aufgehoben, die Sozialpolitik »als Angelegenheit der inneren Verteilung des Sozialprodukts« den Deutschen überlassen werden. Und schließlich – 1946 eine kühne Forderung –: »Was wir weiter in Deutschland brauchen, ist eine möglichst einheitliche Verwaltung von seiten der Siegermächte, auch innerhalb der einzelnen Zonen eine möglichst einheitliche Verwaltung.« Die Länder sollten bei zonalen Einrichtungen durch Mitglieder ihrer Landtage vertreten sein.

Schumacher selbst war seit August 1946 Mitglied des ersten ernannten hannoverschen Landtages. Auch hier benutzte er seine Erwiderung auf die Regierungserklärung des ersten Ministerpräsidenten, seines Parteifreundes Wilhelm Kopf, am 24. August zu allgemeinpolitischen Ausführungen. Er forderte eine Bodenreform und Maßnahmen, um die Ansammlung von großen Vermögen in der Hand von einzelnen zu unterbinden: »Ich glaube, daß die Demokratie in Deutschland sozialistisch sein wird, oder sie wird gar nicht sein.«

Interessant im Zusammenhang mit den schon erwähnten Bemühungen um die Kriegsgeneration ist im Landtag von Hannover die Forderung, alle nach dem 1. Januar 1915 geborenen jungen Deutschen nicht mehr der »Entnazifizierung« zu unterwerfen, wie sie von den Besatzungsbehörden angeordnet worden war – sie »von dieser Quälerei zu befreien und ihnen zu ersparen, durch das kaudinische Joch zu kriechen. Wenn sie heute davon sprechen, daß die Demokratie von unten wachsen muß, ja, meine Damen und Herren, sie muß auch generationsmäßig von unten wachsen.«

Kurt Schumacher beendete seine Tätigkeit im Landtag im Oktober 1946. Als Grund nannte er in einem Brief an den Unterbezirk Göttingen, der ihn zu einer neuerlichen Kandidatur bewegen wollte, am 14. Januar 1947: »Die Partei und die Arbeit in der Partei erlauben es mir nicht, mich für die Tätigkeit in einem Lande festzulegen . . . Bei einer Reorganisierung des Zonenbeirates werde ich auch dort nicht wieder erscheinen. Die Genossen der anderen Zonen verlangen mit Recht meine Konzentration auf die zentralen Aufgaben der Gesamtpartei.« Aus dem gleichen Grunde – nicht nur seiner angegriffenen Gesundheit wegen – übernahm er auch keine Mandate im späteren Wirtschaftsrat der Bizone und im Parlamentarischen Rat.

Wie schlecht, wie katastrophal die Lebensverhältnisse im Hungerwinter 46/47 beschaffen waren, beschrieb Schumacher seinem nach Brasilien emigrierten Parteifreund Peter Schattner in einem Brief vom 16. Januar 1947:

»Politisch entwickeln sich die Dinge bis auf weiteres nicht zum Guten. Die Hungerkatastrophe ist in dem übervölkerten Lande Nordrhein-Westfalen schneller eingetreten, als man annehmen mochte, und die große Kältewelle, die um die Jahreswende einsetzte, war ein furchtbarer Schlag. Das Zweizonenabkommen zwischen den USA und Großbritannien wirkt sich noch nicht aus, und die Situation in Deutschland ist mehr als prekär.

Dazu kommen jetzt noch die Ansprüche, die achtzehn Länder gegenüber Deutschland anmelden. Wenn man sie befriedigen wollte, müßte man ein gesundes Europa haben, aus dem man den Ansprüchen der Gläubiger territorial und wirtschaftlich nachkommen könnte. Nach den Erfolgen der Sozialdemokratie gegen die Bolschewisierung Deutschlands werden jetzt mit aller Gewalt die Voraussetzungen für eine neue Woge des Nationalbolschewismus geschaffen.

Es ist der Unverstand der Sieger, dieser Glaube, den Frieden durch extreme Befriedigung nationalstaatlicher und nationalwirtschaftlicher Ansprüche gestalten zu können, der den Frieden gefährdet. Alles kommt darauf an, aus Deutschland, seinem Boden, seiner Wirtschaft, seinem Volk Faktoren des Friedens zu machen. Jeder verlangt es auch von uns und bemüht sich zur gleichen Zeit, den Keim des Unfriedens zu säen. Der Nationalismus in Europa ist die modernste Form der Anarchie. Man hat ja nach 1918 da schon einiges gesehen. Wenn aber alle anderen Völker eisern entschlossen sind, aus der Geschichte nichts zu lernen, werden die Deutschen dieser Versuchung auf die Dauer wahrscheinlich auch nicht widerstehen können. Die Totalität des Nationalismus faschisiert diesen Kontinent und entdemokratisiert ihn.

Sie sehen, vor welch ungeheuer schweren Aufgaben wir stehen. Man verlangt von uns als den Trägern eines neuen, besseren Deutschlands alles, gibt uns aber wenig Hilfe, in den zentralen entscheidenden Punkten sogar überhaupt keine und ruiniert die Voraussetzungen jeder erfolgreichen Politik. Man redet bei Tag und Nacht von Internationalisierung, Frieden und Demokratie, tut aber alles, um diese einzig möglichen vernünftigen Lösungen sich nicht durchsetzen zu lassen.

Jetzt kommt es auf das Tempo an, in dem sich die Einsicht vor allen Dingen bei den großen angelsächsischen Siegermächten durchsetzt. Gelingt es hier nicht, der Vernunft zum Siege zu verhelfen, dann war die Zeit für Europa seit Jahrhunderten nicht so schlecht wie heute. Die deutschen Sozialdemokraten bemühen sich, zu ihrem kleinen Teil dazu beizutragen, in Deutschland die Basis für eine solche Entwicklung zum Guten zu schaffen. Schon die nächste Periode der Entwicklung wird zeigen, ob der Kampf um solche Beiträge einen Sinn hat. Er muß aber geführt werden, wenn wir nicht uns selbst und unsere Ideen aufgeben wollen.

Auswandern hat wenig Zweck. Deutschland ist zwar heute ungeheuer volkreich, aber ist generations- und geschlechtsmäßig sehr ungesund zusammengesetzt. Es fehlen die eigentlichen ökonomischen und politischen produktiven Kräfte der jüngeren und mittleren Generation zu einem ungeheuren Prozentsatz. Was dann an guten Kräften für uns noch übrig bleibt, [davon] können wir schlecht etwas abgeben. Wir müßten im Gegenteil unsere Kriegsgefangenen zurückbekommen.«

Wirtschaft: die innenpolitische Schlüsselfrage

Im Hungerwinter 1946/47 kämpfte Kurt Schumacher wie andere deutsche Politiker verzweifelt um die materielle Existenz des Landes. Am 19. November telegrafierte der SPD-Vorstand an den alliierten Kontrollrat in Berlin: »Nur sofortige und durchgreifende Maßnahmen können Ernährungskatastrophen, vor allem im westdeutschen Industriegebiet, verhindern . . . Der Vorstand der SPD bittet den Kontrollrat ferner, Maßnahmen zu treffen, damit durch Zonenausgleich die in der Ernährung am meisten gefährdeten Gebiete bevorzugt werden.«

Diesem Zweck diente auch der zum 1. Januar 1947 vollzogene Zusammenschluß der bevölkerungsmäßig größten, industriell geprägten britischen mit der eher agrarisch bestimmten Wirtschaft der amerikanischen Zone. Schon auf seiner Pressekonferenz in London Anfang Dezember 1946 hatte Schumacher diesen Plan begrüßt, denn: »Wenn die Ernährungskrise nicht überwunden wird, kann es in Westdeutsch-

Im Alter von sechs Jahren in Kulm

*Besprechung im „Büro Dr. Schumacher", Hannover 1945.
Von links: Egon Franke, Kurt Schumacher, Erich Ollenhauer,
Alfred Nau*

Kundgebung der SPD in der Neuen Welt zu den ersten freien Wahlen in Berlin, 16. Oktober 1946

Kundgebung der SPD auf dem Römerberg in Frankfurt am Main, Mai 1946

Beratung der SPD-Führung, 21. April 1949. Von links: Ernst Reuter, Carlo Schmid, Kurt Schumacher, Franz Neumann, Paul Löbe, Hans Böckler

Mit Annemarie Renger, 1949

Kurt Schumacher um 1950

land in diesem Winter zu einem wirtschaftlichen und moralischen Zusammenbruch kommen.«

Er hatte dort das Ende der Demontagen, eine Industriekontrolle unter deutscher Beteiligung verlangt, und: »Schließlich müssen wir im Interesse der deutschen Demokratie und des europäischen Friedens dafür sorgen, daß der Wiederaufbau der deutschen Industrie nicht zu einer Wiedergeburt des Kapitalismus führt.« Die deutsche Wirtschaft werde ihren Beitrag zum europäischen Wiederaufbau nur leisten können, »wenn den Männern, die Hitler an die Macht halfen, durch die Enteignung ihrer Betriebe und durch rücksichtslose finanzielle Maßnahmen endgültig die Möglichkeit genommen wird, Böses zu tun.« Ständig verfolgte Schumacher die Sorge, daß »der Restkapitalismus in Westdeutschland sich zu erholen beginnt . . .« So schrieb er am 27. März 1947 nach New York an Toni Sender, eine emigrierte Kollegin aus dem alten Reichstag.

Und der gleichfalls in New York lebenden ehemaligen Abgeordneten Marie Juchacz, die 1949 nach Westdeutschland heimkehrte, berichtete er über den »Restkapitalismus« am 16. Mai 1947: »Es ist schon bis zum Irrsinn phantastisch, wenn man sieht, daß sich zwischendrin die Sozialdemokratie abmüht und alles, was ihren Abwehrkräften gelingt, durch die Politik der demokratischen Siegermächte wieder in Gefahr ist, umgeworfen zu werden.« Die beiden emigrierten Genossinnen hatten Kurt Schumacher mit Paketen bedacht, für die er sich brieflich bedankte wie in vielen anderen Fällen.

Private Beziehungen

Schumachers hinterlassene Korrespondenz ist sehr umfangreich. Sie zeigt ihn als Freund, der sich für Privates interessiert und Persönliches mitteilt. Ein neuer Kontakt mit seiner früheren Verlobten hatte sich schon im November 1945 angebahnt – über eine gemeinsame Bekannte aus den zwanziger Jahren, Berta Ritzner. Sie hatte sich offenbar im Auftrag von Marie Fiechtl an Kurt Schumacher gewandt. In seiner Antwort schrieb Schumacher: »Das letzte, was ich von Miga hörte, war, daß sie in Chikago geheiratet hat. Diese Tatsache habe ich in meiner besonderen Lage voll begrüßen können, denn die Verantwortung war zu groß, und es war sinnlos, daß die arme Frau ihr ganzes Leben ohne Zweck vertrauern sollte. Ich will nur hoffen, daß ihre Ehe gut eingeschlagen und ihr die Erfüllung ihrer Wünsche gebracht hat. Ich habe sie stets auf jede erdenkliche Weise wissen lassen, daß die radikale Loslösung von mir und die Eingehung einer Ehe für sie das einzig Richtige sein würde.«

Marie Fiechtl, die jetzt Seibert hieß und in Chikago mit einem Amerikaner verheiratet war, meldete sich Anfang Juni 1946 – der Brief ist nicht erhalten. Aber Schumachers ausführliche Antwort zeigt, daß er sich über die Wiederaufnahme des Kontaktes freute. Er schildert ausführlich, wie es ihm nach dem KZ ergangen war und wie er die politische Lage privat einschätzt: »Du darfst mir glauben, daß trotz der vereinten Anstrengungen es in Deutschland wirklich nicht gut läuft. Der Hunger und die Hoffnungslosigkeit liegen wie ein Leichenstein auf diesem Volk. Gelernt haben aus den Ereignissen bei weitem nicht alle.«

Schumacher berichtet »Miga« von seinen Schwestern – Lotte lebte in Alfeld, Hedwig, die Lehrerin, hielt sich in einem Flüchtlingslager auf, und die jüngste, Elisabeth, »haust mit ihrem Sohn, ihrer Schwiegertochter und zwei Enkelchen in Göttingen«. Zu seinem Gesundheitszustand teilt er mit: »Ich habe aus dem KZ eine blühende Kultur von Magengeschwüren mitgebracht und bin auch wegen einer Netzhautablösung operiert worden. Die Angelegenheit ist knapp am Blindwerden vorbeigegangen, aber schließlich hat bisher doch alles geklappt, und vierzehn bis fünfzehn Stunden Arbeitszeit sind schon auszuhalten.« Er bittet Marie, ihm nichts zu schicken: »Diese trübe Bettlerrolle, in der unser ganzes Volk ist, möchte ich nicht auch noch auf meine Person ausdehnen.« Kurt Schumacher schließt mit Grüßen an die – namentlich aufgezählten – Schwestern und die Brüder von Marie Fiechtl. Er stellt aber indirekt klar, wie für ihn jetzt das Verhältnis zu »Miga« beschaffen ist: »Am meisten hat mich natürlich der kurze Passus in Deinem Brief interessiert, in dem Du von Dir selbst sprichst. Gefreut hat mich, daß Dein Mann so gut zu Dir ist. Ich erwidere seine Grüße herzlich.«

Eine Fülle von Paketen und Briefen von ihr trafen fortan in Hannover ein, aber Schumacher fand kaum Zeit zu antworten. Am 6. Februar 1947 bedankte er sich: »Über die Taschentücher und das Oberhemd habe ich mich riesig gefreut. Du kannst Dir denken, daß man an solchen Dingen in diesem Lande jetzt gerade keinen Überfluß hat. Aber es ist vielleicht ganz gut so, daß mein Name zur Zeit bekannter ist, als mein Wohlstand groß ist. Du kennst mich lange genug, um diese merkwürdige Konstruktion der Verhältnisse zu verstehen. Gemessen an dem Schicksal von Millionen, geht es mir gut, und ich fühle mich wohl dabei.« In einem weiteren Brief erwähnte Schumacher auch Pakete von »Miga« an seine Schwester Lotte und weitere Sendungen an deutsche Familien, deren Adressen er ihr geschickt hatte.

Schumacher mahnte die offenbar in guten finanziellen Verhältnissen lebende frühere Verlobte jedoch von neuem: »Tu bitte bei Deinen Bemühungen, uns zu helfen, nichts, was Dir auch nur die kleinste Entbehrung auferlegen würde. Dann wäre der innere Zweck Deiner Hilfe zerstört. Schließlich hast Du ja selbst sehr viel opfern müssen, ehe Du ein neues und, wie ich glaube, schöneres und glücklicheres Heimatland gefunden hast.« Solche Reflexionen sind deutungsfähig. Als »Opfer« könnte zum Beispiel die Beziehung gemeint sein, die beide in den dreißiger Jahren so eng verbunden hatte. Aber sie lassen allein nicht den sicheren Schluß zu, daß »Miga«, die nach dem Tode ihres Mannes zu Beginn der sechziger Jahre nach Tirol zurückkehrte, Schumachers »große Liebe« gewesen sei.

Offenbar war seine Lebensgemeinschaft mit Annemarie Renger in Hannover so eng, daß er sie in seiner Korrespondenz mit Marie Seibert nicht erwähnte, um diese nicht zu verletzen. Auch sonst sagte er nichts über private Neigungen, über »Ajax« zum Beispiel, den Boxer-Hund. Annemarie Renger beschreibt »Ajax« und die anderen Boxer, die später angeschafft wurden (in der »Bunten« vom 6. Juni 1987): »Sie sind so anhänglich, so treu, so lieb, und sie haben ein Gesicht, sie haben Augen, Mimik, man kann ihre Reaktionen ablesen, beinahe wie bei einem Menschen. Sie sind starke Persönlichkeiten. Sie sind sehr individuell, man kann sie sich nicht so leicht unterwerfen. Das finde ich sehr sympathisch.«

Schumacher selbst unterwarf sich »Ajax« und dessen Nachfolgern bis in seine letzten Lebenstage im Haus auf dem Bonner Venusberg, wie er im Sommer 1952 im Gespräch mit dem Journalisten Kaufmann bekannte: »Jedes Ding hat in Deutschland eine Verfassung. Dieses hat auch eine Verfassung. Und da heißt der Satz, alle Hausverwaltung geht vom Hunde aus.« Kaufmann: »Das ist der einzige, mit dem Sie nicht fertig werden, Herr Doktor.« Schumacher: »Der macht sich überhaupt nichts aus mir. Aber er weiß, daß ich mir was aus ihm mache. Das ist bedenklich.«

Schwierigkeiten und Vorentscheidungen

Arno Scholz, häufiger Besucher bei Kurt Schumacher und Autor einer 1954 erschienenen dickleibigen Biographie, beschreibt das Verhältnis zu Annemarie Renger so:

»Zum ersten Male habe ich sie 1947 in dem kleinen Dachstübchen, in dem Kurt Schumacher krank darniederlag, gesehen. Als ich ihn besuchte – sein Bett stand unter dem Giebel eines sehr schmalen Zimmers –, mußte ich Frau Annemarie Renger erst bitten, das Zimmer zu räumen. Zwei Personen konnten sich wirklich nicht in diesem engen Raum aufhalten . . . Ihrer Umsicht war es zu danken, daß er wenigstens ab und zu eine Mahlzeit einnahm und nicht nur in Kaffee und Zigaretten seine Ernährung sah. Sie war im Büro bis in die späten Abendstunden anzutreffen und wurde ihm, dem rastlos schaffenden, unentbehrlich und mehr zu einer treuen Lebensgefährtin.

Was sie insbesondere im Jahre 1948, als Kurt Schumacher krank aus England zurückkam, und bis zu seiner Beinamputation an Geduld und Ausdauer in der Krankenpflege aufbrachte, übertraf sie selbst noch, als er am 22. Dezember 1951 zusammenbrach und bis zu seinem Tode am 20. August 1952 der allergrößten Pflege bedurfte. Frau Annemarie Renger hat sich in diesen Monaten ein Denkmal an Selbstlosigkeit und Opferbereitschaft gesetzt, und alle, die ständig in der Nähe von Kurt Schumacher waren, wissen, wie sehr sie – mitunter selbst dem Zusammenbruch nahe – Tag um Tag, Nacht für Nacht den Kranken umsorgte.«

Er macht sein Testament

Das ist ein zusammenfassendes Bild dieser Lebensgemeinschaft mit Annemarie Renger, deren Pflege und Zuwendung Kurt Schumacher einige kaum noch erhoffte zusätzliche Jahre an Schaffenskraft verdankte. Sein Testament, in dem er Annemarie Renger als Universalerbin einsetzte, trägt das Datum vom 2. Juni 1948 (nebenstehend die beglaubigte Abschrift).

Beglaubigte Abschrift

17 IV 1125/52

E r ö f f n e t:
Bonn, den 29. August 1952
Amtsgericht, Abt. 17

gez. Mesing,
Justizoberinspektor als Rechtspfleger.

Dr. Kurt Schumacher Hannover, d. 2.Juni 1948

Mein Testament!

Für den Fall meines Todes bestimme ich, was folgt:

1. Mein Erbe ist Frau Annemarie Renger geb, Wildung, (geb. in Leipzig am 7.Oktober 1919), wohnhaft in Hannover, Tiergartenstrasse 62.

2. Frau Annemarie Renger hat folgende Vermächtnisse zu bewirken:
   a) die Einrichtung zweier Zimmer, und zwar des Herrenzimmers und meines kleinen Schlafzimmers, ist an meine Geschwister, Fräulein Hedwig Schumacher in Alfeld (Leine), Frau Charlotte Trinkwalter in Alfeld/Leine, und Elisabeth Müller, Göttingen, zu übergeben. Meine Schwestern sollen sich über die Verteilung der einzelnen Einrichtungsgegenstände dieser Zimmer selbst einigen.

   b) die Hälfte der Anzüge, Mäntel, Oberhemden, Schlipse soll mein Neffe Dr. jur. Werner Müller in Göttingen haben. Das Recht der Auswahl für ihre Hälfte hat Frau Annemarie Renger.

   c) Die sonstigen gesamte Unterwäsche sowie sämtliche Socken soll gleichfalls mein Neffe Dr. jur. Werner Müller haben.

   d) Die Schuhe sollen zur Hälfte an Frau Annemarie Renger und Dr. jur. Werner Müller fallen.

Hannover, d.2.Juni 1948

gez. Dr. Kurz Schumacher

Die Übereinstimmung vorstehender Abschrift mit der Urschrift beglaubigt: B o n n, den 29.August 1952

Justizangestellter als Urkundsbeamter der Geschäftsstelle des Amtsgerichts, Abt. 1 7

Falls Sie Einwendungen gegen die Gültigkeit des Testamentes erheben, wollen Sie dies in einem Monat mitteilen.

So beschaffen waren die Besitztümer des zu dieser Zeit bekanntesten deutschen Politikers kurz vor der Währungsreform – ein paar Möbelstücke, Kleidung, Unterwäsche, Socken, Schuhe. Nichts ist unbedeutend genug, um im Testament ausgelassen zu werden. Es erwähnt keine Grundstücke oder andere Werte, kein Bankkonto, keine Urheberrechte. Ein mittelloser Kriegsversehrter, sein nahes Ende vor Augen, verfügt hier über seine letzte Habe. – Nicht nur Kurt Schumacher ging es schlecht in diesen düsteren Jahren. Er bedankte sich für jedes Paket mit ein paar Kleidungsstücken, mit Lebensmitteln, mit Zigaretten aus dem Ausland. Keine Privilegien wurden dem Wiederbegründer der ältesten deutschen Partei zuteil, die am 31. Dezember 1947 schon wieder rund 875 000 Mitglieder zählte. Er hat auch nie Vergünstigungen gefordert.

Ein weiterer Brief, vom 15. September 1947, sei zitiert, der ganz prosaisch die gesundheitlichen Probleme beschreibt, gegen die Kurt Schumacher anzukämpfen hatte. Rudolf Küstermeier, damals Redakteur bei der »Welt« in Hamburg, richtete an Pressechef Fritz Heine per Einschreiben und »vertraulich« die besorgte Mahnung: »Ich habe seit langem den Eindruck, daß vor allem in Hannover selbst mehr für ihn geschehen müßte . . . Läßt sich nicht eine Familie auftreiben, die sich seiner so annimmt, wie er es braucht, nicht nur in ernährungsmäßiger Hinsicht, sondern auch z. B. darin, daß man ihm die nötige Ruhe und Erholungszeit sichert? – Die Rede am Sonnabend war wieder ganz ausgezeichnet, und gerade der Abstand zwischen der geistigen Leistung und der körperlichen Verfassung hat mir erneut besonders deutlich gemacht, wieviel wir vielleicht zu verlieren in Gefahr sind . . . Das Interesse an der Person und an der Sache stehen mir gleich hoch, und ich dachte, Du wärst der nächste, meine Sorgen zu teilen.«

Fritz Heine, an den sich dieser Brief richtete, beschrieb Schumachers Zustand aus täglicher Beobachtung: »Weder er noch die nächste Umgebung, gewöhnt an sein Aussehen, geben sich Rechenschaft über das Zuviel an Belastung. Außenstehende, die ihn zum ersten Male erleben, sind erschrocken . . . Während wichtiger Verhandlungen mit den Sprechern der Besatzungsmächte in Berlin erleidet er einen neuen schweren Anfall, verstärkt und beschleunigt durch zuviel schmerzlindernde Mittel, Schlaftabletten, Kaffee und Nikotin.« Aber: »Die körperliche Schwächung durch Leidenszeit, Entbehrungen, ungesunde Lebensweise und Arbeitsüberlastung wird durch Willensanstrengung ignoriert.« Diese Willensstärke half Schumacher noch ein weiteres Jahr bis zu dem Zeitpunkt, wo er selbst glaubte, die Grenzen seiner Leistungsfähigkeit erreicht zu haben, und sein Testament machte – ein Jahr voller Ereignisse, voller Anstrengungen, voller Schwierigkeiten, die übermäßige Kraftanstrengungen bis zur völligen Erschöpfung von ihm forderten. National und international bereiteten sich weittragende Entscheidungen vor, in denen Kurt Schumacher eine Schlüsselrolle zufallen sollte.

Angebote der Sowjets

In Berlin kam es am 19. März zu einem überparteilichen Gespräch über die Anregung der ostzonalen CDU, der Moskauer Außenministerkonferenz eine Vier-Parteien-Erklärung zur Deutschen Frage vorzulegen. CDU, LDPD (Liberale Demokratische Partei Deutschlands), SPD und SED sollten daran mitwirken. Schumacher, der Berlinbeauftragte Erich Brost und Erich Ollenhauer setzten sich in Berlin mit Vertretern der Ost-CDU, mit Jakob Kaiser und Ernst Lemmer zusammen. Für die bayerische CSU nahm ihr damaliger Vorsitzender Josef Müller teil, der »Ochsensepp«.

Am Vorabend äußerte Schumacher auf einer Kundgebung in Berlin: »Wir finden es richtig, daß die CDU zu Trägern dieser Diskussion allein die Parteien macht. Wenn man nämlich anfängt, auch noch willkürlich andere Organisationen heranzuziehen, selbst wenn es Organisationen sind, die uns äußerlich und innerlich nahestehen, wie die Gewerkschaften, dann verschieben wir das Bild, dann ist nämlich wieder der Versuch der Übervorteilung der anderen Parteien zugunsten der Kommunisten vorhanden.« Die SED hatte ja auf die Teilnahme der sogenannten »Massenorganisation«, wie der Gewerkschaften und der FDJ, der »Freien Deutschen Jugend«, Wert gelegt.

Schumacher plädierte für die Zulassung aller Parteien »mit einer Reichstendenz, nicht etwa solcher Parteien wie der niedersächsischen Landespartei, die in einem Königreich Hannover ihre letzten Ideale und Ziele sieht . . .« Schwerwiegender noch war sein Vorbehalt: »Die CDU sagt mit Recht, daß diese Besprechungen dazu dienen sollen, den Volkswillen zu bilden, und da sage ich, diese Besprechungen bilden so lange nicht den Volkswillen, als die SPD in der Ostzone verboten ist.« Er forderte in dieser Rede die Zulassung der SPD in der Ostzone – mit dem Vorbehalt, daß sie »unter den gleichen freiheitlichen Bedingungen lebt wie in allen anderen Zonen Deutschlands«. Dazu hätten die sowjetische Besatzungspolitik der ersten zwei Jahre revidiert werden, die verhafteten Sozialdemokraten aus Sibirien zurückgeholt oder aus den wieder in Betrieb genommenen Konzentrationslagern freigelassen werden müssen. Schon deshalb scheiterte die – offenbar mit der sowjetischen Besatzungsmacht abgestimmte – Initiative zu einer deutschen Parteienkonferenz in Berlin.

Wie ernst es den Sowjets damit war und welche Angebote sie dabei Schumacher indirekt selbst gemacht haben, das schildert Josef Müller anschaulich in seinen 1975 unter dem Titel »Bis zur letzten Konsequenz« erschienenen Erinnerungen. Gesprächs- und Trinkpartner bei den Ostkontakten des damaligen CSU-Vorsitzenden, der zum Widerstand gegen Hitler gehört hatte, war in Karlshorst der für Innenpolitik zuständige Oberst Sergej Tulpanow:

»Immer wieder haben damals schon die Russen zum Ausdruck gebracht, daß sie auch Konrad Adenauer gerne als ihren Gast begrüßen würden. Sie gingen davon aus, eine der beiden großen Parteien werde immer in der Regierung sein, entweder die CDU/CSU oder die SPD, und deshalb wünschten sie mit beiden Parteien eine Verständigungsgrundlage.

Eines Tages wurde mir von englischer und amerikanischer Seite der Wunsch übermittelt, ich möchte mich einmal mit Dr. Schumacher aussprechen. Die Begegnung sollte in der Wohnung von Annedore Leber stattfinden. Ihr Mann, der bekannte sozialdemokratische Reichstagsabgeordnete Julius Leber, war von Generaloberst Beck als Innenminister einer neu zu bildenden deutschen Regierung vorgesehen gewesen. Ich bin ihm im Kellergefängnis des RSHA [Reichssicherheitshauptamt] in Berlin begegnet, er war schwer mißhandelt worden und mußte 1945 den Weg zum Galgen antreten. Als ich beim Haus Annedore Lebers vorfuhr, stand dort ein Wagen, dessen Chauffeur mich ansprach: ›Genosse Dr. Müller, ich bitte Sie, zu mir umzusteigen.‹ Worauf ich zurückfragte: ›Genosse, wohin werden Sie mich entführen?‹ Er antwortete: ›Genosse Dr. Schumacher erwartet Sie in seiner Wohnung.‹

In der Wohnung Schumachers empfing mich Annemarie Renger, die heutige Vizepräsidentin des Deutschen Bundestages, die damals Schumachers engste Mitarbeiterin und Stütze war. Sie führte mich in sein Zimmer. ›Wir sind etwas spät dran‹, sagte er nach einer kurzen Begrüßung. ›Ich habe eine Vereinbarung für sieben Uhr.‹ – ›Ich weiß‹, sagte ich, ›Sie sind bei den Engländern eingeladen, ich ebenfalls. Amerikaner und Engländer habe ja nur den Wunsch geäußert, daß wir uns einmal treffen. Das ist geschehen, und ich kann mich dann wieder verabschieden.‹

Er lenkte sofort ein und bot mir das Du an, wir beide seien schließlich KZ-Kameraden. Ich erzählte ihm, daß ich noch an diesem Abend eine Rede gegen ihn halten werde, und schlug deshalb vor, die Unterhaltung abzukürzen: ›Du stellst die Frage eins, ich Frage zwei!‹ – ›Sepp, kannst du diesen Hoegner verstehen, daß er es dir überläßt, der Retter Deutschlands in Bayern zu sein?‹ fragte er wörtlich. ›Wilhelm Hoegner ist dein Genosse‹, antwortete ich, ›eigentlich müßtest du deine Frage an ihn selbst richten. Ich kann mich über Hoegner nicht beklagen. Um Hundhammer zu helfen, erklärt er in seinen Versammlungen, ich stünde links von der SPD. Dadurch hat er vor allem viele junge Leute auf mich aufmerksam gemacht, die ich der Jungen Union zuführen konnte!‹

Dann stellte ich ihm die Frage zwei: ›Kurt Schumacher, wenn ich meine Besatzungsmacht so angreifen würde, wie du die Engländer, dann wäre ich schon längst abgesetzt. Hast du eine besondere Vereinbarung mit den Engländern?‹ – ›Nein‹, sagte er, ›aber sie nehmen eben ein freies Wort an.‹ Worauf ich fortfuhr: ›Wenn ich dich bei deinen Reden beobachte, dann habe ich manchmal die Vorstellung, als ob ein ostpreußischer Hauptmann aus dir spreche‹ – tatsächlich zeigte er trotz seiner schwersten körperlichen Behinderung immer eine Haltung, die an einen Offizier der alten Schule erinnerte –, ›aber nach meiner Auffassung haben die Ostpreußen zwar die besten Generäle und die besten Feldwebel gestellt, aber nicht immer die besten Politiker. Sie sind mir nicht böse deswegen?‹ – ›Aber nein‹, erwiderte er, ›wir KZ-Kameraden sagen uns frei und offen ins Gesicht, was wir denken. Und deswegen sage ich dir, ich würde diese Gespräche mit den Russen an deiner Stelle nicht so leicht hinnehmen, ich würde denen mit mehr Mißtrauen entgegentreten.‹«

Wie berechtigt Schumachers Warnung war, erwies sich noch im gleichen Jahr. Jakob Kaiser und Ernst Lemmer wurden von der sowjetischen Administration im Dezember 1947 all ihrer Ämter in der Ost-CDU enthoben, ebenso die später in Bonn eine wichtige Rolle spielenden CDU-Politiker Heinrich Krone und Johann Baptist Gradl. Die Berliner Initiative war gescheitert. Kurt Schumacher warnte in Berlin am 21. März 1947 (in einem Gespräch mit dem Autor, veröffentlicht in der Abendzeitung »Kurier«): »Der Kommunismus befindet sich überall auf der Rückzugstraße und versucht jetzt, über die Hintertreppe der verschiedensten Tarnungsmanöver seinen politischen und ökonomischen Einfluß in Deutschland zu erhalten. Jedes Eingehen auf Vorschläge aus der Ostzone, unter welcher Firmierung auch immer, bedeutet eine Niederlage, die zum endgültigen Untergange Deutschlands führen kann.«

Die wichtigsten Antworten aus diesem Gespräch lauten zusammengefaßt: Ablehnung des CDU-Vorschlages zur Bildung einer »nationalen Repräsentation« der deutschen Parteien; kein Zulassungsantrag für die Ostzone von seiten der SPD unter den augenblicklichen Verhältnissen; Zurückhaltung gegenüber den Verhandlungen in Moskau; gegen eine eigene Regierung für Westdeutschland; Reichsgewalt an zentraler Stelle.

Als Voraussetzung für eine Teilnahme der SPD an einer gemeinsamen Beratung der deutschen Parteien mit der Sozialistischen Einheitspartei forderte Schumacher: »Die SED muß erst einmal beweisen, daß sie niemandem hörig ist. Es steht bei ihr, an Stelle des Großmauldeutschtums wirkliche deutsche Politik zu setzen, denn in dieser Hinsicht brauchen wir mehr als Beteuerungen.« Der Wunsch der Sozialdemokraten in der Ostzone, einen Antrag auf Wiederzulassung der SPD zu stellen, den sie bereits vor einem halben Jahr an ihn herangetragen hätten, sei von ihm ganz bewußt zurückgehalten worden, so sagte er weiter, um nicht Tausende von Funktionären der Verfolgungswut der SED auszuliefern. Die SED-Führung habe allerdings die Absicht, die SPD-Oberschicht in der Ostzone aus ihrer Reserve herauszulocken.

Die nächste Frage galt den Ansichten des SPD-Vorsitzenden über die Vier-Mächte-Besprechungen in Moskau. »Es wird dort zu einem Stadium von zeitlich schnell aufeinander folgenden Provisorien kommen«, antwortete er. »Für das politisch weniger unterrichtete Publikum wird jedes Provisorium mit dem Anspruch auftreten, etwas Definitives zu sein. Das Tempo der Entwicklung ist außerordentlich, und Begriffe wie Optimismus oder Pessimismus sind gegenüber dieser Tatsache nicht am Platze.« Mit dem Argument »Die SPD wird die Ostzone niemals abschreiben« wies Schumacher die Vorwürfe zurück, seine Partei werde bei einem Scheitern der Moskauer Verhandlungen die Bildung einer Sonderregierung in Westdeutschland begünstigen. »Die SPD will ihrerseits nicht noch einmal die Chinesische Mauer ziehen, die schon errichtet worden ist.« Er sei allerdings seit Monaten über Bestrebungen zur Bildung einer Ostzonenregierung unterrichtet, die in der SED diskutiert werde.

Die Stadt Berlin wollte die SPD auf alle Fälle von den Verhältnissen der umliegenden Zone unabhängig wissen. Deshalb befürwortete Schumacher nachdrücklich den Antrag der Berliner Parteiorganisation, der deutschen Hauptstadt die Rechtsstellung eines Landes zu verleihen. »Die Berliner SPD«, so ergänzte er, »will einem Land Berlin natürlich nicht die Wahrung von Reichszuständigkeiten übertragen.«

Im zweiten Teil dieses Gespräches mit Kurt Schumacher, wiedergegeben in der damaligen Zusammenfassung, wird bereits ein Widerspruch spürbar, der in der Deutschlandpolitik der SPD, aber auch der anderen deutschen Parteien lag. Sie beteiligten sich gezwungenermaßen an den Sonderentwicklungen, die in der sowjetischen und in den westlichen Besatzungszonen eingesetzt hatten. Schumacher erwähnte in dem Gespräch vom 21. März 1947, daß er »seit Monaten über Bestrebungen zur Bildung einer Ostzonenregierung unterrichtet« gewesen sei, wenn er auch zu diesem Zeitpunkt noch »die Bildung einer Sonderregierung in Westdeutschland« zurückweise. Auf dem Parteitag am 29. Juni 1947 in Nürnberg – nach der Verkündigung des Marshall-Plans am 5. Juni – hatte er sich an diesen Gedanken schon etwas gewöhnt. »Die jüngsten Vorgänge in der Ostzone zeigen, daß man dort mit Manipulationen beschäftigt ist, die die Konsequenz eines Westdeutschlands zeitigen können.«

Auf Westdeutschland und West-Berlin entfielen als Wirtschaftshilfe Lieferungen im Werte von 1,6 Milliarden Dollar, nach dem damaligen Umrechnungskurs rund 7 Milliarden Mark. Dieses Sondervermögen ist, vermehrt durch Zinsgewinne, vierzig Jahre später auf rund 15 Milliarden Mark angewachsen, die auch weiterhin zur Förderung der Wirtschaft eingesetzt werden. Im Juni 1947 war der Marshall-Plan praktisch die Initialzündung für den wirtschaftlichen Wiederaufbau in Westdeutschland. Logischerweise konnten von diesem Zeitpunkt an neue Demontagen und Reparationen nicht mehr ernsthaft verlangt werden, weil dies das Ziel des amerikanischen Planes, »Hilfe zur Selbsthilfe« zu geben, unerreichbar gemacht hätte.

Schon im Frankfurter Wirtschaftsrat: Opposition

Der gemeinsame Wirtschaftsrat für die amerikanische und die britische Zone in Frankfurt zur Steuerung des Wiederaufbaus war nicht zufällig eine Woche vor der Verkündung des Marshall-Plans gebildet worden. Schumacher sah die Gefahr, daß sich aus dem Wirtschaftsrat eine staatsrechtliche Konstruktion entwickeln könnte. Auch eine Währungsreform für das westliche Wirtschaftsgebiet als logische Konsequenz einer gemeinsamen Wirtschaftspolitik auf der Grundlage des Marshall-Plans erwähnte er bereits in einer Parteitagsrede. Aber noch wehrte er ab: »Das Streben der deutschen Sozialdemokratie geht auf Deutschland als eine ökonomische, nationale und staatsrechtliche Einheit . . . Wenn man Deutschland gesund machen will, so ist es nach den realen Möglichkeiten heute nur auf dem Wege zu erreichen, daß man die Bizone ökonomisch so lebendig macht, daß von ihr ein unwiderstehlicher Magnetismus auf andere Zonen ausgeht.«

Für Schumacher gehörte allerdings zu dieser Anziehungskraft nicht nur die wirtschaftliche, sondern auch die soziale Komponente. Er erinnert an die Inflationszeit und die Einführung der Reichsmark 1923, »als man den Sparern alles nahm und den Sachwertbesitzern alles ließ . . . Die Währungsreform ist nur zukunftsträchtig und erfolgverheißend, wenn sie untrennbar mit dem gerechten sozialen Lastenausgleich gekoppelt ist.«

Eine Verwirklichung der wirtschaftspolitischen Vorstellungen der SPD war jedoch mit der Konstituierung des bizonalen Wirtschaftsrates unmöglich geworden. Anstelle des sozialdemokratischen Wirtschaftsexperten Dr. Viktor Agartz übernahm nun in Frankfurt Dr. Johannes Semler, ein CDU-Kandidat, die Direktion für Wirtschaft. Acht Monate später wurde er durch Ludwig Erhard an der Schaltstelle der Wirtschaftspolitik abgelöst, den sogenannten »Vater des Wirtschaftswunders«.

Schumacher schilderte im SPD-Jahrbuch 1947, herausgegeben im Juli 1948, wie es dazu kam: »Die [52] Sitze wurden unter den Parteien ungefähr nach ihrer Stärke in den Landesparlamenten verteilt, wobei erhebliche Mängel und Ungerechtigkeiten zutage traten. So kam es, daß die CDU mit einem Stimmenvorsprung von etwas mehr als 10 000 Stimmen mit 21 Sitzen die stärkste Fraktion wurde, während die SPD mit 20 Sitzen von Anfang an in eine Minderheitsposition gedrängt war . . . In Beratungen mit dem Parteivorstand hatte die sozialdemokratische Fraktion beschlossen, bei der vom Wirtschaftsrat vorzunehmenden Wahl der Direktoren der Verwaltungsämter den sozialdemokratischen Anspruch auf die Leitung der Wirtschaftsverwaltung zu erheben und von der Erfüllung dieser Forderung ihre Mitwirkung abhängig zu machen.« So geschah es denn auch; die SPD lehnte das ihr angebotene Verkehrsressort sowie eine zweite Direktorenposition ab. Das Wirtschaftsressort oder gar nichts, dann lieber Opposition – darin bestand Einigkeit.

So übernahm denn schon in Frankfurt im Juni 1947 die bürgerliche Koalition alle Ressorts und acht Monate später auch die Funktion des Oberdirektors (Hermann Pünder), die im September 1949 in Bonn die erste Bundesregierung bildete: CDU, FDP und NLP (Niedersächsische Landespartei), die 1949 in Bonn als Deutsche Partei (DP) figurierte. Schumacher: »Schon bei der Direktorenwahl war klargeworden, daß die Ablehnung der sozialdemokratischen Forderung nach der Leitung der Wirtschaftsverwaltung nicht nur personalpolitische Bedeutung hatte, sondern einer eindeutigen antisozialistischen Konzeption entsprang.« An dieser Lage änderte sich auch nichts, als im Januar 1948 die beiden Militärgouverneure die Zahl der Mitglieder des Wirtschaftsrates auf 104 verdoppelte und ihm mit je zwei Vertretern pro Landesregierung einen Länderrat zur Seite stellten. Ludwig Erhard, der Wirtschaftsdirektor, war nach Ansicht von Schumacher »ein ausgesprochener Theoretiker der freien Wirtschaft«, die CDU der »Trinkgeldnehmer der Großindustrie«.

Die SPD hätte die Entwicklung nicht verhindern können. Sie war an mächtigeren Gegnern, den Militärgouverneuren, insbesondere an dem amerikanischen General Lucius D. Clay, gescheitert. Aus den 1986 ins Deutsche übersetzten amerikanischen Geheimdienstberichten ergibt sich: »General Clay [war] erfolgreich mit einer Verzögerungstaktik, die den Sozialisierungswillen der Deutschen, breit, wie er ursprünglich war, schrittweise abdämpfte bis hin zu dem Punkt, da die westeuropäischen Weichen via Marshall-Plan auf free enterprise gestellt waren und der Privatkapitalismus via Währungsreform auch in Westdeutschland fest im Sattel saß . . . Die amerikanische Politik [war] von höchster Stelle darauf festgelegt worden, einen dritten Weg in Europa, den eines demokratischen Sozialismus zwischen Kapitalismus und Kommunismus, ungangbar zu machen.« So geschehen im Frühjahr 1947 mit der Truman-Doktrin, mit dem Marshall-Plan, mit der zum »kalten Krieg« eskalierenden Konfrontation zwischen West und Ost, die die Einflußgebiete teilte und damit Deutschland.

Auf dem Wege zur Spaltung

Diese Folge war unabwendbar. Wie in der klassischen Tragödie der Weg schicksalhaft vorgezeichnet ist, wie der tragische Held sehenden Auges ins Verderben marschiert, so waren Teilung und Zweistaatlichkeit für Deutschland mit dem Tage der Kapitulation unausweichlich. Hätten sich die deutschen Politiker verweigern, hätten sie es den Besatzungsmächten allein überlassen sollen, die Teilung des besetzten Landes ohne deutsche Mitwirkung zu vollziehen? – Solche Zweifel haben Kurt Schumacher geplagt. Er wollte sich freihalten; er hat sich freigehalten von Regierungsfunktionen und damit von weisungsgebundener Arbeit mit Besatzungsmächten. Die SPD sollte sich einen gewissen nationalen Handlungsspielraum bewahren. So erklären sich die Spannungen zwischen der Parteizentrale in Hannover und den Genossen in den Landesregierungen und den zonalen Koordinierungsstellen, die von den Besatzungsmächten eingerichtet worden waren: dem Länderrat in der amerikanischen Zone, dem Zonenbeirat in Hamburg, später in Bielefeld, den 1947 entstandenen, immer weiter ausgebauten bizonalen Verwaltungsstellen in Frankfurt bis hin zum Wirtschaftsrat, eine Art Vorregierung für Westdeutschland.

Es ist deshalb sicher, daß die politischen Aktivitäten dieser deutschen Funktionsträger von den jeweiligen Besatzungsmächten mitgesteuert worden sind. Genauso wie die oben erörterte Initiative für eine »deutsche Repräsentation« in der sowjetischen Besatzungszone kann auch die wenige Wochen später von Bayern ausgehende Einladung zu einer Konferenz der Ministerpräsidenten ohne Fernsteuerung nicht erklärt werden. Schumacher betrachtete beide Initiativen mit Skepsis, lehnte sie jedoch nicht sofort ab, sondern machte Vorbehalte geltend.

Am 31. Mai 1947 trafen sich auf seinen Wunsch die Regierungschefs und Minister der drei Westzonen, die der SPD angehörten, zu einer Vorbesprechung in Frankfurt. Neben Wirtschaftsrat und Marshall-Plan ging es bei dieser Abstimmung auch um die Haltung der SPD zu der bevorstehenden »gesamtdeutschen« Konferenz der Ministerpräsidenten in München am 6. Juni. Schumacher war dagegen, daß dort über den Aufbau eines deutschen Staates verhandelt würde. Fragen der Wiedervereinigung seien zunächst Angelegenheit der Besatzungsmächte. Die Ministerpräsidenten seien nur die Sprecher ihrer Länder, »Sprecher für Deutschland« aber die Parteien.

»Niemand ist in München dazu legitimiert, die Möglichkeiten einer künftigen Reichsverfassung auch nur in der Tendenz vorwegzunehmen«, sagte Kurt Schumacher dazu am 31. März in »Radio Frankfurt«. Die Münchener Konferenz solle praktische Erfolge bringen. Voraussetzung dazu sei die kluge Selbstbeschränkung auf die Nöte des Tages und deren Überwindung. »Das Bemühen, eine Gesamtvertretung des deutschen Volkes durch die Länder zu schaffen, ist von vornherein zum Scheitern verurteilt. Der deutsche Gesamtwille kann nur direkt durch das ganze deutsche Volk . . . geformt werden.«

Die fünf Ministerpräsidenten aus der sowjetischen Zone, deren Erscheinen lange zweifelhaft war, verlangten auf einer Vorbesprechung hingegen, daß in München auch über die künftige Gestaltung Deutschlands gesprochen werden müsse. Sie reisten einen Tag später wieder ab, als sich das nicht durchsetzen ließ.

Manche deutsche Politiker versuchten also, die als Folge des beginnenden weltpolitischen Ost-West-Konfliktes drohende Teilung abzuwenden. Schumacher war realistischer. Er setzte zu diesem Zeitpunkt im Frühjahr 1947 schon auf die »Magnettheorie«, also die Anziehungskraft eines wirtschaftlich wieder erstarkenden Westdeutschlands auf die sowjetische Zone. »Wir tun es aber nicht um des Westens, wir tun es um des ganzen Deutschland willen«, schloß er am 31. Mai seine Frankfurter Rede. »Es gibt keine Politik [für uns], in der nicht die Hoffnung und der unbeugsame Wille zu ihrer [der östlichen Zone] Rückgewinnung, ihrer ökonomischen und politischen Freiheit die maßgebenden Momente sind.«

Schumacher mußte sich 1947 noch mehrfach gegen nationale Initiativen von Politikern aus den eigenen Reihen durchsetzen, die wie Hermann Brill einen »Verband Deutscher Länder« oder wie der ehemalige Reichstagspräsident Paul Löbe die Schaffung einer »nationalen Repräsentation« anstrebten. An alle, die solche ehrenwerten »Brükkentheorien« entwickelten, war seine Mahnung gerichtet: »Wir Sozialdemokraten wollen den Ausgleich mit Rußland. Aber wir können ihn nicht um den Preis der Verfeindung mit der ganzen Welt betreiben. Das deutsche Volk ist nicht das politische Kanonenfutter für den imperialen Expansionsdrang irgendwelcher Mammutreiche.« Schumacher setzte von Anfang an auf den Westen, den demokratischen Sozialismus, die Wiedervereinigung in Freiheit, genau wie – aus anderen Gründen – sein innenpolitischer Gegenspieler Konrad Adenauer. Es ist verblüffend, daß der CDU-Vorsitzende zur gleichen Zeit ganz ähnliche Schwierigkeiten in den eigenen Reihen hatte, seine prowestliche Politik durchzusetzen, wie Schumacher. Adenauers Widersacher hießen damals Jakob Kaiser und Ernst Lemmer, Josef Müller und Eugen Gerstenmaier, Theodor Steltzer und Andreas Hermes – um nur einige der CDU-Politiker zu nennen, die im Jahre 1947 noch festhalten wollten, was schon verloren war: die nationale Einheit.

Die Niederlage in Zürich

Für Kurt Schumacher brachte dieses Schicksalsjahr 1947 weitere Schwierigkeiten. Einen Tag nach der Münchener Konferenz der Ministerpräsidenten nahm er in Zürich an der Internationalen Sozialistischen Konferenz teil, die sich mit der Aufnahme der deutschen Sozialdemokraten in eine wieder zu gründende Sozialistische Internationale beschäftigte. Erich Ollenhauer, sein Vertreter, und das Vorstandsmitglied Fritz Henssler begleiteten ihn. Das »St. Galler Tageblatt« berichtete:

»Es war wohl der spannendste Augenblick der Konferenz, als Kurt Schumacher am Sonntagmorgen den Sitzungssaal des Kongreßhauses betrat. Der italienische Sozialist Nenni (zwar aufs engste mit den Kommunisten verbunden) begrüßte ihn sogleich demonstrativ herzlich, ebenso der französische Delegierte Grumbach und die Skandinavier. In seiner zwanzig Minuten langen Rede – in der er sich, nicht immer mit Erfolg, bemühte, seine Stimme in mittlerer Lautstärke zu halten (sie war die einzige, die bis in den Gang hinausdrang) – erklärte Kurt Schumacher, daß die deutsche sozialistische Partei nicht mehr die alte Vorkriegspartei sei, sondern eine neue, die aus vielen neuen Erfahrungen gelernt zu haben hoffe.

Er beschrieb ausführlich, welche Sicherungen die Parteileitung treffe, um die Durchdringung mit Nazis zu verhindern. Er wies darauf hin, daß die beiden anderen bedeutenden Parteien Deutschlands, die Katholiken und die Kommunisten, ihre internationalen Kontakte bereits besäßen und daß es gewiß wertvoll wäre, wenn auch die deutsche Sozialdemokratie nicht isoliert und kontaktlos bliebe. Doch er fügte hinzu, wenn die anderen Parteien sich noch nicht entschließen könnten, die deutsche Partei aufzunehmen, so könnte er es begreifen. Er glaube auch, daß die Internationale es überleben könne. ›Wir aber können es auch überleben und werden deshalb unsere demokratische und internationale Gesinnung nicht verleugnen: Wir wollen die internationalen Beziehungen nicht stören. Nur eines wäre unannehmbar: wenn zweierlei Recht geschaffen werden soll und wir nicht als gleichberechtigte Partei aufgenommen würden.‹«

»Diese Rede machte starken Eindruck«, berichtete die Schweizer Zeitung, verschwieg aber nicht, daß die Aufnahme der deutschen Partei scheiterte, weil ausgerechnet die Schweizer Sozialisten ihre Zustimmung verweigerten. Sie enthielten sich wie unter anderem auch die Italiener, die Belgier und die Griechen, so daß die erforderliche Zweidrittelmehrheit nicht zustande kam. In Zürich wurde damit das Ergebnis einer Vorabstimmung vom November 1946 in Bournemouth bestätigt, wo sich sogar eine Mehrheit gegen die Zulassung der SPD ausgesprochen hatte – mit der Begründung, das ganze deutsche Volk habe sich mit einer Kollektivschuld belastet.

So argumentierte auch die Mapai, die sozialistische Partei in Palästina. Diese zionistischen Genossen stimmten in Bournemouth, dann in Zürich und schließlich im Dezember 1947 in Antwerpen gegen die Aufnahme der SPD in die Internationale. Golda Meir, später Ministerpräsidentin in Israel, wollte 1947 in Zürich Schumacher nicht einmal die Hand geben. Noch 1950 weigerte sich die Mapai, Mitglied der Comisco, der Rahmenorganisation der Internationale, zu werden: Sie wolle sich mit der SPD nicht an einen Tisch setzen. Freilich spielten hier parteipolitische Gründe mit, weil die meisten deutschen Sozialdemokraten jüdischer Herkunft nicht mit dem nationalen Zionismus sympathisierten.

Zum »Jüdischen Bund« in New York, zum »Jewish Labor Committee«, 1934 gegründet, also zu den Antizionisten unter den jüdischen Emigranten, bestanden enge freundschaftliche Beziehungen. Auch im Vorstand der Mapai gab es einen Schumacher-Freund, Fritz Naphtali, berichtete 1987 Shlomo Shafir auf einem Symposium der Friedrich-Ebert-Stiftung. Naphtali blieb für die SPD in Israel für Jahrzehnte ein Vertrauensmann, dessen gleichnamiger Stiftung wichtige Geldgeschäfte anvertraut wurden. Naphtali und auch der Sekretär der späteren Internationale, Julius Braunthal, bemühten sich um das Einlenken der Zionisten gegenüber der SPD.

Der Vorwurf der Kollektivschuld hatte auch einen außenpolitischen Aspekt, der manchmal übersehen und von Schumacher damals nicht immer angesprochen wurde. Die Siegermächte begründeten damit Gebietsabtrennungen und Reparationsforderungen gegen »das ganze deutsche Volk«. Schumacher beschränkte sich in Zürich auf moralische Argumente, etwa: »Ich kannte im Jahre 1933 idealistische Studenten und Arbeiter, die davon überzeugt waren, daß der Nazismus den Kapitalismus stürzen wird. Wir dürfen jene Männer und Frauen, die vom Nazismus irregeleitet waren, nicht abstoßen.«

Bei diesen Worten handelt es sich um eine Rückübersetzung aus dem Englischen. Ein wortgenaues deutsches Protokoll über die Züricher Konferenz existiert offenbar nicht. Das gilt auch für die Antworten, die Schumacher auf Fragen in der anschließenden Debatte gab. Interessant ist, daß sich sowohl ein Schweizer (Bringolf) als auch ein griechischer Delegierter (Svolos) nach den Gründen für Schumachers Antikommunismus erkundigten – die Schweiz und Griechenland enthielten sich ja später der Stimme. Schumacher antwortete vorsichtig: »Wir sind nicht antirussisch, aber prodeutsch und international. Die Politik, auf Differenzen zwischen den Besatzungsmächten zu spekulieren und darin Möglichkeiten für Deutschland zu sehen, wird von der Sozialdemokratie abgelehnt.«

An anderer Stelle: »Wenn in Deutschland die Kommunisten sich nicht an die Staatsapparatur einer siegreichen Macht klammern würden, dann hätten wir, mit Ausnahme einer Sektierergruppe, bereits die Situation einer geeinigten Arbeiterschaft im Rahmen der Sozialdemokratischen Partei.« Schumacher lavierte also, bemühte sich aber auch, die Marxisten in der Internationale für sich zu gewinnen: »Die großen modernen Arbeiterparteien werden zweifellos nur dann wahre Volksparteien werden, wenn sie sich vom starren Dogmatismus freihalten. Aber der Marxismus als Methode scheint mir unangreifbar.«

In Zürich hatte es zwar nicht gereicht. Aber eine dort eingesetzte Kommission, geleitet vom Belgier Louis de Brouckère, führte die Diskussion über eine spätere Aufnahme weiter. Am 30. Juli 1947 befragte sie Kurt Schumacher in Nürnberg zur Haltung der SPD vor Hitlers Machtübernahme. Schumacher, laut Sitzungsprotokoll: »Die SPD hat taktische Fehler begangen. Aber es sollte objektiv anerkannt werden, daß sie allein und unter großen Opfern diesen Kampf führte ... Bitte sprechen Sie nicht mehr über die Schwäche der Widerstandsbewegung unter den deutschen Sozialdemokraten. Keiner, der das Nazisystem nicht selbst erlebt hat, kann sich vorstellen, wie tief es die ganze Gesellschaft, ja selbst die privaten Familienbeziehungen durchsetzt hat, so daß das Undenkbare geschehen konnte – daß Mütter ihre Kinder und Söhne ihre Väter denunzierten und ins Konzentrationslager brachten.«

Seine Argumente überzeugten die Kommission. Sie empfahl die Aufnahme der SPD in die Internationale in einem Bericht, der Zweifel und Anklagen widerlegte: »Eine große Zahl der gegenwärtigen Vertrauensmänner der SPD haben jahrelang im Konzentrationslager gelitten, Schumacher mehr als zehn Jahre. Diese Vetrauensmänner sind die Überlebenden einer Elite, die nicht zögerte, für die Sache ihrer Ideale Folter und Tod auf sich zu nehmen.« Der Bericht schloß mit den Worten: »In ihrem Programm unterscheidet sich die SPD weder im Wort noch in ihren Aktionen von den sozialistischen Parteien anderer Länder. Sie ist daher eine Bruderpartei.«

Am 2. Dezember 1947 wurde die SPD in Antwerpen mit zwölf gegen vier Stimmen (Palästina, Polen, Tschechoslowakei, Ungarn), bei zwei Enthaltungen (Schweiz und Italien), in das »Socialist Information and Liaison Office« (SILD) aufgenommen. Drei Jahre später wurde die Sozialistische Internationale neu gegründet – mit Schumacher als Präsidenten des Gründungskongresses in Frankfurt. Die Deutschen und die Schweden, die beiden größten und reichsten Parteien, trugen hinfort die Kosten, die SPD stellte 1975 mit Willy Brandt den Präsidenten.

Einladung in die USA

Von besonderer Bedeutung für die Auslandsbeziehungen der Partei war 1947 auch die Einladung zum Kongreß der amerikanischen Gewerkschaft »American Federation of Labour« (AFL) am 6. und 7. Oktober in San Francisco. Auch Jakob Kaiser, Christlicher Gewerkschafter und Vorsitzender der CDU in der sowjetischen Zone, war von der AFL eingeladen worden, lehnte jedoch ab, um seine Wirkungsmöglichkeiten nicht weiter zu beschränken. Die sowjetische Militäradministration mißtraute der CDU-Führung mehr und mehr. Auch Kurt Schumacher brauchte – wie jeder deutsche Politiker – die Erlaubnis der amerikanischen Besatzungsmacht für seine Reise in die USA, die den Sowjets mißfiel.

Die »Tägliche Rundschau«, die Zeitung der sowjetischen Militäradministration, meinte zu der Einladung an Schumacher: »Nachdem der Marshall-Plan nun ins Rollen kommt, wird sich Europa darüber klar, daß die Vereinigten Staaten die Rolle des Weltführers übernommen haben . . . und Schumacher kommt es darauf an, zu hören, wie dieser Chef über die verschiedenen Probleme denkt.«

Kurt Schumacher flog zusammen mit Fritz Heine am 21. September von Berlin aus in die USA und kehrte dorthin am 30. Oktober zurück. Fritz Heine gibt eine Übersicht über das atemberaubende Arbeitsprogramm: »600 bis 700 Stunden Konferenzen, Besprechungen, Vorträge, Diktate, Reisen – genug, um drei Gesunde an den Rand des Zusammenbruchs zu bringen. Er [Schumacher] konferiert mit dem amerikanischen Verteidigungsminister Forrestal und dessen Stab von Generälen, Admirälen und dem FBI-Chef Hoover. Er trifft in vielen amerikanischen Städten Überlebende aus den KZs, in denen er mit ihnen zusammen gelitten hat. Er hält Vorträge vor Gremien aus vielen Schichten des Landes einschließlich des wichtigen Commonwealth Clubs, sieht in der Emigration verbliebene Freunde, diskutiert mit Politikern, Wissenschaftlern, mit Norman Thomas, Reinhold Niebuhr, und verbringt einen der aufwühlendsten Abende seines Lebens im Kreise der jüdisch-amerikanischen Arbeiter, deren europäische Verwandten fast vollständig Hitlers Ausrottungskommandos erlegen sind. Selbst die Drei-Tage-drei-Nächte-Bahnfahrt New York–San Francisco ist mit Besprechungen und Referat-Entwürfen ausgefüllt.« Soweit

Fritz Heine. Zu erwähnen ist noch, daß Schumacher das Flugzeug von Sonderbotschafter Murphy für die Anreise benutzen konnte, ein Indiz für das amerikanische Interesse an dem SPD-Vorsitzenden, und daß Schumacher in Hollywood bei einem Essen des Schauspielers Robert Montgomery auch einige amerikanische Filmstars kennenlernte.

Für Privates hatte Schumacher auch in den USA keine Zeit. Er schrieb »Miga«, seiner früheren Verlobten, nach Chikago (am 10. Oktober 1947): »Ich habe alles ausprobiert, wie sich auf der Rückreise ein richtiges Wiedersehen ermöglichen lassen würde. Ich meine damit ein Wiedersehen, das nicht nur in einem flüchtigen Eindruck, sondern in einem richtigen Zusammensein mit Dir und Deinen Angehörigen bestehen könnte . . . Ende des Monats gehe ich wieder zurück nach Deutschland. Bis dahin ist jede Stunde in San Francisco, in New York und in Washington belegt. Vieles, was getan werden müßte, wird aus Mangel an Zeit nicht getan werden . . . So bleibt mir nichts übrig, als Dir in kargen Zeilen einen Dank für Deine treue menschliche Verbundenheit abzustatten. Ärmlich genug mag sich so ein Brieflein ausnehmen angesichts der Freundschaft, die Du mir bewiesen, und der Opfer, die Du für mich gebracht hast.« Der einarmige Schreiber entschuldigt sich für die »Krähenfüße« in diesem Brief, geschrieben auf dem Kopfbogen des St. Francis Hotel im fahrenden Zug. Ein Wiedersehen nach vierzehn Jahren der Trennung kommt nicht zustande in den vierzig Tagen seines USA-Aufenthaltes, so daß die Frage offenbleibt, wie wichtig ihm diese Begegnung noch gewesen wäre.

In einem anderen Brief aus San Francisco berichtete Schumacher Erich Ollenhauer ausführlich über die Emigranten, die er aus dem Reichstag kannte: »So menschlich angenehm auch das Wiedersehen war und soviel es auch Gelegenheit gab, sich informieren zu lassen, so hat es doch zehn Tage Zeit gekostet.« Er zählte alle auf, darunter den früheren Reichstagsabgeordneten der Staatspartei, Dr. Friedrich Stolper, »ein Amerikaner, wie man sie in der politischen Agitation . . . als intolerante Vertreter des Free Enterprise schildert . . . Der Abend bei ihm war aufschlußreich. Friedrich Stampfer [vor 1933 Chefredakteur des ›Vorwärts‹] und Fritz Baade [später Wirtschaftspolitiker der SPD im Bundestag], die mit ihren Familien dabei waren, sind sicherlich nicht sehr glücklich gewesen, als sie die alten falschen Töne mit anhören mußten.«

Schumachers sorgfältig vorbereitete Rede vor dem amerikanischen Gewerkschaftskongreß am 13. Oktober in San Francisco begann mit der Fanfare: »Der Kampf um die Freiheit in einem Lande ist heute zu einer Angelegenheit aller anderen Länder geworden.« Zwangsarbeit bedrohe die Arbeitsbedingungen, gefährde die ökonomische Sicherheit. Als Beispiel nannte Schumacher die Zwangsarbeit von deutschen Kriegsgefangenen in Rußland und im Uranbergbau der sowjetisch besetzten Zone, wo »die Gewerkschaften als ein Instrument des totalen Staates zur Beherrschung der Arbeiter funktionieren«. Nach dem Dank für die CARE-Pakete, die materielle und moralische Hilfe der amerikanischen Gewerkschaften, nach dem Lob für den Marshall-Plan versicherte er: »Wir wehren uns gegen den alles verschlingenden nationalen Egoismus der östlichen Siegermächte. Der Kommunismus ist den Deutschen ein fremdes System zu fremdem Nutzen. Wir wollen keine Diktatur, wir haben den Totalitarismus auf eigenem Boden erlebt. Wir haben die Gewissenlosigkeit der kommunistischen Katastrophenpolitik erfahren, ohne die der Staat von Weimar nicht den Nazis ausgeliefert worden wäre.«

Wie bei allen öffentlichen Auftritten in den USA legte Schumacher das Bekenntnis ab, »daß das deutsche Volk zur Wiedergutmachung und Entschädigung an die Juden verpflichtet ist«. Die SPD sei für die Bestrafung all derer, die sich an der Verfolgung beteiligt und sich dadurch bereichert hätten. Und dann fand er angesichts des Kampfes um die Gründung des Staates Israel, die vier Wochen später erfolgte, die außenpolitische Parallele: »Mit demselben Ernst, mit dem wir wollen, daß die Deutschen nicht ein Volk zweiter Klasse und geringeren Rechtes werden sollen, treten wir auch ein für die Gleichheit der Juden mit allen anderen Völkern der Erde. In diesem Sinne ist die jüdische Sache in einem neuen Deutschland auch die deutsche Sache, die Sache der Gleichberechtigung aller.«

Sonderverhältnis zu Frankreich

Diese diplomatische Verknüpfung eigener nationaler Forderungen mit denen der Zionisten ist damals unbeachtet geblieben, genauso wie die im Jahre 1947 noch ungewöhnliche Feststellung: »Am wichtigsten ist die Annäherung der Franzosen und der Deutschen. Das Verhältnis Frankreich–Deutschland ist der Gradmesser für die wirtschaftliche Vernunft und die lebendige Menschlichkeit in Europa.«

Schumacher knüpfte damit an seine Feststellung auf dem Nürnberger Parteitag an: »Kulturell und ökonomisch kann keines dieser beiden Länder auf die Dauer die Schwächung des anderen Landes ertragen.«

Und in seinem am 24. Oktober 1947 veröffentlichten Interview mit der Straßburger Zeitung »Alsace« zitierte er den Ausspruch des Amerikaners Benjamin Franklin: »Jeder Kulturmensch hat zwei Vaterländer, das seine und Frankreich.« Frankreich sei krank, weil Deutschland krank sei und umgekehrt. »Wir brauchen die gleichen Ärzte und die gleiche Medizin ... Nationalistisches Denken bringt beiden keine Heilung. Ich bin doch ein ganzes Leben lang nicht internationaler Sozialist gewesen, um jetzt in nationalistische Politikasterei herabzusinken.«

Er wisse, daß viele Franzosen aus ihm einen zweiten Hitler machen wollten, einen Ultranationalisten, der die Waffenschmiede an der Ruhr wieder in Gang bringen wolle, fügte Schumacher hinzu und fuhr fort: »Nichts ist falscher als dies! Deutschland ist, auf lange Sicht, in zwei Blöcke gespalten, ferner in vier Zonen aufgeteilt. Die Hauptstadt ist ausgeschaltet, die Bevölkerung hungert, in der Verzweiflung, nihilistisch jedem ergeben, der ihr Brot gibt ...«

In Frankreich hatte zu diesem Zeitpunkt noch niemand geäußert, daß die Annäherung der Deutschen an die Franzosen wichtig für Europa sei. Erst Mitte Juli 1948 begann man sich im französischen Außenministerium, so berichtete der Schuman-Biograph Poidevin, konkrete Gedanken zu machen über eine französisch-deutsche Assoziierung in Wirtschaft und Politik, die sich in eine westliche Staatengemeinschaft einfügen sollte. »Die Zügelung Deutschlands durch dessen Einbeziehung in den europäischen Rahmen«, so beschrieb Professor Jean Paul Cahn aus Nancy die damalige französische Absicht auf einer Schumacher-Tagung im März 1987. »Schumacher wußte genau, daß sich die deutsche Frage nicht ohne Frankreich regeln ließ. Frankreich mußte wissen, daß sich seine Deutschlandpolitik auf die Dauer weder gegen noch ohne die Zustimmung der Deutschen durchsetzen lassen würde.« Der Referent wußte sogar, was Schumacher damals wohl kaum erfahren hat: »Daß General Ridgeway im Januar 1948 mit seinem französischen Amtskollegen Bilotte das Thema der Wiederbewaffnung [der Deutschen] anschnitt und daß die französische Generalität eine Militarisierung Deutschlands in ihre Pläne einbezog.« Dies ist das früheste Datum, das bisher im Zusammenhang mit der Wiederbewaffnung genannt worden ist – Januar 1948, sofern die Information zutrifft.

Für Kurt Schumacher ging es in den USA darum, den Amerikanern die Absichten der SPD verständlicher zu machen. Er mißtraute – zu Recht – den geheimen Berichten des amerikanischen Oberbefehlshabers General Clay, den er herzlich unsympathisch fand. Charles Bohlen, Ratgeber der Präsidenten Roosevelt und Truman, hatte Schumacher über einen Mittelsmann (Günter Markscheffel) ein paar Ratschläge für die USA gegeben: Die SPD solle dem amerikanischen Durchschnittspolitiker sagen, sozialistische Planwirtschaft sei eine spezifisch deutsche Sache und in Deutschland keineswegs etwas Revolutionäres. In Amerika wisse man zwar, daß die SPD die einzige effektiv demokratische Kraft im Nachkriegsdeutschland sei, aber es bestehe keine Klarheit darüber, welche Art von »Sozialismus« sie wünsche.

In San Francisco hat Schumacher dann versucht, Klarheit zu schaffen. Als Sozialisierungsbeispiel nannte er dort einen »Mammutkonzern wie die Nazi-Reichswerke der jüngsten Vergangenheit. Das entscheidende Stück deutscher Produktionskraft soll als Eigentum dem deutschen Volke vorbehalten bleiben, so differenziert und der modernen Wirtschaftsentwicklung entsprechend auch seine Organisationsformen sein mögen.« Über die Suspendierung von Artikeln der hessischen Landesverfassung durch General Clay, die eine Sozialisierung von Großunternehmen vorschrieben, klagte er nicht – auch nicht über die föderalistischen Tendenzen in der amerikanischen Besatzungspolitik, die Schumacher zu weit gingen. In Washington wie überhaupt während seines USA-Besuches brachte er keinerlei Beschwerden vor.

Wieder heimgekehrt, betrachtete Kurt Schumacher seine Amerikareise als Erfolg. In Berlin berichtete er am 31. Oktober auf einer Pressekonferenz: »Weite Kreise in Amerika erkennen, daß zur Lösung der Probleme in Deutschland und Europa andere sozialdemokratische und historische Voraussetzungen gegeben sind als in Amerika« (zitiert nach »Telegraf«). Waldemar von Knoeringen, dem bayerischen Landesvorsitzenden, schrieb er am 5. November: »All die besorgten Tanten beiderlei Geschlechts, die da meinten, der Sozialismus würde bei diesem Besuch unter die Räder kommen, sehen sich enttäuscht. Außer der Ernährung und vor allem der Demontage war es gerade die Frage der Sozialisierung, die in Amerika den Hauptteil der Reden und Unterhaltungen ausmachte. Die Begründung der Notwendigkeit von Sozialisierungsmaßnahmen war eine überwiegend politische. Mindestens habe ich in diesen Fragen in der geistigen Oberschicht der amerikanischen Politik sehr nachdenkliche Leute gefunden, und ich glaube sagen zu können, daß ich diese Nachdenklichkeit auch vergrößert habe.«

Diese Passage ist interessant, weil sie zugleich erkennen läßt, daß Schumacher selbst sich von »Sozialisierung« nicht etwa höheren wirtschaftlichen Nutzen oder eine gerechtere Verteilung, einen sozialen Effekt also, versprach. Gegen unternehmerische Leistungen, gegen Markt und Wettbewerb argumentierte er nicht, sondern nur gegen den Mißbrauch von wirtschaftlicher Macht zu politischen Zwecken, zur Unterdrückung von Abhängigen, zur Manipulation von Recht und Gesetz. Das »Großkapital« habe Hitler unterstützt und sei damit schuld am Zweiten Weltkrieg. Darum müsse es entmachtet, darum müsse die Schwerindustrie sozialisiert werden, damit sich Derartiges nicht wiederhole. So lautete Schumachers »politische« Begründung für das sonst in den USA – auch bei den amerikanischen Gewerkschaften – unverständliche Wirtschaftskonzept der deutschen Sozialdemokraten.

Grundentscheidung für den Weststaat

Auf der Sitzung des Parteivorstandes am 14. November 1947 gab Fritz Heine über die USA-Reise zu Protokoll: »Die Amerikaner erwarten, daß die Russen Zwischenfälle inszenieren werden, um die Westmächte zur Aufgabe Berlins zu bringen. Die Frage der Räumung Berlins ist seit einigen Monaten entschieden. Die Amerikaner werden bleiben. In der Ostzone seien Vorbereitungen zur Proklamierung eines Oststaates getroffen worden. Die Fragestellung laute heute: ein Frieden oder kein Frieden! Man glaubt vorläufig nur an einen verlängerten Waffenstillstand. In der Bevölkerung gibt es keine Kriegspsychose. Die Amerikaner sind für die Einsetzung einer deutschen Regierung . . . Es ist unwahrscheinlich, daß die USA-Truppen Deutschland verlassen werden . . . Forrestal hält die Sozialisierung für Deutschland für unpraktisch. Clays Position sei insofern fest, als daß die Deutschlandpolitik weiter beim Militär verbleibt.«

Aus diesem Bericht von Heine geht deutlich hervor, daß schon im Jahre 1947 die Grundentscheidungen in West und Ost über Deutschland gefallen sind: Die Amerikaner erwarteten die Blockade – sie sollte erst im März 1948 beginnen – und wollten in Berlin bleiben. Sie rechneten mit der Proklamierung eines Oststaates – geschehen im Oktober 1949 –, und sie beabsichtigten, eine Regierung in Westdeutschland »einzusetzen«.

Vor diesem Hintergrund waren die Bemühungen von Berliner Politikern um eine »nationale Repräsentation« eigentlich schon gegenstandslos geworden. Als prominenteste Sozialdemokraten hatten sich 1947 an diesem Vorhaben – initiiert vom CDU-Mitglied und Präsidenten des Ost-Berliner »Kulturbundes« Dr. Ferdinand Friedensburg – der ehemalige Reichstagspräsident Paul Löbe und die Bürgermeisterin Louise Schroeder beteiligt. In einer langen Aussprache am Tage nach seiner Rückkehr aus den USA, am 31. Oktober, versuchte Kurt Schumacher den verehrten älteren Freund davon abzubringen – vergeblich. Er schrieb ihm – ebenfalls ohne Erfolg – am 5. November einen fünf Seiten langen Brief und warnte ein weiteres Mal vor Eigenmächtigkeiten: »Man kann die Entwicklung der Dinge verschieden beurteilen, man kommt aber bezüglich der Zulassung der SPD in der Ostzone immer zu den gleichen Konsequenzen. Wenn es gelingt, Deutschland als ein staatsrechtliches Ganzes zu erhalten, ist es nicht möglich, zwei verschiedene Linien in der parteipolitischen Entwicklung zu haben. Wir können in jeder Beziehung nur die einheitliche Partei in Deutschland brauchen und mit ihrer Hilfe die Interessen der Arbeitenden in unserem Lande fördern . . . Es ist für uns sehr peinlich, wenn wir in der schwedischen Presse die Meldung lesen müssen, daß Paul Löbe und Louise Schroeder eine SPD in der Ostzone zusammenbringen wollen. Auch der Hinweis auf die Unsinnigkeit dieser Meldung kann diese Peinlichkeit nur wenig entkräften.«

Die Kontroverse mit Paul Löbe

Die Einladung des »russophilen« CDU-Politikers Dr. Friedensburg zu einer »nationalen Repräsentation« nannte Schumacher einen Versuch, »auf krummen Wegen zu dem Ziel zu kommen, das man auf geraden Wegen der Verhandlungen zwischen den Parteien nicht hat erreichen können«. Er meinte damit die Verhandlungen vom März mit den CDU-Politikern Jakob Kaiser und Ernst Lemmer sowie Josef Müller von der bayerischen CSU, an der er selbst teilgenommen hatte. Josef Müller unterstützte auch die Friedensburg-Initiative und überbrachte, wie erwähnt, Schumacher im Auftrage der Sowjets das Angebot, die SPD in der Ostzone wieder zuzulassen.

Diese Berliner Aktivitäten von CDU und CSU gingen an dem CDU-Vorsitzenden der britischen Zone, Konrad Adenauer, vorbei. So ist die Anspielung in dem Schumacher-Brief an Löbe zu verstehen: »Wir können und wünschen uns nicht den Luxus zu leisten wie etwa die

CDU, bei der die CDU der einen Zone nicht weiß, was die andere tut und will, jede aber die Illusion zu erwecken versucht, als ob sie die Politik der gesamten Partei verträte. Wir müssen schon eine geschlossene Partei bleiben, auch in unseren politischen Äußerungen.«

Paul Löbe blieb bei seiner Auffassung, unterschrieb sogar den Aufruf des Friedensburg-Kreises am 9. November und rechtfertigte sich in einem Brief an Schumacher: »Der Aufruf enthält keinen Satz, den ein Sozialdemokrat nicht billigen könnte.« Er habe zugestimmt, weil »mir der Zweck des Ganzen von geradezu historischer Wichtigkeit zu sein scheint. Solltet ihr darin eine ›parteischädigende Handlung‹ erblicken, dann bitte ich, mir das zunächst durch Rückberufung aus dem Auswärtigen Ausschuß der Gesamtpartei anzukündigen.« Das geschah auf der nächsten Vorstandssitzung am 14. November in Bremen. Zwei Vorstandsmitglieder, Fritz Henssler und Emil Gross, waren dagegen. Alle stimmten jedoch dem Antrag zu, die Beteiligung von Paul Löbe am Friedensburg-Kreis zu mißbilligen. Löbe hatte sich noch ein letztes Mal – vor dem Parteivorstand – gerechtfertigt: Er befürchte, daß die Last eines Tages zu schwer werde, die daraus entstehe, daß die SPD als die einzige nationale Partei auftrete. Der Fall »Löbe« schlug in der Partei und in der Presse hohe Wellen. Schumacher mußte bis Ende des Jahres immer wieder Auskunft geben.

So hatten Göttinger Studenten eine Entschließung gefaßt und bei Kurt Schumacher zugunsten des ehemaligen Reichstagspräsidenten interveniert. Der Parteivorsitzende antwortete dem »Genossen Kraft« sehr ausführlich am 27. November 1947: »Es ist unmöglich, in einer so gefährlichen Zeit die Kräfte der Sozialdemokratischen Partei in individuellen, einander widersprechenden Einzelaktionen zersplittern zu lassen. Es ist dies im Falle Löbe um so peinlicher, als es sich nicht um eine echte Opposition, sondern nur um eine individuelle Rechthaberei handelt . . . Es ist der unglücklichste Teil der Weimarer Periode, der in diesem Verhalten des Genossen Löbe lebendig wird: Resignation und Verbrüderungswille aus Schwäche . . . Ein Teil des psychologischen Erfolges der Amerikareise ist durch diese Haltung in Frage gestellt. Die Sozialdemokratische Partei hat ein Stück ihrer Geltung in den Augen der Welt dadurch verloren.«

Das waren schwere Vorwürfe gegen den ehemaligen Reichstagspräsidenten und älteren Genossen, der in der Partei nicht allein stand – für Schumacher zugleich eine innerparteiliche Kraftprobe. Paul Löbe nutzte auch seine Stellung als Herausgeber des Berliner »Telegraf«. Arno Scholz, Chefredakteur und – später – Schumacher-Biograph, gab Paul Löbe recht: »Nachdem ich in dieser Frage den Standpunkt von Kurt Schumacher in aller Offenheit kritisierte, ruhte zwar für wenige Tage der sonst so rege Telefonverkehr zwischen uns. Unser freundschaftliches Verhältnis – und das zeigt seine Größe – war dadurch nicht getrübt.«

Ernster aber als diese Kritik des sonst so beflissenen Berliner Genossen nahm Kurt Schumacher einen kritischen Leitartikel von Robert Haerdter, Chefredakteur der damals sehr angesehenen Freiburger Halbmonatsschrift »Die Gegenwart«. Schumacher schrieb ihm am 27. Dezember mit dem Vermerk »Vertraulich! Nicht zur Veröffentlichung!« engzeilig drei Seiten lang, welche Erinnerungen an Weimar ihn im »Fall Löbe« plagten und was nun in der Partei besser gemacht werde: »Die Linie, die wir uns jetzt stets zu halten bemühen, geht dahin, daß bis zur instanzenmäßig beschlossenen Aktion nicht nur das Recht der Meinungsfreiheit . . . innerhalb der Partei besteht, sondern auch das Recht, dies der nicht zur Sozialdemokratie gehörenden Öffentlichkeit zu verkünden [wie es Löbe im ›Telegraf‹ getan hatte] . . . Die Frage der nationalen Repräsentation ist in dieser Periode der Entwicklung nicht die Frage nach einem deutschen Prinzip, sondern einer optimalen russischen Position der Außenpolitik.«

Schumacher zitierte den SED-Chef Grotewohl, der empfohlen habe, sich der CDU und anderer bürgerlicher Mittelsmänner zu bedienen. Bei diesen ersten Versuchen bereits sei Paul Löbe von dem ehemaligen Reichsminister Schiffer (Ost-LDP) zur Mitarbeit gewonnen worden – im Februar 1947. Seitdem habe Löbe Gelegenheit gehabt, innerhalb der Partei und im »Telegraf« seine Meinung zu verkünden. Die Aktion sei überreichlich ausdiskutiert worden. »Diese Zeilen sende ich Ihnen zu dem einzigen Zweck, daß Sie über die Motive und Methoden unseres Handelns unterrichtet sein mögen. Mit den besten Grüßen Ihr ergebener Dr. Kurt Schumacher.« – Er wollte, er mußte verstanden werden – besonders da die »Gegenwart« damals, redigiert von Mitarbeitern der alten »Frankfurter Zeitung«, das meinungbildende Blatt in Westdeutschland war.

Paul Löbe und Louise Schroeder zogen sich aus dem Friedensburg-Kreis zurück. Anfang Januar 1948 machte der SPD-Vorstand den Bremer Beschluß vom November 1947 rückgängig und nahm Löbe wieder in den außenpolitischen Ausschuß auf. Dazu beigetragen hatte ein Genesungswunsch vom 17. Dezember 1947 für Kurt Schumacher, in dem Löbe seine Hoffnung ausdrückte, das neue Jahr möge ihm wiedergeben, »was Dich für uns so wertvoll und unersetzlich macht!«

Auch Ferdinand Friedensburg selbst und andere Mitunterzeichner des Aufrufes zu einer »nationalen Repräsentation« gaben bald auf. Unter diesen waren übrigens die späteren Staatssekretäre in der ersten Bundesregierung, Otto Lenz (Kanzleramt), Walter Strauss (Justiz) und der kurzzeitig als Sonderminister tätige Robert Tillmanns – alle früher in der Ost-CDU. Sie erkannten mit der Absetzung von Jakob Kaiser und Ernst Lemmer Ende Dezember 1947, daß der Weg zu einer überparteilichen gesamtdeutschen Repräsentation nicht mehr gangbar war. Der Beauftragte der sowjetischen Militäradministration vollzog diese Absetzung der CDU-Vorsitzenden quasi öffentlich in einer Vorstandssitzung der Ostzonen-CDU und in Gegenwart von Beauftragten der drei Westmächte.

Die CDU-Mitglieder waren nicht befragt worden. Sie wurden auch nicht befragt, als die Sowjets Georg Dertinger, den späteren ersten Außenminister der DDR, als Nachfolger »einsetzten«. Kurt Schumacher und der SPD-Vorstand erklärten dazu Anfang Januar 1948: »Diese Entscheidung bestätigt die Richtigkeit der sozialdemokratischen Auffassung, daß es unmöglich ist, in der Ostzone ein wirkliches Mehrparteiensystem und damit demokratische Zustände unter den gegenwärtigen Umständen aufrechtzuerhalten. Durch die Maßregelung der CDU-Politiker haben die über die Ostzone entscheidenden Kräfte einen weiteren Schritt zur Separation der Ostzone von Deutschland durch die De-facto-Umwandlung in einen Einparteienstaat gemacht.«

Abstecher nach Skandinavien

Zu berichten ist noch von einer anderen Reise, die Kurt Schumacher 1947 unternahm: Vom 17. bis zum 23. November besuchte er Skandinavien. Die schwedischen Sozialdemokraten begrüßten die SPD-Delegation, zu der Schumachers Stellvertreter Erich Ollenhauer und der Berliner Franz Neumann gehörten, mit dem Telegramm: »Wir sehen in der deutschen Sozialdemokratie die einzige Kraft, die eine demokratische Zukunft für das deutsche Volk garantieren kann und damit auch Deutschlands Stellung in Europa als zuverlässigen Friedensfaktor.« Die »Neue Zürcher Zeitung« berichtete aus Stockholm unter anderem, Schumacher habe eine Volksabstimmung in Südschleswig nicht grundsätzlich ausgeschlossen. Sie solle aber erst stattfinden, wenn die materiellen Verhältnisse in Deutschland und Dänemark vergleichbarer geworden seien und sofern die dortige Bevölkerung dann immer noch ein Plebiszit wünsche.

Schumacher sprach in Stockholm mit dem Ministerpräsidenten, dem Vorstand der schwedischen Sozialdemokraten und der Vereinigung der deutschen Sozialdemokraten, die zu diesem Zeitpunkt noch in Schweden lebten. Herbert Wehner war schon Redakteur in Hamburg, Willy Brandt, noch norwegischer Staatsbürger, lebte in Berlin. Er hatte aber keinen Anteil an der Vorbereitung des Schumacher-Besuches in Oslo. Dort sprach der SPD-Vorsitzende am 22. November auf einer Kundgebung der norwegischen Arbeiterpartei.

Dazu die »Neue Zürcher Zeitung«: »Seine Erklärung, daß die Kommunisten in allen Ländern Quislinge [so hieß der norwegische Politiker, der während des Krieges mit den Deutschen zusammengearbeitet hatte] der Sowjetunion seien, wurde nicht günstig aufgenommen, obwohl er auch an dem Vorgehen der anderen Besatzungsmächte Kritik übte und sich besonders gegen die Demontage moderner Fabrikanlagen wandte, die nicht fortgeschafft, sondern sozialisiert werden sollten.« Soweit der Schweizer Beobachter. Er konstatierte, daß Schumacher in Oslo erst nach seiner Pressekonferenz und nach einer Rundfunkansprache freundlicher behandelt wurde, als die Norweger erfahren hatten, daß der selbstbewußte deutsche Besucher während der deutschen Besetzung von Norwegen in einem Konzentrationslager gesessen hatte.

Auch dänische Protestbriefe zur Skandinavienreise und zu der Rundfunkansprache von Schumacher liegen im Parteiarchiv. In einem heißt es: »Ein Teil von dem, was Sie sagten, war vernünftig und richtig, aber weshalb unaufhörlich von Rechten und Ansprüchen reden, von ›Deutschland‹ und dem ›Deutschen Volk‹ und ›als Deutsche und Europäer‹ – wir kennen es gut, wir kennen es auswendig, uns wird übel davon, es von neuem zu hören.« Wahrscheinlich war sich Schumacher nicht klar darüber, daß die antideutschen Ressentiments in den von deutschen Truppen besetzten Ländern sich selbst gegen ihn, den Hitler-Gegner, richten könnten. Ähnlich kritische Stimmen waren übrigens auch aus Frankreich, Belgien und den Niederlanden, ja selbst von den Vertretern der Besatzungsmächte zu hören.

Was sie bei Schumacher beklagten, was sie für nationalistisch hielten, waren seine Forderungen nach Gleichberechtigung für die besiegten Deutschen und sein Selbstbewußtsein im Umgang mit den »Siegern«. Es entsprach so gar nicht der Vorstellung, daß der politische Vertreter eines geschlagenen Feindes sich reumütig, anpassungsbereit, ja gehorsam zu verhalten habe. Wer von der kollektiven Schuld des ganzen deutschen Volkes am Zweiten Weltkrieg ausging, sah in deutschen Politikern Mitschuldige, die nichts zu fordern hatten. Sie forderten aber unentwegt – nicht nur Kurt Schumacher –, was für einen Wiederaufbau unerläßlich war: das Ende der Demontagen, die Freilassung der deutschen Kriegsgefangenen, den Verzicht auf Gebietsabtrennung in Ost und West und all die freiheitlichen Grundrechte, die den Deutschen von der »Besatzungsdiktatur« (Schumacher) noch vorenthalten wurden.

Er beklagte am 19. Januar 1948 auf einer Pressekonferenz in Frankfurt: »Bei der Ergänzung und Durchorganisierung des Frankfurter Wirtschaftsrates ist ganz klar hervorgegangen, daß alle Gewalt von den Besatzungsmächten ausgeht.« Und auf die Fragen nach der Bildung von separaten deutschen Staaten als Folge der Uneinigkeit im Berliner Kontrollrat über eine Währungsreform prophezeite er richtig: »Dann hat sich der Kontrollrat in seine Bestandteile aufgelöst [wie zwei Monate später tatsächlich geschehen] . . . Diejenige Besatzungsmacht, die den Schritt bewußt macht, führt einen sehr harten Schlag gegen die wirkliche deutsche Einheit.« – Gegen die von den Militärgouverneuren verfügte Erweiterung des Frankfurter Wirtschaftsrates wandte Schumacher in einer gemeinsamen Sitzung der SPD-Ministerpräsidenten und der Fraktion am 25. Januar 1948 ein, daß sie »eine einseitige Entscheidung der Alliierten ohne Verantwortung der Deutschen« darstelle. In der Bildung eines »Länderrates« beim Wirtschaftsrat, also einer Art zweiter Kammer, sah er eine Vorentscheidung zugunsten einer föderalistischen Struktur. Und den Kritikern in den eigenen Reihen, wie dem Hamburger Bürgermeister Max Brauer, gab der Parteivorsitzende zu bedenken, eine grundsätzliche Opposition im Wirtschaftsrat sei wahrscheinlich produktiver als eine Beteiligung an dem erweiterten Direktorium.

Kooperationsversuche mit dem Zentrum

Kontakte zur CDU oder gar eine partielle Zusammenarbeit mit den Christlichen Demokraten strebte Kurt Schumacher nicht an, wohl aber eine Kooperation mit dem Zentrum, der in Nordrhein-Westfalen zunächst relativ starken katholischen Traditionspartei. Dr. Carl Spiekker, ein ehemaliger preußischer Beamter, der aus der englischen Emigration zurückgekehrt und nun zweiter Vorsitzender dieser Partei war, sollte nach seinem Wunsch sogar in einer »Forschungsgemeinschaft« Material zur Vorbereitung von Friedensverhandlungen sammeln, wie aus einem Brief vom 20. Januar 1947 hervorgeht.

Aus diesem verdeckten Versuch, eine länderübergreifende außenpolitische »Koordinierungsstelle« zu schaffen, wurde allerdings nichts, während sich das »Büro für Friedensfragen« in Stuttgart, also in der amerikanischen Zone, in Verbindung mit dem evangelischen Hilfswerk von Eugen Gerstenmaier etablieren konnte. Aber die Zusammenarbeit mit Spiecker und dessen Zentrumspartei hat Schumacher stets gereizt – für ihn ein möglicher Koalitionspartner. Auch umgekehrt gibt es viele Anhaltspunkte dafür, daß führende Politiker dieser katholischen Traditionspartei in der SPD einen Verbündeten sahen und suchten. Ein Mitarbeiter von Spiecker, Dr. Lejeune, war ein gerngesehener Gast bei der SPD und Vermittler zwischen Essen und Hannover, den beiden Parteizentralen.

Schumacher bemühte sich viermal, wenn auch vergeblich, in Briefen nach Düsseldorf, Spiecker als Vertreter des Landes Nordrhein-Westfalen beim Zonenbeirat durchzusetzen. Ministerpräsident Karl Arnold verteidigte diese Position für seine Partei, die CDU, kokettierte aber auch seinerseits mit dem Gedanken an eine Große Koalition mit der SPD. Er, nicht Konrad Adenauer, sandte Schumacher im April 1948 Glückwünsche zur Wiedergenesung, genauso wie der damalige Vorsitzende des Zentrums Johannes Brockmann. Die Zentrumspolitikerin Maria Sevenich berichtete Schumacher in einem Brief vom 29. November 1948, der Kölner Kardinal Frings habe sie gebeten, »die CDU wieder zu zerschlagen«. Statt dessen solle sie das Zentrum wieder zu seiner früheren Bedeutung (in der Kaiserzeit und der Weimarer Republik) bringen.

Zuzutrauen wäre dem innenpolitisch sehr aktiven Kardinal ein solcher Plan schon. Aber ob er sich dazu gerade der streitbaren Zentrums-Dame bedient hätte, die sich stets sehr wichtig nahm, scheint fraglich. Maria Sevenich jedenfalls trat am 8. Oktober 1949 zur SPD-Fraktion im Düsseldorfer Landtag über. Im Bundestag hatte das Wahlergebnis vom 14. August 1949 für eine Regierungskoalition zwischen SPD und Zentrum nicht gereicht.

Episode blieb gleichfalls ein brieflicher Kontakt Schumachers mit seinem Kulmer Landsmann Linus Kather vom 12. Mai 1949, der später für die CDU und dann für den BHE, den »Block der Heimatvertriebenen«, dem Bundestag angehörte. Auch der BHE-Vorsitzende Waldemar Kraft, nach 1953 Bundesminister, hatte zu Beginn der fünfziger Jahre Kurt Schumacher sein Interesse an einer Zusammenarbeit schriftlich mitgeteilt. Ihm gefiel, wie aus der Korrespondenz hervorgeht, Schumachers Forderung nach Gleichberechtigung im Falle der

Wiederbewaffnung und – natürlich – dessen klares Nein zu einer Ostgrenze an der Oder-Neiße-Linie. Soweit der Seitenblick auf koalitionspolitische Geplänkel, die sich aus Briefwechseln dieser Jahre ablesen lassen. Sie hätten Bedeutung haben können, wenn die SPD 1949 zur stärksten Partei geworden wäre.

Behindert durch schwere Krankheit

Vor einem Abflug nach London am 20. März 1948 wurde Schumacher von einem sehr schmerzhaften Wadenkrampf überrascht. Er trat seine Reise dennoch an, mußte aber nach drei Tagen in ein englisches Krankenhaus: Thrombose-Verdacht. Am 7. April wurde er nach Hannover zurückgeflogen und kam in das Friederikenstift zu Dr. Dercum, dem Arzt, der ihn bereits kannte und bis zu seinem Lebensende weiter betreute. Fritz Heine – täglicher Beobachter – schildert diese besonders kritische Phase in Schumachers Leben:

»Erst nach und nach, mit steigenden Schmerzen und deutlicheren Symptomen, wird den Ärzten, wird Schumacher bewußt, daß der ›Wadenkrampf‹ des 20. März eine lebensbedrohende Erkrankung ist. Komplizierte Temperaturmessungen, höchst schmerzhafte Untersuchungen, Heranziehung von Spezialisten, Beratungen zwischen Internisten und Chirurgen, mehrere Konzilien am Krankenbett und Anfang Juni 1948 eine erste Operation mit zwei Schnitten von über 60 cm Länge ergeben, daß es sich nicht um eine Venen-Thrombose handelt, sondern um einen völligen Verschluß der Hauptarterie des linken Beines, die zu einer ernsten Durchblutungsstörung geführt hat. Diese Operation bringt nur vorübergehende Besserung. Auf dem Fußrücken verbleibt eine handtellergroße Stelle, die völlig unzureichend durchblutet wird, stärker werdende Schmerzen verursacht und Gehen unmöglich macht. Inmitten dieser Stelle ein erbsenkleiner, schwarzer Punkt, unheimlich wie ein totes Auge: Nekrose. Die Ärzte wollen amputieren, Schumacher wehrt sich: Ihm geht es um den Vorrang der Politik und nicht um die Gesundheit . . .

Schumacher, häufig von stärksten Schmerzen gepeinigt, will aktiv Anteil nehmen an den Geschehnissen, will bei den Entscheidungen seiner Partei mitwirken und sie durch das persönliche Engagement beeinflussen. Aber die Krankheit ist mächtiger. Er muß sich auf Artikel, auf Stellungnahmen in Interviews, auf Kontakte mit Erich Ollenhauer, seinen Vorstandskollegen, besuchenden Parteifreunden und Politikern aus anderen Lagern beschränken. Zu den Besuchern gehören Ministerpräsidenten, gehört der britische Militärgouverneur, Sir Brian Robertson, der mit ihm am Krankenbett Probleme des Sechsmächtestatus und der Ruhrkontrolle bespricht . . .

Einige Prominente seiner Partei jedoch haben ihn bereits ›abgeschrieben‹, reisen in alle Welt, aber an ihm vorbei; schaffen Tatsachen, ohne mit ihrem Vorsitzenden auch nur zu konferieren. Das bringt manchmal zusätzlich bittere Stunden für den Kranken, Geschehnisse, die er nicht vergessen wird und die manches spätere harte Wort zur Ursache hat.

Er ist zu illusionslos, um nicht zu wissen, daß ein Doppelt-Amputierter, ein Mann ohne rechten Arm und linkes Bein, in der gnadenlosen Politik kaum eine Chance hat; daß ›Mitleid mit einem Krüppel‹ eine tödliche Wunde für den Politiker ist; daß mit der zweiten Amputation seine Chancen, in diesem Deutschland die Regierung zu führen, zunichte gemacht werden. Und er macht sich wohl auch nichts darüber vor, daß diese zweite Amputation den schon so mißhandelten Körper nur noch anfälliger machen, seine Lebenserwartung nur noch mehr verkürzen kann. Zwei bedeutende Chirurgen, ein Deutscher und ein Amerikaner, zur letzten Konsultation gebeten, geben den Ausschlag. Die Alternative zur Amputation ist der Tod. Schumacher akzeptiert den Rat. Am 25. September 1948 wird operiert, das Bein bis zum Oberschenkel entfernt. Er übersteht die Operation gut – und trinkt eine halbe Stunde danach, zusammen mit dem Chirurgen, eine Tasse Kaffee und raucht die erste Zigarette. Noch am gleichen Abend hat Schumacher ein politisches Gespräch mit seinem Stellvertreter, am nächsten Tag beginnen Besprechungen mit Vorstandsmitgliedern. Nach wenigen Wochen verläßt er das Krankenhaus. Die monatelange Periode der Rekonvaleszenz, des Stehen- und Gehenlernens beginnt, wie immer von der fürsorgenden Hand Annemarie Rengers betreut . . . In seiner hannoverschen Wohnung bereitet er die Rückkehr in die öffentliche politische Tätigkeit vor. Die kaum unterbrochene interne Arbeit nimmt mit fortschreitender Besserung an Umfang und Tempo zu. Die äußerlichen Etappen des Heilungs- und Adaptierungsprozesses: Bett, Liegestuhl, Sessel, Steh- und Gehversuche erscheinen winzig. Für den Doppelt-Amputierten, zusätzlich gehandikapt durch die das Gehen unsicher machenden schweren Augenschäden – vom Magenleiden nicht zu sprechen –, sind das sehr erhebliche Kraft- und Willensanstrengungen. Trotzdem: Er telefoniert, diktiert, schreibt, empfängt Besuche, führt Besprechungen im kleineren Kreis durch, und vor allem – wie immer – verschlingt er ungeheure

Mengen Lesestoff: Zeitungen, Zeitschriften, Memoranden, Briefe, Bücher.

In der Dezember-Sitzung des SPD-Vorstandes wird – noch in seiner Abwesenheit, mit seiner Zustimmung – beschlossen, ihm den Vorsitz einer Kommission für die Wahl zum ersten Bundestag zu übertragen. Sie soll ein Wahlprogramm ausarbeiten und sich ›auch mit den Fragen befassen, die sich ergeben, wenn die Sozialdemokratie in der kommenden Bundesregierung die volle oder geteilte Verantwortung zu tragen haben wird . . .‹«

Soweit die komprimierte Zusammenfassung dieses dramatischen Lebensabschnitts, geschildert von Fritz Heine 1969.

Im Mittelpunkt das Grundgesetz

Freunde und Gegner rechneten mit der Möglichkeit, daß die SPD bald einen neuen Vorsitzenden brauchen werde. Aber Erich Ollenhauer, der Stellvertretende Vorsitzende, verbreitete – kurz vor der Amputation – auf dem Düsseldorfer Parteitag (vom 11. bis zum 14. September 1948) Zuversicht: Es habe seit der Erkrankung Schumachers eine Menge Leute gegeben, die nichts Wichtigeres zu tun gehabt hätten, als sich den Kopf darüber zu zerbrechen, wer an seiner Stelle den Parteivorsitz übernehmen solle. Für den Parteivorstand habe dieses Problem keinen Augenblick existiert: »Vorsitzender der Sozialdemokratischen Partei ist und bleibt unser Genosse Dr. Kurt Schumacher!« – Tatsächlich wurden bei der anschließenden Neuwahl von 357 Stimmen 356 für Kurt Schumacher abgegeben. Auch in Nürnberg, im Juni 1947, war er bei nur einer Gegenstimme zum Vorsitzenden gewählt worden.

Schumachers Hauptreferat hatte in Düsseldorf das Vorstandsmitglied Andreas Gayk nur auszugsweise verlesen. Es wurde jedoch im vollen Wortlaut an die Delegierten verteilt und unter Leitung von Erich Ollenhauer diskutiert. Sein Stellvertreter hatte sich den Text so zu eigen gemacht, daß er im Namen von Schumacher Fragen beantworten und Einwände widerlegen konnte.

Mit Ollenhauer ein ideales Gespann

Kurt Schumacher und Erich Ollenhauer hätten sich auf eine nie dagewesene Weise ergänzt, berichtet Annemarie Renger. Die äußerlich und in ihrem Wesen, in ihrer Lebensgeschichte so verschiedenen Persönlichkeiten an der Spitze der Nachkriegs-SPD – Ollenhauer blieb Vorsitzender bis zu seinem Tode 1963 – haben offenbar aufs engste und reibungslos zusammengearbeitet. Was Schumacher an Menschenkenntnis, an organisatorischer Erfahrung fehlte, brachte Ollenhauer ein. Sein Rat wurde nicht nur gehört, sondern auch akzeptiert. »Erich hatte große Verdienste daran, daß Kurt auf dem Teppich blieb«, sagt Frau Renger. »Er war der gute Geist in der Baracke.«

Erich Ollenhauer selbst, der engste Mitarbeiter, Freund und Nachfolger, beschrieb die Zusammenarbeit in der SPD-Zentrale für sich und alle anderen 1952 am Sarge des Verstorbenen folgendermaßen: »Manchmal haben wir anderen doch vergessen, welches Maß von Willenskraft und Energie er täglich und stündlich aufzuwenden hatte, um seine Leiden und körperlichen Behinderungen zu überwinden und zu bezwingen. Er verlangte in der Arbeit viel von seinen Freunden und Mitarbeitern, aber er war vor allem schonungslos gegen sich selber. Vielleicht hätte ein rationelleres Leben länger gewährt, aber es wäre nicht mehr das Leben Kurt Schumachers gewesen, wie wir ihn kannten und wie er wohl auch sein mußte, um zu der Größe aufzusteigen, die ihn auszeichnete. Die Abendsonne des Lebens mit ihrer versöhnenden Milde hat ihn nicht mehr erreicht. Er stand wie ein Fels im Hochgebirge, aus der Ferne gesehen, schroff und unnahbar, aber in der Nähe entdeckte man die reiche, lebenskräftige Farbenpracht einer Menschlichkeit, wie sie uns der Hochsommer in der alpinen Welt einmalig beschert. Selten leuchteten diese Farben in der Ferne. Aber manchmal traf ihre Wärme uns alle, in der Anteilnahme an dem menschlichen Schicksal des einzelnen, ganz gleich, ob Freund oder Gegner. Oder wenn er das Gefühl hatte, daß irgendwo und gegen irgendwen das Recht auf die menschliche Würde in Gefahr war.«

Daß Brigitte Brandt in ihrer Ollenhauer-Biographie den Vorgänger ihres Mannes, Willy Brandt, im Untertitel als »Biedermann« charakterisiert, empfindet Frau Renger als abwertend. Immerhin registriert auch Brigitte Brandt, Schumacher und Ollenhauer hätten vom ersten Augenblick an ein Verhältnis zueinander gefunden, »das von wechselseitigem Vertrauen geprägt [war] und niemals getrübt werden sollte. Ollenhauer selbst hat sich über sein Verhältnis zu Schumacher nie geäußert, es wäre auch nicht seine Art gewesen, hätte er es getan. (In seiner Trauerrede 1952 kämpfte er mit den Tränen!)

Trotz des Gewichts der Schumacherschen Persönlichkeit war das Verhältnis zwischen ihm und Ollenhauer nicht einseitig und nicht nur durch die Unterordnung des einen unter den anderen bestimmt. Schumacher suchte in seinem künftigen Stellvertreter nicht nur den bequemen und ergebenen Gehilfen. Anders als er selbst, der Bürgersohn und Doktor, war Ollenhauer ein Arbeiterjunge, ein geborener Sozialdemokrat und gelernter Funktionär, der noch dazu über interessante Auslandskontakte verfügte und, vielleicht noch wichtiger, die gesamte nachwachsende Parteigeneration kannte, soweit sie nicht dem Dritten Reich und dem Krieg zum Opfer gefallen war. Schließlich verkörperte

Ollenhauer als 1933 gewähltes Vorstandsmitglied jenes Stückchen Legalität, das auch Schumacher in die Nachkriegspartei eingebracht wissen wollte.

Ollenhauers ausgleichende und integrierende Fähigkeiten, seine Umgänglichkeit und vieles andere mehr, was ihm in den nächsten Jahren neben und trotz Schumacher ein besonderes Gewicht in der Partei verleihen sollte, konnte 1945 noch nicht bekannt sein. Und Ollenhauer hat bei aller Ergebenheit auch um die Schwächen des ersten Mannes gewußt! Auf einen Brief seines Freundes Brost, der sich offenbar nicht sonderlich schmeichelhaft über Schumacher und dessen Eigenheiten geäußert hatte, antwortete Ollenhauer, der sich inzwischen in Wennigsen selbst ein Bild hatte machen können, mit gehörigem Selbstbewußtsein: Wenn er wirklich Mängel für eine führende Position habe, ›die gerade in einer so schwierigen Übergangszeit zu Komplikationen führen können, dann ist es um so notwendiger, daß noch ein paar Leute mit zentralen Erfahrungen und Personenkenntnis hinzukommen‹.

Über die gemeinsame Überzeugung hinaus, die jeder der beiden für sich gewonnen hatte und nun in die gemeinsame Arbeit einbrachte, nämlich die Partei in den Westzonen und nur dort aufzubauen und ein Bollwerk gegen Vereinigungsofferten aus dem Osten zu errichten, kamen also viele Momente zusammen, rationale und emotionale, politische und weniger politische, die das Verhältnis zwischen Kurt Schumacher und Erich Ollenhauer ausmachen sollten, ein Verhältnis, das in der Geschichte der Partei seinesgleichen nicht hat.«

Das ist schon etwas, was Brigitte Brandt da herausgefunden hat, die beide nicht mehr kennengelernt hatte. Auf keinen Fall lehnt sie sich an die Erinnerungen ihres Ehemannes Willy Brandt an, der über Schumachers Auswahl von Mitarbeitern folgendes berichtet: »Er wünschte sich schöpferisch eigenverantwortliche Persönlichkeiten, wählte dann aber in manchen Fällen – allzu menschlich – solche aus, die von der eher beifälligen als unbequemen Sorte waren.«

Kritik von Emigranten und Besatzungsoffizieren

Der junge Willy Brandt, seit 1947 zunächst Beauftragter des SPD-Parteivorstandes in der Viermächtestadt Berlin, rechnete sich wohl zu den »Unbequemen«, denn er sagt über sein Verhältnis zu Schumacher: »Wie andere fand auch ich es nicht leicht, mit ihm zu diskutieren und zusammenzuarbeiten. Die an Fanatismus grenzende Unbedingtheit, mit der er an einer einmal gefaßten Entscheidung festhielt, seine Art des Redens und die Überbetonung nationaler Gesichtspunkte – ich könnte nicht behaupten, daß ich mich mit Schumacher wesensverwandt fühlte.«

Brandt hatte trotz der Unterstützung durch den Vorgänger Erich Brost um den Berliner Parteiposten bangen müssen. Schumacher sei in Oslo »von einem Intimfeind« gegen ihn aufgehetzt worden, erzählt Brandt und zitiert aus seiner Bewerbung vom 23. Dezember 1947 an Kurt Schumacher: »Ich behalte mir vor, mir über neue auftauchende Fragen selbst den Kopf zu zerbrechen. Und ich werde nie im voraus ja sagen zu jeder Einzelformulierung, auch wenn sie vom ersten Mann der Partei geprägt wird. Gestatten Sie mir, Ihnen zu versichern, daß ich niemals ein einfacher Jasager gewesen bin und es hoffentlich auch nie sein werde . . .« Der Parteivorstand bestätigte die Berufung von Willy Brandt für die Berliner Aufgabe zum 1. Januar 1948. Einige Monate später wurde Brandt wieder deutscher Staatsbürger. Seine Beziehung zu dem Parteivorsitzenden blieb kühl.

Das wird besonders deutlich in seinem Vergleich zwischen Schumacher und dem damals in Berlin zum ersten Bürgermeister der alten Hauptstadt avancierten Ernst Reuter, dem Brandts Sympathie gehörte: »Schumacher und Reuter wollten beide eine von Grund auf erneuerte Demokratie und Sozialdemokratie, doch sie wirkten mit sehr unterschiedlichen Temperamenten und Impulsen: auf der einen Seite der zur Übersteigerung neigende Willensmensch, der sich einer Sache ganz verschreibt und in ihr aufgeht – auf der anderen Seite der den Quäkern zuneigende Humanist, der bei aller Entschiedenheit seines Engagements weiß, daß menschliche Bemühungen begrenzt sind. Hier der eine, der kaum Widerspruch erträgt – dort der andere, der geduldig auch auf Meinungen eingeht, die er für abwegig hält. Während Schumacher gegen Fehler der Besatzungsmächte mit geißelnder Kritik angeht, warnt Reuter seine Landsleute vor Wehleidigkeit und Fehleinschätzungen; nicht die Alliierten, sondern Hitler, nicht das Heutige, sondern das Gestrige erkläre die Prüfungen, die das deutsche Volk zu bestehen habe.«

Willy Brandt schildert hier die Gegenposition des aus der türkischen Emigration heimgekehrten Ernst Reuter, die Position wohl auch des Emigranten Brandt selbst. Natürlich hielten Besatzungsoffiziere Schumachers Forderungen nach Gleichberechtigung, seine Anklagen gegen Besatzungswillkür für nationalistisch. Sie wünschten sich das deutsche Volk demütiger und bußfertiger. Der amerikanische Militärgouverneuer Lucius D. Clay nennt Schumacher in einem Buch über seine Amtszeit in Deutschland einen »kompromißlosen, zielstrebigen Fanatiker, der zwar nur einen Arm, aber ein Dutzend Ellbogen hat«. Drew Middleton, der Chefkorrespondent der »New York Times«, zeigt ein bißchen mehr Respekt mit der Bemerkung: »Er beeindruckte mich als der dynamischste und unabhängigste unter den deutschen Politikern, auf jeden Fall aber als der zäheste . . . Er ist ein Mann, den nicht zu bewundern schwierig ist, es ist aber ebenso schwierig, ihn zu mögen.«

Und in dem Geheimdienstbericht Nr. 4929 vom 15. Juni 1949 (Office of Intelligence Research) heißt es über Schumachers SPD: »Sie erhebt den Anspruch, sowohl vom Osten als auch vom Westen unabhängig zu sein, die nationalen Interessen der Deutschen angesichts des, wie man es nennt, verräterischen Verzichts der Sozialistischen Einheitspartei auf die deutschen Ostgebiete zu verteidigen und die große Mehrheit der Deutschen vor einer Politik der Westmächte zu schützen, die Deutschland, wie man behauptet, seiner angestammten souveränen Rechte berauben würde.« Kurt Schumacher – ein Politiker ohne Auslandserfahrung – mag die Wirkung seiner selbstbewußten nationalen Haltung im Umgang mit den Besatzungsmächten positiver eingeschätzt haben. »Patrioten« suchten sie in dieser Zeit jedoch weniger als Mitarbeiter, was ihre Deutschlandpolitik angeht. Konrad Adenauer hat von den Alliierten mehr Lob geerntet, mehr Hilfe gefunden für das, was er durchsetzen wollte.

Vorwürfe und Forderungen

Das war kein Wunder, wenn Schumacher zum Beispiel die westlichen Siegermächte im Jahrbuch der SPD 1947 – geschrieben auf dem Krankenbett im Juli 1948 – beschuldigte, durch »ihre politischen und ökonomischen Irrtümer . . . das Chaos immer größer zu machen«. Schumacher rühmte die SPD: »Sie hat den westlichen Alliierten vorgeworfen, daß die Teilung Deutschlands, wie sie seit 1945 effektiv von den Russen in Angriff genommen wurde, durch ihre Passivität erst ermöglicht wurde.« In diesem Resümee geht Schumacher auch auf die Währungsreform ein, mit der die drei Westmächte am 18. Juni 1948 für Westdeutschland die eigene wirtschaftliche Entwicklung einleiteten. Ähnliches gilt für die Sechsmächtekonferenz vom 23. Februar bis zum 2. Juni 1948 in London, auf der ein Verfassungsentwurf verabschiedet wurde. Teilnehmer: die USA, Großbritannien, Frankreich und die drei Beneluxstaaten.

Schumacher beklagte: »Keine der drei Westmächte hat, bevor sie an die Lösung der Probleme ging, eine der maßgebenden politischen Potenzen Deutschlands oder gar alle Kräfte, auf deren Unterstützung sie rechnete, über ihre Ziele und über die Methodik ihrer Politik unterrichtet. Daraus sind dann die Schwierigkeiten entstanden ... Man hat die Währungsreform als eine isolierte finanztechnische Manipulation vorgenommen. Sie ist als ein Werk der Besatzungsmächte, vor allem der Amerikaner, nach deren Wünschen gestaltet. Aber eine Währungsreform, die nicht zu gleicher Zeit die Prinzipien des Lastenausgleichs bestimmt, ist ein halbes und gefährliches Werk. Die wenig oder nichts Besitzenden, die Arbeiter und Intellektuellen, die Ausgebombten, Evakuierten und Flüchtlinge haben einen schlechten Start gegenüber der geschlossenen Front der Sachwertbesitzer ... Eine Sicherheit gibt es bloß durch die radikalste Form des Lastenausgleichs, die Neuordnung der Eigentumsverhältnisse in Deutschland.«

So forderte er auch in dem langen, auf dem Krankenlager entstandenen Referat für den Parteitag: »Die Entmachtung der großen Industrie ist die Voraussetzung für die Krisenfestigkeit der Demokratie in Deutschland ... Der Mangel an Einsicht und gutem Willen bei den Besatzungsmächten kann hier verheerend wirken. Eigentümer einer sozialisierten Grundindustrie kann nur das deutsche Volk sein.« Schumacher rügte, daß die Amerikaner in Hessen 1946 den Sozialisierungsartikel der provisorischen Landesverfassung suspendiert hätten. Sehr drastisch wirft er den Besatzungsmächten vor: »So wie das eine Prinzip im Osten ohne die Deutschen durchgeführt worden ist, so hat man den entgegengesetzten Grundsatz im Westen Platz greifen lassen. Ob man die Vorgänge hier Revolution und dort Restauration nennen will, sie sind in beiden Fällen außerhalb des Volkswillens und der demokratischen Diskussion der Deutschen entstanden. Beide haben die Volksmassen unseres Landes nicht in Bewegung gesetzt und ihren Willen in eine Richtung gebracht, die mit den Wünschen der Deutschen übereinstimmt.«

Verfassung in fremdem Auftrag

Damit waren natürlich auch die drei Dokumente gemeint, in denen die Militärgouverneure im Auftrage der – schon erwähnten – Londoner Sechsmächtekonferenz in Grundzügen eine westdeutsche Verfassung und ein Besatzungsstatut entwickelten. Sie waren in Frankfurt den elf westdeutschen Länderchefs übergeben worden. Diese beschäftigten sich ihrerseits in zwei Konferenzen, die erste vom 8. bis zum 10. Juli 1948 auf dem »Rittersturz«, einem Hotel bei Koblenz, die zweite im Jagdschloß Niederwald bei Rüdesheim am 15./16. und 20./21. Juli mit diesen »Frankfurter Dokumenten«. Sie erklärten zögernd ihr Einverständnis zur Gründung eines westdeutschen Staates. Das war eine deutsche Grundentscheidung für die vorläufige Teilung Deutschlands, für die Zweistaatlichkeit. Sie mag in ihrer ganzen Tragweite den Ministerpräsidenten nicht voll bewußt gewesen sein. Kurt Schumacher kritisierte sie nicht. Er sagte in seinem Referat für den Parteitag im September: »Das geteilte Deutschland ist ein Zustand, der aus dem Zwang der Verhältnisse der Sieger untereinander entstanden ist. Es gibt kein westdeutsches und kein ostdeutsches Staatsvolk . . . Es handelt sich um ein Stück Machtverteilung der Okkupationsmächte, das sich auf deutschem Boden abspielt . . . Darum sollten unserer Meinung nach der Osten und der Westen die Verantwortung auch sichtbar dafür tragen, was sie tun.«

Den Ministerpräsidenten und dem Parlamentarischen Rat, der am 1. September 1948 in Bonn zusammengetreten war, empfahl Schumacher: »Für Westdeutschland soll etwas geschaffen werden, was eine verpflichtende Satzung, aber nicht, was eine Verfassung ist. Die Sozialdemokratie will einmal die deutsche Republik, die in gleicher Weise aus dem politischen Willen des deutschen Volkes wie aus der Schaffung eines erträglichen Verhältnisses der Sieger untereinander entsteht . . . Das Ergebnis von Bonn soll praktisch, gescheit und handlich sein, aber nicht eine deklamatorische Übersteigerung. In Bonn werden wir Sozialdemokraten nicht den Ehrgeiz haben, die großen geschichtlichen Vorbilder der alten demokratischen Verfassungen mit Worten und Beteuerungen zu übertreffen. Hier soll ein den Realitäten entsprechendes Provisorium entstehen.« Und Schumacher schränkte vorsorglich ein: »Bei allem guten Willen, reale Möglichkeiten auszunutzen, weiß auch die Sozialdemokratie heute noch nicht, ob sie in der Lage ist, den Entwurf annehmen zu können. Darüber entscheidet sein Inhalt.«

Zum Zeitpunkt dieser Rede lag schon außer den alliierten Dokumenten ein deutscher Vorentwurf auf dem Tisch, an dem für die SPD Professor Carlo Schmid, damals Staatsminister in Württemberg-Hohenzollern, mitgearbeitet hatte. Der Entwurf war auf einer Konferenz in Herrenchiemsee zwischen dem 10. und dem 28. August entstanden und zeigte mit einem Umfang von mehr als 100 Seiten bereits die Grundzüge einer Verfassung – mehr als »den Plan für einen Notbau«, wie Carlo Schmid den Entwurf abwertend nannte. Außer ihm hatte in dem ehemaligen bayerischen Königsschloß Herrenchiemsee für die SPD noch Staatssekretär Hermann Brill aus Hessen und der Berliner Stadtverordnetenvorsteher Otto Suhr (später Regierender Bürgermeister) mitgewirkt. Auf dieser Expertentagung war nur von »verfassungstechnischen Vorbereitungen« und von einem »Provisorium« gesprochen worden.

Schumacher wollte zu diesem Zeitpunkt nicht einmal die Bezeichnung »Bund« für das geplante westdeutsche Staatsgebilde gelten lassen: »Diese Bezeichnung hat ihre geschichtliche Eigenart und Belastung . . . Sicher werden aus dem bisherigen Verfassungsleben der Länder gewisse Exzesse des Föderalismus gebändigt werden müssen . . .« Damit waren Pläne für einen deutschen Staatenbund gemeint, wie ihn damals bayerische Politiker oder die Länder der französischen Zone mit der Institution eigener »Staatspräsidenten« postulierten.

In einem Papier des SPD-Verfassungsexperten Walter Menzel hieß es dazu: »Die deutsche Sozialdemokratie lehnt die Schaffung eines deutschen Staatenbundes ab, weil dieser nach außen die Entwicklung zu einer europäischen Einheit hemmen und nach innen eine unerwünschte Zersplitterung der zur Gesundung und zum Aufbau erforderlichen Arbeiten bedeuten würde.« Eine bundesstaatliche Gestaltung habe nur dann einen Sinn, schrieb Menzel in einem Gutachten für Kurt Schumacher, wenn die Gesetzgebung im wesentlichen »bei dem Reich« verbleibe. Die Verwaltung solle allerdings dezentral durch die Länder erfolgen. Darauf – auf die Auftragsverwaltung durch die Länder – einigte sich schließlich der Parlamentarische Rat, außerdem auf die bundesstaatliche Lösung und auf die Stärkung des Regierungschefs, des Bundeskanzlers, durch das konstruktive Mißtrauensvotum – wie es Adenauer und Schumacher gefordert hatten, aber nicht sie allein.

Denn dieser Gedanke und noch viele andere finden sich in den Plänen für einen künftigen deutschen Staat, die seit 1944 eine Arbeitsgruppe von deutschen Emigranten im Auftrag des amerikanischen Kriegsministeriums geschmiedet hatte. Es ist verblüffend, in diesen erst 1986 in deutscher Sprache veröffentlichten Vorschlägen zu entdekken, daß die deutschen Väter des Grundgesetzes in Herrenchiemsee und im Parlamentarischen Rat keineswegs die alleinigen Urheber wesentlicher Verfassungsbestimmungen waren.

Im »Research and Analysis Report« Nr. 2076 vom 18. September 1944 wurde zum Beispiel empfohlen, im demokratischen Nachkriegsdeutschland das Verhältniswahlrecht einzuführen, weil es »den organisierten Parteien die Möglichkeit [gibt], politisch eine dominierende Stellung zu erringen und so die Rationalität politischer Beziehungen [zu fördern]. Der Nachteil, daß damit kleinere Parteien wie in der Weimarer Zeit begünstigt würden, könnte durch eine Sperrklausel gegen Splitterparteien behoben werden.« So geschah es denn auch 1949. – Mitglied der Washingtoner Arbeitsgruppe war übrigens damals Professor Herbert Marcuse, der in den späten sechziger Jahren an deutschen Hochschulen versuchte, das Bündnis der linken Großväter mit den linken Enkeln herzustellen.

Der Report Nr. 3521.9 vom 12. August 1946 empfahl, »Bereiche wie interne Verwaltung, Erziehung und Polizei in die Kompetenz der Länder« zu geben. So stand es dann im Grundgesetz – konsequenter, als es Schumacher recht war. Auch die zweite Kammer, der Bundesrat, entstand nicht auf Vorschlag der Sozialdemokraten. Die amerikanischen Experten antworteten 1946 auf mögliche Einwände (und bekamen später mit ihrer Einschätzung recht): »Der Einfluß einer solchen Institution im föderalistischen Sinne sollte nicht überschätzt werden. In Ermangelung wirklich regionaler Themen wird eine solche Kammer höchstwahrscheinlich in Übereinstimmung mit der Politik der großen Parteien des Landes entscheiden und nicht versuchen, spezifische regionale Interessen gegen das Reich durchzusetzen.«

Wie Schumacher später, waren die amerikanischen Experten von Anfang an gegen die direkte Wahl und gegen politische Vollmachten für den Bundespräsidenten, also gegen ein Präsidialsystem nach amerikanischem Muster. Ein solches System werde in Deutschland Züge einer »plebiszitären Autokratie« entwickeln, fürchteten sie in Erinnerung an Hitler. Statt dessen sollten häufige Regierungswechsel dadurch erschwert werden, »daß für ein solches Votum gegen den Kanzler die absolute Mehrheit aller Mitglieder des Parlaments zur Voraussetzung gemacht wird«. Genau das wurde drei Jahre später im Grundgesetz mit der Einführung des konstruktiven Mißtrauensvotums festgelegt. Es hat sich bewährt, und alle Kanzler waren damit zufrieden, obwohl es von einer Besatzungsmacht bereits 1946 konzipiert worden war.

Unter den Experten, die die Alliierten während der Zusammenkunft des Parlamentarischen Rates berieten, waren ehemalige deutsche Professoren, die Erfahrungen aus der Weimarer Republik einbrachten. Bei diesen Emigranten handelte es sich meist um sozialistisch orientierte Wissenschaftler, die aus »rassischen« Gründen sehr bald nach Hitlers Machtübernahme in die USA und nach England emigriert waren. Außerdem hatte die SPD mit Professor Karl (Carlo) Schmid aus

Tübingen im Parlamentarischen Rat die Schlüsselposition inne: die Leitung des koordinierenden Hauptausschusses. Der Präsident des Rates, Konrad Adenauer, nahm an der Ausarbeitung des Textes kaum stärker teil als der schwerkranke Kurt Schumacher, der sich von den SPD-Ratsmitgliedern auf dem laufenden halten ließ.

Mitarbeit vom Krankenbett

So berichtete zum Beispiel Carlo Schmid am 7. Februar 1949 – »durch Eilboten zu bestellen!« – ausführlich über eine mehrstündige Unterredung mit dem Leiter der englischen Verbindungsstelle, Chaput de Saintonge. Schumacher erfuhr von Meinungsverschiedenheiten zwischen den Westmächten: »Danach besteht offenbar eine britisch-amerikanische Einheitsfront, vor der die Franzosen in einigen wesentlichen Punkten zurückgewichen zu sein scheinen, ohne jedoch ihren prinzipiellen Standpunkt in Fragen der Föderalisierung Deutschlands aufgegeben zu haben. Als bemerkenswertes Ergebnis bezeichnete er [Chaput de Saintonge] das Einverständnis zwischen Schuman [französischer Außenminister] und Bevin [britischer Außenminister] über die Notwendigkeit der möglichst raschen Bildung einer deutschen Regierung und der Teilnahme dieser Regierung an dem Rat der Europäischen Union . . . Bevin habe Schuman gegenüber keinen Zweifel daran gelassen, daß allzu große französische Eigenmächtigkeiten wenig Chancen hätten, die Zustimmung ihrer Alliierten zu finden, und er habe es erreicht, daß die Franzosen ihr Einverständnis erteilten, Kehl auch administrativ wieder dem deutschen Staatsverband einzugliedern.«

Für Schumacher war diese Information außerordentlich wertvoll. Er kannte damit die Schwäche der französischen Opposition in der Dreiergruppe gegen den Wunsch der SPD und der Briten, allzu »föderalistische Exzesse« zu verhindern. Das galt insbesondere für die Rechte des Bundes in Finanzfragen. Wie sehr sich die drei westlichen Verfassungsexperten in London dabei die Köpfe des Parlamentarischen Rates zerbrochen hatten, schilderte Schmid unter Berufung auf den britischen Diplomaten genauer: »Die Franzosen und Amerikaner hätten . . . sich mit der Gesetzgebung des Bundes über die großen Steuern einverstanden erklärt, ebenso mit dem Prinzip des Finanzausgleichs, sie wollten aber die Verwaltung in die Hände der Länder geben, vor allen Dingen deswegen, weil sie nicht wollten, daß ein Korps von 150 000 bis 200 000 Finanzbeamten unmittelbar unter der Befehlsgewalt der Zentralbehörden stehe. Auf britische Einwendungen hin hätten die Franzosen den Vorschlag gemacht, im Falle schlechten Steuereinzugs der Bundessteuern durch Landesfinanzbehörden dem Bund die Möglichkeit zu geben, die Finanzverwaltung in dem säumigen Land einem Bundeskommissar zu unterstellen. (n. b. Gerade das war übrigens der Vorschlag, den Ministerpräsident Ehard uns letzte Woche machte! Offenbar ist er also durch die Franzosen über die Einzelheiten der Londoner Verhandlungen unterrichtet worden.) Mr. Ch. bezweifelte, daß es möglich sein wird, die Franzosen und auch einen Teil der Amerikaner auf die britische Linie zu bringen.«

Offenkundig hatten die Franzosen zur bayerischen CSU (Ministerpräsident Ehard) also Vertrauen und hielten sie genauso über die Londoner Verhandlungen auf dem laufenden wie die Briten ihrerseits die SPD. Hatte Ehard den französischen Vorschlag dem Parlamentarischen Rat in Bonn vorgelegt, oder hatten die Franzosen in London auf Vorschlag der bayerischen CSU den »Bundeskommissar« vorgeschlagen? – Jedenfalls läßt sich an dieser Episode aus der Entstehungsgeschichte des Grundgesetzes erkennen, wie eng sich bei diesem Vorhaben parteipolitische und besatzungspolitische Interessen miteinander verflochten haben. Wer sich jeweils wessen bedient hat, ist nicht sicher auszumachen. Das Resultat zählt: das Grundgesetz, das sich besser bewährt hat als die lupenrein deutsche Verfassung der ersten deutschen Republik, ausgearbeitet 1919 von einer gewählten Nationalversammlung in Weimar.

Die 65 Mitglieder des Parlamentarischen Rates waren von den Landtagen delegiert worden. Je 27 gehörten der CDU/CSU und der SPD an. Fünf waren Freie Demokraten, je zwei Delegierte stellten die Deutsche Partei, das Zentrum und die Kommunisten. Daraus ergab sich schon bei der Konstituierung die knappe bürgerliche Mehrheit, die Konrad Adenauer am 1. September 1948 zum Präsidenten des Rates und dann ein Jahr später zum ersten Bundeskanzler wählte.

In den acht Monaten der Arbeit des Parlamentarischen Rates entstand, so der SPD-Verfassungsexperte Walter Menzel während der Verhandlungen, »ein immer größerer Drang zum Perfektionismus, der dem materiellen Inhalt des Grundgesetzes sehr stark den Charakter einer Verfassung im althergebrachten Sinne gegeben hat«. Menzel nahm sich und seine Partei von dieser Kritik am übertriebenen Perfektionismus nicht aus, obwohl er selbst ja in seinem schon erwähnten Gutachten für Kurt Schumacher nur eine »Satzung« für ein westdeutsches Staatsprovisorium empfohlen hatte. – In der Schlußphase der

Beratungen kämpfte Kurt Schumacher dann mit letzter Entschlossenheit nur gegen eine Schwächung der zentralen Befugnisse des Bundes. Der Konflikt deutete sich in dem – erwähnten – Brief von Carlo Schmid an den Parteivorsitzenden schon an. Gegen die CDU/CSU konnten die Sozialdemokraten zusammen mit den FDP-Vertretern erreichen, daß im Grundgesetzentwurf dem Bund eine starke Finanzverwaltung und die weitgehende Zuständigkeit für die Steuergesetzgebung überlassen wurden. Auch ein Finanzausgleich zwischen den Ländern wurde vorgesehen.

Kraftprobe um die Bundeskompetenzen

Die westlichen Militärgouverneure überreichten dem Parlamentarischen Rat am 3. März 1949 »Gegenvorschläge«. Diese in London erarbeitete Zehn-Punkte-Erklärung lag auf der Linie der französischen und amerikanischen Vorstellungen über eine Finanzverwaltung durch die Länder. Sie hätte nach Ansicht von Schumacher den Bund »zum Kostgänger der Länder« degradiert. Schumacher kannte die Schwäche der französischen Position und lehnte die Forderungen der Generäle rundweg ab. »Die alliierten Gegenvorschläge können nicht Bestandteil einer die deutschen Kräfte zusammenfassenden Verfassung sein, denn sie haben trennende und auflösende Wirkungen . . . Soviel Punkte, soviel Schwierigkeiten und Tendenzen zur Auflösung Westdeutschlands in einen Staatenbund. Weder die Sicherheit Frankreichs noch die Neuordnung Europas, am allerwenigsten aber die Demokratie in Deutschland sind auf diesem Wege möglich . . . Damit nimmt man der Demokratie ihren politischen und moralischen Wert und macht den Platz frei für nationalistische und antidemokratische Bewegungen, die sich prorussisch auswirken müssen . . . Die Erhebung des Begriffes Föderalismus zu einem Fetisch mit prähistorischem Inhalt ist ein kostspieliger Luxus und ein gefährlicher Umweg für ganz Europa.«

Prorussisch; Staatenbund; antidemokratisch; prähistorisch; antieuropäisch – eine stattliche, eindrucksvolle Garnierung für das entschiedene Nein der SPD, das Schumacher mit diesem Interview vom 30. März 1949 im SPD-Pressedienst bereits vorbereitete. Das Datum ist wichtig, weil die CDU fortan und im Wahlkampf behaupten sollte, Schumacher habe Tage vor dem offiziellen Nein der SPD am 20. April von den Briten einen Wink bekommen, daß die Alliierten für den Fall einer deutschen Weigerung einen milderen Vorschlag in der Hinterhand gehalten hätten. Das kann angesichts dieses Interviews drei Wochen vor dem Beschlußtermin schwerlich der Fall gewesen sein.

Denn danach hat die SPD noch mit der CDU über einen neuen Entwurf verhandelt, wenn auch ohne Erfolg. Dann erst kam es am 19. April im Parteivorstand und am 20. April auf einer gemeinsamen Sitzung der SPD-Ministerpräsidenten und der SPD-Fraktion des Parlamentarischen Rates zu der Entschließung, in der die Sozialdemokratische Partei offiziell ein Grundgesetz ablehnte, das ihren – nachstehend aufgezählten – Forderungen nicht genügte:

»Angesichts der herannahenden großen Entscheidungen wird der nationalistische und kommunistische Ansturm nur aus eigenem politischen Willen des deutschen Volkes und nicht durch bloße staatsrechtliche Konstruktionen gebrochen werden, die auf fremder Weisung beruhen. Die Sozialdemokratische Partei kann hier nicht folgen. Sie sieht eine letzte Möglichkeit, die Arbeit des Parlamentarischen Rates zu einem erträglichen Abschluß zu bringen, wenn:

- die notwendige deutsche Entschlußfreiheit durch die Besatzungsmächte nicht weiter beeinträchtigt wird,
- der Grundgesetzentwurf auf das Notwendigste beschränkt wird,
- die die Volkssouveränität einengenden Vollmachten des Bundesrates entscheidend gemindert werden,
- die Erhaltung der deutschen Rechts- und Wirtschaftseinheit auf allen Gebieten, vor allem dem der Gesetzgebung, sichergestellt wird,
- eine Regelung im Finanzwesen getroffen wird, die dem Bund die Mittel und Möglichkeiten gibt, deren er zur Erfüllung seiner Aufgaben bedarf,
- endlich die Gleichartigkeit der Lebensverhältnisse in allen Teilen des Bundesstaates, insbesondere eine einheitliche Sozialordnung und ein angemessener Finanz- und Lastenausgleich gewährleistet wird.«

Schumacher nahm an diesem Tage, am 20. April 1949, zum ersten Male nach langer Krankheit wieder an einer größeren Sitzung der obersten Parteigremien teil. Als der Beinamputierte, gestützt auf Annemarie Renger, den Sitzungssaal des Rathauses von Hannover betrat, erhoben sich die rund achtzig Anwesenden spontan. Schumacher begann: »Ich bin gesund, hoffentlich manchen Leuten nicht zu gesund!« (Heiterkeit, steht hier im Protokoll.) Und wie wichtig ihm die Entscheidung über die alliierten Gegenvorschläge, die Liste der Bedingungen für die Zustimmung der SPD zum Grundgesetz war, sagte er zu Beginn dieser (in der Niederschrift dreißig Druckseiten langen) ersten öffentlichen Rede seit einem Jahr: »Wir sprechen heute über eine Entscheidung, die unserem schicksalsschweren Beschluß, dem Kommunismus unter allen Umständen den Zutritt zu den sozialistischen Arbeitern zu verweigern, durchaus gleichwertig ist.« Jede Richtung, jede Ansicht solle gehört und in ihren Argumenten sachlich gewürdigt werden, kündigte Schumacher an.

Innerparteiliche Widerstände

Die Vorentscheidung war schon in der Sitzung des Parteivorstandes am 19. April gefallen. Ein Blick ins Protokoll zeigt, daß vor allem die Länderchefs – der Bremer Senatspräsident Wilhelm Kaisen, der hessische Ministerpräsident August Zinn und der Berliner Bürgermeister Ernst Reuter – Bedenken gegen ein Nein der SPD zu den alliierten Forderungen hatten:

»Kaisen glaubt, daß wir uns als Verhandlungspartner ausschalten würden, wenn wir nein sagen. Jedenfalls könne der PV [Parteivorstand] für ein Nein nicht die Verantwortung übernehmen. Dazu müsse ein Parteitag einberufen werden. Wir sollten die Fraktion [des Parlamentarischen Rates] bevollmächtigen, mit der CDU ein Übereinkommen zu treffen, das den Abschluß der Bonner Arbeit ermöglicht.« Zinn forderte, das Nein mit einem positiven Gegenvorschlag zu verbinden, unterstützt durch das Hamburger Vorstandsmitglied Adolph Schönfelder: »Sonst könnten wir nicht vor der Öffentlichkeit bestehen.«

Fritz Heine rechnete vor, daß der Kompromißvorschlag von Zinn den Steueranteil des künftigen Bundes von 13,5 auf 7,5 Milliarden Mark verringern werde. Er verlangte – als einziger – »ein grundsätzliches Nein der SPD zur Schaffung einer Verfassung mit alliiertem Veto«.

Ernst Reuter hingegen betonte, »daß das Zustandekommen der Bonner Verfassung für Berlin eine Lebensfrage sei . . . Wir gehören zum Westen, und wir müssen in ein Verhältnis zu Frankreich kommen, auch wenn es uns Opfer kostet. Wir können jetzt nur erklären, wozu wir ja sagen, dürfen nicht rundweg verneinen. Er würde es begrüßen, wenn morgen [am 20. April] einige der überspitzten Formulierungen Kurt Schumachers nicht gesagt würden.«

Auch der Berliner Otto Suhr befürwortete den Kompromißvorschlag von Zinn über die Finanzteile für Bund und Länder. Er kritisierte noch heftiger als Reuter überspitzte Vergleiche, insbesondere »Schumachers Formulierung vom Rheinbundgebilde«.

Es ist interessant, daß die Länderchefs der SPD alle gegen ein Nein zum Grundgesetz und für einen geringeren Steueranteil des Bundes plädierten als Schumacher und die Mehrheit des Parteivorstandes. Später – im Bundesrat – sollte sich diese Frontstellung der Länder gegen den Bund in Steuerfragen unabhängig von der Parteizugehörigkeit stets wiederholen.

Schumacher hielt diesen Länderwünschen am 19. April 1949 entgegen, »selbst der amerikanische Föderalismus läßt es zu, daß 80 Prozent des Steueraufkommens nach Washington gehen«. Am nächsten Tage vor dem erweiterten Kreis, der neben dem Parteivorstand den Parteiausschuß, die Kontrollkommission und die Ministerpräsidenten einschloß, ergänzte Schumacher, bei dem Kompromißvorschlag in Sachen Steuerverteilung müsse zunächst im Hauptausschuß verhandelt werden. »Damit unterliegen wir der Gefahr der Pression.« Außerdem habe der Parteivorstand am Vortag beschlossen: »Wenn in einer der wesentlichen Punkte der vorliegenden Entschließung ein Abstrich erfolgen sollte, würde damit das Grundgesetz von uns insgesamt abgelehnt werden. Eine Ablehnung würde jedoch weder die Bildung der Trizone noch das Anlaufen des Marshall-Plans im Juni verhindern.«

Schumacher widersprach damit dem Zinn-Vorschlag, das heißt dem Steuerkompromiß zugunsten der Länder. Kaisen blieb bei seiner Ablehnung, ja er fügte hinzu, »daß das Nein Kurt Schumachers geschichtlich nicht begründet und nicht vertretbar« sei. Auch die Fraktionsmitglieder Löwenthal und Renner wandten sich gegen Schumacher und bezweifelten, daß ein Scheitern des Grundgesetzes keine Gefahren berge. Die Entscheidung müsse bei der SPD-Fraktion im Parlamentarischen Rat liegen. Ernst Reuter mahnte zur Rücksichtnahme auf die anderen Parteien und die außenpolitischen Gegebenheiten: »Wenn Bonn scheitert, tritt zweifellos für Berlin eine schwierige Situation ein.«

Schumacher lehnte alle Abänderungsanträge entschieden ab und erklärte, laut Protokoll: »Die Fraktion und die ganze Partei brauchten jetzt ein Korsett. Die Fraktion habe eine Spezialaufgabe, der aber ein die ganze Partei berührender Komplex sei. Mit unserem Nein wird die Situation weder für die französische Zone noch für Berlin prekärer. Auch der Marshall-Plan wird weiterlaufen, denn man wird nicht ein Gebiet aufgeben, in dem das Ruhrgebiet liegt.«

Erich Ollenhauer, der die Sitzung leitete, erklärte alle Anwesenden für stimmberechtigt: 23 Mitglieder des Parteivorstandes, 31 des Parteiausschusses und 21 von der Fraktion im Parlamentarischen Rat. Der

Abänderungsantrag wurde gegen acht Stimmen abgelehnt, die Entschließung gegen vier Stimmen bei acht Enthaltungen angenommen. Die Gegenstimmen kamen von Kaisen, Löwenthal, Renner und Diederichs (nach Hinrich Kopf SPD-Ministerpräsident von Niedersachsen). Diese Politiker gehörten auch später häufig zu den innerparteilichen Widersachern, die Schumachers kompromißlose Oppositionspolitik gegen Besatzungsmächte und Bundesregierung kritisierten.

Zustimmung mit schwersten Bedenken

Schumacher sah der »durch schwere Verzichte der Sozialdemokratie« erreichten Einigung im Parlamentarischen Rat ohnehin mit grundsätzlichen Bedenken entgegen: »Die Einigung ist durch die wiederholten, in Einzelheiten gehenden Interventionen der Besatzungsmächte zerstört worden. Dieser Ausgang wurde durch die weitgehende Identität der Auffassungen der Führungsschicht der CDU/CSU und der Besatzungsmächte über den Aufbau eines deutschen Staatswesens gefördert. Das muß notwendig zu einer Bloßstellung der Demokratie führen, den demokratischen Kräften jedes Ansehen und jeden Kredit nehmen, der Jugend das Zutrauen in eine freiheitliche Zukunft rauben und die deutsche Einigung erschweren.« Schon in diesem Text, der Entschließung vom 20. April 1949 also, sah Schumacher die »Führungsschicht der CDU/CSU« mit den Besatzungsmächten auf einer Linie, bezeichnete deren Auffassungen als weitgehend identisch. Damit war sein Zwischenruf acht Monate später gegen den Vorsitzenden der CDU, Konrad Adenauer: »Kanzler der Alliierten«, gedanklich schon vorbereitet.

Diesmal sollten die bürgerlichen Parteien, das war Schumachers Intention, und nicht wie nach dem Ersten Weltkrieg die Sozialdemokraten in die Rolle des Erfüllungsgehilfen der Siegermächte gedrängt werden. Die SPD sollte sich an nationaler Gesinnung von niemandem im Nachkriegsdeutschland übertreffen lassen. Allerdings waren solche nationalen Positionen nach dem totalen Zusammenbruch und der Teilung des Landes weniger gefragt als 25 Jahre zuvor. Damals suchte eine Mehrheit nach Schuldigen für den Verlust des Krieges, für »das Schanddiktat von Versailles«. Im Zweiten Weltkrieg hatte gerade diese revanchistische Mehrheit mit Hitler alles riskiert und alles verspielt. Den Nationalisten war ihr Scheitern bewußt – und deshalb gaben sie klein bei. Nicht so Kurt Schumacher.

Seine große Rede am 20. April 1949 beendete er mit dem – damals nicht veröffentlichten – Appell an den Hauptkritiker seiner harten nationalen Forderungen: »Der Todfeind der Demokratie sind nicht die polaren gegensätzlichen Prinzipien, der Todfeind der Demokratie ist ihre Passivität, ihr Nichtkämpfenwollen, ihr Gleitenlassen! Aus diesem Stadium müssen wir heraus. Der Genosse Kaisen, mit dem wir gestern sachlich uns ausgesprochen haben, glaubt freilich alle diese Argumente für den gegensätzlichen Standpunkt okkupieren zu können. Aber, Genosse Kaisen, ich kann dir nicht zustimmen. Soviel Selbstachtung und Entschlossenheit, daß wir die Achtung der anderen bekommen. Anders können wir unsere Aufgabe nicht bewältigen!«

In seiner Rede hatte Schumacher ein anschauliches Beispiel dafür gefunden, warum die SPD nein sagte zu den alliierten Wünschen, die von der CDU akzeptiert worden waren: »Stellen sie sich einmal vor, wenn das Schicksal und die soziale Position der kleinen Leute und vor allem etwa der Flüchtlinge abhängig sein sollte von Staatsverträgen, die deutsche Länder untereinander schließen?! . . . Wir wollen unter keinen Umständen – die Entwicklung mag gehen, wie sie will – einen Bund deutscher Länder. Wir wollen immer nur einen Bundesstaat . . . Jetzt heißt es fest bleiben, in diesem Rahmen und ohne Interpretation und ohne Wackeln! Mut zur Konsequenz! Die Erfolge werden sich schon einstellen.«

Der erste außenpolitische Erfolg

Sie stellten sich ein. Alliierte Offiziere überreichten dem Parlamentarischen Rat zwei Tage später, am 22. April, eine Note, datiert vom 8. April, die wesentliche Forderungen der SPD-Entschließung von Hannover gegenstandslos machte und der SPD die Zustimmung ermöglichte. »Ihr Trumpf war das Nein des Parteivorstandes zu weiteren Kompromissen beim Grundgesetzentwurf. Er hat gestochen«, kommentierte die bürgerliche Wochenzeitung »Die Zeit« damals. Sie erwähnte, daß Schumacher am 20. April 1949 zum ersten Male wieder den Vorsitz führte, und nannte das Ergebnis: »Bitter benötigte Pluspunkte für Deutschland und die SPD. Vier Jahre lang hat sich Schumacher bis zum letzten verausgabt. Wird es heute, da sich die Konturen einer Bundesrepublik abzeichnen und man fortan auch deutsche Politiker mit staatsmännischen Maßen wird messen müssen, dem Geist noch einmal gelingen, den Körper zu überwinden und den Schritt vom Volkstribun zum Staatsmann zu tun? Das Nein von Hannover war ein vielversprechendes Debüt.«

Auch Schumacher freute sich über solche Anerkennungen, zeigte sich – privat – stolz auf den Erfolg. Am 27. April schrieb er an Edith Baade in New York, die Frau des späteren Bundestagsabgeordneten Fritz Baade, der mit Schumacher von 1930 bis 1933 dem Reichstag angehört hatte: »Sie werden wohl gesehen haben, daß wir eine politische Linie am 20. April aufgestellt und durchgehalten haben, die uns jetzt den ersten außenpolitischen Erfolg für die Deutschen beschert hat. Wir waren es leid und empfanden es als unmöglich, auf alliierten Wunsch das für richtig zu erklären, was wir für absolut falsch halten. Ich war mir völlig darüber klar, daß diese Haltung zum vollen Erfolg führen und auch den alliierten Ring um Bonn sprengen mußte . . .

Wir haben bewußt das volle Nein mit all seinen Konsequenzen in den Vordergrund gestellt. Ich habe nun gerechnet, daß die Alliierten, denen diese Anrede galt, auch antworten müßten. Tatsächlich haben sie am 22. April bereits mit einem Dokument von nie gekannter Toleranz und Weitherzigkeit reagiert. Die Tatsache, daß es keine Abwehr des Ostens ohne die deutsche Linke gibt, war vor der Außenministerkonferenz besonders aktuell. Sie hat sich nationalpolitisch und europäisch bewährt. Das Verderben aber wäre die Durchsetzung einer Maxime gewesen, die auch eine schlechte Verfassung als besser angesehen hätte als gar keine. Da wäre eine von der Besatzung verordnete Verfassung noch erträglicher gewesen.

Besonders niedrig und kretinhaft hat sich ein großer Teil der Lizenzpresse der amerikanischen Zone benommen. Die CDU, die im Schatten der Alliierten ihren Partikularismus durchbringen wollte, benimmt sich in ihrem agitatorischen Jargon so wie der schlechtere Teil der Kommunisten. Die Kirchen waren und sind ein sehr peinliches Kapitel. Auch sie haben wie alle anderen Interessenten – mit Ausnahme der Gewerkschaften – noch nicht gemerkt, daß Bonn nicht eine Gelegenheit zur Sicherung von Vorteilen, sondern der Beginn eines deutschen Staatswesens sein sollte.«

Kurt Schumacher hat damit – nach der Wiederbegründung der SPD und der Entscheidung gegen die Fusion mit den Kommunisten –, in der Abwehr partikularistischer Tendenzen eines »Bundes deutscher Länder«, den Bundesstaat in der arbeitsfähigen föderalistischen Struktur durchgesetzt, wie er seit 1949 besteht. Auf diese Leistung war er stolz, wie der private Brief an Edith Baade zeigt. Dieser Erfolg stellte sich ein, nachdem sein Leben noch ein dreiviertel Jahr vorher in schwerer Krankheit zu verlöschen schien.

In diesen Monaten hat Schumacher für die Partei auch einige andere Entscheidungen getroffen oder beeinflußt, die nicht übersehen werden sollten. Von der sozialdemokratischen Pressepolitik sei die Rede, von der Berliner Blockade und von der Arbeit des Ostbüros.

Die Pressearbeit interessierte Kurt Schumacher als ehemaligen Redakteur der »Schwäbischen Tagwacht« und natürlich nun auch als Parteivorsitzenden. Am 11. September 1948 erschien die erste Ausgabe des »Neuen Vorwärts«, Mitherausgeber Kurt Schumacher, als »das Zentralorgan der Partei«. Der traditionelle Titel »Vorwärts« war schon im Juni 1945 von der SPD in der Sowjetzone benutzt worden, aber Schumacher wollte mehr. Der Name »Neuer Vorwärts« bedeute »eine Forderung, sich ernsthaft darum zu bemühen, den neuen Aufgaben mit neuen Mitteln gerecht zu werden«, erklärte er in der ersten Ausgabe. Er verteidigte bei dieser Gelegenheit aber zugleich das Festhalten an Parteizeitungen, wie es in der britischen Zone praktiziert wurde: »Bei dem tollen Durcheinander der politisierenden Publizistik ist es ... gut, wenn auch Parteizeitungen da sind.« Die gesellschaftliche Wirklichkeit und deren Analyse solle für Parteizeitungen maßgebend sein. So wünschte sich Herausgeber Schumacher den »Neuen Vorwärts«, das Parteiorgan, und so auch die zu diesem Zeitpunkt schon wieder stattliche Zahl sozialdemokratischer Tageszeitungen, seit 1946 in der »Konzentrations-GmbH« zusammengefaßt.

Gesellschafter waren Verlage der Partei in der britischen Zone – mit Ausnahmen. Das hatte gute Gründe. Dietrich Oppenberg, damals schon Verleger der »Neuen Ruhr Zeitung«, erinnert sich an viele Auseinandersetzungen mit dem Parteivorstand, an denen Kurt Schumacher teilgenommen hat. Er kann sich allerdings nicht an die Behauptung von Heinz Kühn erinnern, Kurt Schumacher habe Freunden anvertraut, »er werde sofort das Amt des Oppositionsführers niederlegen, wenn er eine wirklich große Zeitung leiten könne«. Kühn schrieb 1981 in seinem Buch »Aufbau und Bewährung«: »Die parteipolitische Presse jener Aufbauperiode, gleich welcher Richtung, entsprach Lichtenbergs Messer ohne Heft, dem die Klinge fehlt: Sie ist journalistisch zweitrangig gemacht und auch verlegerisch zweitrangig geführt worden.«

Wer eine gute Zeitung machen wollte, dachte professioneller, als es Parteifunktionären möglich war. Für einen sozialdemokratischen Verleger reichte es als Empfehlung nicht aus, daß eine regionale Parteiorganisation, ein Bezirk, ein Ortsverein hinter einer Zeitung stand. Ihm behagten auch Abgrenzungsbeschlüsse für Vertriebsgebiete nicht, die entlang der Grenzen von Parteibezirken verliefen. Weder die Gesinnungstreue eines Redakteurs noch die Notwendigkeit, alten Genossen Verdienstmöglichkeiten zu sichern, konnten eine ausreichende Qualifikation sein. So gab es Reibungen von Anfang an und – zum Ärger des Parteivorstandes – auch verlegerische Alleingänge. Das Jahrbuch 1946 nennt solche Ausnahmen gerade für Köln, Aachen und Essen.

Auch eine Lösung mit zunächst drei Chefredakteuren wie in Köln bei der traditionsreichen, auf ihren früheren Redakteur Karl Marx stolzen »Rheinischen Zeitung« erwies sich als wenig praktikabel. Heinz Kühn und Willi Eichler, zwei wichtige sozialdemokratische Politiker, standen sich in Köln eher im Wege. Der »Neuen Ruhr Zeitung« ist eine Entscheidung des Parteivorstandes ebenfalls nicht bekommen. Der aus Danzig stammende, dann nach London emigrierte Vollblutjournalist Erich Brost wurde 1947 als Berlin-Beauftragter der SPD bestimmt. Erst nach seiner Rückkehr ein Jahr später, nachdem Willy Brandt ihn am 1. Januar 1948 abgelöst hatte, konnte er der Zeitungsarbeit im Ruhrgebiet neue Impulse geben. Es ist nachträglich schwer auszumachen, ob Kurt Schumacher solche Eingriffe zu verantworten hatte oder seine beiden Helfer Erich Ollenhauer und Fritz Heine, die Brost aus der Londoner Zeit sehr gut kannten.

Der Erfolg von Brost und Oppenberg als sozialdemokratische Verleger außerhalb der »Konzentrations-GmbH« scheint ihnen unter professionellen Gesichtspunkten recht zu geben. Politisch scheint der Aufstieg der SPD zur absoluten Mehrheit im Düsseldorfer Landtag dafür zu sprechen, daß die Unabhängigkeit befreundeter Verleger auch der Partei nutzte und nicht nur der Auflage. Es kann sein, daß Parteikassierer Alfred Nau den SPD-Zeitungen über die »Konzentrations-GmbH« mehr Zuwendungen abforderte, als es den Unternehmen guttat. Sonst hätten in den fünfziger und sechziger Jahren mehr Verlage den Konkurrenzkampf mit den wieder zugelassenen Heimatzeitungen überlebt. Es war wohl ein Fehler, daß Schumacher, Ollenhauer und Heine den Briten zur Gründung von Richtungszeitungen geraten hatten. Das Rezept in der amerikanischen Zone, aus jeder von vier Parteien einen Lizenzträger zu wählen, die dann in einer Zeitung zusammenarbeiten mußten, hat den überparteilich angelegen Blättern größere Chancen am Markt gesichert. Sie bestehen fast alle noch, mit hoher Auflage, wie die Zeitungen im Ruhrrevier, die sich der parteieigenen »Konzentrations-GmbH« nicht angeschlossen hatten.

Für Kurt Schumacher war das Ruhrrevier der Platz, an dem politisch für Westdeutschland, ja für Europa die Entscheidung fallen würde. Hier sollte sich, hier mußte sich die SPD gegen die Kommunisten durchsetzen, um mehrheitsfähig zu werden. Darum ließ er sich von Oppenberg und Brost, den Verlegern, von Henssler und Kühn, den Politikern, und anderen mehr ständig berichten, wie die Stimmung unter den Industriearbeitern sei. Darum wohl auch enthalten viele seiner Reden aus dieser Zeit so scharfe, orthodox-marxistische Vokabeln mit dem Anspruch, daß die SPD die einzige Arbeiterpartei sei, die zähle. »Wenn ich von der Linken spreche, spreche ich nur von der Sozialdemokratie«, sagte er am 20. April 1949 vor dem Parteiausschuß. »Die Kommunisten stehen außerhalb des deutschen Parteisystems.« Und er gab gewissermaßen den Angriffsbefehl: »Wir haben auch die demokratische Propagandawoge der Offensive in die Ostzone und darüber hinaus in die östlichen Satellitenzonen zu tragen. Genossen, die ökonomische Magnetisierung im Stile einer geschäftlichen Belebung genügt nicht. Es muß sozialordnungsmäßig mehr dasein, es muß auch politisch mehr dasein.«

»Mehr da« war inzwischen in Westdeutschland, neun Monate nach der Währungsreform. Die Wirtschaft lebte auf, und auch politisch war »mehr da«: der Entwurf für eine freiheitliche demokratische Grundordnung, mehr Freiheit in jeder Beziehung. Allerdings richtete sich die Aufmerksamkeit der Menschen in der Ostzone und in der westlichen Welt zu dieser Zeit nicht mehr so sehr auf Kurt Schumacher, der wegen seiner Krankheit kaum noch öffentlich auftrat.

Wahlsieg und Abwehrkampf in Berlin

In der Zeit der Berliner Blockade wuchs Ernst Reuter zum Freiheitshelden, der eine »Frontstadt« verteidigte und deren Bevölkerung begeisterte. Ein Wahlergebnis von 64,5 Prozent wie am 5. Dezember 1948 in West-Berlin hat die SPD in dieser Stadt zu keiner Zeit wieder erzielt. Die CDU als zweitstärkste Partei kam bei dieser Wahl auf 19,4 und die Freien Demokraten auf 16,1 Prozent. Mehr als 500 000 Berliner hatten sich schon im September vor der Ruine des Reichstagsgebäudes mit einer Demonstration zum Westen und zur Freiheit bekannt – Hauptredner damals im September 1948 und bei allen späteren Gelegenheiten: Ernst Reuter.

Kurt Schumacher hatte die Berliner vom Krankenlager aus in einem Wahlaufruf darauf hingewiesen, daß nicht nur das Schicksal der geteilten Reichshauptstadt auf dem Spiel stehe: »Der totalitäre Angriff auf Berlin ist der Zugriff auf das Ruhrgebiet, ist die russische Kontrolle Westdeutschlands, ist die Verhinderung der Einordnung Deutschlands in die europäischen Notwendigkeiten. Für die Deutschen gibt es keine Wahl zwischen Demokratie und Diktatur. Wer gegen die Freiheit ist, hat sich gegen Deutschland entschieden.« Und nach dem überwältigenden Wahlsieg übermittelte er per Telegramm: »Berlin hat sich am Sonntag den Dank des deutschen Volkes und aller friedlichen und demokratischen Kräfte in der Welt verdient.«

In seiner Neujahrsbetrachtung für das Jahr 1949 warnte Schumacher: »Die verhängnisvollste politische Illusion der Gegenwart war, die Deutschen hätten die Möglichkeit einer Wahl zwischen Ost und West . . . Man stelle sich die zerschlagenen und zerschundenen deutschen Akteure vor, wie sie die Trumpfkarten verschiedener Weltreiche gegeneinander ausspielen wollen. Das sind so historische Überbleibsel der letzten 150 Jahre, genährt von der Tradition der Deutschnationalen, der Reichswehr und der berufsmäßigen Ostpolitiker aus dem Rechtslager.« Schumacher beschloß seinen Neujahrsaufruf vom Krankenbett mit einem Bekenntnis zum Marshall-Plan: »Die Sozialdemokratie sieht die einzige Möglichkeit für die Errichtung der Deutschen Einheit in der ökonomischen Magnetisierung des deutschen Westens.« Diese sogenannte »Magnettheorie« diente damals nicht nur der SPD, sondern auch allen anderen Parteien als nationales Argument gegen den Vorwurf, sie trügen mit der Ausarbeitung des Grundgesetzes zur Spaltung Deutschlands bei.

Den Westen wirtschaftlich attraktiv machen, das jedenfalls gelang und veranlaßte Millionen Bewohner des sowjetisch kontrollierten Teiles von Deutschland, die damals noch durchlässige Grenze nach West-Berlin zur Übersiedlung in das florierende Land des Wirtschaftswunders zu nutzen. Den gleichen Weg wählten die politisch verfolgten Sozialdemokraten, die in der sowjetischen Zone illegal die politische Arbeit fortgesetzt hatten. Die nach der Zwangsverschmelzung im Mai 1946 beim Parteivorstand eingerichtete »Flüchtlingsbetreuungsstelle« nahm sich ihrer an, schickte Pakete in die Zuchthäuser, half den Familien von verhafteten Genossen, sorgte mit Handgeld und Arbeitsvermittlung für die Entkommenen.

Stefan Thomas, der diese Arbeit seit dem 1. Juli 1949 in Hannover leitete, berichtet: »Wir hatten viele Mitarbeiter in Berlin, an der Zonengrenze und in der DDR. In dieser Zeit [nach 1946] war es beim Parteivorstand die größte Abteilung. Sie unterstand direkt Kurt Schumacher . . . Das Ostbüro unterstützte, warnte und schützte in Not geratene Sozialdemokraten . . . Der Leitgedanke in unserer Tätigkeit wurde von dem Postulat Schumachers bestimmt: Der Mensch muß im Mittelpunkt aller Aktionen stehen, niemals die Menschen drüben gefährden. Ich werde Ihnen keine Details erzählen, aber wenn ich sage: Kontakt mit den Menschen, dann bedeutete das in der Praxis, daß, wenn wir hörten, daß z. B. in Rostock eine Familie verhaftet worden ist oder beispielsweise der Oberbürgermeister Schultz verschwunden ist, wir versuchten, der Familie zu helfen. Oder wenn wir aufgrund unserer Informationen wußten, da ist einer gefährdet, sagten wir: Du mußt weg! Den holten wir raus. Das war ein gut organisierter Kurierdienst. Die Wut der Kommunisten über die Tätigkeit des Ostbüros erklärt sich aus den zahlreichen Aktionen in jener Zeit. – Ich zitiere in meinem ›Profil‹ über Schumacher den sowjetischen Offizier der SMAD [Sowjetische Militäradministration Deutschlands], Tokajew, der nach seiner Flucht in seinem Buch, das 1952 erschienen ist, folgendes schreibt: ›Dr. Schumachers erste Rede rief bei den politischen Mitarbeitern der sowjetischen Militäradministration Gereiztheit, Wut und Unsicherheit hervor. Wir begriffen, daß von nun an für den Kreml der Feind Nummer 1 in ganz Deutschland Schumacher sein würde.‹«

Und zu den Zielen des Ostbüros sagte Thomas aus der Erfahrung jahrelanger täglicher Zusammenarbeit mit Kurt Schumacher: »Wir waren überzeugt, daß der Kommunismus als System scheitern muß, daß das Ulbrichtregime scheitern muß, und es ging um das Wachhalten des Zusammenhalts und den Aufbau eines demokratischen Deutschlands. Das war im Grunde auch die Reflexion der Menschen drüben gewesen. Wenn ich z. B. an die Ballonaktion denke, das sozialdemokratische Flugblatt im Thüringer Wald, im Harz, im Erzgebirge oder irgendwo: Wer das aufnahm und durchlas, konnte es abgeben oder vernichten, aber es war ein Zuspruch, die Bestätigung seiner eigenen Vorstellungen, Hoffnungen über die Einheit Deutschlands in Freiheit. Das Wissen und die Zuversicht dieser [sich] in einer großen geistig-politischen Not befindenden Menschen, daß es ›im Westen‹ eine große politische Kraft gibt, die an ihn denkt, die ihn in seiner Sehnsucht versteht und gegen das Regime ankämpft, das ihn täglich bedroht, das waren im Grunde genommen Sinn und Rechtfertigung der sozialdemokratischen Aufklärungsaktionen in der Sowjetzone, das war die politische Funktion und Aufgabe des Ostbüros.«

In Leipzig wurden zum Beispiel Dünndruckausgaben der Berliner SPD-Zeitung »Telegraf« verteilt, später auch andere mit Deckblättern sowjetzonaler Druckerzeugnisse getarnte Schriften. Das Vertriebsnetz in der sowjetisch besetzten Zone, so auch in Leipzig, bildeten nicht nur ehemalige Sozialdemokraten, darunter auch Besitzer von Zeitungskiosken. Helmut Bärwald, 1949 Vertreter von Thomas, gehörte damals der Liberaldemokratischen Partei (LDPD) an. Er beteiligte sich 1948 an den vom Ostbüro unterstützten geheimen Propaganda-Aktionen in Leipzig, wie auch Angehörige der CDU-Jugendorganisation Junge Union. Es gab also in der Illegalität eine Kooperation über Parteigrenzen hinweg gegen die SED und die sowjetische Besatzungspolitik. Diese Widerständler hatten in West-Berlin ein politisches Koordinationsgremium, den »Aktionsausschuß«, geschaffen, dem die Landesvorsitzenden der Jungsozialisten, der Jungen Union und der Jungdemokraten angehörten – darunter der Dresdener Wolfgang Mischnick, später Fraktionsvorsitzender der FDP im Bundestag.

Aus dieser Gruppe entstand in Westdeutschland am 23. Januar 1949 die überparteiliche Vereinigung »Deutsche Union« – ein Zusammenschluß von Angehörigen der Kriegsgeneration. Baron Hans Christoph Freiherr von Stauffenberg, ein Vetter des Attentäters vom 20. Juli 1944, umrahmt von dem Stellvertretenden Vorsitzenden der CSU, August Hausleiter, und dem Mitgründer der Freien Universität in Berlin, dem Sozialdemokraten Otto Hess, präsentierten sich als Vorstand, verkündeten ein Programm mit den Stichworten undoktrinäre Politik, europäischer Zusammenschluß, Präsidialdemokratie nach amerikanischem Muster und irritierten eine Zeitlang die Parteien. Auch Rainer Barzel, der spätere CDU-Vorsitzende, damals Assistent des Landesministers Dr. Spiecker vom Zentrum, ließ sich blicken und Helmut Schmidt, Hamburger Vorsitzender des SDS (Sozialistischer Studentenbund), nahm brieflich Kontakt. Die Presse berichtete seitenlang über diesen politischen Homunkulus jüngerer Politiker und Journalisten.

Wie sehr die Teilnahme von schon damals prominenten jungen Sozialdemokraten aus Berlin und aus Westdeutschland Kurt Schumacher und den SPD-Vorstand beschäftigt hat, zeigt ein zwanzig Seiten langer, sorgfältig recherchierter Bericht für den Vorstand sowie der

Vorstandsbeschluß, die SPD-Mitgliedschaft mit der in der »Deutschen Union« für unvereinbar zu erklären. Das hatte jedoch keinerlei Folgen, denn der Beschluß wurde auf Wunsch von Schumacher nicht veröffentlicht. Er wollte den Versuch machen, die betroffenen Parteimitglieder durch Gespräche auf den Vorrang ihrer Pflichten in der und für die SPD hinzuweisen. Die bürgerlichen Parteien nahmen die Beteiligung ihrer jüngeren Prominenz an dieser Gründung nicht tragisch und warteten ab, bis nach den Bundestagswahlen diese politische Emanation jugendlichen Unmuts über die Weimarer Veteranen wieder einschlief. Organisierte Kooperation über Parteigrenzen hinweg kam nicht mehr zustande, wäre auch das letzte gewesen, mit dem sich Kurt Schumacher hätte einverstanden erklären können.

»Schumacher-Agenten«

Er hatte ja in zurückliegenden Jahren solche auf Gemeinsamkeiten angelegten Aktionen, Konferenzen und Initiativen im Namen der SPD stets abgelehnt. Eine Verwischung von politischen Verantwortlichkeiten, Zweckbündnisse auf Zeit schienen ihm zu den Fehlern von Weimar zu gehören, die sich nach der Neugründung der SPD nicht wiederholen sollten. Nach ihrer Grundentscheidung gegen die Verschmelzung mit den Kommunisten in der sowjetisch besetzten Zone brauchte die SPD keine Bündnispartner. Im Gegenteil, Schumacher veranlaßte im Frühjahr 1949 den Parteivorstand nicht nur zu dem erwähnten Unvereinbarkeitsbeschluß gegen die Mitarbeit von Sozialdemokraten in der »Deutschen Union«, auch die Tätigkeit in der VVN (Vereinigung der Verfolgten des Naziregimes) wurde für unvereinbar mit einer Mitgliedschaft in der SPD erklärt. Dort hatten Sozialdemokraten mit Kommunisten und anderen ehemals politisch Verfolgten zusammengearbeitet. Schumacher, der selbst als KZ-Häftling zu diesem Personenkreis gehörte, hielt die VVN für kommunistisch unterwandert und von Moskau aus ferngesteuert. Der Unvereinbarkeitsbeschluß gegen die VVN besteht heute noch, die VVN auch.

Sein Antikommunismus hatte durchaus militante Züge. Das als Antwort auf die Zwangsverschmelzung wenige Wochen später gegründete Ostbüro schleuste Mitarbeiter für ihre gefährliche Arbeit nach drüben, sammelte Informationen für den Parteivorstand, für die westlichen Besatzungsmächte. Schumacher wollte zum Beispiel wissen, so Stefan Thomas: »Was war die Rolle Grotewohls in der Sozialdemokratie vor und nach der Zwangsvereinigung im April 1946? – Welche

Rolle spielten die sowjetischen Berater, Oberst Tulpanow zum Beispiel, in den Direktiven für Ulbricht, Pieck und Grotewohl? – Die Zusammenarbeit mit den Amerikanern und Engländern beginnt eigentlich erst 1948, in der Zeit der Berliner Blockade, als ihre Einstellung sich gegenüber der Sowjetunion und auch gegenüber der Sozialdemokratie änderte. Auf alliierter Seite begann man zu begreifen, daß die Sozialdemokraten die entscheidende politische Kraft in dieser Konfrontation im Kampf um Berlin waren. In den ersten drei Jahren standen wir allein. Für die Zusammenarbeit mit den Alliierten galt die Direktive, die mir vom Parteivorstand erteilt wurde. Wenn die Amerikaner und Briten kommen, dann bist du ermächtigt, Informationen, die für sie bei der Beurteilung der strategischen Gesamtlage wichtig sind, ihnen zuzuleiten. Das habe ich getan.«

Über die 1948 einsetzenden Massenverhaftungen in der sowjetischen Zone, die mit hohen Zuchthausstrafen oder Verbannung nach Sibirien endeten, lieferte das Ostbüro dem Berliner »Telegraf« Namenslisten, die täglich veröffentlicht wurden. Von Freikauf war damals noch keine Rede. »Schumacher-Agent« war bald ein Ehrenname in der Ostzone und späteren DDR für die illegalen Helfer des Ostbüros.

Diese »Schumacher-Agenten« des Ostbüros machten der SED schwer zu schaffen. Auf dem Parteitag der SED vom 20. bis zum 24. Juli 1951 forderte ihr Vorsitzender Wilhelm Pieck »den entschiedenen Kampf gegen die illegale Schumacher-Agentur und alle Erscheinungen des Sozialdemokratismus als einer parteifeindlichen Ideologie«. Mit diesem und einer Fülle von anderen Zitaten wies Stefan Rammer 1987 in seiner Magisterarbeit nach, wie Kurt Schumacher im Urteil der sowjetischen Besatzungszone eingeschätzt wurde. Er galt dort nach 1946 als »Faschist«, »Kriegshetzer«, »Separatist« und »Antisozialist«. Als neues Schimpfwort tauchte der Begriff »Schumachertum« auf. Am 15. März 1951 hieß es in einer gemeinsamen Erklärung der Volkskammer (zitiert nach Rammer), Schumacher begehe »als Adjutant Adenauers das größte Verbrechen gegen Volk und Vaterland«. Otto Grotewohl nannte bei gleicher Gelegenheit Schumachers Politik »pure Heuchelei«. Er befürworte »Arm in Arm mit Adenauer« rücksichtslos und brutal die Politik der aggressiven amerikanischen Kriegstreiber. Und die theoretische Zeitschrift der SED faßte 1952 noch einmal alle Argumente der kommunistischen Einheitspartei gegen Kurt Schumacher zusammen: »In bezug auf verräterische Manöver und Demagogie hat Schumacher alle Rekorde gebrochen. Geschickt spielt er die Rolle, die den rechten Sozialdemokraten von ihren imperialistischen Brotgebern übertragen worden ist; sich in Worten als Opposition auszugeben, die angeblich die Interessen der deutschen Arbeiterklasse verteidigt, in der Tat aber den Willen des amerikanischen Imperialismus durchzuführen.« Und Walter Ulbricht, damals SED-Generalsekretär, beschuldigte Schumacher im Juli 1952, dieser habe mit Hilfe der westlichen Okkupationsmächte »die Herrschaft der Monopolherren und der faschistischen Bürokraten wiederhergestellt, die hitlerische Revanchepolitik wiederaufgenommen und . . . eine Politik der Kriegsvorbereitungen durchgeführt«.

Die Maßlosigkeit solcher Angriffe läßt unschwer erkennen, daß die SED-Führung die illegale Arbeit des Ostbüros der SPD in ihrem Machtbereich für sehr gefährlich hielt. Immerhin waren – nach vorsichtigen Schätzungen – in der Zeit zwischen 1948 und 1951 mindestens 200 000 frühere Sozialdemokraten aus der SED ausgeschlossen worden. Die meisten hatten fliehen können, darunter auch die prominenten Vorstandsmitglieder Erich W. Gniffke und Ernst Thape, später Kultursenator in Bremen. Rund 6000 waren zu langjährigen Freiheitsstrafen verurteilt und in ehemalige KZs eingesperrt worden, in denen sie schon während der Hitlerzeit gesessen hatten.

Die verurteilten Sozialdemokraten erhielten später Entschädigungen nach dem Häftlingshilfegesetz, lehnten es aber, bis auf Ausnahmen, mit Empörung ab, ihre Arbeit für das Ostbüro als sozialversicherungspflichtiges Arbeitsverhältnis zu betrachten. Der Bundesgerichtshof entschied diese Frage in den sechziger Jahren gegen einen Kläger, der auf diese Weise eine Gleichbehandlung mit inhaftierten Angehörigen des Bundesnachrichtendienstes verlangte, wie Thomas-Vertreter Helmut Bärwald berichtete. Nur ein ständiger Kurier des Parteivorstandes zwischen dem Ostbüro in Hannover und den geheimen Anlaufstellen in der Sowjetzone sei vom Bundesgerichtshof als »Profi« im Sinne eines sozialversicherungspflichtigen Arbeitsverhältnisses anerkannt worden. Soviel zum Beginn des »kalten Krieges«, soweit er von Kurt Schumacher und seinem Ostbüro geführt worden war.

Für Stefan Thomas, den Chef all dieser Operationen von 1949 an, war Kurt Schumacher »der Mann der Geschichte, der alles in sich hatte: die Intellektualität, die Befähigung, das Charisma – ein Mann, der offensiv einstieg in die Herausforderung«. Er habe mit Schumacher damals in Hannover und später in Bonn oft stundenlang Gespräche geführt, erzählte Thomas dem Autor wenige Wochen vor seinem Tode im Mai 1987. Schumacher sei 1945 der einzige Deutsche gewesen, der aufgrund seiner Vita politisch das andere Deutschland habe verkörpern können. »Er war die stärkste Inkarnation eines genuinen Patriotismus, ein Mann mit historisierter Intuition.« So urteilte der Arbeitersohn aus einer ursprünglich polnischen Familie, der vor 1933 in Berlin-Neukölln als Hochbegabter die Karl-Marx-Schule absolviert, während des Krieges in London als Journalist im deutschen Programm von BBC mitgearbeitet, in Gefangenenlagern politische Bildungsarbeit geleistet und dann als Leiter des Ostbüros die letzten Lebensjahre des fünfzehn Jahre älteren Parteivorsitzenden unmittelbar miterlebt hatte.

Für Helmut Schmidt, den 1918 geborenen Hamburger Lehrersohn und Angehörigen der Kriegsgeneration, sei Kurt Schumacher zu nationalistisch gewesen, erinnerte sich Thomas. Auch Annemarie Renger weiß von Äußerungen des späteren Bundeskanzlers, Schumachers Redestil habe ihn abgestoßen, habe ihn »an vergangene Zeiten« denken lassen. Für den Emigranten Thomas »genuiner Patriotismus«, für den deutschen Offizier des Zweiten Weltkrieges »zu nationalistisch« – so unterschiedlich urteilten Sozialdemokraten über Kurt Schumacher, der sich im Mai 1949 für den härtesten Wahlkampf seines Lebens rüstete. Er trat an, um erster Bundeskanzler eines Teilstaates zu werden, dessen Grundgesetz am 8. Mai 1949, am vierten Jahrestag der Kapitulation des Hitlerreiches, in Bonn beschlossen worden war.

Opposition – aber nicht um jeden Preis

Die erste Runde in dem politischen Duell zwischen den führenden Persönlichkeiten der künftigen Bundesrepublik hatte Kurt Schumacher durch seine Krankheit schon verloren – die Wahl des Kampfplatzes. Mit dem Zusammentreten des Parlamentarischen Rates in Bonn – zehn Kilometer von Rhöndorf entfernt, dem Wohnsitz von Adenauer, in dem CDU-regierten Land Nordrhein-Westfalen – war im Oktober 1948 die Vorentscheidung für den Sitz der künftigen Bundesregierung gefallen. Der Präsident des Parlamentarischen Rates, Konrad Adenauer, ging 1949 mit »Heimvorteil« in den Bundestagswahlkampf.

Kurt Schumachers Warnung am 7. Mai 1949, gedruckt im SPD-Pressedienst, kam viel zu spät: Bei der großen Auseinandersetzung um die Geltung der demokratischen Grundsätze in Europa sei es unmöglich, sich auf die linke Seite des Rheines zurückzuziehen, wenn zur gleichen Zeit der Gedanke der demokratischen Offensive nach Osten vorgetragen werden solle. Die Absicht, eine linksrheinische Stadt zum vorläufigen Bundessitz auszuwählen, sei völlig unpolitisch und habe den peinlichen Beigeschmack parteitaktischer Vorteile und provinzieller Vorstellungsweise. Die politischen Notwendigkeiten Deutschlands sprächen eindeutig für Frankfurt. – Die Abstimmung im Parlamentarischen Rat über den vorläufigen Sitz der Bundesregierung endete zugunsten von Bonn mit 33 zu 29 Stimmen.

Daß es dazu einer Manipulation von Adenauer bedurft hätte – er stimmte mit Hilfe einer vorgetäuschten Meldung der Presseagentur DENA die hessischen CDU-Parlamentarier auf Bonn ein –, muß bezweifelt werden. Der immer wieder kolportierte Inhalt dieser Meldung: Kurt Schumacher habe seine Leute auf Frankfurt eingeschworen mit dem Hinweis, das sei dann eine Niederlage der CDU und der CSU. Dieses Adenauer-Argument, die CDU-Delegierten aus Hessen müßten deshalb für Bonn stimmen, wirkte wohl nur in Verbindung mit dem Namen Schumacher, dem sozialistischen Buhmann und preußischen Angstgegner.

Verteufelung auf Gegenseitigkeit – so ließe sich der lärmende

Schaukampf der beiden Spitzenpolitiker beschreiben, der mit der Verabschiedung des Grundgesetzes einsetzte. Adenauer meldete seinen ersten Triumph über Schumacher in Sachen Bundeshauptstadt brieflich gleich dreifach – an den Ministerpräsidenten Karl Arnold in Düsseldorf mit einem Dankesbrief für dessen Unterstützung, an den erkrankten Parteifreund Adolf Süsterhenn in Koblenz (»alles gut vollendet«) und an den Kölner Kardinal Josef Frings (»weil ich weiß, welches Interesse sie auch an dieser Frage nehmen«), zitiert nach Hans-Peter Schwarz' Adenauer-Biographie.

Die zweite wahlkampfbedingte Aktion von Adenauer gegen den Rivalen Schumacher stützte sich gleichfalls auf eine – nicht bewiesene – Behauptung: Schumachers entschiedenes Nein gegen die Änderungswünsche der Militärgouverneure zum Grundgesetz sei nur Theaterdonner gewesen, sagte Adenauer 1949 auf Wahlkundgebungen. Der SPD-Vorsitzende habe dabei genau gewußt, daß die Alliierten schon ein zweites Papier in der Hinterhand bereitgehalten hätten. Und wörtlich (zitiert nach Schwarz) in Heidelberg: »Ein absolut abgekartetes Spiel, meine Damen und Herren, zwischen der britischen Regierung und den deutschen Sozialdemokraten, um auf diese Weise den deutschen Sozialdemokraten den Nimbus zu geben, daß sie die nationale Partei par excellence seien.«

In einem Brief an seinen Freund Dannie N. Heineman in Brüssel schrieb Adenauer: »Die Labour Party unterstützt gutem Vernehmen nach die deutsche Sozialdemokratie mit großen Geldmitteln. Die englische Regierung hat die öffentliche Meinung in der britischen Zone, die mehr als die Hälfte der drei Zonen umschließt, fast ganz in die Hände der Sozialdemokraten gespielt.« Konrad Adenauer bat den ausländischen Freund, amerikanische Kreise darauf aufmerksam zu machen, daß sie »der Unterstützung der Sozialdemokratie durch die Briten entgegenwirken müssen«. Das war ein – damals üblicher – Versuch von deutschen Politikern, die Besatzungsmächte im Interesse der eigenen Partei gegeneinander auszuspielen. Außerdem zweifelte Adenauer mit solchen Behauptungen die nationale Zuverlässigkeit von Kurt Schumacher an, unterstellte, dieser treibe mit der britischen Regierung »ein abgekartetes Spiel«.

Der SPD-Vorsitzende war aufs äußerste empört. Arno Scholz, Zeuge bei der Vorbereitung des ablehnenden Beschlusses vom 20. April 1949, berichtete, Schumacher sei sich des Risikos bewußt gewesen. Auch die besorgten Warnungen während der Sitzung des Parteivorstandes von Kaisen, Reuter und Brauer, über die im vorigen Kapitel zu lesen war, machen es unwahrscheinlich, daß Schumacher von der Existenz der Zugeständnisse in der zweiten Note vom 8. April vorher wußte. Sein erstes Nein stammte ja schon vom 30. März. Schumacher war ein Risiko eingegangen und hatte diesmal gewonnen. Diese Risikobereitschaft war für sein ganzes politisches Leben typisch. Er ging stets aufs Ganze, war kein »Schlaumeier«, begabt für »abgekartete Spiele«. Aber an Härte im Wahlkampf stand er seinem Gegner Adenauer keineswegs nach.

Der damalige Generalsekretär der CDU, Herbert Blankenhorn, hatte für seinen Chef Konrad Adenauer auf sechs Seiten in Zitaten aufbereitet, wie Kurt Schumacher seinerseits im Frühjahr und im Sommer 1949 Konrad Adenauer zu attackieren pflegte. Daraus einige Beispiele:

»Die Heidelberger Rede berechtigt dazu, den Namen Adenauer in Lügenauer umzuändern« (24. Juli 1949, Köln).

»Herr Adenauer hat ein zu reserviertes Verhältnis zur Wahrheit und zur Ehrlichkeit . . . Ich habe den Mann nach sorgfältiger Beobachtung noch niemals als Persönlichkeit begriffen, sondern immer nur als Symptom einer Klasse, die politisch bankrott ist und darum mit allen Methoden der Verlogenheit arbeitet« (23. Juli 1949, Koblenz).

»Manchmal ist selbst den Alliierten übel geworden über die Deutschen, die bei ihnen antichambriert haben. Das gilt von gewissen Leuten am Rhein und besonders an der Isar« (Anspielung zugleich auf die Ablehnung des Grundgesetzes durch die bayerische CSU in der Schlußabstimmung am 8. Mai 1949).

Das alles waren Gegenangriffe. Schumacher provozierte aber im Wahlkampf die CDU auch seinerseits:

»Die CDU, die an Programmlosigkeit und Profitgier der Kriegsgewinnler leidet . . .« (5. Juni 1949, Rosenheim).

»Wir denken nicht daran, das deutsche Volk einer fünften Besatzungsmacht [gemeint war die katholische Kirche] zu unterwerfen . . . Wir wollen Seelsorger und keine Hetzkapläne« (19. Juni 1949, Gelsenkirchen).

»Nach der unhumanen und unsozialen Haltung zu urteilen, sind die CDU und die Deutsche Partei in Niedersachsen wohl die im schlechtesten Sinne des Wortes heidnischsten Parteien des konzentrierten Egoismus und des Mangels an Nächstenliebe . . . Die machtpolitischen Linien dieser Parteien sind im moralischen Sinne eindeutig unchristlich« (23. Juli 1949, »Neuer Vorwärts«).

Schumacher verteidigte sich also nicht nur. Er teilte aus, er schimpfte zurück. Wer sich mit ihm anlegte, wie Adenauer, konnte leicht den kürzeren ziehen. Seine Rednergabe war unbestritten. Carlo Schmid, sein Parteifreund, beschrieb sie in einem Aufsatz, der anstelle vieler anderer Zeugnisse zitiert sei. Es handelt sich zunächst um den ersten Eindruck des Studenten Schmid von einer Kundgebung in Tübingen in den zwanziger Jahren:

»Ich sehe ihn noch, wie er uns musterte, als wir ihn an der Tür empfingen, und dann, ohne ein Wort zu verlieren, die armlose Schulter vorschiebend, in den Saal hineinschritt und auf einem Stuhl neben dem Rednerpult Platz nahm. Dieser Mann war anders als die Redner, die sonst zu uns gekommen waren! Nun musterte er das Publikum, wie er uns vorher gemustert hatte; sein Blick ging langsam von links nach rechts, von einer Grenze des Raumes zur andern, und ich war plötzlich ganz sicher, daß er jedes einzelne Gesicht in seiner Besonderheit gesehen hatte; das war kein witterndes Abtasten einer namenlosen Masse, das war eine ›Besichtigung‹ . . .

Kurt Schumacher trat an das Pult. Spärlicher Beifall begrüßte ihn, kaum stark genug, das aggressive Gemurmel derer zu übertönen, die nicht klatschten. Er stand da, schweigend, mit der Linken den aufgebördelten Rand des Pultes umfassend. Plötzlich schnellte diese Hand vor, als zuckte eine Degenklinge nach seinem Herzen. Und mit dem Vorschnellen dieser Hand kam der erste Satz – mir ist, als klinge er mir noch in den Ohren –, der Satz: ›Die Möglichkeiten der Demokratie in einem Volke sind proportional zu dem Maße der Selbstachtung, die dieses Volk für sich aufbringt und zu verteidigen bereit ist.‹ Im Saale war es still geworden, und es blieb still bis zum Ende.«

Dann beschreibt der spätere Vizepräsident des Bundestages Carlo Schmid Schumachers Redetechnik, die sorgfältige Vorbereitung: »Er ließ es nie darauf ankommen, daß ihm aus dem Stegreif das Richtige einfallen könnte. Unermüdlich machte er sich beim Lesen, bei Gesprächen mit anderen und im Selbstgespräch Notizen, und diese Notizen verarbeitete er zu Rohmaterial seiner Reden, und aus diesem Rohstoff formte er sein Manuskript. Er hatte immer ein Manuskript vor sich liegen, aber ich habe es nie erlebt, daß er abgelesen hätte. Immer sprach er über das Geschriebene hinweg, aus der Eingebung des Augenblicks heraus, aber diese Eingebung war nie freischwebend und war nie unkontrolliert: sie war gewissermaßen die Melodie auf dem Grundakkord, der auf dem Manuskript verzeichnet stand.

Als ich ihn einmal fragte, warum er, dem doch alles so gegenwärtig sei, sich die Mühe der sorgfältigen Ausarbeitung eines Manuskriptes mache, das er nachher doch nicht verlese, gab er mir zur Antwort: Er tue das aus Respekt vor den Menschen, die ihm zuhören wollten; denn diese hätten einen Anspruch darauf, mehr als nur das gesagt zu bekommen, was einem der Augenblick gerade zuwehe, und er tue es um der Wahrheit willen, die es nicht ertrage, daß etwas nur gesagt werde, weil es bunt schillert. In diese Gefahr komme man aber leicht, wenn man sich dem Augenblick und der Stimmung des Saales allein überlasse . . .

Der einzige methodische Zwang, dem er sich bei seinen Reden unterwarf, war der vom Gegenstand und der Situation ausgeübte. Hier reihte er die Argumente aneinander, wie es sich aus dem Gefälle der zu behandelnden Gesichtspunkte ergab, und dieses Gefälle bestimmte ausschließlich das spezifische Gewicht, das dem jeweiligen Stoff innewohnte. Manche haben darum die Meinung geäußert, daß den Reden Kurt Schumachers der ›Aufbau‹ fehle und daß sie ein Durcheinander von Aperçus, Definitionen und Feststellungen darstellten, dessen einziges Gesetz der Verzicht auf logische Ordnung sei. Wer so denkt, hat übersehen, daß man Feststellungen, Argumente und Schlußfolgerungen nicht nur im Sinne des Weiterschreitens vom Allgemeinen zum Besonderen oder vom Besonderen zum Allgemeinen verknüpfen kann, sondern auch in der Art, in der der Musiker ein Thema entwickelt und kontrapunktiert.«

Und schließlich zur Art des Vortrages: »Reden war für Kurt Schumacher nie ein Dozieren vom Katheder herab. Auch dort, wo er die Grundlagen seiner politischen Anschauungen entwickelte, stellte er sich wie zu einem Gefecht. Sprach er zu Menschen, die bereit waren, sich seinen Argumenten zu öffnen, dann schuf er sich die dialektische Gegenposition selbst, indem er die Thesen und Standorte der Gegenseite in seiner Rede lebendig werden ließ und den eigenen entgegenstellte. Sprach er aber, etwa im Parlament, vor einem Publikum, das ihm feindselig gegenübersaß, da fühlte er sich erst recht in seinem Element. Je mehr Zwischenrufe kamen, um so reicher wurde seine Rede und um so konzentrierter seine Gedankenführung, so wie ein überlegener Fechter sich im Grund erst durch die Angriffe seines Gegners veranlaßt sieht, sich zu versammeln. Er hat niemandem die Schärfe eines Zwischenrufes oder eines Angriffes übelgenommen; was er nicht verzieh, war das Unterschreiten des von der Sache her gebotenen Niveaus. Während er Zwischenrufe von sachlichem Gehalt parierte, erläuternd und, die Perspektiven ausweitend, beantwortete – oft mit dem deutlichen Bestreben, gerade durch die Bravour seiner Entgegnung einem Gegner von Rang seinen Respekt zu erweisen –, schlug er bei Zwischenrufen, deren Dürftigkeit ihn erbitterte, einfach zu . . .

Seit ihm das Bein amputiert worden war, sprach Kurt Schumacher so gut wie immer im Sitzen. Doch auch in dieser Haltung blieb er der Fechter, als der er mir bei der ersten Begegnung vor drei Jahrzehnten erschienen war, ja, es schien sogar, als sei seine Gebärde noch intensiver, noch ausdrucksvoller, noch lebendiger, noch mehr Sichtbarmachung des im Worte Gesagten geworden. Wie diese Hand sprechen konnte! Vorschnellend wie ein Rapier; breit von rechts nach links ausfahrend, als reiße sie einen Schleier auf; die Finger schmal aneinandergelegt, als gelte es, eine subtile Operation auszuführen; oder umgekehrt: die Finger weit ausspreizend wie die Glieder eines Fächers, als gelte es, ein Netz zu sprengen – immer bewegte sich diese Hand nach dem Gesetz der Flamme, die diesen mächtigen Geist verzehrte. Die Stimme aber hat bis zum bitteren Ende ihren aufrüttelnden und zusammenzwingenden Klang behalten, diesen Klang, der mich vom ersten Male an, da ich ihn vernahm, mehr an die bannende helle Nüchternheit des Signalhorns erinnert hat, das zum Sammeln und zum Vorrücken bläst, als an die schmetternde Fanfare.«

In diesem literarischen Text des Bewunderers Schmid schwingt eine Menge von dem Charisma, das Kurt Schumacher ausstrahlte – als Abgeordneter in Stuttgart und Berlin, als Parteivorsitzender, als Oppositionsführer im Bundestag – auch als Wahlkämpfer im Sommer 1949. Plätze und Säle waren überfüllt, wo immer er auftrat. Begeisterung brandete auf, Jubel, frenetischer Beifall. Beängstigend für manche ausländischen Kritiker, die behaupteten, einen »zweiten Hitler« zu hören. Dabei war es in erster Linie die Redetechnik der Politiker der zwanziger und dreißiger Jahre, die noch ohne verstärkende Mikrofone auskommen mußten. Schumacher hatte sie beibehalten, auch als sie nicht mehr erforderlich war, um gehört zu werden.

»Bei seinem Temperament war es bislang schon schwierig«, so berichtete Arno Scholz, der oft dabei war, »die Mikrofone so zu gruppieren, daß er während seines Vortrages auch wirklich in sie hineinsprach. Diese Schwierigkeiten steigerten sich noch, wenn ihn Freunde und Mitarbeiter, die es besonders gut mit ihm meinten, einen

Sessel hinstellten, in dem er sich beim Reden entweder überhaupt nicht bewegen konnte oder dessen Kissen schon nach wenigen Minuten verrutscht war, so daß er, der sich ja nicht allein aufrichten und behelfen konnte, oft nur mit wirklich körperlicher Anstrengung die Rede zu Ende brachte. Hinzu kam noch, daß Kurt Schumacher sich beim Reden so verausgabte, daß er unmittelbar danach sein Oberhemd wechseln mußte.«

Dafür sorgte Annemarie Renger und auch für den großen – stets nachgefüllten – Emailletopf Kaffee, den Kurt Schumacher immer in Griffnähe hatte. Sie erinnert sich, wie sorgfältig er wichtige Reden vorbereitete: »Schon Wochen vorher wurden Kategorien gemacht, das Material geordnet, der Wortlaut fixiert.« Die Gestik mußte nicht geprobt werden, denn »alle guten Redner sind auch Schauspieler. Und bei Kurt Schumacher stand immer Kraft dahinter.«

Wie viele Journalisten konnte auch Kurt Schumacher, der ehemalige Redakteur der Stuttgarter »Tagwacht«, einen Wortwitz, eine Pointe, einen originellen Vergleich nicht unterdrücken. Selbst wenn das auf Kosten von Anwesenden, auf Kosten des sogenannten guten Geschmacks ging oder gar einer Beleidigung gleichkam.

Nicht jeder Wortwitz ist bis in die Gegenwart nachvollziehbar. Wenn Schumacher, wie dann später sein Rhetorik-Schüler Herbert Wehner, die Namen von politischen Gegnern verballhornte wie bei den rechts außen sitzenden Abgeordneten der kleinsten Regierungspartei, der Deutschen Partei, dann ist das heute unverständlich. Den zeitweiligen Justizminister der Deutschen Partei, von Merkatz, taufte er um zur »Tümpelmaus« – Verdrehung der Namensbestandteile in deren Gegenteil. Und den Kieler DP-Abgeordneten Evers nannte er »Glockenarsch«, eine unfeine, aber optisch zutreffende Beschreibung der Hinteransicht dieses gedrungenen, beleibten Politikers.

Manche Bilder schienen selbst seinen Parteifreunden unpassend zu sein, wie etwa die Bezeichnung der katholischen Kirche als »fünfte Besatzungsmacht«. Fritz Henssler, der Vorsitzende des stärksten Parteibezirks, westliches Westfalen, bat seinen Parteichef in einem persönlichen Brief vom 18. August: »Die Erfahrung, die wir beim letzten Wahlkampf gemacht haben, veranlassen mich nochmals zur Mahnung, daß wir uns nicht vom Gegner Art und Ton der Auseinandersetzung vorschreiben lassen, ihm weder in die Gosse folgen, wenn er sich dort wälzen will, noch versuchen, es ihm an Demagogie gleichzutun.« Er mahnte vergeblich, wie andere auch, Schumacher konnte sich nicht ändern.

Walter Henkels, der im Juni 1987 verstorbene Bonner »Hofchronist«, berichtete auch Kritisches: »Seine Gegner, die ihn fürchteten und haßten, sagten von ihm, daß er nur in der Negation lebe und ein Quengler, Krittler und Räsoneur sei. Aber niemand bestritt, daß er der größte und schwungvollste Kopf auf der linken Seite des Bundestages war. Seine Reden, das gefährliche, unerbittliche und hartnäckige Temperament haben der Sozialdemokratischen Partei manchen Schaden eingetragen. Seine eigenen Parteifreunde wußten darum. Als zu Beginn der ersten Legislaturperiode des Bundestages die Sozialdemokraten zu einer Art Manöverkritik über die verflossene Wahlschlacht kamen, wandte sich ein Abgeordneter mahnend an den Parteichef: ›Lieber Kurt‹, so sagte er damals, ›außer mir sind wohl noch einige Genossen der Meinung, daß uns deine Reden im Wahlkampf gut und gerne fünfzehn Mandate gekostet haben.‹« Walter Henkels nennt den Namen dieses Kritikers in der SPD-Fraktion nicht. Es hätten mehrere sein können, denn aus den Protokollen der Vorstandssitzung sind immer wieder die Bitten von Parteifreunden an den Vorsitzenden zu entnehmen, sich doch rhetorisch zu mäßigen, weil das der Partei in dieser oder in jener Situation schaden könne. Aber daß die SPD allein durch rednerische Entgleisungen ihres Vorsitzenden fünfzehn Mandate, das heißt die erste Bundestagswahl, verloren hat, muß bezweifelt werden.

Die Wahlniederlage

Die beiden schon damals größten deutschen Parteien hatten, gemessen an den Ergebnissen der Landtags- und Kommunalwahlen der Jahre 1948/49, weniger Stimmen erhalten als erwartet. Die CDU beklagte ein Minus von 6,7 und die SPD von 6,8 Prozent der Stimmen. Ihr Abstand blieb also praktisch gleich. Das Resultat vom 14. August 1949 bei einer Wahlbeteiligung von 78,5 Prozent: CDU/CSU 31 Prozent; SPD 29,2; FDP 11,9; KPD 5,7; Bayernpartei 4,2; Deutsche Partei 4; Zentrum 3,1 Prozent; Wirtschaftliche Aufbauvereinigung (nur Bayern) 2,9 und die Deutsche Reichspartei 1,8 Prozent. Weitere Splitterparteien erreichten nicht die für ein Mandat erforderliche Stimmenzahl, wohl aber drei parteilose Kandidaten und zwei Vertreter der dänischen Minderheit, des Südschleswigschen Wählerverbandes (SSW). Aus dieser Konstellation ergab sich die knappe Mehrheit für die schon zwei Jahre zuvor im Frankfurter Wirtschaftsrat erprobte Koalition von CDU/CSU, FDP und DP.

Das Wahlresultat ist wohl nicht wesentlich durch den Wahlkampf beeinflußt worden. Die schon vorhandenen Kräfteverhältnisse sind – bis auf das Auftreten von Splitterparteien – nur auf eine neue Ebene, die Bundesebene, übertragen worden. Natürlich hat Kurt Schumacher mit aller Kraft und letztem Einsatz gekämpft. Sein Terminkalender aus diesen Sommermonaten zeigt, was sich der gerade wieder genesene, nun auch beinamputierte Parteiführer alles zugemutet hat. Auch ohne körperliche Behinderung hätte er sich nicht mehr einsetzen können.

Sein Verhältnis zur katholischen Kirche

Ein Thema aus dem Bundestagswahlkampf sei nachträglich erwähnt: Schumachers Verhältnis zur katholischen Kirche. In dem von ihm konzipierten Wahlaufruf der SPD (9. Juli 1949), »Für ein freies Deutschland in einem freien Europa«, wurden neben den bekannten wirtschafts- und sozialpolitischen Forderungen der SPD in dieser Zeit wie Lastenausgleich, Vollbeschäftigung, Bodenreform und Sozialisierung auch schulpolitische Forderungen erhoben. Die SPD trat ein für den Typ der christlichen Gemeinschaftsschule, den ursprünglich auch Teile der CDU für die einzig mögliche Form hielten. Die Christdemokraten entschlossen sich jedoch unter dem Einfluß der katholischen Kirche – Kardinal Josef Frings war von November 1948 bis Mai 1949 sogar Mitglied der CDU –, die Konfessionsschule zu fordern. Die Eltern sollten bestimmen, ob ihre Kinder an einer rein evangelischen oder katholischen Schule unterrichtet werden.

Diese Auseinandersetzung spielte in den Bundestagswahlkampf hinein, obwohl – nach dem neuen Grundgesetz – nicht der Bund, sondern die Länder die alleinige Kulturhoheit, also die Entscheidungsgewalt über den Schultyp, haben sollten. So erklären sich Schumachers sonst kaum verständliche Attacken gegen »die fünfte Besatzungsmacht«, wie er die katholische Kirche nannte. Mitte Juli 1949 sagte er in der Erklärung »Die Sozialdemokratie und die Kirche«, die SPD kämpfe für die christliche Gemeinschaftsschule mit obligatorischem Religionsunterricht. »Die Konfessionsschule, die man uns jetzt aufreden will, ist aber die Zerreißung des deutschen Volkes und würde sein Schicksal dem nach dem Dreißigjährigen Krieg immer ähnlicher machen. Es gibt keinen konfessionellen Rechen-, Schreib- und Leseunterricht, es gibt aber den Anspruch des Kindes auf eine Schulbildung, die es lebenstüchtig macht, und ein Recht der Allgemeinheit, tüchtig ausgebildete Staatsbürger zu haben.« Schumacher mahnte die Kirchen, insbesondere die katholische Kirche, ihre Überparteilichkeit im Wahlkampf zu bewahren. »Es gibt keine christlichen Parteien. Es gibt nur politische Parteien . . . Peinlich war der Anblick, daß eine Partei wie die Christliche Demokratische Union, die die Gemeinsamkeit des Christentums aller Konfessionen betont hat, plötzlich in der Konfessionsschule die Trennung sogar schon bei den Kindern anfangen lassen wollte. Das Streben nach Macht entschuldigt nicht eine Politik der auswechselbaren Grundsätze.«

Und noch in seiner letzten Rundfunkansprache am 11. August, drei Tage vor dem Wahlsonntag, warnte er: »Privilegierte Konfessionen darf es nicht geben. Das Prinzip der Gemeinschaft ist der tragende Grundsatz für die Erziehung der Kinder.« Daß Kurt Schumacher wegen seiner Attacken gegen die katholische Kirche und deren Einmischung zugunsten der CDU/CSU die ersten Bundestagswahlen verloren habe, ist vierzig Jahre später keine diskutable These mehr. Er selbst nannte in seiner ersten Erklärung zur Wahlniederlage diesen Punkt auch nicht als eine der möglichen Ursachen.

Richtigerweise erkannte Schumacher in dem Wahlergebnis (Stellungnahme vom 19. August für das amerikanische Nachrichtenmagazin »Time«) »ein Vertrauensvotum für die Politik der freien Wirtschaft und gegen jede Form von geplanter Wirtschaft und Sozialisierung . . . Ohne Zweifel ist eine Mehrheit für eine antisozialistische Politik vorhanden. Die kleinen Leute, die die Parteien des bürgerlichen Systems gewählt haben, werden die Kosten dieser Wahl zu tragen haben . . . Ohne die Erfüllung einer Reihe sozialökonomischer und sozialpolitischer Wünsche der Sozialdemokratie ist an eine Regierungsbeteiligung der SPD nicht zu denken. In diesem Fall, der der weitaus wahrscheinlichere ist, würde die Sozialdemokratische Partei in eine sehr entschiedene Opposition gehen.« Genauso geschah es dann auch. Kein Wehklagen über die katholische Kirche, Kritik nur am »Gewackel der britischen Deutschlandpolitik« in der Demontagefrage – Kurt Schumacher suchte die Schuld für seine Wahlniederlage und dafür, daß »große Massen des Volkes millionenfach gegen ihre ureigensten wirtschaftlichen und sozialen Interessen gewählt« hätten, nicht auf deutsche politische Gegner abzuwälzen.

Und sein Verhältnis zur katholischen Kirche kann auch nicht so schlecht gewesen sein, wie damals manche Beobachter glaubten. In der »Neuen Zürcher Zeitung« war zu lesen, was sich im Kloster Walberberg in Bonn abspielte:

»Damals begegneten sich hier Konrad Adenauer und Kurt Schumacher, der ein häufiger Gast des Dominikanerklosters war und von dem Pater Dr. Welty, der in jenen Tagen sehr häufig mit dem Führer der deutschen Sozialdemokraten diskutierte, stets mit Hochachtung spricht. Dr. Schumacher hat ihm gegenüber nicht nur einmal sein Bild vom positiven Christentum umrissen. Für ihn, Schumacher, habe positives Christentum ein Leben nach den zehn Geboten und den Worten Christi bedeutet, und man habe spüren können, daß es ihm ernst damit war. Das Bild, wie Dr. Schumacher, hager und gezeichnet von der Haft im Konzentrationslager, in der Bibliothek des Klosters, seinem Lieblingsaufenthalt, mit den Dominikanern diskutierte, ist den Patres noch heute deutlich in Erinnerung, und man empfindet es in Walberberg als tragisch, daß eigentlich nur hier die beiden führenden Männer sich nahe gewesen sind.« Angefügt sei, daß Kurt Schumacher sehr anerkennende Worte für den Münchener Kardinal Faulhaber fand, der sich persönlich durch einen Besuch im KZ Dachau um die Häftlinge gekümmert hatte.

So schlimm, so voller Haß, wie es manche Zeitgenossen und Zeitgeschichtler behaupten, war auch das Verhältnis zwischen dem katholischen Rheinländer Konrad Adenauer und dem protestantischen Westpreußen Kurt Schumacher durchaus nicht. Peter Koch, Adenauer-Biograph und in jener Zeit Journalist in Bonn, berichtete:

»Trotz der öffentlichen Gegnerschaft bewunderte Adenauer den redegewandten SPD-Führer insgeheim. Immer wieder zollte er ihm im kleinen Kreis Anerkennung: ›Dat hat der Schumacher mal wieder janz jut formuliert.‹ Adenauer sorgte dafür, daß der Invalide Schumacher auf dem Bonner Venusberg die Villa eines Kaufmanns beziehen konnte, der, ebenfalls körperbehindert, sich eine Autoauffahrt bis an die Haustür hatte bauen lassen.

Geradezu ins Schwärmen geriet Adenauer, wenn er Schumachers Sekretärin . . . Annemarie Renger, sah. ›Sie habe ja ne schöne Sekretärin, Herr Schumacher, hübsche Frau‹, bewunderte er die Blondine. Außer ihr gab es dort noch eine Wirtschafterin, eine Hausmeisterfamilie und den Boxerhund ›Ajax‹, ein Fahrstuhl in den ersten Stock erleichterte den Zugang zu den Schlafzimmern.«

Die alten Bäume, der Garten mit großem Rasenplatz gaben dem Anwesen den Charakter einer herrschaftlichen Villa. Sie diente denn auch später als Residenz für den Außenminister, als Gästehaus des Auswärtigen Amtes. Adresse: Kiefernweg 14. Hier konnten Konferenzen abgehalten, Gäste empfangen werden – im Sommer auch auf der sonnigen Terrasse mit dem Blick auf die vom Kiefernwald des Bonner Kottenforstes begrenzte Rasenfläche. Vermieter war das Land Nordrhein-Westfalen.

Ein anderer Zeuge, Herbert Hupka, Journalist, später Bundestagsabgeordneter erst der SPD, dann nach 1970 der CDU, beschrieb den Unterschied der beiden Bonner Gegenspieler so: »Adenauer war sicherlich versöhnlicher und umgänglicher, anpassungsfähiger und wohl auch listiger. Schumacher war viel schroffer und unnachgiebiger, trotziger und wohl auch offener. Man könnte es so ausdrücken: Rheinische Konzilianz und preußische Härte mußten miteinander auszukommen versuchen.« Sie versuchten es dann auch – nach den ersten Monaten des Schlagabtausches.

Klare Entscheidung für die Opposition

Zunächst markierte Schumacher auf der Sitzung des Parteivorstandes am 29. und 30. August 1949 in Bad Dürkheim deutlich die oppositionelle Rolle, für die er sich von Anfang an entschieden hatte. Die Entscheidung sollte nicht bis zum Zusammentreten des neuen Bundestages offenbleiben, wie es Wilhelm Kaisen aus Bremen, wie es die Vorstandsmitglieder Henssler und Eichler wollten. Schumacher (laut Protokoll): »Zu Beginn der deutschen Bundespolitik muß eine eindeutige Erklärung der SPD stehen. Gegen die Oppositionsstellung wird oft die Idee der nationalen Notgemeinschaft angeführt und die Gefahr aufgezeigt, die darin liegt, daß die andere Seite sonst allein den gesamten Verwaltungsapparat stellt . . . Wir müssen eine unsentimentale Opposition treiben, gestützt auf ein sachliches Programm. Aus ihm kann die CDU unsere Bedingungen ersehen. Das Programm bedeutet kein Angebot. Es bezeichnet die Tatsache, daß die SPD als Faktor nicht ausgeschaltet ist.«

Dieses in Bad Dürkheim beschlossene, dann einige Tage später in Köln dem Parteiausschuß und der neuen SPD-Bundestagsfraktion vorgelegte Programm der Opposition hat folgenden Wortlaut:

»Die Sozialdemokratische Partei Deutschlands geht bei ihrer Politik von der Erkenntnis aus, daß eine lebenskräftige Demokratie nur auf dem Fundament sozialer Gerechtigkeit erbaut werden kann. Nur auf dieser Grundlage wird die deutsche Bundesrepublik ihre Aufgabe erfüllen, die deutsche Einheit zu schaffen und Deutschland in ein neu geordnetes Europa einzugliedern.

Das Ergebnis der Wahlen am 14. August beschwört die Gefahr herauf, daß die bisherige Wirtschaftspolitik fortgeführt, die deutsche Arbeitskraft ruiniert und die Spannungen zwischen den Klassen so gesteigert werden, daß die staatsbildenden Kräfte gelähmt und die deutsche Demokratie zerstört wird.

Die Voraussetzungen für ein gesundes deutsches Staatswesen können nur geschaffen werden, wenn das deutsche Volk folgende Grundsätze im öffentlichen Leben durchsetzt:

1. Überwindung der Arbeitslosigkeit durch eine Politik der Vollbeschäftigung. Dazu ist die Stärkung der Kaufkraft und die Erhöhung des Reallohnes erforderlich. Abwehr weiterer Preissteigerungen. Umbau des Steuersystems durch Entlastung der kleinen Einkommen.
2. Planung und Lenkung der Kredite und Rohstoffe für die Befriedigung des volkswirtschaftlichen Bedarfs. Ablehnung einer vom bloßen Profitinteresse bestimmten Wirtschaftspolitik.
3. Sozialer Lastenausgleich durch Zugriffe auch auf die Vermögen und nicht nur auf die Erträgnisse der Vermögen.
4. Sofortige Inangriffnahme des Wohnungsbaues unter besonderer Förderung des sozialen Wohnungsbaues durch den Bund.
5. Wirtschaftliche und gesellschaftliche Seßhaftmachung und Freizügigkeit für die Vertriebenen und Kriegsgeschädigten durch zentrale Maßnahmen. Schaffung eines Flüchtlingsministeriums, zusätzliche Finanzhilfe an die mit Flüchtlingen überbelegten Länder.
6. Neuordnung der Sozialversicherung, des Rentenwesens und der Versorgung der Kriegsbeschädigten mit dem Ziel der Verbesserung der Leistungen, Hilfe für die Opfer der Diktaturen.
7. Mitbestimmung der Arbeitenden in den Betrieben und gleichberechtigte Einbeziehung der Gewerkschaften in die Selbstverwaltung der Wirtschaft.
8. Politische und wirtschaftliche Entmachtung des großen Eigentums und der Manager durch Sozialisierung der Grundstoff- und Schlüsselindustrien.
9. Sicherung der freien Entfaltung des gewerblichen und bäuerlichen Mittelstandes.
10. Sicherung und Stärkung der kommunalen Selbstverwaltung insbesondere durch einen den Gemeindeaufgaben gerecht werdenden Bundesfinanzausgleich.
11. Beschränkung der alliierten Einwirkungen auf bestimmte und reine Kontrollmaßnahmen. Änderung des Ruhrstatuts. Abwehr der Demontage deutscher Friedensindustrien.
12. Einbeziehung Berlins als 12. Land in die Deutsche Bundesrepublik. Bis dahin schnelle und wirksame Hilfe für Berlin.
13. Ablehnung der Oder-Neiße-Linie als deutsche Ostgrenze. Verbleib des Saargebietes im deutschen Staatsverband. Abwehr neuer Gebietsabtretungen.
14. Unermüdlicher Appell an die moralischen Kräfte der Welt für die Freilassung der Kriegsgefangenen und Frauen. Rückführung der Verschleppten. Kampf gegen Sklavenarbeit in jeder Form und gegen die Konzentrationslager in der sowjetischen Besatzungszone.

15. Wahrung des im Grundgesetz vorgesehenen Vorrechts des Bundestags gegenüber partikularen Gewalten und Interessen. Die Bundesgewalt muß imstande sein, die äußeren und inneren Kriegsfolgelasten gerecht zu verteilen und die Funktionen des deutschen Staates zu erfüllen.
16. Sicherung der Freiheit der Lehre, der Verkündung und der Ausübung jeder Religion und jeder Weltanschauung. Bekämpfung des Mißbrauches kirchlicher Einrichtungen und Personen als Instrumente des politischen Machtkampfes. Abwehr jedes Versuches, die sozialen und politischen Probleme durch Entfachung eines Kulturkampfes zu vernebeln.

Die Sozialdemokratische Partei kämpft unter Ablehnung jeglicher Art von Nationalismus für die Gleichberechtigung aller Völker und für die Neuordnung Europas. Darum kämpft sie für die Wiedervereinigung Deutschlands auf der Grundlage der persönlichen und staatsbürgerlichen Freiheit und Gleichheit in allen Besatzungszonen, insbesondere der sowjetischen Zone.

Nur diese Politik hält die Sozialdemokratische Partei für möglich und erfolgreich. Sie ist bereit, hierfür mit allen ihr zu Gebote stehenden Kräften einzutreten. Jede andere Politik wird sie mit der gleichen Entschiedenheit bekämpfen.«

Zu einigen Punkten dieser Dürkheimer Erklärung gab es in der Vorstandssitzung Bedenken. Die Berliner Louise Schroeder und Otto Suhr fanden, die Forderung nach Einbeziehung Berlins als zwölftes Bundesland sei nicht ausführlich genug, und Schoettle schlug vor, in die Erklärung noch die Forderung nach einer Steuerreform aufzunehmen. Grundsätzliche Einwände gegen die Erklärung und damit gegen den bewußten Weg in die Opposition kamen von Wilhelm Kaisen, Fritz Henssler, Willi Eichler und Josef Görlinger. Sie alle wollten, so geht aus dem Ergebnisprotokoll dieser ersten Vorstandssitzung nach der Bundestagswahl hervor, daß die SPD nicht von vornherein den Anspruch auf eine Regierungsbeteiligung aufgebe. Der linke Flügel der CDU (um den nordrhein-westfälischen Ministerpräsidenten Karl Arnold) müsse für die SPD gewonnen werden. Auch Waldemar von Knoeringen, später einmal Stellvertretender Parteivorsitzender, warnte, der SPD in Bayern habe die konstruktive Oppositionsstellung nichts eingebracht. Nur Carlo Schmid und Erwin Schoettle unterstützten entschieden den Weg in die Opposition. Aber auch die Kritiker stimmten der Dürkheimer Erklärung zu, dem Sachprogramm, das praktisch eine Absage an eine Große Koalition mit der CDU/CSU bedeutete.

»Demokratisches System stark kompromittiert, wenn bei wichtigster Entscheidung über Deutschlands Zukunft die Führer der beiden Parteien nicht bereit sind zu gemeinsamen Beratungen . . .« So hieß es in einem der an Kurt Schumacher nach Dürkheim gerichteten Protesttelegramme von Sozialdemokraten (Absender dieses Telegramms war Regierungspräsident Dr. Kurt Baurichter, Düsseldorf).

Die Kandidatur gegen Heuss um das Präsidentenamt

Eine Anregung griff Schumacher auf, die Anregung, das österreichische System zu prüfen: Die stärkste Partei stellt den Kanzler und die zweitstärkste den Präsidenten. Darüber kam es am 10. September in Bonn zu einer protokollierten Unterredung zwischen den beiden Parteiführern. Dabei waren Carlo Schmid für die SPD und Fritz Schaeffer von der CSU, der spätere Bundesfinanzminister.

Schumacher stellte als erstes klar, daß Paul Löbe kein Mandat gehabt habe, für die SPD über eine Präsidentschaftskandidatur des FDP-Vorsitzenden Theodor Heuss zu sprechen. Er hielt Adenauer vor: »Es ist gewiß nicht so, daß wir vor Ungeduld gebrannt hätten, mit Ihnen ins Gespräch zu kommen. Aber Sie hätten es versuchen müssen.« Carlo Schmid, ebenso Schumacher, beanstandete, was Adenauer bestritt – seine schon zwei Wochen zurückliegende Einigung mit dem FDP-Politiker und späteren Vizekanzler Franz Blücher über Theodor Heuss als Bundespräsidenten. Adenauer fragte: »Was werden Sie tun, wenn die Wahl Heuss' gegen eine sozialdemokratische Kampfkandidatur erfolgt?« Schumachers Antwort: »Einen Präsidenten, gegen den wir gestimmt haben, werden wir ebenso ästimieren, als wenn wir für ihn gestimmt hätten.«

Das ist ein wichtiger Hinweis zur Beantwortung der Frage, warum Kurt Schumacher sich überhaupt als Gegenkandidat habe aufstellen lassen. Er wollte mit seiner – aussichtslosen – Kandidatur nicht die Eignung von Theodor Heuss bestreiten, sondern verhindern, daß ein für die CDU angenehmerer Sozialdemokrat wie der frühere Reichstagspräsident Paul Löbe für das höchste Staatsamt kandidierte. Das vermutet Kurt Klotzbach in seiner 1981 erschienenen Geschichte der SPD. Weder für Adenauer noch für Schumacher war ja das Verhalten der zum Teil noch unbekannten Abgeordneten aus dem neuen Bundestag und aus den Landtagen sicher zu berechnen. Bei der Abstimmung in dem zum ersten Male zusammentretenden Wahlgremium, der Bundesversammlung, am 12. September 1949 erhielten im ersten Wahlgang Heuss 377, Schumacher 311 und der Kandidat des Zentrums, Rudolf Amelunxen, 28 Stimmen. Im zweiten Wahlgang reichte es dann mit 416 Stimmen zur absoluten Mehrheit für Theodor Heuss.

Am 21. September 1949 antwortete Kurt Schumacher auf die erste Regierungserklärung mit einem maßvollen, staatsmännisch angelegten »Programm der Opposition«. Es gibt wenig Anhaltspunkte für die Behauptung, daß Schumacher aufs äußerste enttäuscht und verbittert gewesen sei, nicht selber die nötige Mehrheit zur Führung der Regierungsgeschäfte erreicht zu haben. »Wir sind nicht die bloße Negationserscheinung dieser Regierung«, schloß der Führer der Opposition. »Wir sind etwas Selbständiges. So wollen wir unsere Opposition führen mit dem Ziel, für die Politik der sozialistischen Demokratie einmal in diesem Hause die parlamentarische Mehrheit zu finden.«

Diese – absolute – Mehrheit ist für die SPD ein Traumziel geblieben. Aber ihr erster Auftritt als Oppositionspartei im Bundestag am 21. September 1949 ließ bereits erkennen, daß sie nicht Opposition um jeden Preis treiben will. Sie übernimmt ein Stück Mitverantwortung von Anfang an, differenziert ihre Forderungen. »Der Staat ist für uns nicht die Regierung«, sagte Schumacher, »der Staat ist für uns Regierung und Opposition zusammen.« Diese erste Rede Schumachers als Führer der Opposition ist auch für den nachlesenswert, der sich ein Bild von den innen- und außenpolitischen Verhältnissen zu dem Zeitpunkt verschaffen möchte, als die Bundesrepublik vor vierzig Jahren ihren eigenstaatlichen Weg begann. Darum steht sie ungekürzt im Anhang dieses Buches, gelegentlich erläutert mit Anmerkungen von Dr. Willy Albrecht, der 1985 eine Auswahl von Reden, Schriften und Korrespondenzen Schumachers im parteieigenen Dietz-Verlag herausgegeben hat.

Hier erwähnt sei nur die außenpolitische Richtlinie, die von der SPD-Fraktion mit lebhaftem Beifall aufgenommen wurde: »Europa heißt Gleichberechtigung.« Damit ist zum ersten Male der entscheidende Einwand vorgetragen worden, mit dem der Oppositionsführer, mit dem die SPD die bald folgenden europa- und verteidigungspolitischen Zugeständnisse der Adenauer-Regierung ablehnte. Auch vierzig Jahre später kann noch nicht von absoluter »Gleichberechtigung« der Bundesrepublik im Nordatlantikpakt gesprochen werden, weil sie keine Verfügungsgewalt über ihr Nato-Kontingent hat und weil sie in Verträgen mit den Schutzmächten auf Souveränitätsrechte auf ihrem Territorium verzichtet.

Erst seit 1960 – acht Jahre nach dem Tode von Schumacher – hat sich die SPD mit dem Mangel an »Gleichberechtigung« in den Westverträgen abgefunden. Viele Zeithistoriker glauben allerdings, Kurt Schumacher habe mit dieser harten Forderung nach »Gleichberechtigung« der Bundesregierung bewußt in den außenpolitischen Verhandlungen geholfen. Das Argument von Konrad Adenauer, ob der Verhandlungspartner lieber mit dem Oppositionsführer abschließen wolle, soll ihm von alliierter Seite manche Konzession eingebracht haben.

Der Bankier Hermann Josef Abs, enger Berater von Konrad Adenauer, erzählt dazu in seinen Erinnerungen ein Beispiel. Während der Verhandlungen über das Besatzungsstatut Ende 1949 habe der Hohe Kommissar von Frankreich, François-Poncet, Adenauer zurechtgewiesen, daß die Hohen Kommissare in Streitfällen allein bestimmen würden, wie das geplante Statut auszulegen sei. »Daraufhin erklärte Adenauer, François-Poncet brächte ihn durch diese Bemerkung in Verlegenheit, weil er am Nachmittag dem Führer der Opposition, Dr. Kurt Schumacher, die Frage beantworten müsse, ob er auf dem Petersberg unter einem Diktat gestanden oder ob er verhandelt habe. Er frage daher, ob François-Poncet das lediglich als eine persönliche Bemerkung gemeint habe. François-Poncet lenkte ein und antwortete, es sei lediglich eine persönliche Bemerkung gewesen.«

Diese Kontroverse zwischen Adenauer und den Hohen Kommissaren blieb nicht die einzige, in der sich der Kanzler mit einem Hinweis auf Schumacher ein Zugeständnis zu verschaffen wußte. Er war sich mit Kurt Schumacher einig über dessen – bei mehreren Gelegenheiten – empfohlene Verhandlungsmaxime: »Wir leben in einer Welt der Schwierigkeiten und unfreundlichen Tatsachen. Wir müssen wissen, daß von hundert Problemen neunzig und mehr auf dem Kompromißwege gelöst werden müssen. Eines wollen wir dabei stets beachten: Ein Kompromiß kann immer nur am Ende eines Kampfes stehen. Derjenige, der mit Kompromißvorstellungen in den Kampf geht, muß unterliegen. Was hat die Zähigkeit in der Welt nicht schon alles verändert.«

Unbeliebt bei allen Besatzungsmächten

Wie unbeliebt Kurt Schumacher bei alliierten Gesprächspartnern war, läßt sich leicht nachweisen. Die Abneigung des französischen Hohen Kommissars François-Poncet, den Schumacher deutlich an dessen »Beschwichtigungspolitik« in der Hitlerzeit erinnert hatte, beruhte auf Gegenseitigkeit. André François-Poncet war von 1933 bis zum Ausbruch des Krieges Botschafter in Berlin gewesen. Er hatte seinerseits den »Patrioten« Adenauer mit dem »schizophrenen Faust« Schumacher verglichen, als es 1951 um die Entscheidung über die Wiederbewaffnung und um den Schuman-Plan ging. Der amerikanische Hohe Kommissar, McCloy, führte häufiger Gespräche mit dem Oppositionsführer – laut Terminkalender dreizehnmal vom 13. September 1949 bis zum 7. Dezember 1951. Aber trotz dieses guten Kontaktes, der auch frei war von Kränkungen, hatte Schumacher an der amerikanischen Politik viel auszusetzen.

Der amerikanische Außenminister Dean Acheson zeigte in seinen Memoiren völliges Unverständnis für diesen, wie er schrieb, »bitteren und heftigen Mann«. Acheson: »Schumacher startete sofort einen zügellosen, harten Angriff gegen Adenauer, den er offensichtlich haßte, mit der seltsamen Begründung, daß Adenauer reibungslos mit den amerikanischen, britischen und französischen Besatzungsautoritäten zusammenarbeitete. Ich hielt dagegen, welche riesigen Vorteile das den Deutschen gebracht habe . . . Daß die Sowjets auf der Pariser Außenministerkonferenz [im Mai 1949] nicht zu einer Deutschland-Lösung bereit waren, die ihren Einfluß in der sowjetischen Zone schwächen würde, war unwesentlich für ihn. Ich brach das nutzlose Gespräch ab, sobald es die Höflichkeit gestattete.«

Der britische Staatssekretär, Sir Ivon Kirkpatrick, berichtete über die Abneigung seines Ministers gegen Schumacher und die deutschen Sozialdemokraten, Bevin habe diesen nicht verziehen, daß sie die kaiserliche deutsche Regierung 1914 beim Ausbruch des Ersten Weltkrieges unterstützt hätten. Er habe lieber mit Adenauer als mit Schumacher verhandelt. Das kann einen weiteren Grund gehabt haben. Der SPD-Vorsitzende hatte Bevin nämlich öffentlich angegriffen und für die fortgesetzten Demontagen im Ruhrgebiet verantwortlich gemacht. Das habe der SPD bei den Bundestagswahlen geschadet.

Die Europa-Debatte

Fragen der Europapolitik standen im Mittelpunkt der ersten außenpolitischen Debatte des Deutschen Bundestages am 15. November 1949. Es ging um den Beitritt der Bundesrepublik zum Straßburger Europarat, die deutsche Beteiligung an einer internationalen Ruhrbehörde und die bevorstehende Unterzeichnung des Besatzungsstatuts (am 22. November 1949). Kurt Schumacher, der Oppositionsführer, antwortete auf die außenpolitische Erklärung des Bundeskanzlers und beklagte zunächst, »daß bei außerordentlicher Mitteilsamkeit führender Männer der Bundesregierung über diese Probleme [der internationalen Politik] in der deutschen und der internationalen Öffentlichkeit man sich gegenüber dem Parlament in eine übermäßige Schweigsamkeit gehüllt hat . . . Eine Bundesregierung, die nicht die demokratische Legitimation eines parlamentarisch ausdiskutierten Standpunktes hat, hat gegenüber dem Ausland einen schweren Stand.«

Schumacher meinte damit die inzwischen abgeschlossenen Verhandlungen der westlichen Außenminister über ein Besatzungsstatut, zu denen sich der Kanzler schon in Interviews geäußert hatte, ohne die SPD über den Stand der Dinge vorher zu unterrichten. Das seien »Methoden der Geheimpolitik«. Am 10. November bereits, also fünf Tage vor seiner Regierungserklärung, hatte der Kanzler deutsche Zugeständnisse in der »Zeit« und der »Baltimore Sun« angekündigt: Anerkennung des Ruhrstatuts (eine internationale Behörde zur Kontrolle der deutschen Schwerindustrie), die gleichzeitige Aufnahme der Bundesrepublik und des Saarlandes in den Straßburger Europarat und ein Angebot, französisches Kapital mit 40 Prozent an der Deutschen Schwerindustrie zu beteiligen. Schumacher zu Adenauer: »Sie haben in diesen Interviews . . . bezüglich der Ruhr und der Saar vorbehaltlos alles das in einem Umfang angeboten, was nicht einmal am Ende der Verhandlungen möglich wäre . . . Die europäische Idee und das Vertrauen der Völker werden entwertet, wenn Europa zum Vorwand für hegemoniale Macht- und Staatspolitik wird. Zur Einigung und zum gegenseitigen Vertrauen kommen sollen die Völker Frankreichs und Deutschlands. Darum ist eine Annäherung in dieser ökonomischen Oberschicht keine Verständigung, wie sie das deutsche Volk will, und erst recht keine Verständigung, wie sie das französische Volk will.« Schumacher nannte diese »ökonomische Oberschicht« die »Neueuropäer, die bisher jede Gelegenheit haben vorübergehen lassen, um sich auch praktisch durch sozialpolitisches Handeln zu betätigen«.

In diesen Passagen tauchen bereits die von nun an zwei Jahre lang sich wiederholenden Argumente auf, mit denen Schumacher die einzelnen Schritte und Abmachungen der Bundesregierung in der Europapolitik kritisierte. Er wandte sich auch gegen »die Politik des Junktims, die Politik der Koppelung ganz verschiedener Faktoren«: des Eintritts in die Ruhrbehörde und des Endes der Demontagen, der Bindung des Beitritts zum Europarat an die Hinnahme einer Loslösung des Saarlandes und die Verknüpfung wirtschaftlicher Interessen mit denen der Sicherheit. Mangel an Gleichberechtigung und zu geringe Gegenleistungen für deutsche Souveränitätsverzichte waren weitere, immer von neuem variierte Gründe für den Oppositionsführer, die Europa-Politik von Adenauer zu bekämpfen. »Die ganze Politik der Angebote auf der

Grundlage der Nichtäußerung von deutschen Wünschen und Notwendigkeiten«, sagte Schumacher in dieser ersten außenpolitischen Debatte am 15. November 1949, »führt zu einer Schwächung der deutschen Position, ohne die europäische Situation zu verbessern. Das scheint mir das entscheidende zu sein, und das möchte ich dem Herrn Bundeskanzler, ohne präzeptorial sein zu wollen, doch sagen.«

Dramatischer Zusammenstoß mit Adenauer

Zehn Tage später, am 25. November, morgens gegen 3 Uhr im Bundestag, sagte Schumacher dem Kanzler noch mehr zu dieser, in seiner Sicht unterlassenen Vertretung nationaler deutscher Interessen. Er warf Adenauer mit einem Zwischenruf vor, der »Bundeskanzler der Alliierten« zu sein. Vorangegangen war in dieser Nacht eine Rede von Adenauer, in der er eine Stellungnahme des Deutschen Gewerkschaftsbundes gegen Schumacher und die SPD ins Treffen geführt hatte, um den Beitritt der Bundesregierung zur geplanten internationalen Ruhrbehörde abzustützen. Damit könnten – nach englischen Zusicherungen – ein Stopp der Demontagen an der Ruhr erreicht und neue Beschäftigungsmöglichkeiten geschaffen werden. Der DGB teilte diese Hoffnung, auch einige Sozialdemokraten in Nordrhein-Westfalen. Schumacher wußte das, fühlte sich provoziert, zweifelte die Echtheit der von Adenauer zitierten gewerkschaftlichen Stellungnahme zunächst an, die Adenauer dann zwei Stunden später nochmals bestätigte unter Verlesung eines Telegramms.

Aus dem Protokoll des Bundestages: (Adenauer:) »Und Sie wissen ganz genau, wie jeder Herr im Saale, daß die einzige Frage die ist: Sollen wir einen Vertreter entsenden, der die drei deutschen Stimmen abgibt, oder sollen wir die ganze Demontage einfach rücksichtslos bis zum Ende gehen lassen? (Sehr gut! bei den Regierungsparteien. – Widerspruch bei der SPD.) Das ist die Frage, um die es sich handelt (Zurufe bei der SPD: Nein!), und, meine Damen und Herren, ich stelle fest – ich muß das nach den letzten Reden des Herrn Kollegen Ollenhauer leider feststellen –, daß die sozialdemokratische Fraktion bereit ist, eher die ganze Demontage bis zum Ende gehen zu lassen. (Sehr gut! und Hört! Hört! und lebhafter Beifall bei den Regierungsparteien. – Zuruf links: Unerhört, so was! – Gegenruf rechts: Ihre englischen Freunde versagen! – Zuruf von der SPD: Eine politische Taktlosigkeit! – Abg. Schoettle: Das sind wir ja von denen gewohnt! – Unruhe.)

Zu dieser Frage muß die Opposition Stellung nehmen (lebhafte Zustimmung bei den Regierungsparteien; Zurufe links.) – das ist die Frage, um die es sich handelt, und um keine andere Frage –: Ist sie bereit, einen Vertreter in die Ruhrbehörde zu schicken, oder nicht? Und wenn sie erklärt, nein – dann weiß sie aufgrund der Erklärungen, die mir der General Robertson abgegeben hat, daß die Demontage bis zu Ende durchgeführt wird.

Abg. Dr. Schumacher: Das ist nicht wahr! – Hört! Hört! und Gegenrufe bei den Regierungsparteien. – Weitere erregte Zurufe von der SPD und KPD. – Glocke des Präsidenten. – Abg. Renner: Wo steht das? – Zurufe links: Sind Sie noch ein Deutscher? – Sprechen Sie als deutscher Kanzler? – Abg. Dr. Schumacher: Der Bundeskanzler der Alliierten!

Präsident Dr. Köhler: Herr Abgeordneter Schumacher –

(Stürmische Protestrufe in der Mitte und rechts. Großer Lärm und Klappen mit den Pultdeckeln. – Abgeordnete der SPD und der CDU/CSU erheben sich von den Plätzen und führen erregte Auseinandersetzungen. – Anhaltendes Glockenzeichen des Präsidenten. – Fortdauernder Lärm.)

Herr Abgeordneter Dr. Schumacher –

(Anhaltender Lärm und fortgesetzte Pfuirufe und Rufe in der Mitte und rechts: Unerhört! Raus! Raus!)

Herr Abgeordneter Dr. Schumacher –

(Anhaltender Lärm. – Anhaltendes Glockenzeichen des Präsidenten. – Fortdauernder Lärm.)

Herr Abgeordneter Dr. Schumacher! Für diese Bezeichnung des Bundeskanzlers als ›Bundeskanzler der Alliierten‹ rufe ich Sie zur Ordnung! (Fortgesetzte Unruhe.)

Herr Bundeskanzler, fahren Sie bitte fort!

(Fortdauernder Lärm. – Abg. Ollenhauer: Herr Adenauer hat ihn herausgefordert, und niemand anders! – Weitere erregte Zurufe und persönliche Auseinandersetzungen. Glocke des Präsidenten.) Dr. Köhler: Ich habe doch Herrn Abgeordneten Dr. Schumacher zur Ordnung gerufen. (Zuruf in der Mitte: Das genügt nicht! Abgeordneter Strauß: Entschuldigen Sie sich, Herr Dr. Schumacher, sonst ziehen wir aus dem Parlament aus! – Bundeskanzler Dr. Adenauer verläßt die Rednertribüne.)

Abgeordneter Dr. Öllers: Herr Präsident, ich beantrage die sofortige Einberufung des Ältestenrats und bitte um Abstimmung! (Fortgesetzte große Unruhe.)

Bundestagspräsident Dr. Köhler: Meine Damen und Herren, ich bitte Sie einen Augenblick um Ruhe, damit wir die Angelegenheit abwickeln können. Es liegt ein Antrag auf Unterbrechung der Sitzung und auf sofortige Einberufung des Ältestenrats angesichts der Schwere der Bezeichnung vor, die der Abgeordnete Dr. Schumacher gebraucht hat. (Lebhafte Zustimmung bei den Regierungsparteien.) Ich stelle fest, daß die Mehrheit für die Unterbrechung ist. Ich unterbreche die Sitzung und berufe sofort den Ältestenrat ein.«

Lärm und Unruhe zwangen um 3.21 Uhr zur Unterbrechung der Sitzung auf Antrag der Regierungsparteien. Die SPD-Fraktion schickte nach kurzer Beratung Erich Ollenhauer mit dem Vorschlag in den Ältestenrat, Kurt Schumacher sei zu einem Gespräch mit dem Bundeskanzler unter vier Augen bereit – wohl um klarzustellen, daß er mit dem Zwischenruf Adenauer nicht habe beleidigen wollen. Die Regierungsparteien aber verlangten ihrerseits eine härtere parlamentarische Strafe als den Ordnungsruf, weil es sich nicht um irgendeinen Abgeordneten, sondern um den Oppositionsführer gehandelt habe. Der Bundestagspräsident folgte diesem Drängen nach »exemplarischer Strafe« und verkündete – in Abwesenheit der SPD-Fraktion – mit der Wiedereröffnung der Sitzung um 6.11 Uhr morgens, der Abgeordnete Schumacher sei für zwanzig Sitzungstage ausgeschlossen.

Arno Scholz schilderte die Stimmungslage der SPD-Fraktion in dieser Nacht so: »Man war von dem Mann mit den scharfen, vom Leiden geprägten Zügen, der in der ersten Reihe der Abgeordneten saß, vieles gewöhnt. In diesem Moment aber war er auch nach der Meinung seiner besten Freunde zu weit gegangen – so weit, daß er über seine eigenen Worte zu straucheln schien. Als er nach der Aufhebung der Sitzung den Saal verließ, wie immer auf die Schulter eines Kollegen gestützt, sah der 54jährige aus wie ein Greis. Und nun saß er da, allein, düster in Gedanken versunken, mitten unter seinen Parteifreunden, und doch von ihnen getrennt durch die dünne Eisschicht der allgemeinen Mißbilligung . . . Drei Stunden später empfing Dr. Schumacher in demselben Fraktionszimmer die übernächtigten und mit dem Schlaf kämpfenden Bundeshausjournalisten zu einer improvisierten Pressekonferenz. Er war wieder der alte: scharf, manchmal schroff in den präzis wie mit dem Messer geschliffenen Formulierungen, immer kaustisch und öfter gallig, ein gewandter Fechter im Hin und Her der Fragen, auftrumpfend und seiner Sache völlig sicher . . . Es war nicht das erste Mal, daß Kurt Schumacher seine eigenen Anhänger durch eine unbedachte Äußerung erschüttert und sie trotz dieser Erschütterung sofort wieder in die Hand bekommen hatte. Die Gabe des spitzen und verwundenden Wortes, die ihm zu Gebote steht, ist auch früher schon nicht als reine Himmelsgabe empfunden worden.«

In den nachfolgenden Tagen kam es durch die Vermittlung von Abgeordneten beider Seiten nach vielem Hin und Her zu Einigungsgesprächen am 1. Dezember: um 12.00 Uhr Zusammenkunft mit Dr. Adenauer, Dr. Arndt (SPD-Rechtsexperte), Dr. von Brentano (Fraktionsvorsitzender der CDU/CSU); um 14.30 Uhr SPD-Fraktionsvorstand; um 19.00 Uhr zweites Treffen mit Dr. Adenauer; um 20.00 Uhr SPD-Fraktionssitzung; um 0.30 Uhr dritte Zusammenkunft mit Dr. Adenauer, Dr. Arndt und Dr. von Brentano – zitiert nach Schumachers Terminkalender.

Das Ergebnis war ein gemeinsamer Text, verlesen durch den Stellvertretenden Chef des Bundespresseamtes, Dr. Boex: »In der Sitzung des Bundestages vom 24. zum 25. November 1949 war der Bundeskanzler der Ansicht, daß ohne einen Eintritt in die Ruhrbehörde ein Demontagestopp nicht zu erreichen sei. Die sozialdemokratische Fraktion war der Ansicht, daß ein Demontagestopp auch ohne bedingungslosen Eintritt in die Ruhrbehörde zu erreichen sei. Der Bundeskanzler ist davon überzeugt, daß die sozialdemokratische Fraktion sich bei ihrer Haltung von der Überzeugung leiten ließ, auf diesem Wege das Beste zu erreichen, und hält Formulierungen, die anders ausgelegt worden sind, nicht aufrecht. Dr. Schumacher ist seinerseits der Auffassung, daß der Bundeskanzler überzeugt war, nur durch den Eintritt in die Ruhrbehörde den Demontagestopp erreichen zu können. Er hält daher den Zwischenruf ›Bundeskanzler der Alliierten‹ nicht aufrecht.«

In der Sache gab Schumacher keinen Millimeter nach. Schon am 2. Dezember, einen Tag nach der gemeinsamen Erklärung, wiederholte er auf einer Kundgebung in Mönchengladbach, es sei grundsätzlich falsch gewesen, in der Frage des Ruhrstatuts und der Saar vorweg Konzessionen zu machen. Auch Adenauer mußte sich ähnliches aus den eigenen Reihen vorhalten lassen. Jakob Kaiser, sein Minister für gesamtdeutsche Fragen, warnte sozusagen von Amts wegen den Kanzler in einer Saar-Denkschrift, den französischen Plänen entgegenzukommen. Und die Minister seiner Koalitionspartner, also der FDP und der DP, protestierten öffentlich gegen die französische Saarpolitik, die auf eine stufenweise Annektion hinauszulaufen scheine. Selbst Bundespräsident Theodor Heuss warnte eindringlich. Adenauer legte am 10. März gegen die Saar-Konventionen Verwahrung ein, aber er hielt den Beitritt zum Europarat für vorrangig, auch wenn dabei eine Vertretung des Saarlandes in Kauf genommen werden mußte. Schumacher schlug im Bundestag vor, den Delegierten des Saarlandes einen Platz in der deutschen Delegation des Europaparlaments einzuräumen, und verlangte eine Volksabstimmung über die Zukunft der Saar.

Saarstreit in der SPD

Auch er hatte es nicht leicht in den eigenen Reihen. Kritiker meldeten sich zu Wort, die eine Mitgliedschaft im Europarat trotz des gleichzeitigen Beitritts der Saar befürworteten, die auch später den Schuman-Plan für eine europäische Montanunion unterstützten, den Schumacher ablehnte. Wilhelm Kaisen griff Schumacher offen an. Er plädierte am 2. Dezember 1949 in einer holländischen Parteizeitung, nachgedruckt Ende Dezember in der »Welt«, für einen Beitritt zum Europarat. Kaisen blieb bei seiner Kritik an Stil und Inhalt der Oppositionspolitik des Parteivorsitzenden, auch auf der Vorstandssitzung am 5. und 6. Januar 1950. Schumacher wehrte sich, es habe aufzuhören, daß er persönlich »angemistet« werde. Der Schaden des Kaisen-Artikels sei nicht zu reparieren. Der Parteivorstand stellte in einer Resolution fest, die Auffassungen von Kaisen ständen im Widerspruch zu der vom Vorstand beschlossenen Außenpolitik der SPD. Am 14. März mußte er sich von Schumacher auf einer Sitzung der obersten Parteigremien vorhalten lassen: »Wenn die gewählten Instanzen der Partei etwas sagen . . . dann muß man auch verstehen, daß das Minimum dessen, was die Partei von einem verlangt, dies ist, wenigstens den Mund zu halten und sich nicht in den Vordergrund zu rücken.«

Es kam nicht zu disziplinären Maßnahmen gegen Kaisen und gegen andere Kritiker, weil Schumacher entsprechende Anträge in der Vorstandssitzung zurückwies. So entsteht der Eindruck, daß Schumachers Argumente gegen die Europapolitik von Adenauer teilweise dazu dienen sollten, die Verhandlungsposition des Bundeskanzlers gegenüber den Franzosen zu stärken.

Schumacher war Gast bei dem Essen, das Adenauer dem französischen Außenminister Schuman am 15. Januar 1950 im Kanzleramt gab. Über seinen engsten Mitarbeiter, Herbert Blankenhorn, hatte der Kanzler Tage vorher den Mittelsmann Carlo Schmid wissen lassen, daß er an einer geschlossenen deutschen Front gegen die französischen Saar-Konventionen interessiert sei. Hier biete sich die Möglichkeit einer »Bipartisan Policy«. Adenauer-Biograph Hans-Peter Schwarz erläutert: »Adenauer ist gegen Schuman ganz persönlich aufgebracht, weil dieser sich nicht an . . . gegebene Zusagen gehalten hat. Er hält das dem französischen Außenminister ganz offen vor. So kommt bei diesem ersten Staatsbesuch im Palais Schaumburg keine rechte Stimmung auf. 38 Gäste sind zum Mittagessen geladen, darunter Kardinal Frings und Kurt Schumacher, der nur mit größter Mühe die Treppen zum ersten Stock bewältigt und dort von Zimmer zu Zimmer getragen werden muß.«

Es folgten Besprechungen mit dem Oppositionsführer, so zweimal am 25. Januar um 11.00 Uhr und um 19.30 Uhr – natürlich auch über die Saarfrage. Schumacher seinerseits traf am 30. Januar den französischen Generalsekretär der Bewegung für ein föderalistisches Europa, André Philippe. Er hielt dem französischen Genossen vor, daß die Saar-Regierung demokratische Grundfreiheiten verletze, also die Voraussetzung für eine Mitgliedschaft im Europarat. Solche zeitlichen Abfolgen lassen den Schluß zu, daß Schumacher und Adenauer zeitweise in der Saarfrage kooperiert haben. Am 5. April kam es zu einer weiteren Unterredung zwischen beiden zu diesem Thema, und im Juni beschloß die SPD-Fraktion trotz der Ablehnung des Beitritts zum Europarat, Delegierte in das Straßburger Parlament zu entsenden.

Keine Opposition um jeden Preis also gegen Adenauers Europapolitik, auch nicht gegen den Schuman-Plan. In seiner ersten Stellungnahme zu dem Vorschlag des französischen Außenministers für eine europäische Montanunion, veröffentlicht am 12. Mai 1950 im »Neuen Vorwärts«, stellte Schumacher bereits eine Bedingung, die späteres Einlenken möglich erscheinen ließ: »Das Recht der Mitbestimmung der arbeitenden Menschen ist aus den bisherigen Erklärungen noch nicht abzuleiten. Darum aber geht es, daß die Menschen, die die Werte schaffen, auch entscheidend mitzureden haben.« Genau auf dieser Linie eröffnete er die – auch von der CDU mitgetragene – Diskussion über die paritätische Mitbestimmung in der Kohle- und Stahlindustrie. Sie ermöglichte den deutschen Gewerkschaften eine positive Haltung zum Schuman-Plan. Die SPD sollte ihn schließlich aus anderen, deutschlandpolitischen Gründen ablehnen.

Dies war und blieb aber nicht der erste Fall, der Differenzen zwischen Schumacher und dem hochangesehenen, zwanzig Jahre älteren Vorsitzenden des Deutschen Gewerkschaftsbundes, Hans Böckler, Reichstagsabgeordneter der SPD 1928 bis 1933, erkennen ließ. Schumacher hatte sich ja schon in der dramatischen Nachtsitzung vom 25. November 1949 von Adenauer provozieren lassen, der DGB denke positiver über das Ruhrstatut als die SPD. Am 25. Januar 1950 beschwerte Schumacher sich in einem grollenden Brief an Böckler über dessen Stellvertreter Georg Reuter. Dieser hatte in einem Artikel des bürgerlichen »St. Galler Tagblatts« von Differenzen zwischen Gewerkschaften und SPD über Ruhrstatut und Sozialisierung berichtet, was »eine Verletzung der parteipolitischen Neutralität der Gewerkschaften« darstelle. Schumacher weiter: ». . . immerhin handelt es sich um den Versuch eines Mitgliedes der Sozialdemokratischen Partei, durch objektiv unrichtige und anrüchige Methoden bei voller subjektiver Klarheit der Absicht und der Überlegung die Sozialdemokratische Partei zu schädigen.«

Der Parteivorstand werde sich mit diesem Verhalten befassen. Diese Drohung mit disziplinären Maßnahmen, wie zum Beispiel ein Ausschluß »wegen parteischädigenden Verhaltens«, hatte jedoch keine Folgen. Sie entsprang eher dem wachsenden Ärger über die deutliche Kritik aus den eigenen Reihen an einer als zu rigoros empfundenen Europapolitik. Schumachers Zorn milderte sich aber allmählich.

Als er erneut während des Parteitages in Hamburg vom 21. bis zum 25. Mai 1950 auf Kritiker stieß – es waren wieder einmal Paul Löbe, Max Brauer (Bürgermeister von Hamburg) und Wilhelm Kaisen –, lobte er zwei von ihnen sogar in seinem Schlußwort zur Debatte: »Ich möchte den Genossen Paul Löbe und Max Brauer als Persönlichkeiten von repräsentativer Kraft und Allgemeingeltung danken, daß sie die Wortführer der Kritik gewesen sind (Bravo, starker Beifall – verzeichnet das Protokoll). Sehen Sie, die Art der Kritik, wie sie die beiden Genossen gestern verkörpert haben, die ist doch nicht abhängig von der Gesinnung (wiederum Bravo, Beifall). Das ist das Große in dieser Partei, daß sie einen Freiheitsbegriff hat, der das Recht für sich in Anspruch nimmt, seine Meinung zu haben, und dann die Verantwortung mitträgt für den Willen der ganzen Partei, wie er auf dem Parteitag gebildet wird.«

Auf diesem Hamburger Parteitag gab es elf Gegenstimmen und vier

Enthaltungen, als in einer Resolution im Sinne von Schumacher der Beitritt zum Europarat abgelehnt wurde. Zum ersten Male auch entfielen auf Kurt Schumacher bei der Wiederwahl zum Parteivorsitzenden zwölf Stimmen weniger als möglich. Von 353 gültigen Stimmen erhielt er 345, sein Vertreter Erich Ollenhauer aber 348 Stimmen.

Immerhin hatte Schumacher in Hamburg die Genugtuung, daß sein Hauptwidersacher seit langem, der Bremer Senatspräsident Wilhelm Kaisen, bei der Vorstandswahl knapp unterlag. Kaisen war zu dieser Zeit auf einer Werbereise durch die USA für die Bremer Werftindustrie, er hatte die Interessen der weltoffenen Hansestadt für wichtiger gehalten als die Teilnahme am Parteitag. Adenauer suchte in dieser Zeit demonstrativ das Gespräch mit diesem Schumacher-Gegner, der aus seiner abweichenden Meinung in außenpolitischen Fragen nie ein Hehl machte. Kaisen gehörte zu den Befürwortern der Europapolitik des Bundeskanzlers, auch was den Schuman-Plan anging und den späteren Beitritt zur Europäischen Verteidigungsgemeinschaft.

Verteidigungsbeitrag als politischer Trumpf

Diese großen außenpolitischen Themen beherrschten die ersten Jahre der Bundesrepublik: die Einordnung in die westliche Völkerfamilie, die Rolle bei gemeinsamen Anstrengungen des Westens zur Verteidigung angesichts einer spürbar gewordenen Kriegsgefahr. Der Ausbruch des Krieges in Korea am 25. Juni 1950 beschleunigte die westlichen Vorbereitungen auf den Verteidigungsfall und gab der Bundesrepublik schon kurz nach ihrer Gründung die Chance, ihr unentbehrliches Potential so teuer wie möglich zu verkaufen. Das jedenfalls war der Rat von Kurt Schumacher als Oppositionsführer an Adenauer und zugleich sein Motiv, die Außenpolitik der Regierung stets anzugreifen – schärfer, als es vielen Parteifreunden lieb war, aber hart genug, um dem Kanzler in seinen außenpolitischen Verhandlungen ein zusätzliches Argument zu liefern.

Beifall und Zustimmung der Opposition hätte Adenauers Verhandlungsposition gegenüber den Besatzungsmächten und künftigen Verbündeten kaum gestärkt. Wer mit dieser Überlegung heute die damals oft beklagten leidenschaftlichen Attacken von Kurt Schumacher auf nahezu alle Vorhaben der Regierung Adenauer nachliest, könnte zu dem Ergebnis kommen, daß sie durchaus im nationalen Interesse lagen. – Die drei langen Reden, in denen sich Kurt Schumacher im Frühjahr 1950 mit der Europapolitik des Kanzlers auseinandersetzte, lesen sich wie eine Fortsetzungsgeschichte.

Am 10. März stand noch die Saar-Frage, in Verbindung mit dem Beitritt zum Europarat, im Mittelpunkt. Ein amüsanter Seitenhieb auf einen Zuruf des KPD-Abgeordneten Renner sei erwähnt. Schumacher wies den deutschen Kommunisten auf die Gegenposition der französischen Kommunisten in der Saar-Frage hin und spielte auf Bindungen an die sowjetische Politik an: »Lassen Sie nur! In diesem Rennen sind Sie kein edler ›Renner‹, sondern nur ein kleines Panjepferdchen.« (Schallende Heiterkeit und Beifall von der SPD bis zur äußersten Rechten, steht im Bundestagsprotokoll.)

Die Franzosen wies Schumacher auf die Saar-Verfassung hin, in der die diplomatische Vertretung des Saargebietes durch Frankreich vorgesehen war. Angesichts dieser Tatsache sei es unverständlich, daß an einer einzigen Stelle, im Europarat, das Saargebiet eine selbständige völkerrechtliche Vertretung haben solle. Er lobte den Kanzler, daß dieser feierlich Verwahrung gegen die französisch-saarländischen Konventionen eingelegt habe, und schlug vor, diese Verwahrung mit einer Note an alle drei Besatzungsmächte zu bekräftigen.

Im Grundsatzreferat auf dem Hamburger Parteitag am 22. Mai tauchte zum erstenmal Schumachers Forderung auf, die Bundesrepublik solle direkt Mitglied des Atlantikpaktes werden, also eines Militärbündnisses. Der Straßburger Europarat schrumpfe in seiner Bedeutung: »Straßburg ist heute das Vorzimmer. Das Hauptzimmer ist der Raum des Atlantikpaktsystems . . . und wir können nicht für den Eintritt in das Vorzimmer mit unserem Ja den ganzen Preis unseres letzten politischen Vermögens bezahlen, der uns selbst als Preis für den Eintritt in das Hauptzimmer zu hoch wäre.«

Und wieder kam er darauf zu sprechen, »daß das atlantische System ja nicht nur ein wirtschaftliches, sondern vor allem ein militärisches System ist«. Der Europarat sei ein Bestandteil davon. »Darum bedeutet Ihr [Adenauers] Eintritt in den Europarat, daß Sie bereits den einzigen Trumpf aus der Hand geben, mit dem Sie mitstechen können, damit nicht die anderen darüber entscheiden, wann, wie und unter welchen Umständen Deutschland gezwungen sein wird, wieder aufzurüsten.« Schumacher wollte die Trümpfe bewahren, mit denen bei kommenden Verhandlungen über einen deutschen Wehrbeitrag für die Bundesrepublik mehr hätte herausgeholt werden können. Das Pokerspiel hatte bereits begonnen – noch halb verdeckt durch die Themen Europarat, Schuman-Plan und Saarstatut. Es sollte die letzten beiden Lebensjahre von Kurt Schumacher andauern und darüber hinaus.

Seine Politik der Stärke

Durch die Wahrung der nationalen Rechte den Nationalismus unmöglich machen – so lautete das Prinzip, mit dem Schumacher an die außenpolitischen Themen dieser Zeit heranging. Und auf diese Themen wurde alles bezogen, auch die »soziale Frage«. In der politischen Resolution des Hamburger Parteitages vom 24. Mai 1950 hieß es dazu: »Soziale Gerechtigkeit ist die Grundlage der deutschen Einheit und der Überwindung des Rechtsradikalismus und des Nationalsozialismus.« Damit war die Überzeugung verbunden, daß die SPD weder den Kommunisten »die soziale Frage« noch den Rechtsradikalen »die nationale Frage« überlassen dürfe, nach Ansicht von Schumacher ihr Hauptfehler in der Weimarer Zeit. Sie sollte sich in nationaler und in sozialer Hinsicht von keiner anderen Partei übertreffen lassen. Ihr nationaler Sozialismus stand auf demokratischem Fundament. Es sollte krisenfest gemacht werden durch »das wirtschaftliche Mitbestimmungsrecht« (Schumacher), denn, so die Parteitagsresolution: »Die Sozialdemokratische Partei ist sich bewußt, daß eine Organisation Westeuropas unter dem Gesichtswinkel der schwerindustriellen Interessen eine tödliche Bedrohung der Demokratie und der aufrichtigen, vorbehaltlosen Zusammenarbeit der gleichberechtigten Völker bedeuten würde.«

Diese »aufrichtige, vorbehaltlose Zusammenarbeit der gleichberechtigten Völker« verlangte Schumacher, als erstmals ernsthaft von einem deutschen Wehrbeitrag die Rede war. Am 11. August 1950 stellte Winston Churchill im Straßburger Europarat den Antrag, eine europäische Armee unter deutscher Beteiligung aufzustellen. Die EVG, die Europäische Verteidigungsgemeinschaft, wurde Verhandlungsthema; ergänzt am 24. Oktober durch den kurzlebigen Pleven-Plan. Schumacher kritisierte diesen Plan des französischen Ministerpräsidenten René Pleven, der keine eigenständige deutsche Armee und keine deutsche Verfügungsgewalt über strategische Waffen vorsah, als »antieuropäisch«. Er mache aus Deutschland einen »Staat zweiter Klasse«, der den Deutschen »nur die Chance des Blutvergießens in der ersten Klasse« zubillige. In einem Brief an Konrad Adenauer vom 6. Februar 1951 warnte er, durch die defensive Auffassung im Pleven-Plan werde im Kriegsfalle »die Ostzone aufgegeben und Berlin den Sowjets ausgeliefert«.

Viele fürchteten, im geteilten Europa könne sich, ähnlich wie seit dem 25. Juni 1950 im geteilten Korea, ein bewaffneter Konflikt entwikkeln. Bundeskanzler Adenauer forderte deshalb auf einer Pressekonferenz am 18. August die Aufstellung einer westdeutschen Truppe in der Stärke der bewaffneten Volkspolizei der DDR. Schumacher zog andere Konsequenzen, wandte sich in einer Pressekonferenz in Bonn am 23. August gegen eine teilweise Aufrüstung, vergleichbar mit der Volkspolizei. Angreifer müßten sogleich wissen, daß sie der Abwehrkraft einer ganzen Welt gegenüberständen.

»Die Volkspolizei marschiert doch nicht wie in Korea in ein unbesetztes Land ein, sondern in ein Land, in dem drei der größten Militärmächte der westlichen Welt, die sich bei jeder Gelegenheit auch auf diese Stärke berufen, verankert sind . . . Wenn die Volkspolizei marschiert, marschiert auch die Rote Armee.« Schumachers Bedingung, in Variationen zwei Jahre lang wiederholt: »Die deutsche militärische Leistung hat nur dann einen Sinn, wenn die Weltdemokratie Deutschland offensiv nach dem Osten verteidigt, das heißt Deutschland vor den schwersten Zerstörungen bewahren und als Antwort auf einen russischen Angriff östlich von Deutschland die Kriegsentscheidung suchen will. Das ist die erste und materiell die einzige Voraussetzung für das Ja oder Nein zur deutschen Aufrüstung.«

Vertrauliches über Schumachers Lagebild

Wenig später, Ende August, führte Dr. Richard Thilenius, der Bonner Korrespondent der »Deutschen Zeitung«, Stuttgart, ein langes Informationsgespräch mit Kurt Schumacher, das er in einem Brief an seine Kollegen festhielt. Dieses bemerkenswerte, aus einem Nachlaß stammende Dokument läßt die Art und Weise nachvollziehen, in der Kurt Schumacher zu dieser Zeit urteilte und reagierte. Was damals nicht zur Veröffentlichung geeignet war, ist heute keine Indiskretion mehr, sondern vielmehr eine wertvolle Studie zur Person des SPD-Vorsitzenden in seiner letzten Lebensphase. Thilenius schrieb am 7. September 1950:

»Liebe Kollegen,
in der vorigen Woche hatte ich eine zweistündige Unterhaltung mit

Dr. Schumacher in seinem, ihm im vorigen Jahr von der Regierung Nordrhein-Westfalen zur Verfügung gestellten Haus bei Bonn, das einen sehr plutokratischen Eindruck macht. Ich hatte in dem Gespräch doch einen sehr starken Eindruck von der großen Intelligenz und Klarsicht Schumachers. Er wirkt in einer persönlichen Unterhaltung natürlich ganz anders als auf der Rednertribüne und gibt sich natürlich und unverkrampft. Er läßt seinen Gesprächspartner jederzeit selbst zu Wort kommen, so daß es eine wirkliche Diskussion gibt und nicht, wie sonst oft, nur Monologe. Vor allem scheint Schumacher mir völlig frei von persönlicher Eitelkeit, was mir auch von anderer Seite bestätigt wurde.

Sein Denken verläuft natürlich bis zu einem gewissen Grade in abgegrenzten Bahnen. Man hat das Gefühl, daß er ein Problem klar bis zum Ende durchdenkt und dann an dieser erarbeiteten Meinung unbedingt festzuhalten geneigt ist. Von Abschweifungen kehren seine Gedanken immer wieder in diese Bahn zurück. Er besitzt offenbar eine erstaunlich schnelle Auffassungsgabe und die Fähigkeit, sofort das Wesentliche einer Frage zu erkennen. So schweift die Unterhaltung niemals auf Nebendinge ab, und man kann in relativ kurzer Zeit eine große Zahl von Themen behandeln. Ich hatte nicht den vielfach hervorgehobenen Eindruck, daß seine Aktivität und sein klares Denken durch seinen Gesundheitszustand beeinträchtigt wären. Er wirkte eigentlich im Gespräch ausgesprochen entspannt und durchaus natürlich. In den Formulierungen kommt immer wieder eine Art von grimmigem Sarkasmus zum Vorschein, der sich etwa auf die alliierte Politik, auf Bevin, auf den katholischen Kulturkampf bezieht. Ich würde aber nicht sagen, daß dieser Sarkasmus mit Zynismus gleichzusetzen sei.

Schumacher bot mir zu Beginn Hennessy an und bemerkte dazu: ›Das ist das einzige Gute, was der Ollenhauer mir aus Straßburg mitgebracht hat.‹ Von den Straßburger Ergebnissen hatte er natürlich eine durchaus negative Ansicht, die im übrigen hier auch bei den bürgerlichen Parteien vorherrscht.

Wir sprachen dann vor allem über die Sicherheitsfrage, in der die Thesen ja bekannt sind. Mich interessierte vor allem eine Erläuterung zu seiner Formulierung von der notwendigen monumentalen Machtentfaltung der USA als Voraussetzung eines deutschen Verteidigungsbeitrags, die mir in der heutigen Situation zwar einleuchtend, aber doch unbefriedigend erschien. Er meinte dazu, daß man natürlich darüber reden könne, wann eine solche Machtentfaltung als gegeben anzusehen sei. Es komme allein darauf an, daß eine wesentliche Verstärkung der alliierten Truppen in Deutschland den ernsten Willen zu einer Offensivverteidigung erkennen lasse. Die Zahl der hier stationierten Truppen müsse die Möglichkeit eines strategischen Rückzugs und ein zweites Dünkirchen ausschließen.

Er war der Meinung, daß nur eine Armee von mindestens zwanzig Panzerdivisionen einen wirksamen Schutz bedeuten könne, ließ dabei aber die Möglichkeit zu, daß ein Teil dieser Armee auch schon aus deutschen Einheiten bestehen könne, wenn nur vorher eine Reihe alliierter Divisionen in Deutschland stehe. Es kommt ihm allein darauf an, daß Westdeutschland nicht sinnlos durch eine zwecklose Verteidigung in einem neuen Krieg noch stärker verwüstet würde. Die Truppen müßten daher so stark sein, daß sie bei einem versuchten Einmarsch der Roten Armee in der Lage seien, nicht nur standzuhalten, sondern zum Gegenangriff überzugehen und dabei dann Ostdeutschland zu befreien. Das bedeutet seine These von der ›offensiven Verteidigung‹. Schumacher sagte, daß Adenauer im Gespräch mit ihm inzwischen ganz auf die gleiche Linie eingeschwenkt sei. Er befürchtet nur immer, daß ›diese Mollusken‹ wieder weich würden . . .

Im übrigen sei die Grundvoraussetzung für eine deutsche Wiederaufrüstung, daß die dafür notwendigen Waffen erst einmal wirklich zur Verfügung ständen. Dies sei viel wichtiger als alle psychologischen Voraussetzungen, die die Wiederaufstellung einer vollen deutschen Souveränität zum Gegenstand haben. Diese würde dann schrittweise von selbst kommen. Man dürfe nicht vergessen, daß seit 1945 erst fünf Jahre vergangen seien, und die deutsche Sicherheitsforderung nicht zum Gegenstand eines Handels machen. Freilich seien erhebliche Erleichterungen in bezug auf Besatzungsstatut und Ruhrstatut unumgängliche Voraussetzung. Die Vorschläge an die Alliierten, diese Statute durch Verträge zu ersetzen, sind von Adenauer und Schumacher gemeinsam formuliert worden.

Schumacher bezeichnete es als unbedingt erforderlich, daß die USA ihre Kräfte auf Europa konzentrierten und nicht in Ostasien zersplitterten. Die Intervention in Korea sei falsch gewesen und müsse zu Weiterungen führen, die das amerikanische Potential auf das stärkste beanspruchen müßten. Um den Russen Paroli zu bieten, hätte es seiner Ansicht nach genügt, unter Verzicht auf eine Intervention in Korea nur eine energische Wiederaufrüstungspolitik, die in der öffentlichsten Form zu deklarieren sei, zu betreiben . . .

Sehr interessant war für mich das Urteil Schumachers über Adenauer. Er kritisierte sehr scharf dessen Taktik im Fall des New-York-Times-Interviews, das nun die ganze übrige Welt davon ausgehen lasse, daß die Deutschen bereit seien, à tout prix wieder Soldaten zu werden. Man hätte auf keinen Fall ein solches deutsches Angebot machen, sondern eine Anfrage der anderen, die ein Angebot hätte enthalten müssen, abwarten sollen. Auch sonst war sein Urteil über Adenauer natürlich nicht gerade freundlich.

Nach Schumacher versteht der Kanzler im Grunde von nichts anderem etwas als von Kommunalpolitik und betrachtet außenpolitische Fragen im wesentlichen unter dem gleichen Gesichtspunkt wie die Konkurrenz der Städte Köln und Düsseldorf. Das gleiche gelte von seiner Taktik gegenüber Menschen, die er in ›primitiver Weise‹ im Grunde alle als seine Untergebenen betrachte und wie Schachfiguren hin und her schiebe. Er habe eigentlich auf keinem Gebiet eine wirkliche Konzeption, sondern lasse sich von den Eindrücken des Augenblicks treiben. So sei die Regierungspolitik im Grunde nur ein großes Provisorium.

Auf der anderen Seite erkannte Schumacher an, daß Adenauer die einzige wirkliche Persönlichkeit im Regierungslager sei und daß er auch in Verhandlungen mit den Alliierten eine gewisse persönliche Wirkung entfalte. Er habe sicherlich guten Willen und werde darin von den Alliierten immer wieder enttäuscht. Von einer Art von Vertrauensverhältnis zwischen Adenauer und dem Petersberg könne auch im Falle McCloy keine Rede sein. Beide hätten sicherlich die besten Absichten für eine wirkliche Verständigung, aber die Aktivität McCloys werde immer wieder dadurch gehemmt, daß er von Washington keine großzügigen Richtlinien bekomme. Auf der anderen Seite entspreche Adenauers Politik zu wenig den amerikanischen Vorstellungen. Als Grund dafür nannte er vor allem die ausgesprochene Bürger- und Blockpolitik, die die Vorteile des mit amerikanischer Hilfe erreichten Wirtschaftsaufstiegs nur bestimmten Schichten zugute kommen lasse. Außerdem bestehe ein tiefes Mißtrauen der Amerikaner gegenüber der Anfälligkeit des deutschen Bürgertums gegenüber dem Kommunismus.

Schumacher sprach von Adenauer mehrfach als von dem ›alten armen Mann‹, der auf dem Petersberg immer wieder enttäuscht werde, weil er einerseits zu gefügig sei, auf der anderen Seite keinen Einblick in die Pläne der Alliierten bekomme, falls solche mangels einer wirklichen Konzeption überhaupt vorhanden seien. Poncet bezeichnete Schumacher als Feind Deutschlands. Seine feindliche Einstellung insbesondere enttäusche immer wieder auch den Bundeskanzler, dem doch gerade die deutsch-französische Verständigung ein wirkliches Herzensbedürfnis sei. Kirkpatrick bezeichnete Schumacher als Steigbügelhalter Bevins, gegen den er seinen ganzen Grimm losließ. Die Wiederaufnahme der britischen Demontagepolitik hätte die SPD bei den Bundestagswahlen mehr als eine Million Stimmen gekostet.

Ich war überrascht und erfreut, bei aller Kritik doch ein erhebliches menschliches Verständnis Schumachers für Adenauer herauszuhören. Das Verhältnis zwischen beiden hat sich seit kurzer Zeit offenbar wesentlich verbessert. ›Die Russen wirken Wunder‹, sagte Schumacher dazu. Er glaubte, daß nicht nur sachliche Gründe Adenauer zu der Annäherung veranlaßt haben, sondern daß er darüber hinaus das Bedürfnis habe, sich mit einem Menschen auszusprechen, den er als wirklich unabhängig respektiere. Adenauer sei einsam und ein Menschenverächter und er sehe wohl in ihm so ziemlich den einzigen in Deutschland, mit dem er sozusagen von gleich zu gleich sich aussprechen könnte.

Adenauer hat Schumacher übrigens für die nächste Woche in sein Haus nach Rhöndorf eingeladen. Es werden jetzt zwischen beiden auch Routinefragen, nicht nur die Sicherheit und was damit zusammenhängt, besprochen. Schumacher hat in bestimmten Fragen bereits mehrfach auch Minister empfangen, darunter sogar den von ihm verachteten Jakob Kaiser. Die CDU-Fraktion bedachte er mit der Charakterisierung: ›Es sind ja doch alles Hampelmänner.‹ Interessant ist in diesem Zusammenhang, daß Adenauer gestern vor der CDU-Fraktion erklärt hat, die Regierung müsse bei allen Vorlagen mit Nachdruck darauf hinarbeiten, in sämtlichen Fragen, die von dem natürlichen Gegensatz zwischen Regierung und Opposition nicht berührt würden, vor allem also in Sozialangelegenheiten, von vornherein darauf ausgehen, die Zustimmung der Sozialdemokraten zu gewinnen. Daher sollten auch schon bei der Ausarbeitung von Referentenentwürfen sozialdemokratische Politiker um ihre Meinung gefragt werden.«

Gespräche mit deutschen Militärexperten

Aus diesem langen Hintergrundbericht des Journalisten Thilenius an seine Stuttgarter Redaktion läßt sich deutlicher als aus anderen zeitgeschichtlichen Quellen erkennen, was Schumacher von Adenauer zu dieser Zeit hielt und was beide sogar miteinander verband. Tatsächlich kam es zu einer Phase von Konsultationen zwischen Kanzler und Oppositionsführer. Schumachers Grundthese zur Frage des Wehrbeitrages, enthalten in einer Rede in Stuttgart am 17. September 1950: »Gleiche Risiken, gleiche Chancen.«

Auf der Basis seiner Forderung nach einer offensiven Strategie begannen im September, gebilligt von Adenauer, direkte Fachgespräche mit den militärischen Beratern des Bundeskanzlers, mit General Hans Speidel zwölfmal und mit General Adolf Heusinger 17mal bis zum Dezember 1951, bis zu seinem Schlaganfall.

Auch der damals noch in amerikanischen Diensten stehende General Gehlen, später Chef des Bundesnachrichtendienstes, war gelegentlich mit dabei. Heusinger gehörte als Leiter der Abteilung Auswertung damals zur »Organisation Gehlen«, wie sich die frühere Abteilung der deutschen Abwehr (Fremde Heere Ost) in der Zeit nach 1945 nannte. Die amerikanische Militäradministration hatte auf die Erfahrungen und Kontakte dieser mit der Lage in Osteuropa befaßten Spezialisten Wert gelegt und 1945 ihre Weiterarbeit ermöglicht.

Von Schumacher gibt es über diese Gespräche mit den Militärexperten keine Aufzeichnungen. Aber diese selbst haben später darüber anhand von Notizen berichtet – auch dem Bundeskanzler.

Das erste Zusammentreffen von Schumacher mit General Gehlen fand am 21. September 1950 auf Vermittlung des ehemaligen Generals von Grolmann in Hannover statt. Von Grolmann war zu dieser Zeit Angestellter im niedersächsischen Landesministerium für Flüchtlinge und Vertriebene – sein Minister: Dr. Heinrich Albertz, Hauptberuf Pfarrer und später einmal Regierender Bürgermeister in West-Berlin. Gehlen brachte Generalleutnant a. D. Adolf Heusinger mit, Schumacher seinen Vertreter Erich Ollenhauer und den Landesminister Albertz, in dessen Privatwohnung das Gespräch bis zum nächsten Morgen um 2 Uhr 30 fortgesetzt wurde. Es hatte um 20 Uhr am Vorabend begonnen. Thema: die deutsche Remilitarisierung.

Heusinger war sehr von der Persönlichkeit Schumachers beeindruckt, wie er in seinem Tagebuch festgehalten hat. Er schreibt: »Gedanken zur Remilitarisierung völlig gleichlautend mit unseren, teilweise noch etwas schärfer,

a) starker alliierter Truppenschutz für Westdeutschland, Schumacher will zehn bis zwölf Divisionen als Voraussetzung für einen deutschen Wehrbeitrag [Heusinger scheinen vier bis sechs Divisionen ausreichend];

b) die Diffamierung deutscher Soldaten des Zweiten Weltkrieges muß ein Ende haben;
c) völlige Gleichberechtigung für deutsche Truppen, es darf nicht heißen: ›Die Alliierten gestehen zu . . .‹, sondern: ›Deutschland ist bereit . . .‹«

Auch Speidel äußerte sich in seinen Erinnerungen später sehr anerkennend über Schumachers Sachkenntnis in allen militärpolitischen Fragen. Er kannte ihn schon aus den zwanziger Jahren, traf damals Schumacher in dem Stuttgarter Kreis von Künstlern und Intellektuellen, über den schon berichtet worden ist.

Das nächste Gespräch von Schumacher mit General Heusinger in Hamburg, am 28. Oktober, berührte auch die Entlassung des Grafen Schwerin, der als militärischer Berater des Kanzlers Kontakte zu ehemaligen Wehrmachtsoffizieren in der DDR unterhalten hatte. Nach Ansicht von Heusinger, der noch bis 1951 als Chef der Auswertung bei Gehlen in Pullach blieb, war Schumacher gegen einen – dem Kanzler unterstellten – neuen deutschen Nachrichtendienst.

Weitere Aufzeichnungen von Heusinger gibt es über ein Gespräch mit Kurt Schumacher, das am 17. November in Karlsruhe in Anwesenheit von General Speidel stattgefunden hat. Danach hielt Heusinger fest, daß sich Schumacher nicht nur auf die SPD und die Gewerkschaften stütze, sondern auch einen Rückhalt bei der evangelischen Kirche und bei den Verbänden ehemaliger Soldaten suche.

Vorangegangen war am 30. Oktober ein Treffen mit Martin Niemöller in Darmstadt, dem evangelischen Kirchenpräsidenten aus der »Bekennenden Kirche« und Widerstandskämpfer in der Hitlerzeit.

Außer Niemöller waren unter anderem noch Professor Gollwitzer, Präses Held und Oberkirchenrat Beckmann zugegen sowie Pfarrer Mochalski, der damals im Verdacht stand, mit Ost-Berliner Stellen zusammenzuarbeiten. Auf der Teilnehmerliste der SPD fanden sich außer Schumacher unter anderem auch Heinrich Albertz, Carlo Schmid, Adolf Arndt und Erwin Schoettle. Dieses erste Grundsatzgespräch zwischen der SPD-Führung und der evangelischen Kirchenleitung brachte in der Frage der Remilitarisierung keine Übereinstimmung. Die SPD habe in Darmstadt keinen Zweifel daran gelassen, daß sie »nicht grundsätzlich gegen Deutschlands Beitrag zur kollektiven Sicherheit« sei, berichtete der SPD-Pressedienst.

Vor der SPD-Fraktion selbst wandte sich Schumacher gegen die pazifistische Tendenz von Niemöller und Teilen der evangelischen

Kirche. Er begründete sein Eintreten für einen deutschen Wehrbeitrag – »nach ordnungsmäßiger Verfassungsänderung« und nach Neuwahlen –: »Wir werden viele Bundesgenossen in diesem Kampfe haben, das arbeitende Volk, den größten Teil der deutschen Jugend, die Militärs von Verantwortung gegenüber dem neuen Staat und den ihm anvertrauten Menschen und religiös aktive Kreise. Ihnen allen ist gemeinsam, daß sie erkannt haben, daß die Auseinandersetzung nicht geht zwischen einem absoluten Pazifismus des Friedens um jeden Preis und der Remilitarisierung. Die Entscheidung fällt zwischen vorbehaltlosen Mitmachern und einer großen politischen Konzeption.«

Weitere Gespräche mit dem »Pazifisten« Niemöller, vorgesehen für März 1951, wurden von Schumacher unter einem Vorwand abgesagt. Auch mit Gustav Heinemann, dem späteren Bundespräsidenten, kam es 1951 nicht zu einer Verständigung. Heinemann war im November 1950 als Bundesminister des Innern zurückgetreten, weil er dem von Adenauer angebotenen deutschen Wehrbeitrag aus Gewissensgründen nicht zustimmen konnte. Er gründete dann eine »Notgemeinschaft« mit gleichgesinnten evangelischen Christen, die zu einem Volksbegehren gegen eine Wiederbewaffnung aufrief, und bat Kurt Schumacher in einem Brief vom 11. Dezember 1951, diese Aktion und eine Unterschriftensammlung durch die »Parteipresse« zu unterstützen.

Schumacher antwortete dem ausgeschiedenen CDU-Minister: »In diesem Kampf wird Ihnen praktisch die Abgrenzung gegenüber der KP nicht möglich sein.« Es dürfe keine Situation entstehen, »die der totalitären Seite nützen könnte . . . Diese Voraussetzungen sind nicht gegeben.« – Die protestantische Gruppe um Gustav Heinemann, die den Wehrbeitrag ablehnte, gründete wenig später die »Gesamtdeutsche Volkspartei«, die bei den Bundestagswahlen 1957 nur etwas mehr als ein Prozent der Stimmen erzielte. Ihre prominentesten Mitglieder schlossen sich dann der SPD an – neben Gustav Heinemann zum Beispiel der heutige Stellvertretende SPD-Vorsitzende Johannes Rau, Erhard Eppler, heute Mitglied des SPD-Präsidiums, und der spätere nordrhein-westfälische Finanzminister Dieter Posser.

Mit den militärischen Beratern Adenauers hielt Kurt Schumacher während des ganzen Jahres 1951 Kontakt. General Heusinger äußerte gegenüber Ulrich Buczylowski, dem Verfasser einer Studie über Schumachers »Sicherheitspolitik und strategische Offensiv-Konzeption«, der SPD-Vorsitzende habe große militärpolitische und militärpsychologische Einsichten besessen. »General Speidel sprach von Schumachers verblüffenden militärischen Kenntnissen, die er überragend klar in eine strategische Konzeption umzusetzen gewußt habe. Im Gegensatz zu Adenauer, der weder eine Politik der Stärke noch eine Armee gewollt habe, sondern die aufzustellende Armee als Mittel betrachtet habe, um damit die Souveränität . . . zu erlangen – so Heusinger –, müsse man Schumachers Vorstellungen als echte Konzeption einer ›Politik der Stärke‹ ansehen . . . Schumacher habe wiederholt darauf hingewiesen, es dürfe nicht erneut – wie in der Weimarer Republik – zu Spannungen zwischen Arbeiterschaft und Militär kommen. Die Schuld für die damaligen Spannungen . . . suchte Schumacher im übrigen nicht allein bei der Reichswehr. Sie seien entscheidend mit darauf zurückzuführen, daß die SPD Noske habe fallenlassen.« Gustav Noske war der sozialdemokratische Reichswehr-Minister, auf dessen Befehl hin nach 1919 Aufstände in verschiedenen Teilen des Reiches militärisch niedergeschlagen wurden – eine Entscheidung, die Schumacher hier gegenüber Speidel und Heusinger verteidigte.

Aus Speidels Erinnerungen

Nach diesen und anderen Gesprächen pflegte Schumacher den beiden mit auf den Weg zu geben (so berichtete Buczylowski): »Das stecken Sie mal dem Alten!« Oder: »Sie werden doch Adenauer sagen, was notwendig ist!« Die Generale ihrerseits hatten großes Interesse daran, daß die SPD den Aufbau einer neuen Wehrmacht unterstützte: »Die Herstellung der äußeren Sicherheit muß von dem Willen des ganzen Volkes getragen sein. Zustimmung der Opposition ist also eine Notwendigkeit.« Speidel und Heusinger erläuterten deshalb dem SPD-Vorsitzenden ihre am 9. Oktober dem Sicherheitsbeauftragten des Kanzlers Graf Schwerin übergebene »Himmeroder Denkschrift« schon am nächsten Tag. Darin hatten sie und andere ehemalige Offiziere für Adenauer zusammengefaßt, was aus ihrer Sicht bei Aufbau und Planung der künftigen Streitkräfte beachtet werden müsse. Speidel im einzelnen:

»Der von seiner Verwundung aus dem Ersten Weltkrieg und seiner Haft im Dritten Reich gezeichnete, aber geistsprühende Kurt Schumacher empfing mich wie einen guten alten Bekannten und erinnerte an unsere fröhlichen Begegnungen vor einem Vierteljahrhundert in der ›Elsässer Taverne‹ in Stuttgart. In seinem starken nationalen Empfinden galt seine Sorge der Zukunft, der Sicherheit unserer Heimat. In einer dreieinhalbstündigen, von großer Sachkenntnis Schumachers getragenen Aussprache gingen wir gemeinsam das Ergebnis vom Himmerod durch und erörterten einen möglichen deutschen Beitrag zur Verteidigung Europas. Auch für Kurt Schumacher war die erste Voraussetzung ein ausreichender Schirm durch amerikanische und britische Panzerkräfte und Fliegerverbände, aber nicht durch französische Divisionen, die nach Gliederung und innerer Haltung einem modernen Kampf nicht gewachsen seien. In diesem Zusammenhang meinte er, daß die Führung einer Verteidigung niemals linear erfolgen dürfe, sondern in der Kampfart einer ›offensiven Defensive‹.

Schumacher ging es nicht um Divisionszahlen, sondern um die Gesamtkonzeption. Die Alliierten sollten nicht etwa nur uns, sondern sich verteidigen, aber nicht nur bei uns, sondern mit uns.

Schumacher hatte die Sorge, daß die USA schnell einen Akkord mit Westdeutschland schließen wollten, um den Franzosen zuvorzukommen. Es seien in dieser Lage Angebote an Deutschland zu erwarten, die nie gehalten werden können. Dies laufe auf die Gefahr eines Satellitentums, eines Ausverkaufs der deutschen Interessen hinaus. Er schien eine Entwicklung zu befürchten, die den westlichen Teil Deutschlands zum Vasallenstaat der Vereinigten Staaten machen könne, wie die Ostzone zur Satrapie der Sowjetunion geworden war.

Sollten die Voraussetzungen, die er wiederholt in der Öffentlichkeit gefordert habe, vor allem die ›unlösbare Verkoppelung des angelsächsischen militärischen Schicksals mit dem unseren‹, erfüllt werden, so sei er zu positiver Mitarbeit bereit. Er rechne auch mit der Gefolgschaft seiner Partei, wenn die Armee nicht von Leuten geführt werde, die restaurativ denken.

Die SPD müsse wissen, was sie verteidige. Die Kumpels hätten volles Verständnis für die Notwendigkeit einer Verteidigung und würden ja sagen, wenn sie auch in sozialer Hinsicht wüßten, wofür. Zweifel äußerte Schumacher dann, ob der Bundeskanzler klar zwischen Polizei und Armee unterscheide. Nur eine saubere Trennung von den ersten Anfängen an garantiere einen politisch vernünftigen Aufbau von Verteidigungskräften.

Anschließend sprachen wir über das Problem der universitas an den Hochschulen, die Nivellierung der Bildung und die Technisierung, die Schumacher schwere Sorgen machten. Zum Schluß sprach er den Wunsch aus, in Verbindung zu bleiben, um die begonnenen Gespräche zu vertiefen. Schumacher machte den Eindruck einer starken, universell gebildeten, dabei doch emotional geprägten Persönlichkeit, die souverän auch die militärische Materie beherrschte . . .

Wenige Tage später unterrichteten Heusinger und ich Kurt Schumacher in Gegenwart von Erich Ollenhauer und Carlo Schmid über den Verlauf unserer Verhandlungen auf dem Petersberg und die Aussprache mit General Eisenhower. Schumacher zeigte seine Genugtuung über diese Entwicklung und bestand entschiedener noch als der Bundeskanzler auf der militärischen Gleichberechtigung. Der Pragmatiker Adenauer zeigte sich bei ernsten Meinungsverschiedenheiten kompromißbereit; er mochte von der Zeit erwarten, was der Augenblick nicht gab . . . In Deutschland häuften sich nun Besprechungen über den Pleven-Plan, die Frage der Gleichberechtigung und eine Lösung der Kriegsverbrecherfrage. Am 17. November trafen Adolf Heusinger und ich mit Kurt Schumacher im ›Erbprinz‹ in Ettlingen zusammen. Wieder beeindruckten uns die rückhaltlose Offenheit und das Vertrauen, das Kurt Schumacher uns entgegenbrachte . . .«

Aus der Sicht der SPD schilderte Carlo Schmid in seinen »Erinnerungen« den Nutzen der militärpolitischen Kontakte: »Die Generale bestärkten uns in unserer Auffassung, daß Westeuropa für sich allein unter keinen Umständen imstande sei, sich wirksam gegen einen Angriff sowjetischer Truppen zu verteidigen . . . Die heute in Deutschland und in Europa stationierten amerikanischen Kontingente reichten nicht aus, um diese strategische Aufgabe zu erfüllen. Am 22. Dezember 1950 schrieb mir Kurt Schumacher: ›In unserer damaligen Unterhaltung waren wir darin der Meinung, daß die Fühlungnahme und der Gedankenaustausch mit den beiden Herren doch eigentlich sehr produktiv sei, wir haben auf die beiden jedes Vertrauen gesetzt, und wir sollten es auch weiter tun . . .‹« Zu diesen Besprechungen gesellten sich auch der General Hermann Foertsch und der Major im Generalstab, Wolf Graf von Baudissin, später – als Generalleutnant der Bundeswehr – bekannt geworden als Vater der Konzeption »Bürger in Uniform« und heute Leiter des Hamburger Instituts für Friedens- und Konfliktforschung.

Konrad Adenauer hielt aufgrund eines Berichtes von General a. D. Foertsch, einem Bruder des späteren Generalinspekteurs, über dessen Gespräche mit Kurt Schumacher in seinen Memoiren fest: »Dr. Schumacher hatte die Sorge, daß die Amerikaner möglichst schnell eine Übereinstimmung mit der Bundesrepublik erreichen wollten, um damit die Widerstände der Franzosen [gegen einen deutschen Wehrbeitrag] zu unterlaufen. Er fürchtete, die Amerikaner würden der Bundesrepublik Angebote machen, die sie nicht halten könnten . . . McCloy hat mir einmal den Inhalt eines Gespräches mit Dr. Schumacher wiedergegeben, in dem dieser . . . von den Amerikanern verlangt hatte, an der

Elbe mindestens sechzig Divisionen aufzustellen. Die Wiedergabe des Gespräches McCloys mit Dr. Schumacher deckte sich mit dem, was Heuss und Foertsch mir mitteilten.

Heuss berichtete, daß nach Dr. Schumachers Eindruck die Amerikaner von reinem Materialismus beherrscht seien; es bestünde bei ihnen die Vorstellung, daß die Deutschen sozusagen als Wiedergutmachung für den letzten Krieg ihre Menschen im Vorfeld Europas opfern sollten.

Nach Heuss' Ausführungen habe er Dr. Schumacher darauf hingewiesen, daß die Vereinigten Staaten in der ganzen Welt große Verteidigungsaufgaben wahrzunehmen hätten. Es seien sowohl in der Republikanischen wie in der Demokratischen Partei starke isolationistische Tendenzen bemerkbar, wie aus dem Wahlerfolg des Senators Taft, der als Isolationist bekannt war, hervorgehe. Man müsse Verständnis dafür haben, daß die amerikanische Regierung unter diesen Umständen ihre Bevölkerung nicht zu einem großen Einsatz für die Verteidigung Deutschlands bewegen könnte, wenn nicht auch deutscherseits wenigstens die Bereitschaft zum Ausdruck gebracht werde, sich an einer solchen Verteidigung zu beteiligen. Dr. Schumacher ließ sich aber in seiner ablehnenden Haltung nicht beeinflussen. Auch der Hinweis von Heuss, daß man doch bedenken müsse, daß bei den Amerikanern nicht rein materielle Interessen eine Rolle spielten, sondern daß die Amerikaner von einer Art ethischer Missionsidee beseelt seien und daß als Folge der beiden Weltkriege eine große Verantwortung empfunden werde, brachte Dr. Schumacher nicht von seinem negativen Standpunkt ab.«

Aus der Sicht des Kanzlers war Schumacher den Amerikanern gegenüber zu mißtrauisch. In der Version von Carlo Schmid schließlich, der sich rühmte, Schumacher und Ollenhauer bereits im Januar 1950 Gespräche mit General Speidel vorgeschlagen zu haben, ergibt sich folgendes Bild: »Wir [Schmid und Schumacher] haben aus der Überzeugung gehandelt, von Verteidigung Deutschlands kann man nur reden, wenn die Kampfhandlungen nicht zwangsläufig zur Zerstörung des Landes führen. Darum muß jede strategische Konzeption vorsehen, daß der Kampf von Anfang an in das Gebiet des Angreifers vorgetragen werden kann . . .«

Diese Überlegungen von Schumacher und Schmid blieben bestimmend in der Diskussion über das Für und Wider eines deutschen Wehrbeitrages in der SPD. Die im Einvernehmen mit den Generalen verlangte offensive Strategie sollte dafür sorgen, daß Deutschland nicht zum Schlachtfeld wird. Falls dieses Ziel nicht durchgesetzt werden könne, sage die SPD nein.

Noch einmal Schumacher vor der SPD-Fraktion am 1. November 1950: »Es gibt keine sozialdemokratische Theorie, die pazifistisch schlechthin wäre. Stets ist um eine Frage der Wehrverfassung des Volkes mit positivem Ergebnis gerungen worden. Der anerkennenswerte, aber illusionäre Pazifismus in der Periode von 1918 bis 1933 ist ein Überbleibsel . . . Heute gibt es nur zwei Starke . . . Damit ist dem absoluten Pazifismus als realer Idee der Boden entzogen, eine absolute Friedensformel [wie die von Niemöller] wäre die Einladung an die Sowjets.« –

Um Mißverständnissen vorzubeugen, sei erwähnt, daß Kurt Schumacher nie gegen das Recht auf Kriegsdienstverweigerung argumentiert hat, wie es das Grundgesetz garantiert. Wer aus Gewissensgründen keine Waffen tragen will, also absoluter Pazifist ist, kann einen zivilen Ersatzdienst leisten. Diese Frage stellte sich zu Schumachers Lebzeiten in der Bundesrepublik noch nicht.

Diskrete Gespräche über den Bundesnachrichtendienst

Auf Anregung von Gehlen wies Konrad Adenauer seinen Kanzleramtschef Globke im Januar 1951 an, »Dr. Schumacher gelegentlich entsprechend ausgesuchte Informationen« zukommen zu lassen. Heusinger war beim nächsten Gespräch des Bundeskanzlers mit dem Oppositionsführer am 29. Februar dabei. Darüber liegen keine inhaltlichen Aufzeichnungen vor. Aber in einer Aufzeichnung Heusingers vom 25. Juni 1951 heißt es:

»Schumachers Sorgenpunkte

– deutscher Nachrichtendienst gibt zuviel Macht in eine Hand [gemeint ist der Kanzler],
– Organisation Gehlen ist von SD [Geheimdienst von Hitlers SS] durchsetzt, bewußt in niederen Stellen, um sich zunächst noch zu tarnen,
– Organisation [Gehlen] hat zuviel jüngere Offiziere, die nur den Nationalsozialismus kennen. Gefährlich!«

Am 12. Juli 1951 kam es im Bonner Hotel Königshof zu einem Sechspersonengespräch über den geplanten Bundesnachrichtendienst, an dem für die SPD neben Schumacher noch Ollenhauer und Schmid, für die militärische Seite Gehlen, Heusinger und Speidel teilnahmen. Darüber heißt es in einem amtlichen Bericht:

»Die Diskussion über die Organisation begann Gehlen mit einem nochmaligen Überblick über ihre Entstehung und Geschichte, ihre Ziele und die Vorwürfe, die zum Teil aus bösem Willen von gewissen Kreisen gegen die Organisation gemacht werden.

Die Ergebnisse der sich daran anschließenden Diskussion sind in folgenden Punkten zusammenzufassen:

a) Die Integrität der Organisation und der Person Gehlens steht auch bei Dr. Schumacher außer allem Zweifel.
b) Besonders begrüßt wurde der Vorschlag, in einem künftigen deutschen Nachrichtendienst die Verfassungsschutzaufgaben wie bisher getrennt zu lassen von den eigentlichen nachrichtendienstlichen Aufgaben unter der Voraussetzung, daß beide Organisationen eng zusammenarbeiten. Dr. Schumacher hält eine solche Zweiteilung deswegen für notwendig, weil damit auch auf weite Sicht – wenn einmal andere Persönlichkeiten sowohl politisch wie in der Organisation maßgebend sind – nie ein politischer Mißbrauch des Nachrichtendienstes eintreten kann.
c) Dr. Schumacher entwickelte seine Gedanken darüber, daß eine so große und leistungsfähige Organisation, die ohne Konkurrenz dastände, in dem gegenwärtigen Zeitabschnitt des Übergangs zwangsläufig ihre Feinde haben müsse. Diese Feinde säßen nicht nur in auswärtigen Nachrichtendiensten, sondern vor allem auch im deutschen Bereich. Es sei im Hinblick auf die gesamtpolitische Lage nicht zweckmäßig, die Frage einer Überführung der Organisation in den Bundesnachrichtendienst, die er an sich unterstützen werde, zu früh einer Lösung zuzuführen. Dies würde vermutlich unnötig das Problem eines deutschen Nachrichtendienstes, welches man möglichst diskret lösen müsse, vor die deutsche Öffentlichkeit ziehen. Eine Klarheit in der Frage eines deutschen Verteidigungsbeitrages werde eine stille Lösung erleichtern und begünstigen.
d) Besonders begrüßt wurde der Vorschlag eines Besuches von Ollenhauer, der voraussichtlich Wehner mitbringen wird (vermutliche Zeit zwischen 25. und 30. Juli).
e) Ebenso begrüßt wurde der im Einverständnis mit dem Bundeskanzler gemachte Vorschlag, die wichtigsten Meldungen und gelegentliche mündliche Lagevorträge auch an den Führer der Opposition zu geben. Dr. Schumacher bat, einen solchen Lagevortrag für Ende August/Anfang September vorzubereiten; er werde Mitte August dieserhalb nach Rückkehr von seinem Urlaub anrufen.«

Vier Stunden dauerte am 30. August dieser »Lagevortrag« mit Diskussion im Hause von Schumacher. Nur Ollenhauer war dabei und ein Mitarbeiter von Gehlen, der festhielt: »Dr. Schumacher macht einen guten Eindruck: Kavalier, klug, könnte etwas fanatisch werden ... Gehlen scheint bei Schumacher gern gesehen zu sein.«

Ob es umgekehrt auch so war, läßt sich nicht sicher feststellen, weil Schumacher über seine Kontakte mit dem deutschen Geheimdienst keine Notizen hinterlassen hat. Aber Besuche von Ollenhauer und Heine, den beiden engsten Mitarbeitern des SPD-Vorsitzenden, in Pullach und schließlich in Bonn, als letzter notierter Termin schon nach dem Schlaganfall am 24. April 1952, bezeugen, daß beide etwas voneinander gehalten haben. Heine berichtete später über die Gespräche in Pullach: »Gehlen machte einen großen Bahnhof, mit allen Paradestükken, die man wohl aufführt, wenn man Besuchern imponieren will.«

Kontakte mit Soldatenverbänden

Kurt Schumacher, der Kriegsfreiwillige des Ersten Weltkrieges, der Stuttgarter Vorsitzende des Verbandes der Kriegsbeschädigten, der Gründer des Reichsbanners in Stuttgart, der Häftling, der noch im KZ Verständnis bekundete für soldatische Tugend – ein Mann solcher Art war der richtige Ansprechpartner für ehemalige Generale, die für einen deutschen Wehrbeitrag eintraten. Es hat sie beeindruckt, daß Kurt Schumacher ihnen sagte, die Diffamierung der deutschen Soldaten des Zweiten Weltkrieges müsse ein Ende haben. Schumacher handelte auch nach dieser Maxime und schrieb an den britischen Labour-Abgeordneten Richard Stokes, die Briten sollten den als angeblichen Kriegsverbrecher verurteilten Generalfeldmarschall Albert Kesselring, 1945 Oberbefehlshaber in Italien, aus der Haft entlassen (Brief vom 7. November 1951). Schumacher schilderte darin genau ein Massaker, für das Kesselring als Oberbefehlshaber fälschlicherweise verantwortlich gemacht worden war, und schloß: »Ich glaube, daß Kesselring auch als früherer Generalfeldmarschall von uns erhoffen darf, einen gleichen Anspruch auf Gerechtigkeit zu haben wie jeder einfache Soldat.« Seine Intervention hatte Erfolg.

Für die »einfachen Soldaten« und deren Interessen trat er ohnehin ein. Der spätere Fraktionsvorsitzende Fritz Erler zitierte Schumachers Ausspruch: »Die Sozialdemokratische Partei ist ja wahrscheinlich der größte Verein ehemaliger Soldaten in der Bundesrepublik, weil sie eben überhaupt der größte Verband ist.«

Schumacher präzisierte in einem Interview am 23. August 1951: »Wir sind grundsätzlich der Meinung, daß man die Möglichkeit der Organisation früherer Angehöriger der Wehrmacht nicht behindern sollte. Aber wir sind ebenso der Meinung, daß die Möglichkeit konzentriert werden muß auf die Komplexe der materiellen Interessenvertretung, und nicht widersprochen werden sollte auch der Pflege der Kameradschaft . . .« Schumacher hatte Fritz Erler schon 1950 beauftragt, sich des Themas Verteidigungspolitik besonders anzunehmen. Erlers Militärerfahrungen erschöpften sich allerdings in einer Acht-Wochen-Übung als Funker 1938 – dann war er wegen seiner illegalen Arbeit für die Gruppe »Neubeginnen« verhaftet und zu einer langjährigen Zuchthausstrafe verurteilt worden.

Fritz Erler, nach dem Krieg Landrat in Tuttlingen, gehörte mit Carlo Schmid zu denjenigen, die in der französischen Zone die Kontakte zu ehemaligen Wehrmachtsoffizieren und zu Hitlerjugendführern herstellten. Erler und Schmid halfen dieser Gruppe bei der Gründung des »Jugendsozialwerkes« in Tübingen, das heute noch besteht. Zu dieser Gruppe von Angehörigen der Kriegsgeneration zählte auch Heinz Hartmann, ein ehemaliger HJ-Funktionär aus der Reichsjugendführung, verantwortlich für Kunsterziehung. Carlo Schmid über Hartmann: »Er fühlte sich für das Unglück mitverantwortlich, das über diese deutsche Jugend gekommen war, und wollte seinen Teil dazu beitragen, die jungen Menschen von der Landstraße wegzuholen, auf der sie verkamen . . . Später bauten Heinrich Hartmann und seine Freunde eine zerstörte Straße bei Teinach in mehrmonatiger Arbeit wieder auf. Ich bat Fritz Erler, an den abendlichen Gesprächen mit dieser Gruppe teilzunehmen.« Auch Kurt Schumacher hat Hartmann kennengelernt und andere aus diesem, nur durch ihren Kriegsdienst belasteten Personenkreis. »Die Soldatenbünde werden von uns toleriert«, wiederholte Schumacher in der Sitzung des Parteivorstandes am 7. und 8. September 1951, »wenn sie sich nur kümmern um soziale und traditionelle Belange.« Und weiter in derselben Sitzung: »Der Waffen-SS-Komplex [700 000 Mann] mit General Hauser kann von uns nicht mit Feindschaft angegangen werden . . . Wir sollten Kontakte pflegen.«

Kurt Schumacher kümmerte sich persönlich um diese Kontakte zu den Soldatenbünden und zur Hilfsorganisation ehemaliger Angehöriger der Waffen-SS – zum hellen Entsetzen mancher Parteifreunde und Emigranten. In einem Brief vom 30. Oktober 1951 an Professor Liebmann Hersch, einen jüdischen Parteifreund, rechtfertigte er sich: »Ich glaube nicht, daß mit ausreichenden Gründen Mißdeutungen der Unterhaltungen möglich sind, die ich am 4. Oktober mit zwei früheren Angehörigen der Waffen-SS geführt habe . . . Es wird für Sie von Bedeutung sein, zu erfahren, daß sich die beiden Vertreter der Waffen-SS ausdrücklich zu der Bestrafung individueller Verbrechen bekannt haben.

Diese Waffen-SS ist weder mit der allgemeinen SS noch mit den speziellen Organisationen der Menschenvernichtung und -verfolgung gleichzusetzen, sondern hat sich selbst als eine Art vierter Wehrmachtsteil gefühlt und ist damals auch so gewertet worden. Die Waffen-SS als Massenformation ist kriegsbedingt gewesen und für Kriegszwecke geschaffen worden . . . Ihnen, die keine kriminelle Schuld auf sich geladen haben, sollte man die Möglichkeit geben, sich erfolgreich mit der für sie neuen Welt auseinanderzusetzen . . . Das Ganze ist gerade darum so bedrückend, wenn man sieht, wie schlimmste, bewußt kaltschnäuzige Nutznießer der zwölfjährigen Diktatur sich heute in Staat und Wirtschaft überall herumspreizen und man den jungen Menschen, die entweder einer so verbreiteten politischen Psychose erlagen oder gar in die Waffen-SS hineingezwungen wurden, für Zeit und Ewigkeit den Kainsstempel aufbrennen wollte.«

Ähnliches galt für sein Verständnis, das er dem im September 1951 gegründeten »Bund für Versorgungsberechtigte Wehrmachtsangehörige« entgegenbrachte. Deren Entschädigung und berufliche Wiedereingliederung in den Staatsdienst wurde – auch mit den Stimmen der SPD – vom Bundestag in diesen Monaten geregelt. Diese soziale Maßnahme für den nach Millionen zählenden Kreis der sogenannten 131er schien geboten in einem Augenblick, wo es um die Wiederverwendung von ehemaligen Berufssoldaten in der Bundeswehr ging.

Der ehemalige General der Waffen-SS Otto Kumm berichtete 1969 in der Zeitschrift »Der Freiwillige« aus der Gründungszeit der HIAG, der Hilfsorganisation für Angehörige dieser Truppe, über sein Gespräch mit Kurt Schumacher: Bei dem zweistündigen Gespräch 1951 seien Herbert Wehner und Annemarie Renger zugegen gewesen. Schumacher habe sich nicht aus Sympathie für die Waffen-SS, sondern aus grundsätzlichen politischen Überlegungen für eine rechtliche Gleichstellung von ehemaligen Angehörigen dieser militärischen Einheiten eingesetzt und Wehner um ein entsprechendes Rundschreiben an bestimmte Parteistellen gebeten.

Ob Wehner ein solches Schreiben aufgesetzt hat, läßt sich nicht sicher feststellen. Aber es ist anzunehmen, daß er und viele andere

Sozialdemokraten den Kontakt Schumachers zu diesem Interessenverband mit Skepsis betrachtet haben. Auch ohne das Reizwort »Waffen-SS« hatte Schumacher in Sachen Wehrbeitrag mit seiner »Politik der Stärke« in einer traditionell antimilitaristisch eingestellten Partei einen schweren Stand – wie übrigens alle Sozialdemokraten, die sich für die Landesverteidigung besonders engagierten. Das gilt für die Verteidigungsminister der SPD Helmut Schmidt, Georg Leber und Hans Apel genauso wie für Offiziere, die in Uniform an Parteiveranstaltungen teilnehmen. Auch die Fotos von Kurt Schumacher in der Uniform des Reichsbanners – im Bildteil dieses Buches enthalten – hängen nicht in jedem Parteibüro.

In seiner, auf Wunsch von Adenauer angefertigten »Darstellung der sozialdemokratischen Auffassung über einen deutschen Militärbeitrag« erklärte Schumacher am 6. Februar 1951: »Die Zielsetzungen sind maßgebend für die Behandlung eines deutschen militärischen Beitrages.« Dazu nannte er wiederum »die deutsche Einheit auf der Grundlage der persönlichen und staatsbürgerlichen Freiheit und Sicherheit«.

Daß die »deutsche Einheit« Ziel eines deutschen Wehrbeitrages sein solle, war eine offensive Forderung. Konrad Adenauers Niederschrift vom 31. Januar 1951 begann mit der defensiven Feststellung: »Die Bundesrepublik ist von dem aggressiven Imperialismus Sowjetrußlands bedroht.« Immerhin enthielt auch Adenauers Skizze, die er der Opposition mit der Bitte um Prüfung übermittelt hatte, zwei Punkte im Sinne von Schumacher: »Die militärischen Maßnahmen der Westmächte müssen so sein, daß sie . . . das Gebiet der Bundesrepublik nicht zum Kampfgebiet werden lassen.« Und: »Das deutsche Verteidigungskontingent muß den Kontingenten der Alliierten hinsichtlich der Gliederung, Bewaffnung und Führung gleichgestellt sein.« Adenauer malte aus, daß die Bundesrepublik im Falle ihrer Beteiligung »wieder ein souveräner Staat sein« werde und dann die Aussicht bestehe, »im Laufe der Entwicklung wieder zur Einheit von Deutschland in Freiheit zu kommen«.

Schumachers »Darstellung der sozialdemokratischen Auffassung« vom 6. Februar 1951 ist viel ausführlicher. Sie liefert in zwanzig Punkten eine genaue Beschreibung des weltpolitischen Umfeldes und präzisiert, warum Schumacher »eine Beteiligung an der militärischen Aufrüstung der westlichen Welt . . . unter den heutigen Gegebenheiten und Bedingungen eindeutig negativ« sah.

Konrad Adenauer blieb nicht unbeeindruckt. »Allgemein muß ich sagen«, schrieb er in seinen Memoiren, »daß es eine Anzahl von Punkten gab, in denen offenbar Übereinstimmung mit der Auffassung der Bundesregierung herrschte. Der wesentliche Unterschied bestand jedoch darin, daß Dr. Schumacher darauf bestand, daß alle Wünsche der Bundesregierung von seiten der Alliierten ausnahmslos und ohne Einschränkung erfüllt werden müßten. Dr. Schumachers Standpunkt war sehr theoretisch . . . Sowjetrußland würde nur dann seine Expansionsabsichten nach Westen aufgeben, wenn es überzeugt war, daß es sonst ein Risiko auf sich nehmen mußte.« Schumacher hatte gewarnt: »Es ist möglich, daß eine deutsche Aufrüstung den Russen als eine Gefahr in Europa von bisher nicht gekannter Größe erscheint. Halbe, unentschiedene und differenzierende Maßnahmen, so wie sie heute betrieben werden, sind das Schlechteste, was getan werden kann.« Es ging ihm nicht um das Ob-überhaupt, sondern um das Wie, um Stärke, Bewaffnung, Strategie. Schumacher: »Man will die Deutschen kämpfen lassen und rüstet sie nicht ausreichend gegenüber einem solchen Gegner wie der ›Roten Armee‹ aus.«

Der Oppositionsführer und die militärischen Berater des Bundeskanzlers waren sich in dieser Kritik einig, wie Heusinger bereits nach dem ersten Gespräch mit Schumacher notierte: »Gedanken zur Remilitarisierung völlig gleichlautend mit unseren.« Damit ist die Legende widerlegt, daß Schumachers Bedingungen für die Zustimmung zu einem deutschen Wehrbeitrag nur vorgeschützt waren, um besser nein sagen zu können. Er wollte verhindern, daß »Deutschland eindeutig die Rolle des Vorfeldes zugewiesen« würde. Sie entsprach nicht seiner Vorstellung von einer »Politik der Stärke«, die Adenauer unterstellt wurde. Schumacher war diese Politik nicht »stark« genug.

Zusammenarbeit mit Adenauer

Das gilt auch für die deutschlandpolitischen Auseinandersetzungen, die den Streit um einen deutschen Wehrbeitrag begleiteten. Immer wieder forderte Schumacher mehr Härte gegenüber sowjetzonalen Eigenmächtigkeiten und Angeboten. So richtete er an den Bundeskanzler in einem offenen Brief vom 20. Juli 1950 den Appell, die Regierung solle in einer Erklärung unterstreichen, daß es sich bei den zum 15. Oktober angekündigten Wahlen zur Volkskammer »um einen einseitigen Gewaltakt handelt, der mit den Mitteln der Lüge, des Terrors und der Fälschung durchgeführt wird«. Als Adenauer seine Regierungserklärung vom 14. September 1950 in diesem Sinne formulierte, kam es auf Vorschlag der SPD in derselben Sitzung zu einer entsprechenden einstimmigen Protesterklärung des Bundestages. Einig waren sich auch Adenauer und Schumacher in der Abweisung eines Vorschlages des Ministerpräsidenten der DDR, Otto Grotewohl, vom 30. November 1950, einen paritätisch besetzten »gesamtdeutschen konstituierenden Rat« zu bilden.

Im SPD-Pressedienst schrieb Schumacher: »Um diesen Schritt richtig zu verstehen, muß man sich das Ziel jeder russischen Deutschlandpolitik vergegenwärtigen: Ein einheitliches Deutschland soll es nur geben, wenn es ein russisches Deutschland ist, das heißt ein von Deutschen bewohntes Stück Rußland . . . Wer da glaubt, in diesem Falle mit Deutschen aus der Ostzone zu sprechen, verhandelt in Wirklichkeit mit den Sowjets. Das bedeutet praktisch, daß er einen Gesprächspartner hat, dem er kräftemäßig nicht gewachsen ist und den sehr viele deutsche Politiker weder in seinen Zielen noch Methoden auch nur verstehen.« Diese Warnung richtete sich vor allem an bürgerliche Politiker, wenn auch wohl nicht an den Bundeskanzler. Adenauer war Adressat von »offenen Briefen« am 31. Januar und 13. Februar 1951, in denen Schumacher Vorschläge zur parlamentarischen Behandlung der Angebote aus Ost-Berlin machte. Daß Adenauer ihn dann am 20. Februar zu einer persönlichen Aussprache einlud, zeigt, daß es sich bei dem »offenen Briefwechsel« nicht um innenpolitische Propagandamanöver handelte, sondern um Zusammenarbeit.

Adenauer schickte den Grotewohl-Brief mit einem Begleitschreiben und den Vermerken »GEHEIM«, »Persönlich« an Schumacher. Die Sendung sollte der Vorbereitung eines Gesprächs dienen, in dem beide über einen Entwurf zur Beantwortung des Vorschlages aus Ost-Berlin beraten wollten. Die Antwort an den DDR-Ministerpräsidenten ist also zwischen Kanzler und Oppositionsführer abgestimmt worden. Darin wurde Grotewohl erklärt, der Bundeskanzler sei bereit, »die für die Abhaltung allgemeiner freier Wahlen zu einer verfassungsgebenden deutschen Nationalversammlung notwendigen technischen oder sonstigen Maßnahmen in einer gemeinsamen Kommission festzulegen«. Einen paritätisch besetzten »gemeinsamen Rat« müsse er ablehnen, weil Grotewohls Regierung »nicht vom demokratisch frei begründeten Vertrauen der in der russischen Besatzungszone Deutschlands lebenden Staatsbürger getragen« und deshalb gezwungen sei, »die russischen Interessen zu vertreten«. Dieser Briefwechsel mit Grotewohl erwies sich später als Vorgeplänkel zu dem bis zur Stalin-Note vom März 1952 eskalierenden Versuch, durch immer neue »nationale« Angebote die Integration der Bundesrepublik in das westliche Bündnissystem zu verhindern.

Wie weit damals die deutschlandpolitische Gemeinsamkeit zwischen Regierung und Opposition ging, zeigt der Beifall, den Kurt Schumacher am 9. März 1951 immer wieder von der rechten Seite des Hauses erhielt. Seine Bundestagsrede über »Deutschlands Einheit in Freiheit« begann mit der Feststellung: »Jede Betrachtungsweise hat von der Tatsache auszugehen, daß es Sowjetrußland gewesen ist, das seine Zone separiert und isoliert hat« (lebhafter Beifall der SPD, in der Mitte und rechts, verzeichnet hier das Protokoll).

Zuruf rechts: »Ausgezeichnet!« steht hinter Schumachers Sätzen: »Das System von Pankow ist die völlige Entdeutschung und die völlige Sowjetisierung der Politik; die angebliche deutsche Initiative aus dem Osten für die Einheit [gemeint ist das Volkskammer-Angebot, einen paritätisch besetzten gesamtdeutschen konstituierenden Rat zu bilden] ist ein Bestandteil der nationalrussischen Außenpolitik. Man kann nicht mit den Peinigern verhandeln und die Gepeinigten ignorieren (Beifall), die Opfer der Freiheit, die Eingekerkerten, die Verschleppten, die gesamten Bewohner der Ostzone, die Kriegsgefangenen, sie alle haben Anspruch auf unsere menschliche und nationale Solidarität (lebhafte Zustimmung mit Ausnahme der KPD). In den Mittelpunkt der östlichen Propaganda ist jetzt das nationale Moment getreten. Es wird dort das Problem gelöst, wie man nationalrussische Politik mit nationaldeutschen Phrasen macht« (»Sehr gut!« in der Mitte).

Als Schumacher Kritik gegenüber dem Westen übte, verzeichnet das Protokoll aber nur Beifall bei der SPD. Zum Beispiel: »Die uns im vergangenen Jahre von dort reichlich unbesonnen aufgezwungene Diskussion über einen deutschen militärischen Beitrag hat entscheidend daran gekrankt, daß sie ohne die Fixierung absolut fester Voraussetzungen und ohne Rücksicht auf die möglichen Gefahren für das deutsche Volk eingeleitet worden ist. Es ist der alte Fehler des Westens, unser Volk gar zu sehr als Materie zu betrachten, die von fremdem Willen geformt werden könnte . . . Der Westen hat lange genug dem Osten die deutsche Einheit gütigst überlassen zur Ausnutzung als Schwindelparole. Er darf nicht denselben Fehler beim Ideenkampf um den Frieden begehen.«

Das schien den Regierungsparteien weniger wichtig. – Zum Verständnis von Schumachers Position sind diese Passagen jedoch genauso unerläßlich wie die antikommunistische Härte, die für Jahrzehnte den Zitatenschatz von politischen Gegnern der SPD anreicherte. »Ja, als Schumacher noch lebte . . .«, seufzten die Kritiker der sozialdemokratischen Ostpolitik in den siebziger Jahren.

Zuerst die deutsche Einheit

Meist übersehen von Freund und Feind und häufig falsch interpretiert wird es, daß Schumacher schon wenige Tage vor der bemerkenswerten Bundestagsrede vom 9. März 1951 eine friedliche Möglichkeit der Wiedervereinigung ansprach. Es handelt sich um die Presseerklärung vom 14. Februar gegen eine Neutralisierung der Bundesrepublik. Der Punkt vier lautete jedoch: »Die politische Neutralisierung eines geeinten Deutschlands, die auf einer von den Angelsachsen und den Sowjetrussen in ihrem eigenen Interesse gewollten Übereinkunft beruht, ist ein Faktor, den zu schaffen oder zu verhüten nicht in der Macht der Deutschen steht. Eine solche Neutralisierung würde für das deutsche Volk den stärksten Zwang zur höchsten Wachsamkeit und Anspannung seiner demokratischen Kräfte bedeuten.«

Schumacher dachte also bereits ein Jahr zuvor über eine Möglichkeit nach, die sich am 10. März 1952 mit dem nie ganz ausgeloteten sowjetischen Vorschlag an die drei Westmächte zu ergeben schien, über ein neutralisiertes, bewaffnetes, demokratisches Gesamtdeutschland zu verhandeln. Dieser Staat sollte allerdings über seinen Status zwischen den Militärblöcken nicht frei entscheiden dürfen, genausowenig wie – drei Jahre später – Österreich. Schumacher hatte »eine solche Neutralisierung« 1951 nicht abgelehnt, sondern nur von einem »Zwang zu höchster Wachsamkeit« gesprochen, falls diese Möglichkeit sich eröffnen sollte.

Schumacher machte, wie gesagt, in seiner Rede vom 9. März 1951 den Westmächten den Vorwurf, »die deutsche Einheit dem Osten zur Ausnutzung als Schwindelparole« überlassen zu haben, und zog daraus die Folgerung: »Wir freien, wir demokratischen Deutschen haben die Aufgabe, politisch und propagandistisch für die deutsche Einheit aktiv und kämpferisch zu bleiben und diese Aktivität um dieses Zieles willen weiterzuentwickeln.« Auf seine Anregung hin formulierte Adenauer in einer Note an die bevorstehende Außenministertagung in Paris: »Die Viermächtekonferenz möge die Voraussetzungen schaffen, daß so bald wie möglich allgemeine, gleiche, geheime und direkte Wahlen zu einem Parlament für ganz Deutschland durchgeführt werden . . .« Auf die Einladung der »Volkskammer« gingen Bundestag und Bundesregierung nicht ein.

Die deutschlandpolitische Übereinstimmung zwischen Regierung und Opposition betraf allerdings allein den antikommunistischen Grundkonsens. Es waren nationale Gründe, aus denen heraus Schumacher so scharf gegen die Unterzeichnung des Schuman-Planes protestierte. Dessen Ziel sei »die Schwächung der deutschen Wirtschaft«, schrieb der SPD-Vorsitzende am 21. April 1951 im »Hamburger Echo«, »um ein großes Volk gefügig zu machen. Die Alliierten wollen bevorrechtigt über die Ruhr als dem Kernstück der deutschen Wirtschaft verfügen . . . Schuman-Plan und Pleven-Plan sind die Verhinderung Europas. Europa wird nur auf dem Fundament der Freiheit und der Gleichheit aller Menschen und aller Völker entstehen.«

Ganz offensichtlich schloß Schumacher in sein »Europa« nicht nur die Westeuropäer ein. Er nannte den Schuman-Plan, da er nur sechs Länder einbezog, »einen regionalen Sozialpakt innerhalb Europas« und fügte hinzu (am 24. Mai 1951 auf einer Feier in Gelsenkirchen): »Die wirtschaftliche Integration Westeuropas können wir nur in einer Weise betreiben, durch die ganz Deutschland einmal in eine westeuropäische Zusammenarbeit einbezogen werden kann . . . Da kamen die Unterhändler aus Paris zurück, aber mit keinem Wort wurde etwas gesagt über die deutsche Einheit, mit keinem Wort über Berlin, mit keinem Wort über die Leistung für die Saar.« Daß es in diesem Sommer zur Einführung der paritätischen Mitbestimmung in der deutschen Kohle- und Stahlindustrie kam, ermöglichte den Gewerkschaften die Zustimmung zur Montanunion, nicht aber der SPD. Sie blieb – aus nationalen Gründen – beim Nein und lehnte 1952 die Ratifizierungsgesetze im Bundestag ab.

Schumacher nahm auch in der Folgezeit nicht – im Gegensatz zu anderen Sozialdemokraten – an Veranstaltungen des Deutschen Rates der Europäischen Bewegung teil. In einem Brief vom 4. September 1951 an Hermann Brill, der in dieser Bewegung eine führende Rolle spielte, nannte er für sein Nichterscheinen auf einer internationalen Konferenz in Hamburg technische Gründe. Eine ähnliche Entschuldigung richtete er an Paul-Henri Spaak, den Präsidenten der Europäischen Bewegung, der ihn mit einem persönlichen Brief nach Hamburg eingeladen hatte. »Seien Sie bitte überzeugt davon, daß bei aller Meinungsverschiedenheit unsere Delegierten im Sachlichen in der internationalen europäischen Bewegung nach bestem Können mitarbeiten. Die Klarstellung auf der Hamburger Konferenz, daß den Deutschen das legitime Recht zugestanden werden muß, alles in ihren Kräften Stehende zu tun, um die Einheit Deutschlands zu verwirklichen, und daß diese Bemühungen in Einklang gebracht werden sollen mit den Bestrebungen nach einer europäischen Einheit, können wir nur begrüßen.«

Auf dem Gründungskongreß der Sozialistischen Internationale in Frankfurt am 1. Juli 1951 hatte Schumacher der deutschen Frage internationalen Rang gegeben: »Die Frage der deutschen Einheit ist schon längst nicht mehr eine Frage der Deutschen allein, sondern eine Frage der Geltung der Freiheit in der Welt. Hier auf diesem Kontinent, wo die Vertriebenen . . . zusammenströmen, wird die Frage der Hilfe für die Vertriebenen, ihrer gesellschaftlichen und sozialen Eingliederung und der Möglichkeit des Kampfes für ihre Rückkehr mit friedlichen Mitteln zu einer zentralen Frage der Internationale. Wir deutsche Sozialdemokraten sind deutsche Patrioten und internationale Sozialisten! (Beifall) . . . Das Wesen des Sozialismus, das ist die Moral der gleichen Rechte und der gleichen Pflichten für alle Menschen und für alle Völker« (Beifall).

Das waren Kernsätze mit nationalen Akzenten vor Genossen aus Ländern, in denen die Forderung der Deutschen »nach gleichen Rechten« zu dieser Zeit keineswegs als selbstverständlich genommen wurde. Unter den französischen Delegierten zum Beispiel war der ehemalige Wirtschaftsminister André Philip, der – so Schumacher in seinem Brief an Hermann Brill vom 4. September 1951 – »in der infamsten Weise gegen die deutsche Sozialdemokratie und gegen mich in Frankreich herumhetzt. Gerade in den Tagen des Frankfurter Sozialistenkongresses haben wir einige Berichte aus Frankreich bekommen, die eigentlich das Letzte und Minderwertigste darstellen, was man denken kann.«

Auf diesem Kongreß der Internationale kehrte Schumacher übrigens wieder zur »Magnettheorie« zurück: »Die stärkste Waffe im Kampf gegen den Kommunismus . . . sind soziale Tatsachen. Sie sind die Quintessenz der Waffen, sie sind die Quintessenz der Propaganda.« Das war nicht mehr die Forderung nach mehr Divisionen, alliierten und deutschen, um schon die »erste Schlacht« nicht auf deutschem Boden schlagen zu müssen. Die mit dem Koreakrieg ein Jahr zuvor entstandene Gefahr eines dritten Weltkrieges war abgeklungen, und die Amerikaner hatten ihre Absicht, die Sowjets durch eine Politik der militärischen Stärke in Europa einzuschüchtern, wohl nie so entschieden verfolgt, wie Schumacher und Adenauer geglaubt hatten.

Sie entfernten sich wieder voneinander. Adenauer begnügte sich mit dem Umfang an Wiederbewaffnung, den die Alliierten – insbesondere die Franzosen – noch für tragbar hielten. Das Ziel, das er verfolgte, hieß: Mehr Souveränität für die Bundesrepublik. Und Schumacher, der Führer der Opposition, wandte sich wieder den friedlichen Möglichkeiten zu, die für eine Wiedervereinigung noch bestanden. Mehr Souveränität für Westdeutschland, das war nicht das Nahziel der SPD.

Keine »Gemeinsamkeiten in Kapitulationen«

Von außenpolitischer Gemeinsamkeit mit Adenauer war nicht mehr die Rede. Schumacher begründete das so: »Es gibt ja wohl Gemeinsamkeiten in Aktionen. Ich halte aber Gemeinsamkeiten in Kapitulationen für falsch. Und um nichts anderes geht es bei der Außenpolitik der jetzigen Regierung. Die Gemeinsamkeit im Zurückgehen würde ja für uns bedeuten die Verstrickung in eine Mitschuld.«

Diese »Mitschuld« wollte Schumacher auch nicht übernehmen für das in dieser Zeit abgeschlossene Londoner Abkommen über die deutschen Auslandsschulden, weil die Frage nach den deutschen Auslandsguthaben nicht gleichzeitig mitgeklärt worden sei. Außerdem fürchtete er, daß zwischen den deutschen Auslandsschulden und den zeitlich gleichlaufenden Verhandlungen mit dem Staate Israel über ein Wiedergutmachungsabkommen eine Verbindung hergestellt werden könnte. Darum schrieb er dem Bundeskanzler am 10. Mai 1952:

»Die Wiedergutmachung ist als die Erfüllung eines sittlichen Gebots nach Grund und Rang ein vollkommen andersartiges Anliegen als die in London diskutierte Regelung kommerzieller Schulden . . . Sie werden mit mir darin einig sein, wieviel für die moralische und politische Rehabilitierung Deutschlands davon abhängt, die Verhandlungen mit dem Staate Israel durch den Beweis unseres guten Willens zu einem beiderseits befriedigenden Erfolg zu führen.«

So geschah es dann auch. Adenauer nutzte den Schumacher-Brief, um Bedenken im eigenen Kabinett auszuräumen. Er hatte sich auch vorher der Hilfe des SPD-Abgeordneten Jakob Altmaier bedient, der sich im Kontakt mit Adenauer seit dem Februar 1951 über den israelischen Konsul in München, Livneh, um die Anerkennung des Staates Israel als Rechtsnachfolger für jüdische Rückerstattungsansprüche bemühte. Diese bemerkenswerte, damals diskret behandelte Gemeinsamkeit zwischen Regierung und Opposition führte am 10. September

1952 zur Unterzeichnung des Wiedergutmachungsabkommens in Luxemburg – zwanzig Tage nach Schumachers Tod.

Aber weder die Regelung der Auslandsschulden noch die Anerkennung der Besatzungskosten wurden von Schumacher gebilligt. Er wollte nicht mitverantwortlich sein für die Anerkennung von Besatzungskosten, weil die deutschen Leistungen für den Wohnungsbau, die Flüchtlinge und die Kriegsopfer nicht genügend angerechnet würden. »Und wenn die anderen Länder uns das nicht in einen Verteidigungsetat zu nehmen gestatten, dann zeigen sie gar nicht, daß sie mit Deutschland zusammen die Freiheit verteidigen wollen, sondern auf Kosten Deutschlands.«

Umjubelter Besuch in Berlin

Die Freiheit verteidigen – so hätte auch das Motto lauten können für Schumachers umjubelte Auftritte während der Weltjugendfestspiele, die, veranstaltet von der Sozialistischen Einheitspartei, vom 5. bis zum 19. August 1951 in Berlin stattfanden. Sabine Lietzmann beschrieb am 18. August im »Tagesspiegel«, wie es in der Masurenallee zuging:

»Einige sitzen auf den Bordkanten zum Fahrdamm, die Jungen lesen die Zettel, die Vertreter der Falken verteilen. Die meisten stehen dicht gedrängt auf dem sonnigen Platz. Als die BVG-Kapelle populäre Schlager spielt, pfeift alles mit. ›Das ist der Führer der Opposition, der nachher spricht‹, erklärt eine beleibte Dame auf einem Klappstühlchen einem Mädchen im blauen Hemd und dreht mit routiniertem Griff den Becher von der Thermosflasche. ›Opposition – weißt du überhaupt, was das ist?‹ Die Kleine schüttelt stumm den Kopf und trinkt verlegen von dem angebotenen Kaffee.

Und doch verdeckt die Heiterkeit dieser Feierabendstimmung nicht die gesammelte politische Kraft. Die Rednertribüne ist mit den Parteizeichen der SPD und mit den Fahnen Berlins und der Bundesrepublik geschmückt. Der Halle gegenüber wehen von weiß lackierten Masten zwischen Trauerfloren die Fahnen der sechs sowjetzonalen Länder. Das ist alles, was man hier an politischen Symbolen benötigt. Das andere, die Konzentration und die politische Entschlossenheit, bringen die Menschen selber mit, die sich für zwei Stunden hier versammeln und anhören, was Kurt Schumacher ihnen zu sagen hat.

Man könnte es beinahe von ihren Gesichtern ablesen, was Kurt Schumacher sagt, so gespannt hören sie zu, so genau reagieren sie auf jede Bemerkung. Alle Gefühlsmomente der Rede spiegeln sich in

Reflexen auf dem Gesicht eines Jungen im blauen Hemd, der dicht vor der Tribüne mit halbgeöffnetem Mund reglos lauscht. Neben ihm stützt sich ein alter Mann auf seinen Stock. Er hält die rechte Hand ans Ohr; vor der gespannten Anstrengung des Zuhörens vergißt er die Zigarre, die ihm seit einer Stunde erkaltet zwischen den Lippen hängt. Die Tausende bilden ein riesiges Auditorium, in dem jedes Wort eine lebhafte Resonanz findet. Denn hier wird vor den Augen und Ohren der Jungen und Mädchen aus dem Osten die Propagandamaschine bis auf die letzte Schraube auseinandergenommen. Kurt Schumacher paßt seine Argumente so genau in die Zahnräder der östlichen Denkprozesse ein wie selten ein Redner aus dem Westen.

Neben dem offiziellen Marx, mit dem diese Kinder bis zum Überdruß gefüttert werden, bietet er ihnen den verborgenen, den unterschlagenen und gefährlichen Marx, und es ist eine Freude zu sehen, wie sich die Gesichter beim Zuhören beleben. Dies ist solide Aufbaunahrung für ihre Widerstandskräfte. Sie fühlen sich persönlich berührt, als Kurt Schumacher von den ›kleinen Leuten‹ redet, der ›arbeitenden Masse, die auf die Demokratie nicht verzichten kann‹. Sie sind das Fußvolk der Demokratie, das viele Kilometer östlichen Aufmarschgeländes durchwandert hat, um hierherzukommen und zu hören, daß es, dieses ›Fußvolk‹ aus der Sowjetzone, schon heute ein Stück Macht ist.«

In Jugendheimen und Kantinen, in der Aula der Freien Universität umbrandete Schumacher stürmischer Beifall. Er erzählte selbst (am 24. August vor der Presse in Bonn), wie er sie, die FDJler, angeredet hatte: »Ich kann zu euch sagen, Freunde, kann zu euch sagen, Kameraden, aber ich kann ja auch zu euch sagen, Genossen, denn ihr, die ihr hier steht und drei Viertel der Bevölkerung der Sowjetzone, ihr seid ja alle verhinderte Sozialdemokraten. Bei beiden Gelegenheiten minutenlanger Beifall. Sie [die Sowjets] können eben noch die alte sozialdemokratische Bindung der arbeitenden Menschen in den beiden Sachsen, Thüringen, Brandenburg . . . nicht ungeschehen machen . . . Ich habe gesagt, das größte Unglück für alle Menschen ist, in Unfreiheit und Ausbeutung zu leben, aber keines Menschen Unglück ist größer als das des Arbeiters, der verflucht ist, im ›Vaterland der Werktätigkeit‹ oder unter seinem Einfluß zu leben. Sie sollten mal sehen, wie das da losgegangen ist.«

Schumacher schilderte den Bonner Journalisten dann minutenlang, welches Sachwissen die Jugendlichen gezeigt, wie sehr sie sich politisch engagiert hätten. Was die Volkspolizei – vergeblich – an Kontrollen versucht habe, um den Übertritt von Zehntausenden nach West-Berlin zu verhindern. Und seine Mahnung auf viele Fragen, wie sie sich verhalten sollten: »Was wollt ihr denn! Daß ihr Stalin und Ulbricht nicht mögt, weiß die ganze Welt. Wozu wollt ihr euch durch individuelles Schimpfen bloßstellen? Jedes Risiko, das man auf sich nimmt, wird doch bestimmt von der Chance des Erfolges! Wir werden vielleicht einmal, wahrscheinlich sogar, sehr viel mehr von euch verlangen. Aber nichts verlangen wir von euch in einer bis heute aussichtslosen Situation! Das, was wir von euch verlangen, ist das Zusammenbleiben, die menschliche Fühlungnahme, aus der die politische Fühlungnahme resultiert, insbesondere von den Kerngruppen der Gleichgesinnten, der politisch bewußt Gleichgesinnten!«

Diesen Worten ist anzumerken, wie sehr Schumacher selbst noch bewegt war von den Begegnungen in Berlin, mit den Landsleuten und Genossen, auf die eine zu diesem Zeitpunkt schon fünf Jahre andauernde illegale Arbeit der SPD ausgerichtet war. Jetzt bestätigte sich für ihn, auf dem richtigen Wege zu sein – ein Erfolgserlebnis besonderer Art für den westdeutschen Parteiführer, der in einem wiedervereinigten Deutschland mit den traditionell sozialdemokratischen Landesteilen jenseits der Elbe die Mehrheit für sich gewonnen hätte. Die Teilung Deutschlands hatte die SPD um die Chance gebracht, zur stärksten Partei zu werden.

Solche Gedanken bewegten Kurt Schumacher bis in seine letzten Tage. Sie erklären zum Teil sein Selbstbewußtsein, seinen leicht verletzlichen Stolz, wenn ihn Adenauer manchmal überging oder Verabredungen nicht einhielt. Immer wieder nannte er jetzt Beispiele für Mißachtung, klagte über mangelnde, unvollständige oder zu späte Unterrichtung. Diese Empfindlichkeiten nahmen in diesen letzten Monaten seiner aktiven politischen Arbeit zu.

Die Konkurrenz der »Pressetees«

In Konkurrenz zu Adenauer hatte Kurt Schumacher sich eigene »Pressetees« geschaffen. Max Schulze-Vorberg, damals für den »Bayerischen Rundfunk« in Bonn, erinnerte sich 1987 in einem Gespräch mit dem Autor an diese Presserunden so: »Der schneidende Schliff seiner Sprache – der die Massen faszinierte – erschien gemildert oben am Kiefernweg. Wenn er einige Bonner Journalisten empfing – meist wohl Montagnachmittag –, begann er eher plaudernd. Gern ließ er zunächst einen bevorzugten Genossen berichten, zum Beispiel Erich Ollenhauer über die erste USA-Reise einer Bundestagsdelegation.

Doch dann dozierte Schumacher. Er schätzte die offene, sogar die harte Diskussion mit den Journalisten. Wir durften durchaus unsere kontroversen Meinungen vorbringen und verteidigen. Ein kleiner Cognac zum Kaffee heizte womöglich weiter an. – Angenehm gestaltete Annemarie Renger diese Stunden. Das war ein deutlicher Unterschied zum ›Pressetee‹ bei Bundeskanzler Dr. Adenauer. Im Palais Schaumburg blieb es förmlicher – wenn auch Dr. Adenauer gern seinen rheinischen Witz anbrachte. Und natürlich wußte man voneinander: der eine vom ›Pressetee‹, der andere vom ›Journalisten-Kaffee‹.«

Zum ersten Male überhaupt nach dem Kriege hatte Kurt Schumacher im August 1951 zwei Wochen Urlaub gemacht – am Mondsee in Österreich. Er hätte durchaus auch früher Zeit zum Ferienmachen gehabt, aber, so schrieb er in einem privaten Brief an den Hamburger Freund Peter Blachstein: »Ich mag gar keinen Urlaub haben. Ich wüßte nicht, weswegen. Ich glaube, daß ein Urlaub nichts nützen und nichts schaden würde. Im übrigen ist die Anstrengung auch gar nicht so groß, denn die Genossen nehmen ja viel Rücksicht auf mich.« Auch jetzt am Mondsee suchte er keineswegs nur Erholung. Ein politisches Gespräch mit österreichischen Sozialdemokraten interessierte ihn sehr, mit Adolf Schaerf, Karl Waldbrunner und Oskar Helmer.

Dem »Österreichischen Rundfunk« sagte er am 4. August 1951 in einem Interview, die Entscheidungen in Deutschland »über eine Konstruktion Europas, über den Schuman-Plan oder in der Frage eines militärischen Beitrages werden ihre entscheidende Rückwirkung auf Österreich haben«. Eine interessante Voraussage, denn die Österreich per Staatsvertrag vier Jahre später verordnete Neutralität erscheint damit als Folge der Bonner Mehrheiten für Westintegration und Wehrbeitrag. Hätte sich Schumacher durchgesetzt, wären also die Westverträge in Bonn gescheitert, dann hätte über Österreich anders entschieden werden können.

Sorgen der Westmächte

Welche Sorgen sich die Westmächte über Bonn machten, stellte die angesehene Londoner Wirtschaftszeitung »Economist« am 27. Oktober 1951 dar: »Wenn die 50 Millionen Westdeutschen nicht vor ihrer Vereinigung mit den 17 Millionen Ostdeutschen in die Gemeinschaft des freien Europa gebracht werden, wird es keine Europaarmee, keinen Schuman-Plan und keinen Europarat geben, der der Rede wert wäre. Statt dessen wird es ein unabhängiges Deutschland – eine dritte Macht

– im Herzen des Kontinents geben, dessen . . . Außenpolitik darin bestehen wird, die Russen gegen die Amerikaner auszuspielen . . . Dr. Schumachers Sozialdemokraten behaupten, daß Adenauers Politik der Integration mit dem Westen die Einigung verzögere und so das Risiko eines Krieges vergrößere. Sie sagen: Zuerst die Wiedervereinigung und – vielleicht – später die Integration mit dem Westen, aber unter deutschen Bedingungen.«

Das ließ sich in der Tat aus dem immer schroffer werdenden Nein von Kurt Schumacher zu dem Bündel von Verträgen erkennen. Der »Economist« empfahl, Adenauer, »der mit verzweifeltem Geschick um Zeit spielt, zu helfen und den Deutschen klarzumachen, daß die alliierten Truppen auf keinen Fall Deutschland verlassen«. Verweigerten die Deutschen die Integration, dann würden sie keine wirtschaftlichen und politischen Vorteile erhalten, »dann werden die Besatzungstruppen gezwungen sein, Westdeutschland lediglich als Glacis zu betrachten«.

Das genau war die Situation, die Schumacher ja hatte vermeiden wollen, als er für einen deutschen Wehrbeitrag eine offensive Strategie und mehr alliierte Divisionen verlangte. Sein Nein zu einer Lösung, die Deutschland zum Schlachtfeld hätte machen können, lag auf derselben Linie wie die Anstrengungen der SPD zwanzig Jahre später, durch Gewaltverzichtsverträge und atomwaffenfreie Zonen dem eigenen Lande diese Gefahr zu ersparen.

Probeläufe für freie Wahlen

In zwei Briefen kurz hintereinander, am 9. und am 12. November 1951, erinnerte Schumacher den Kanzler besonders eindringlich daran, daß die Bundesregierung in der Frage der deutschen Einheit endlich aktiv werden müsse. Erst freie Wahlen in der geteilten Viermächtestadt Berlin, gewissermaßen als Probelauf, dann freie Wahlen in allen Besatzungszonen unter internationaler Kontrolle müßten das Ziel jeder auf die Einheit Deutschlands gerichteten Politik sein. An dem Entwurf einer gesamtdeutschen Wahlordnung, wie ihn die Regierung schon vorgelegt hatte, beanstandete Schumacher, daß einer künftigen deutschen Nationalversammlung ein föderalistisches Prinzip vorgeschrieben werden sollte. »Darin kommt ein dogmatischer Föderalismus zum Ausdruck, der auf Kosten der Souveränität des deutschen Volkes eine Parteiansicht privilegiert.«

Diese Passage in dem Brief an Adenauer läßt zweierlei erkennen: Die

Aussicht auf eine Einigung der Westmächte mit den Sowjets wurden in Bonn nun für besser gehalten als bisher, zumal sich auch die Vereinten Nationen Anfang November zum erstenmal mit einer deutschen Wiederbewaffnung beschäftigt hatten. Zum zweiten glaubte Schumacher, daß Adenauer, ähnlich wie im Parlamentarischen Rat beim Streit über die föderalistische Ordnung im Grundgesetz, schon in diesem frühen Stadium einer erhofften gesamtdeutschen Verfassung den Bundesstaat auf dem Umweg über die Wahlordnung festgelegt wissen wollte. Die Nationalversammlung müsse selbst »über Art und Maß der bundesstaatlichen Gliederung des ganzen Deutschland« entscheiden, mahnte Schumacher.

Sein Einwand fand Beachtung. Der Katalog von föderalistischen Vorbedingungen war in dem endgültigen, am 2. Februar 1952 vom Bundestag verabschiedeten Entwurf nicht mehr enthalten. Vielleicht war davon auch am 17. Dezember 1951 die Rede, beim letzten Gespräch, das Schumacher, nach drei Monaten Pause, wieder mit Adenauer führte. Vier Tage später, am 21. Dezember, erlitt er den Schlaganfall, von dem er nicht wieder genesen sollte. Am 23. Dezember las Herbert Wehner anstelle des Erkrankten den schon fertiggestellten Text für eine Rundfunkansprache im RIAS:

»Für uns ist nur sicher, daß jeder Integrationsvertrag mit dem Westen die Möglichkeiten der deutschen Einheit geben, ja stärken muß und ausdrücklich unter diesem Gesichtspunkt seinen Inhalt und seine Form zu finden hat . . . Jetzt kommt es auf zweierlei an. Erstens, daß im deutschen Westen nichts getan und nichts gesprochen wird, aus dem der Osten einen Mangel an gutem Willen zur Einheit ablesen könnte. Zweitens, daß durch die demokratische Festigkeit und Geschlossenheit Sowjetrußland die Schlußfolgerung zieht, daß die Propaganda seiner Agenten in Deutschland vergeblich ist.«

Das waren milde Töne – für Schumachers Verhältnisse –, beinahe schon ein Angebot. Und Schumacher, der angebliche »kalte Krieger«, mahnte sogar: »Wir rufen den Bewohnern der sowjetischen Besatzungszone zu, sich nicht zu Unbesonnenheiten verleiten zu lassen. Die politischen Aktionen müssen gemeinsam und einheitlich von allen Deutschen im Osten und Westen unseres Vaterlandes geführt werden.« Hoffnung schimmerte durch, eine nationale Chance schien zu entstehen, die Schumacher ernst nahm.

Sie bestimmte politisch die letzte Phase seines von schwerer Krankheit überschatteten Lebens. Konrad Adenauer schickte – handschriftlich – Genesungswünsche mit einem Blumengruß am 18. Januar 1952. Auf der Bühler Höhe bei Baden-Baden in einem Sanatorium, wo auch Adenauer mehrfach zur Kur war, suchte Schumacher Erholung. Einer der privaten Besucher dort war der Schriftsteller Friedrich Sieburg, der Erich Ollenhauer am 9. Februar ein paar zustimmende Worte zu Schumachers Haltung in der Wehrfrage schrieb. Anfang März zog Schumacher ins Hotel Römerbad nach Badenweiler um – in der vergeblichen Hoffnung auf warme Tage im Vorfrühling. Es war naßkalt, wie der Besucher Arno Scholz berichtete.

Er stellte fest, daß Schumachers geistige Aufnahmefähigkeit ungebrochen sei, aber: »Mühsam versuchte er, sich zu beherrschen und seinem Körper Festigkeit zu geben, damit ich nicht zu sehr erschreckt sei. Immer wieder suchten seine Augen abzulesen, welchen Eindruck sein körperlicher Zustand bei mir hinterließ. Es war schon eine starke Beherrschung notwendig, um ihn nicht merken zu lassen, wie groß die Erschütterung war. Um so überraschter war ich, als er mir plötzlich erzählte, daß er bereits im Rundfunk gesprochen habe. Wie ich später erfuhr, hatte er aus körperlicher Schwäche mehrfach unterbrechen müssen.« Tontechniker Frech hatte ein paar Stunden Arbeit, erinnerte sich Max Schulze-Vorberg, der das Interview für den »Bayerischen Rundfunk« am 20. Februar im Sanatorium aufgenommen hatte.

Schumacher zu der Bundestagsdebatte über einen Verteidigungsbeitrag, die er am Radio verfolgt hatte: Ihm sei aufgefallen, daß »Redner der Regierungsparteien, wenn sie fürchteten, mit ihrem europäischen Vokabular nicht den nötigen Eindruck zu machen, ziemlich kräftige Anleihen im traditionellen Nationalismus machten«. Sein Vorwurf an die Bundesregierung: »Die Politik des Sich-Drängens und des Sich-selbst-Anbietens ist in jedem Falle keine gute Politik . . . Sie hätte mit derselben Intensität geistig und politisch propagandistisch die Sache der deutschen Einheit behandeln sollen, mit der sie die Frage des deutschen Verteidigungsbeitrages vorangetrieben hat. Das ist das Gesetz der politischen Offensive.«

Als Arno Scholz Kurt Schumacher dann einen Monat später in Badenweiler wiedersah, fuhr er mit dem Kranken durch den Kurpark – »und es war rührend zu beobachten, wie viele ihm ihre Sympathie zu zeigen versuchten. Auch in Badenweiler gab er keine Ruhe. Unentwegt blätterte seine Hand in Zeitungen, drehte am Schalter des Radiogerätes, wenn die Nachrichten näherrückten, und mehr Besucher, als für seinen Zustand gut waren, lud er zu sich, darunter den FDP-Vizepräsidenten des Bundestages, Becker, und den Landesvorsitzenden der württemberg-badischen FDP/DVP, Dr. Wolfgang Hausmann.«

Dazu sei erwähnt, daß Kurt Schumacher zu dem gleichfalls aus Wüttemberg-Baden stammenden Liberalen, dem Bundespräsidenten Theodor Heuss, in Bonn stets Kontakt suchte und fand. Als er einmal (am 15. August 1951) nach einer immerhin dreieinhalbstündigen Unterredung mit dem Bundespräsidenten gefragt wurde, um was es gegangen sei, antwortete er: »Eine Menge persönlicher Dinge sind besprochen worden ... Man muß ja auch das Recht auf private Unterhaltungen haben ... Es ist natürlich immer mißlich, das Staatsoberhaupt in die Diskussion konkreter, ungelöster politischer Probleme zu bringen.« In nationalen Fragen, so scheint es, waren Schumacher und Heuss einander näher, nicht nur durch Gemeinsamkeiten aus den Stuttgarter Jahren während der Weimarer Republik. Daß SPD und FDP viel später wiederum in einer nationalen Frage zusammenfanden und gemeinsam die Ostpolitik der siebziger Jahre gegen die CDU/CSU durchkämpften, mag hier angefügt sein.

Schumacher schrieb schon aus Badenweiler, am 4. März 1952, dem Bundeskanzler erneut einen offenen Brief und forderte eine deutschlandpolitische Initiative. Von sowjetischer und von sowjetzonaler Seite seien »in der Auseinandersetzung um die Wiedervereinigung ... einige bemerkenswerte Schritte erfolgt«. Die Bundesregierung solle auf die gemeinsamen Beschlüsse des Bundestages vom 27. September 1951 Bezug nehmen und von neuem an die alliierten Hohen Kommissare herantreten. »Die Bemühungen um die Wiedervereinigung Deutschlands durch freie Wahlen unter internationaler Kontrolle lassen sich ... nicht auf eine einzige Möglichkeit beschränken, wie sie sich in der von den Vereinten Nationen eingesetzten Kommission unter Umständen bieten kann.« Dieser UN-Kommission war die Einreise in die sowjetische Zone verweigert worden.

Streit um die Stalin-Note zur Wiedervereinigung

Am 10. März steigerte die Sowjetunion noch einmal ihr Angebot, mit dem sie die militärische, politische und wirtschaftliche Integration der Bundesrepublik in ein westeuropäisches Vertrauenssystem verhindern wollte. Stalin bot in einer Note an die Westmächte die Wiedervereinigung an unter der Bedingung, daß ein so entstehender deutscher Gesamtstaat keinem Bündnis angehören dürfe. Damit wäre eine eigene deutsche Entscheidung über den Status nicht möglich gewesen.

Darum wurden schon in der ersten alliierten Antwort in dem jetzt beginnenden Notenwechsel zunächst einmal freie Wahlen und eine gesamtdeutsche Regierung als Voraussetzung für Friedensverhandlungen verlangt. Fritz Heine schrieb noch nach Badenweiler am 21. März, er habe »zufällig« den Gedankenaustausch zwischen den Engländern und Amerikanern über die Antwortnote einsehen können. »Von amerikanischer Seite ergab sich ziemliche Übereinstimmung mit unserem Standpunkt. Manches konnte praktisch aus dem Telefonat zwischen mir und Dir stammen.«

Die Sowjets wollten verhandeln. Stalin erläuterte sein Angebot in einem Interview am 2. April, dem Tag, an dem Kurt Schumacher in Bonn wieder offiziell seine Arbeit aufnahm. Der SPD-Vorsitzende bot dem Kanzler mit einem Brief vom 23. April noch einmal Zusammenarbeit in der Frage der Wiedervereinigung an: »Meines Erachtens ist es notwendig, den Regierungen der Westmächte als gemeinsamen deutschen Standpunkt vorzutragen, daß nichts unversucht bleiben darf, festzustellen, ob die neue Sowjetnote [vom 9. April] eine Möglichkeit bietet, die Wiedervereinigung Deutschlands in Freiheit durchzuführen. Um dies festzustellen, sollten so bald wie möglich Viermächteverhandlungen stattfinden.« Durch eine Fortsetzung des Notenwechsels lasse sich die notwendige Klärung nicht herbeiführen. Schumacher schlug dem Kanzler eine mündliche Beratung vor und nominierte dafür Erich Ollenhauer, Carlo Schmid und Herbert Wehner, damals Vorsitzender des Bundestagsausschusses für Gesamtdeutsche Fragen im Bundestag. »Wir sind der Meinung, daß man Verhandlungsziele nicht zu Vorbedingungen für Verhandlungen machen sollte.«

Statt ein solches Gespräch zu führen und sich mit der Opposition abzustimmen, gab Adenauer aber am Abend des 24. April ein Interview im Rundfunk, in dem er »Vorbedingungen« machte, die sowjetischen Vorschläge zur Neutralisierung eines wiedervereinigten Deutschlands also direkt ablehnte.

Die SPD verhielt sich anders. Herbert Wehner berichtete in einem Brief vom 29. April 1952 über Besucher vom gleichen Tage (Pabsch und Rooper von der amerikanischen Hohen Kommission), die Schumachers Ansicht zur geplanten Antwortnote an die Sowjetunion erkunden wollten:

»Ich habe erklärt, daß die Westmächte unseres Erachtens die zwei konkreten Vorschläge nicht ignorieren könnten: 1. Aufnahme von Viermächtebesprechungen über freie gesamtdeutsche Wahlen und 2. Einsetzung einer Kommission zur Prüfung der Voraussetzungen für freie Wahlen durch die vier Mächte . . . Die vom Bundestag verabschiedete Wahlordnung und die im Schreiben von Kurt Schumacher an den Bundeskanzler enthaltenen Vorschläge für eine Kontrolle der Vorbereitung und Durchführung freier Wahlen habe ich als Verhandlungsgegenstand Nummer eins zu behandeln vorgeschlagen und erläutert. Zu Punkt zwei habe ich bemerkt, daß es möglich wäre, bei Aufnahme der Verhandlungen konkrete Vorschläge der zu besichtigenden Objekte zu machen. Die beiden Amerikaner wollten wissen, ob wir es nicht für notwendig hielten, weitere Festlegungen der sowjetischen Seite über die Oder-Neiße-Linie und die deutsche Armee zu treffen. Dies habe ich verneint und darauf verwiesen, daß dies ja Verhandlungsgegenstand sein müßte.«

Diese Passage in dem Wehner-Bericht bestätigt, daß zumindest Schumacher zu diesem Zeitpunkt auch die Anerkennung der Oder-Neiße-Linie als Verhandlungsmöglichkeit, als deutsche Gegenleistung also, in Betracht gezogen hatte. Die Amerikaner und Adenauer hingegen wollten weitere »Vorbedingungen« per Notenwechsel vor Beginn der Verhandlungen durchsetzen, auf die Moskau mit Sicherheit nicht eingehen konnte. Sogar die vorherige Freigabe der »Satellitenstaaten« wurde von Adenauer gefordert.

Näheres darüber berichten Hans-Peter Schwarz in seiner Adenauer-Biographie und Rolf Steiniger in der 1985 erschienenen Broschüre über die Behandlung des Stalin-Angebotes durch die Bundesregierung und die drei Westmächte. Zeitweilig haben die Engländer eine Verhandlung für sinnvoll gehalten, während Franzosen und Amerikaner der Meinung waren, daß eine Wiedervereinigung unter der Bedingung einer Neutralisierung Deutschlands nicht in Kauf genommen werden sollte. In geradezu ultimativer Form hatte der amerikanische Außenminister Dean Acheson die Bonner Regierung wissen lassen, daß er die Unterzeichnung der Integrationsverträge – den Vertrag zur Europäischen Verteidigungsgemeinschaft und den Generalvertrag zur Übertragung von Souveränitätsrechten an die Bundesrepublik – bis Ende Mai erwarte.

Die Alliierten beharrten in ihrer Antwort an Moskau vom 13. Mai darauf, daß vor einer Friedensvertragskonferenz freie gesamtdeutsche Wahlen abgehalten werden müßten. Die Sowjets verlangten am 24. Mai von neuem eine Viermächtekonferenz über Deutschland und warnten vor dem Abschluß der Integrationsverträge. Aber der Generalvertrag wurde in Bonn am 26. und der EVG-Vertrag am 27. Mai unterzeichnet.

Kurt Schumacher protestierte in einem Interview mit der Agentur »United Press« am 22. Mai, die Sozialdemokraten würden gegen das Vertragssystem mit dem Tenor kämpfen: »Wer diesem Generalvertrag zustimmt, hört auf, ein Deutscher zu sein.« Die Unterzeichnung der Verträge durch die Außenminister sei eine »ganz plumpe Siegesfeier der alliierten-klerikalen Koalition über das deutsche Volk«.

Allerdings wurde dieser Wortlaut hinterher von der Pressestelle der SPD in Frage gestellt, weil der Text des Interviews nicht, wie sonst üblich, Kurt Schumacher und dem Pressechef Heine noch einmal vorgelegt worden sei. An der Empörung von Schumacher aber, mit seinen Warnungen übergangen worden zu sein, besteht kein Zweifel. Adenauer seinerseits konterte am 24. Mai mit der Erklärung: »Es ist bedauerlich, daß sich der Führer der Opposition in Argumenten und Tonart nunmehr den Herren Grotewohl und Ulbricht anpaßt.«

Auch in der SPD regte sich Kritik – wie immer aus der Bürgermeisterriege. Ganz eindeutig für den Generalvertrag zum Beispiel hatte sich Max Brauer, der Hamburger Oberbürgermeister, ausgesprochen. Er galt – neben dem Bremer Wilhelm Kaisen – als der wichtigste Gegenspieler Schumachers und verlangte einen kooperativen Kurs, wie ihn Konrad Adenauer steuerte.

Aber am 1. Juni attackierte Schumacher in einem dpa-Interview von neuem, der Generalvertrag bringe dem deutschen Volk weder Gleichberechtigung noch Partnerschaft. Er stehe unter dem Motto: »Alle Staatsgewalt geht von den Besatzungsmächten aus.« Und am 11. Juni beklagte er im »Bayerischen Rundfunk«: »Wir Sozialdemokraten haben bei jeder außenpolitischen Gelegenheit ein gemeinsames Vorgehen angeboten, ohne mehr als Hohn, Spott und Verdächtigungen zu ernten . . . Ein Vertrag, dem die Sozialdemokratie zustimmen könnte, ist nur möglich auf der Grundlage der tatsächlichen Gleichberechtigung und Gleichwertigkeit und der garantierten Möglichkeit für die Wiedervereinigung des deutschen Volkes. Keines dieser Ziele hat die Bundesregierung erreicht . . . Das deutsche Volk braucht ein nationales Selbstbewußtsein, gleich fern von dem frevelhaften Übermut der Vergangenheit und der heute so weit verbreiteten Neigung, jedem fremden Einfluß sofort nachzugeben!«

Der amerikanische Senator Wiley fragte in einer Ausschußsitzung Anfang Juni den amerikanischen Hohen Kommissar McCloy in

Washington, ob in Schumachers Kreisen nicht noch etwas vom alten Nazismus lebe. McCloys Antwort (zitiert nach »Kurier« vom 13. Juni): »Die SPD ist unbestreitbar eine in jeder Hinsicht demokratische Partei und ihr Führer ein sehr patriotischer, aufrechter, ehrlicher und sehr nationalbewußter Mann.«

Letzte Mahnung zur Besonnenheit

Noch einmal, ein letztes Mal in seinem Leben, sprach dieser »sehr nationalbewußte Mann« am 15. Juli 1952 über den Berliner Sender RIAS zu den Deutschen in der DDR: »Die SPD sieht in der deutschen Einheit den zentralen Punkt ihrer ganzen Politik, soweit sie Europa und Deutschland berührt . . . Für die Sozialdemokratische Partei gibt es in der Frage der deutschen Einheit keinen letzten Versuch, sondern nur das Andauern der Bemühungen, bis das Ziel der deutschen Einheit erreicht ist . . . Es ist nicht wahr, daß es nur die Alternative geben soll, Satellit der Sowjets oder Vasall des Westens zu sein. Wir Sozialdemokraten lassen unsere Politik nur von den Notwendigkeiten und Lebensinteressen des ganzen deutschen Volkes bestimmen.« Das waren beschwörende, vermächtnishafte Bekräftigungen einer Grundhaltung, keine parteitaktisch berechneten Emotionen.

Die Landsleute im anderen Teil Deutschlands mahnte er: »Zum Schluß fordere ich die Bevölkerung der sowjetischen Besatzungszone auf, sich in ihrer berechtigten und notwendigen Abwehr nicht zu Unbesonnenheiten hinreißen zu lassen. Folgt keinen Parolen, die in ihrer Herkunft unkontrollierbar sind. Jeder Provokateur ist euer Feind! Er mag euch erzählen, was er will. Wartet ab, was eure Partei, die Sozialdemokratische Partei, zu euch sagen wird! Ihr dürft nicht sinnlos geopfert werden! Ihr sollt mit uns zusammen politisch kämpfen für ein vereinigtes Deutschland der persönlichen und der staatsbürgerlichen Freiheit und Gleichheit, der sozialen Gerechtigkeit und des Friedens.«

Ob darum bis zum Ende des Jahrhunderts noch weiter gekämpft wird, in der DDR, in der Bundesrepublik Deutschland, das ist nicht ganz sicher. Für Kurt Schumacher jedenfalls war es das politische Ziel seines Lebens. So erscheint diese letzte Rundfunkansprache an die Deutschen in der DDR als eine Art von letztem Willen – die Mahnung zur Besonnenheit, das Versprechen, die SPD werde sie nicht im Stiche lassen.

Auch Carlo Schmid erinnerte sich aus den vielen Begegnungen der letzten Monate:

»Das Thema der Gespräche blieb sich in vielen Varianten immer gleich: Was wird aus Deutschland werden, wenn bestimmte Dinge geschehen oder nicht geschehen; wenn die Westalliierten sich mehr als Besatzungsmächte oder mehr als Schutzmächte betrachten; was muß in der Bundesrepublik getan werden, um die seelischen Widerstandskräfte ihrer Bürger zu stärken, deren Lähmung den Rückfall in politische Passivität ausdrückt? Wie muß sich die Bevölkerung, wie müssen sich insbesondere die Parteien in der Bundesrepublik verhalten, damit jener Satz in der Präambel des Grundgesetzes auch bei den Bürgern jenseits der Elbe glaubhaft bleibt, nach dem wir uns aufgefordert wissen, die Einheit und Freiheit Deutschlands in freier Selbstbestimmung zu vollziehen?«

Am 1. August 1952 klagte Schumacher im Vorwort zum Jahrbuch der Partei die Bundesregierung an:

»Das Gesetz, unter dem in der Bundesrepublik regiert wird, ist: nicht begriffen, nicht gekonnt und oft das Gute nicht einmal gewollt . . . Die Bundesregierung und ihre Parteien haben nach ihrer Praxis überhaupt kein inneres Verhältnis zur parlamentarischen Demokratie. Sie verstehen die Rolle der Opposition nicht und wollen sie auch gar nicht verstehen, sondern halten jeden für einen Böswilligen, der an der Unfehlbarkeit der Bundesregierung zweifelt.

Das deutsche Volk braucht eine Bundesregierung, die den festen unverrückbaren Willen hat, die soziale Gerechtigkeit zum Fundament des Staates und die tatsächliche Gleichberechtigung Deutschlands zur Grundlage jeder Form der internationalen Zusammenarbeit zu machen.

Das deutsche Volk braucht in allen seinen Schichten eine Bundesregierung, die die Wiedervereinigung Deutschlands zum obersten Gesetz ihres praktischen Handels macht. Heute hat es eine Bundesregierung, die die Integration eines Teils von Deutschland mit gewissen Mächten für wichtiger hält als die deutsche Einheit.«

Und dann, am 6. August in dem Interview mit dem Bonner Korrespondenten des NWDR, Walter Steigner, wiederholte er noch einmal die Warnung an die Regierung und die Rechtfertigung der eigenen Haltung: »Wer nicht die Kraft hat, in gewissen Situationen nein zu sagen, dessen Ja ist völlig wertlos.«

In diesem letzten Interview, mit starker Stimme gesprochen, verleitete ihn die Frage nach seiner Gesundheit zu der Antwort: »Besten Dank für die Nachfrage, Herr Steigner. Mir geht es gut, mein Befinden bessert sich von Tag zu Tag. Vor der Öffentlichkeit will ich mit einer

Rede auf dem Parteitag der SPD im September wieder auftreten.« Sein Arzt hatte ihn ermuntert (so berichtete Fried Wesemann): »Sie sind bald kv. Wissen Sie, was das heißt? – Nun, kabinettsverwendungsfähig!« Schumacher fühlte sich frischer, versuchte sogar, trotz Beinprothese, mit Hilfe eines Stockes allein gehen zu lernen. Ein paar Tage in einem Versehrtenheim in Bad Pyrmont, wo Arm- und Beinamputierte behandelt wurden, zeigten ihm, was mit Training an Gehfähigkeit wieder zu erlangen wäre. Am meisten beeindruckten ihn in Bad Pyrmont die Gehversuche von Kindern mit Prothesen.

Sein erster Biograph Fried Wesemann legte ihm an einem Sommerabend im August den Entwurf des geplanten Buches vor: »Er fand sich bereit, dem Autor in Daten und Zahlen und bei der Entschlüsselung der politischen Ereignisse zu helfen. Aus seinem persönlichen Leben berichtete er wenig. Er war stets auf der Hut, nicht sentimental zu erscheinen, und wenn er in einem Augenblick innerer Bewegung einmal in den Strudel der Gefühle geriet, dann schob er den Panzer des Witzes, der Ironie oder auch der Schroffheit vor. Auch das verhaltene Schweigen war eine solche Waffe, zu der er an diesem Abend unter den Kiefern in seinem Garten griff. Er meinte, nachdem über zwei biographische Unrichtigkeiten gesprochen worden war, schließlich mit leiser Stimme in einem undeutlich gehaltenen Satz, ob denn das mit dem Titel (Ein Leben für Deutschland) nicht zuviel sei.«

Für sein Referat auf dem kommenden Parteitag, an dem Schumacher schon im August arbeitete, hatte er als Titel vorgesehen: »Die Freiheit Deutschlands und ein lebensfähiges Europa als vordringliches Ziel sozialdemokratischer Politik«, und bei der Fernsehaufnahme für die amerikanische Gesellschaft ABC, am Vormittag seines Todestages, sagte er: »Nach Auffassung der Sozialdemokratie ist die Wiedervereinigung dringender und wichtiger für den Frieden und die Konstituierung Deutschlands als jede Form der Integration eines Teiles von Deutschland mit anderen europäischen Ländern.«

Am Nachmittag des 20. August hatte er mit dem Parlamentarischen Geschäftsführer Wilhelm Mellies und seinem Stellvertreter Erich Ollenhauer gesprochen, der gerade aus dem Urlaub kam. Die Krankenschwester war selbst in Urlaub, die ihn seit dem Dezember betreut hatte. Er legte sich gegen neun zur Ruhe. Als Annemarie Renger gegen elf nach ihm sah, schien er ruhig zu schlafen. Aber die Augenlider waren nur halb geschlossen. Das dramatische Leben von Kurt Schumacher war still erloschen.

Nachworte

Kurt Schumacher sei als Besiegter gestorben, rief ihm eine französische Zeitung nach. Konrad Adenauer, sein politischer Gegner, telegraphierte aber aus dem Urlaub auf dem Bürgenstock: »In diesen Tagen gedenke ich mit besonderer Wärme der Festigkeit, die er in den Jahren nationalsozialistischer Herrschaft und allen späteren kommunistischen Verlockungen gegenüber gezeigt hat. Er war ein Mann, der allen ein Vorbild bleiben wird in der unerschütterlichen Treue gegenüber dem, was er für seine Partei und das deutsche Volk als richtig und notwendig erkannt hatte. Sein Name wird mit der Geschichte dieser Zeit verbunden bleiben.«

Festigkeit, Vorbild, Treue – und trotzdem ein Gescheiterter, der nichts von dem erreicht hat, was er wollte? Sicher nicht. Sein politischer Gegenspieler Konrad Adenauer hätte als Kanzler bei einer konzilianteren Art von Opposition weniger Erfolg gehabt. Beide wußten – ohne sich zuzublinzeln –, daß ein hartes Nein von Kurt Schumacher in bestimmten Fällen der gemeinsamen deutschen Sache bei den Besatzungsmächten mehr dienen würde als öffentlicher Beifall.

Es gibt den Einwand, daß Schumacher die nationale Einsatzbereitschaft, die nationale Begeisterungsfähigkeit, die ihm zu eigen war, irrtümlich auch bei der Mehrheit der westdeutschen Wähler vermutet hat. Deutsches Nationalgefühl, der nationale Idealismus der Kriegsgeneration war nach dem verlorenen Zweiten Weltkrieg nicht in dem Maße zu einem neuen Waffengang »für die Wiedervereinigung« zu mobilisieren.

Er hat auch geglaubt, daß die fünfzigtausend, die hunderttausend Zuhörer, die er zu Beifallsstürmen hinreißen konnte, identisch waren mit der Mehrheit. Auch unter seinen Anhängern und Bewunderern müssen aber zahlenmäßig diejenigen überwogen haben, die in den zurückliegenden zwölf Jahren Hitler keineswegs gezwungen zugejubelt hatten.

Er hatte diese Zeit in Konzentrationslagern verbracht – zusammen mit anderen Hitler-Gegnern –, ohne Kontakt mit der Außenwelt, ohne

Bilder von den Olympischen Spielen 1936, von dem Enthusiasmus für Hitler auf dem Wiener Heldenplatz im März 1938 gesehen zu haben. Er kann solche Szenen im nachhinein kaum verstanden haben. Gefestigt in seiner demokratischen Überzeugung, rechnete er sich 1945 zu Recht zu den Siegern über die Hitler-Diktatur. Er sprach aber, wie die heimgekehrten Emigranten, zu den Besiegten, zu den Mißbrauchten, zu den schuldig Gewordenen, ohne die Hitler seinen Krieg nicht hätte führen können. Auch wenn sie jetzt in den Hitler-Gegnern ihre Repräsentanten sahen, so sind sie doch nicht von einem Augenblick zum anderen Demokraten geworden. Auch Schumacher wußte das, sprach es auch aus. Aber der politischen Ausnahmesituation war er sich wohl nicht voll bewußt, in der sich die kleine Minderheit der Unbelasteten in der Millionenzahl der Mitläufer befand. Darum hatten es die wieder zugelassenen oder neugegründeten bürgerlichen Parteien leichter, in deren Reihen selbst die Mitläufer des Hitler-Regimes überwogen.

Die dritte Fehleinschätzung Schumachers – die ihm nicht anzulasten ist, aber seinen Erfolg behinderte – waren die sozialistischen Forderungen, die Verwendung sozialistischer Terminologie. Für Ziele wie die Enteignung der Banken und der Industriekonzerne waren die Wähler nicht zu begeistern, die zunächst Arbeit und Brot brauchten und nicht die Gesellschaft verändern wollten. Sie hielten die Gefahr für gering, vor der Schumacher warnte, daß die wieder zu Macht und Geld gekommenen Konzernherren nach einem neuen Hitler ausschauen, einen neuen Krieg vorbereiten könnten. Das alles mag in der Weimarer Zeit geschehen sein, aber der Zusammenbruch, die Besetzung und Teilung des Landes hatten auch den Ehrgeiz des Großkapitals in eine andere Richtung gelenkt. Die Industriellen bauten nun an einer wirtschaftlichen Großmacht.

Vor allem aber hatten die Millionen heimgekehrter Kriegsgefangener in der Sowjetunion gesehen, wie der Lebensstandard in einem sozialistischen Wirtschaftssystem beschaffen ist – wenn sie es auch nur unter den Bedingungen des Krieges erlebt hatten. Was im Namen dieses Systems dann in den deutschen Ostgebieten geschehen war, schuf – im Verein mit der nachwirkenden antikommunistischen Propaganda des Nationalsozialismus – alptraumhafte Assoziationen von Unmenschlichkeit und Willkür. Wer sich Sozialist nannte, wer den »Sozialismus« propagierte, konnte ihn damals auch mit dem Adjektiv »demokratisch« nicht attraktiver machen.

Erst 1959, zehn Jahre nach der Gründung der Bundesrepublik, zog die SPD mit dem Godesberger Programm die politischen Konsequenzen aus solchen Erkenntnissen. Schumacher erwartete 1945 noch, daß die Kommunisten wie in der Weimarer Zeit wieder ernsthafte Konkurrenten der SPD werden könnten, ebenso wie die Nationalsozialisten. Sein Credo: Weder in sozialer noch nationaler Hinsicht sollte sich die SPD diesmal von anderen Parteien übertreffen lassen. Er konnte nicht vorhersehen, daß diese Begriffe in Deutschland nach 1945 an Marktwert verlieren würden. So bekämpfte er manchmal Gegner, die keine mehr waren, schmiedete politische Waffen, die unter den veränderten Bedingungen nicht benötigt wurden.

Die Stimmen für die Kommunisten sanken von Wahl zu Wahl. Auch die bescheidenen Anfangserfolge rechtsradikaler Gruppen verliefen sich bald im Sande. Der Aufschwung, das »Wirtschaftswunder«, war die neue Art von Materialismus, hinter dem überpersönliche Werte für die meisten Menschen an Glanz verloren, den sie vor und nach dem Ersten Weltkrieg noch besessen hatten.

Kurt Schumacher ist zu früh gestorben, um selbst noch aus solchen Erfahrungen die politischen Konsequenzen zu ziehen, die seine Nachfolger dann gezogen und damit die SPD für Bonn regierungsfähig gemacht haben. Insofern ist er auch nicht gescheitert. Erst im nachhinein kann es so erscheinen, als habe er zeitweise einen Kampf gegen Windmühlenflügel geführt, der nicht zu gewinnen war.

Adenauer bemängelte an Schumacher vor allem, daß dieser ein reiner Theoretiker sei. Aber das ist – genau betrachtet – kein Vorwurf. Kurt Schumacher hat nie in seinem Leben ein öffentliches Amt bekleidet. Er war ein Theoretiker, wollte es sein. Wer nach Wahrheiten sucht und sie verkündet, mit Leidenschaft, Härte und Unermüdlichkeit, überläßt anderen die Geschäfte des Alltags. Andererseits sind die Virtuosen der politischen Kleinarbeit, die Bürgermeister und Ministerpräsidenten, als Parteiführer weniger geeignet. Sie strahlen nicht die mitreißende Kraft einer visionären Theorie aus, sie haben kein Charisma. Kurt Schumacher besaß es in hohem Maße, mehr als andere politische Zeitgenossen.

Und im übrigen – zitiert aus einer Schumacher-Rede –: »Der Staat ist nicht die Regierung und nicht die Opposition – der Staat ist Regierung und Opposition zusammen.« Aus diesem Staatsverständnis heraus hat Kurt Schumacher Politik gemacht. Sein Leben und Werk ist zu einer Legende geworden, die manche für eigene politische Zwecke sogar verfälschen. Darum wird mit diesem Buch die »Schumacher-Saga«, diese exemplarische Lebensgeschichte, neu erzählt, reduziert auf nachweisbare Fakten, befreit von dem verklärenden und verdammenden Beiwerk all derer, die Helden schmücken oder niedermachen. Es gibt sie, die Helden, auch in der Niederlage. Ein Held muß nicht siegen, um Vorbild zu sein.

Am Morgen schon nach seinem Tode wurden die sterblichen Überreste von Kurt Schumacher in der Eingangshalle der »Baracke«, im Bonner Parteihaus, aufgebahrt. Freunde und Mitarbeiter lösten sich alle vier Stunden bei der Totenwache ab. Der Bundespräsident hatte Trauerbeflaggung auf allen öffentlichen Gebäuden der Bundesrepublik Deutschland angeordnet. Drei Tage später fand der offizielle Staatsakt im Plenarsaal statt, der schwarze Sarg stand vor der Rednertribüne. Auf Schumachers Platz in der ersten Reihe lagen rote Nelken. Unter den Trauergästen waren Mitglieder des Kabinetts, die drei Hohen Kommissare der Westmächte, das diplomatische Korps. Die Gedenkworte des Bundespräsidenten, des Stellvertretenden SPD-Vorsitzenden Erich Ollenhauer und die zahlreichen Beileidsbekundungen aus aller Welt sind in einem Sammelband des Berliner Verlegers Arno Scholz zusammengefaßt. Schon vom Umfang her können sie in keiner Biographie vollständig zitiert werden. Sie würdigen den Verstorbenen im Pathos der damaligen Zeit. Aber es macht Sinn, einige Beispiele aus den journalistischen Nachrufen zu zitieren, die Charakteristisches über den Verstorbenen aussagen. Sie seien als Schlußwort gewählt.

Paul Sethe in der FAZ: »Er war ein Mann, der einen Feind aufsucht, um ihn zu schlagen, aber nicht, um Brücken zu ihm zu bauen. Da lagen die Schattenseiten seines unbeugsamen Mutes. Aber wer sie beklagt, darf nicht vergessen, daß auch diese Natur ein Ganzes war und daß er ohne diese bittere Entschlossenheit zu kämpfen kaum die Erfolge hätte erringen können, die er auch in der Opposition für sein Land gewann.«

Friedrich Stampfer im »Vorwärts«: »Man hat Kurt Schumacher zu Unrecht vorgeworfen, ein Nationalist zu sein. Sein Grundsatz ist nicht gewesen: Recht ist, was den Deutschen nützt, sondern: Was Recht ist, kann dem deutschen Volke nützen.«

Walter Steigner im NWDR: »Schumacher hat dem deutschen Arbeiter ein Haus geschaffen, in dem er ohne kommunistischen Blockwalter sein Leben führen kann, und in seinem Tode hat er sich selbst als Symbol hinterlassen. Den Kommunisten ist nicht ein Gegner gestorben, sondern er erwächst ihnen erst aus dem geistigen Erbe dieses Mannes.«

Ludwig von Danwitz in der Zeitschrift »Michael«: »Es waltet eine erschütternde Tragik über dem Schicksal eines Mannes, dessen Stunde gewesen und trotz ihrer Bedeutsamkeit kaum erkannt worden war.«

Willy Eichler in »Geist und Tat«: »Sein Kampf gegen die Versuche, Sozialdemokraten und Kommunisten zu ›vereinigen‹, und sein eindeutiger Sieg in dieser Entscheidung haben Deutschland vor dem Kommunismus gerettet, der sich nach einem Sieg in Deutschland mindestens bis zu den Pyrenäen durchgesetzt hätte. Worte Grillparzers am Grabe Beethovens mögen für Kurt Schumacher stehen: ›Selten sind sie, die Augenblicke der Begeisterung in dieser geistesarmen Zeit. Der hier liegt, war ein Begeisterter! Nach einem trachtend, um eines sorgend, für eines duldend, alles hingebend für eines, so ging dieser Mann durch das Leben. Ärgerte ihn ein Auge, er riß es aus und ging fort bis ans Ziel. Wenn noch Sinn für Ganzheit in uns ist in dieser zersplitterten Zeit, so laßt uns sammeln an seinem Grab. Darum sind ja von jeher Dichter gewesen und Helden, Sänger, Gotteserleuchtete, daß an ihnen die armen zerrütteten Menschen sich aufrichten, ihres Ursprungs gedenken und ihres Zieles!‹«

Anhang

»Das Programm der Opposition«[1]

Antwort Schumachers auf die erste Regierungserklärung Adenauers im Deutschen Bundestag, 21. September 1949

Meine Damen und Herren!
Die Erklärung der Bundesregierung sollte nicht als etwas Isoliertes betrachtet werden. Sie gehört zusammen mit der Politik der Parteien, die heute die Bundesregierung bilden, mit den Parolen des Wahlkampfs, mit den Deklarationen nach dem Wahlergebnis, mit den Methoden der Kabinettsbildung und mit der Zusammensetzung des Kabinetts.

Wollte man den Kardinalansatz der Regierungserklärung, daß die Bundesregierung die soziale Gerechtigkeit zum obersten Prinzip ihrer Handlungsweise nehmen wolle[2], als das Programm der Regierung voll akzeptieren, dann müßte man sagen: mit diesem Programm hätte der Herr Bundeskanzler am 14. August einen rauschenden Wahlsieg über die Politik der Wirtschaftsminister und seines Vizekanzlers davongetragen[3]. (Beifall bei der SPD – Lachen in der Mitte und rechts.) Aber, meine Damen und Herren, Sozialpolitik kostet etwas, und der deutsche Besitz, der ja in seiner überwiegenden Mehrheit hinter der neuen Bundesregierung steht, hat diese Regierung bestimmt nicht etabliert, um besonders große Aufwendungen für das Volk zu machen. (Zuruf rechts: Sie schließen von sich auf andere!)

Die Bundesregierung ist jetzt mit einer Erklärung hervorgetreten, die eine Reihe sozialpolitischer, allerdings nicht genau akzentuierter Versprechungen enthält. Am deutlichsten ist sie eigentlich beim Versprechen der Steuersen-

1 Unter diesem Titel, der dem letzten Absatz der Rede Schumachers entnommen ist, veröffentlichte der Parteivorstand die Reden von Schumacher, Ollenhauer und Carlo Schmid während der Debatte über die erste Regierungserklärung Adenauers (Neuer Vorwärts Verlag, Hannover 1949).

2 Adenauer in seiner Regierungserklärung am 20. September 1949: »Das Streben nach Linderung der Not, nach sozialer Gerechtigkeit, wird der oberste Leitstern bei unserer gesamten Arbeit sein.«

3 Wirtschaftsminister war Ludwig Erhard (CDU), Vizekanzler und ERP-Minister Franz Blücher (FDP).

kung geworden[4]. Nun ist auch unsere Meinung, daß die Struktur des deutschen Steuerwesens stark umgebaut werden sollte, daß sie nach Ertrag und Rationalität nicht das ist, was unser Staatswesen nötig hat. Wenn wir aber die Steuersenkung als Hauptpunkt, als Grundlage der wirtschaftlichen Erholung betrachten wollten, dann käme die Steuersenkung in eine Konkurrenz mit den sozialen Leistungen auf der einen und den Besatzungskosten auf der anderen Seite. (Sehr gut! bei der SPD.) Die sozialen Leistungen und die Steuersenkung zusammen dürften sich kaum verwirklichen lassen. In Erkenntnis dieser Tatsache hat der Herr Bundeskanzler die sozialen Leistungen bereits von einer Reihe von Bedingungen abhängig gemacht, von denen nicht anzunehmen ist, daß sie schon in nächster Zeit realisiert werden, nämlich von einer Wirtschaftsblüte, von entsprechenden Steuererträgnissen und ähnlichem mehr. So kommen wir wohl zu dem Schluß, daß die Steuersenkung als nahe Wahrscheinlichkeit vor uns steht, die sozialen Leistungen aber auf den Weg der Vertröstung gleiten werden. (Zurufe in der Mitte: Abwarten!) – Wieso? haben Sie so viel Zeit? (Heiterkeit und lebhafter Beifall bei der SPD.)

Eine gewisse Überraschung hat vielleicht der idyllische Ton der gestrigen Regierungserklärung hervorgerufen. (Sehr gut! bei der SPD. – Zurufe in der Mitte.) Auf den Ton abgestimmt »es ist alles nicht so schlimm«, können wir nur antworten: es sieht so aus, als ob alles sehr viel schlimmer wäre, als die Regierungserklärung angedeutet hat. (Sehr richtig! bei der SPD.) Schließlich ist doch der tatsächliche Kern, der Punkt, bei dem ein eindeutiges Bekenntnis der Bundesregierung vorliegt, die Erklärung, daß man am bisherigen Kurs der Frankfurter Wirtschaftspolitik festhalten wolle. (Zuruf von der CDU: Gott sei Dank!) In Verbindung damit sind einige sehr reale Dinge angedeutet worden, als da sind: die Aufhebung der Zwangswirtschaft auch für die Güter, bei denen heute noch fixierte Preise vorliegen; und ähnliche Bemerkungen sind bei der Betrachtung über Wohnungswirtschaft und Mietpreisgestaltung gemacht worden.

Die Erklärung der Bundesregierung ist nicht nur interessant durch das, was in ihr enthalten ist, sondern fast noch interessanter durch das, was sie nicht genannt hat. (Zuruf links: Sehr wahr!) Wir könnten uns ein demokratisches Staatswesen nicht vorstellen, bei dem die Arbeiter eine so geringe Rolle spielen, daß die Regierungserklärung das Wort »Arbeiter« nicht einmal erwähnt hat[5] (Beifall bei der SPD.), und wir können uns einen funktionierenden sozialen Organismus auch nicht recht vorstellen, bei dem die Gewerkschaften unerwähnt bleiben. (Lebhafter Beifall bei der SPD.) Es scheint mir eine schwere Undankbarkeit gegenüber den Gewerkschaften und der Rolle dieser Organisation zu sein, wenn man nicht erkennt, daß ohne diese Gewerkschaften die Situation des deutschen Volkes nach innen und außen eine sehr viel schlechtere sein würde. (Lebhafter Beifall links.) Und wir haben auch vermißt – bei aller

4 Adenauer hatte eine Herabsetzung der Einkommensteuersätze angekündigt.

5 Im Zusammenhang seiner Ausführungen über die Koalitionsfreiheit, die die Regierung schützen wolle, sprach Adenauer allerdings von »Arbeitnehmern« und »Arbeitnehmerschaft«.

Anerkennung der liebenswürdigen Ausflüge in das Gebiet der Nöte unverheirateter Frauen – ein grundsätzliches Anerkenntnis der Gleichheit von Mann und Frau vor dem Gesetz, wie das Bonner Grundgesetz es gebracht hat. (Zustimmung links.) Aus dieser These nämlich resultiert für die Regierung eine große Menge von Aufgaben, und wir hätten gerne gewußt, wie die Verwirklichung dieser Aufgaben sich in den Augen der Regierung darstellt.

Nun, wir sind die Opposition, und was die Opposition ist, darüber hat sich eine unglaublich naive Diskussion in der deutschen Öffentlichkeit erhoben. Die Wertung der Opposition und der Regierung, die vorbehaltlose Überbewertung der Regierungsfunktion und die ebenso vorbehaltlose Unterbewertung der Oppositionsfunktion stammt aus dem Obrigkeitsstaat (erneute Zustimmung), und die Begriffe des Obrigkeitsstaates scheinen noch in vielen Köpfen auch in diesem Hause sehr lebendig zu sein. (Lebhafter Beifall links. – Zurufe rechts.) Eine Opposition ist in ihren Qualitäten nicht dann staatserhaltend, wenn sie eine wohlwollende Beurteilung durch die Bundesregierung oder durch ihre Parteien findet. Wir haben eine in Sachen der Besitzverteidigung sehr unsentimentale Regierung, und es wird die Aufgabe der Opposition sein, bei der Interessenvertretung der arbeitenden Bevölkerung ebenso unsentimental zu sein. (Sehr gut! bei der SPD.) Der Egoismus liebt es, an das Gemeinschaftsgefühl zu appellieren. (Sehr gut! bei der SPD und rechts.)

Die Regierung und die Opposition werden ihre Qualität durch ihre Leistungen bestimmen. Aber, werte Abgeordnete, der Grundsatz gilt für die Opposition, daß die Bundesregierung sich die Mehrheiten für ihre Gesetze aus den Reihen der Regierungsparteien zu schaffen hat. (Zuruf in der Mitte: Sie sind grundsätzlich gegen alles!) – Verzeihung, Sie haben die Bemerkung gemacht: »Grundsätzlich gegen alles«. Ich glaube, darauf antworten zu müssen. Ich bin nicht in der Lage, in drei Sätzen alles zu sagen, was ich zu sagen habe. (Abg. Dr. Freiherr von Rechenberg[6]: Dem Kanzler werfen Sie es vor!) – Nun, der Kanzler hat 82 Minuten gesprochen; das ist etwas länger. (Unruhe.)

Man kann also als Opposition nicht die Ersatzpartei für die Regierung sein und die Verantwortung für alles übernehmen, wofür die Verantwortung zu übernehmen sich manche Regierungsparteien gegebenenfalls scheuen werden. (Sehr richtig! bei der SPD.) Die Opposition ist ein Bestandteil des Staatslebens und nicht eine zweitrangige Hilfestellung für die Regierung. (Beifall links.) Die Opposition ist die Begrenzung der Regierungsmacht und die Verhütung ihrer Totalherrschaft. Ihre Eindeutigkeit zwingt alle Parteien, die der Opposition wie die der Regierung, ihr innerstes Wesen an ihren Taten zu offenbaren. (Erneuter Beifall.) Es wäre nämlich ein Fehler, weiter den Zustand der Wesensunechtheit in der Propaganda der politischen Parteien zu belassen. Tatsachen müssen sprechen. Aber ebenso richtig ist, daß die Oppo-

6 Hans Albrecht Freiherr von Rechenberg (geb. 1892), Fabrikant in Köln, war Abgeordneter der FDP.

sition sich nicht in der bloßen Verneinung der Regierungsvorschläge erschöpfen kann. (Zuruf in der Mitte: Gut!) Das Wesen der Opposition ist der permanente Versuch, an konkreten Tatbeständen mit konkreten Vorschlägen der Regierung und ihren Parteien den positiven Gestaltungswillen der Opposition aufzuzwingen. (Lebhafter Beifall links. – Zustimmung rechts.)

Aus dem Wesen und der Zusammensetzung dieser Regierung heraus besteht die große Gefahr, daß dieser neue Staat ein autoritärer Besitzverteidigungsstaat werden kann. (Lachen in der Mitte.) Man hat doch in der Zusammensetzung der Regierung und den gestern vorgetragenen Tendenzen gesehen, daß die erste Periode von Weimar – wenn Vergleiche erlaubt sind – glatt übersprungen worden ist und wir bereits in der zweiten Periode der absoluten Restauration mit stark vorweimarischen Zügen sind. (Lachen.) Das bringt die Gefahr der Entfremdung der arbeitenden Menschen vom Staat. Das ist eine Gefahr, die wir als Opposition bekämpfen wollen. Wir können den heutigen politischen Machtzustand sich nicht stabilisieren lassen. Es ist die Aufgabe der Opposition, die Dinge im Fluß im Sinne einer Entwicklungsmöglichkeit zum Demokratischen und Sozialen zu halten.

Manches, was gestern gesprochen worden ist, war eine Schau nach rückwärts. Ich möchte eindeutig sagen, daß auch der wohlwollendste Ton der Ermahnung und die allmählich etwas abgestandene Bemerkung, daß die Jugend die Zukunft bedeute[7], der Jugend sehr wenig sagt. Die Jugend wünscht realen Boden, wünscht positive Lebensaussichten durch eine soziale Politik (Zurufe: Gut!), und die Jugend wünscht, gleichberechtigt behandelt zu werden. (Sehr richtig! in der Mitte.) Auf alles kann die Jugend verzichten, sogar auf Moralpredigten und Ermahnungen. Nicht verzichten kann sie auf das Gefühl, als gleichwertiger Faktor im Staats- und Volksleben geachtet zu werden. (Beifall links und Zurufe rechts.)

Die Regierungsbildung ist eine notwendige Abrundung der Regierungserklärung: Sie steht unter dem Zeichen des 14. August. Allerdings hat sie länger gedauert, als man damals annahm. Ihre Methoden waren nicht so eindeutig, wie nach den Versicherungen der Regierungsparteien das Wahlergebnis des 14. August sein soll. Die Regierung steht eben unter dem Eindruck der Tatsache, daß der Rechtsruck im deutschen Volk bedeutsamer ist, als die Mandatszahlen des 14. August ausdrücken. Dieser Druck von rechts kann bis tief in die Mitte hinein lähmende und ändernde Wirkungen haben. Darum ist es schon verständlich, wenn man den Gefahren von allen Seiten dadurch entgegentreten will, daß man sich sehr stark in sozialen Versicherungen gefällt. Unverständlich bleibt dann, warum man in der Frankfurter Wirtschaftspolitik alles das verhindert hat, was man jetzt als Zukunftsversprechungen an die arbeitenden Massen in Deutschland gibt. Die Dauer, die Methoden der Regierungsbildung und die Art, mit der die Macht im Staat auf allen Gebieten verteilt worden ist, haben keinen sehr berückenden und

7 Adenauer hatte nur sehr kurz erwähnt, daß die Regierung der Jugend, die »die Zukunft Deutschlands in ihren Händen« trage, zu Hilfe kommen werde.

beglückenden Eindruck auf das deutsche Volk gemacht. (Abg. Dr. Richter[8]: Niedersachsen! – Weitere Zurufe rechts.) – Verzeihen Sie, Sie sind wohl mit Verspätung als Kreuzfahrer aus Bayern hier in Bonn eingetroffen! (Heiterkeit links.) Die Sache war zu geschäftig und geschäftlich betrieben und hat zuviel politische Wahlarithmetik enthalten, als daß sie einen überzeugenden eindeutigen Eindruck auf die Bevölkerung machen könnte. Ich meine: Wenn man all die Herren, denen man einen Ministerposten versprochen hat und die ihn dann nicht bekommen haben, heute hier zu einer Fraktion zusammenfassen würde, dann wäre das nicht die kleinste Fraktion des Bundestages. (Lebhafter Beifall und große Heiterkeit.)

Wir haben bei der Organisation der Regierung eindeutig zu erklären, daß wir mehr Ministerien erhalten haben, als vorher – gerade nach den Erklärungen maßgebender Männer der Regierung – notwendig zu sein schien. Wir haben drei Ministerien zuviel! Wir haben außerdem Sorgen um die innere Organisation der Ministerien. Der Herr Bundeskanzler hat sich gestern zum Prinzip des Berufsbeamtentums bekannt. Dieses Prinzip des Berufsbeamtentums aber, das im Sinne der Leistung und im Sinne der Überwindung des Kastenwesens änderungs- und entwicklungsbedürftig ist, hat dann einen großen politischen Sinn, wenn die Beamtung ein vertrauenswürdiges Instrument für jede demokratische verfassungsmäßige Regierung ist. (Sehr richtig! links. – Zurufe rechts.) Wir betonen an dieser Stelle bei der Neuorganisation der Behörden die Gleichberechtigung aller verfassungstreuen politischen Richtungen in der Besetzung der Beamtenpositionen. (Beifall bei der SPD. – Aha! und Sehr gut! rechts. – Zuruf: Siehe Schleswig-Holstein!) – Die Herren, die mir widersprechen, scheinen die Tatsachen ihrer Regierungsbeteiligung mit der anderen Tatsache zu verwechseln, daß es große Stellenvermittlungs-Organisationen gibt. (Zustimmung links – Zuruf rechts: Bei der SPD!)

Wir haben bei der Organisation der Regierung ohne Zweifel der Position des Bundesfinanzministers ein besonderes Augenmerk zuzuwenden[9]. Wir betonen, daß ein Bundesfinanzminister mit gleicher Gerechtigkeit gegenüber allen Ländern Deutschlands die gleichen Prinzipien und den gleichen Willen zu zeigen hat. (Sehr richtig! bei der SPD.) Wir dürfen nicht erleben, daß ein Bundesfinanzminister etwa der Verlockung einer praktisch betätigten überstarken Heimatliebe unterliegt. (Zustimmung links. – Abg. Dr. Seelos: Das wäre für einen Sozialisten furchtbar!) – Was wissen Sie denn vom Sozialismus; buchstabieren Sie einmal das Wort! (Lebhafter Beifall und Heiterkeit links.)

Ohne eine gleichmäßige gerechte Anwendung der Finanzhoheit ist keine Hilfe für die schwachen Länder, aber auch keine Möglichkeit der Bewältigung

8 Dr. Franz Richter war über die Liste der Deutschen Rechtspartei in den Bundestag gelangt, mußte aber sein Mandat 1952 wegen falscher Angaben zur Person niederlegen.

9 Bundesfinanzminister war 1949 bis 1957 Fritz Schäffer. Schäffer (1888 bis 1967), Dr. jur., war 1920 bis 1933 MdL, 1929 bis 1933 Vorsitzender der BVP. 1945 war er Mitbegründer der CSU und für kurze Zeit bayerischer Ministerpräsident.

der entscheidenden großen sozialen Fragen, keine Hilfe in der kardinalen Frage der Flüchtlinge gegeben. Die Wahlen in den steuerschwachen Ländern haben ja gezeigt, daß dort, wo die Armee der Flüchtlinge massiert und deshalb die Arbeitslosigkeit überstark ist, die Chance für den Radikalismus – das ist in der heutigen Situation der Rechtsradikalismus – vorhanden ist[10]. (Zurufe: Aha! – Weitere Zurufe rechts.) – Nun hören Sie mal! Sie werden doch von einem demokratischen Deutschen keine Sympathie für den Rechtsradikalismus verlangen. Was wir dem Rechtsradikalismus und dem Hypernationalismus in erster Linie vorwerfen, das ist der Umstand, daß er in seinen Auswirkungen schlecht für Deutschland ist. (Lebhafter Beifall bei der SPD.) Gerade darum muß die Hilfe den steuerschwachen Ländern zuteil werden, weil da die sozialen Probleme sich am stärksten auswirken.

Interessant und etwas schmerzlich für uns, daß in der gestrigen Regierungserklärung kein Wort von dem Finanzausgleich zu hören war (Hört! Hört! bei der SPD) und auch nichts von den Gemeinden, ihrer Selbstverwaltung, ihren großen Aufgaben, ihrer sozialen Belastung und dem ganzen Komplex, der doch praktisch jeden Tag an jeden deutschen Staatsbürger herantritt. Wir künden stärkste Gegnerschaft an für den Fall, daß das Bonner Grundgesetz nach Sinn und Buchstaben zugunsten betont überföderalistischer Regelungen seiner einheitsstrebenden Tendenzen entkleidet wird. (Sehr wahr! bei der SPD.) Wir wollen keine Revision des Bonner Grundgesetzes durch Verwaltungsorganisationen, durch Personenauswahl, durch Schaffung von Vorgängen!

Gefreut haben wir uns im ersten Augenblick, als wir das Wort von der Rechtsgleichheit in den elf deutschen Ländern hörten[11], bis dann der Gedanke kam, daß die Rechtsgleichheit ja nach verschiedenen Prinzipien geschaffen werden kann: nach dem Prinzip des am meisten fortgeschrittenen Landes und nach dem Prinzip des am meisten zurückgebliebenen Landes. (Lebhafte Zustimmung und Zurufe bei der SPD.) Wir dürfen da wohl die Hoffnung aussprechen, daß wir von Regierungsseite zu diesem Punkt noch einige Erklärungen bekommen werden.

Wenn wir die Organisation der Ministerien und Behörden betrachten, so müssen wir sie als das Ergebnis opportunistischer Tagespolitik empfinden, als das Resultat von Bemühungen, die eine Regierung zusammenbringen sollten und es nicht anders konnten als mit diesen Methoden. Dadurch kann die Entwicklung auf diesem Gebiete in falsche Bahnen gelenkt werden, zum Wildwuchs und Mißwuchs der Behörden und Ministerien.

Ich sagte: Wir haben drei Ministerien zuviel. (Zuruf rechts: Ja, welche

10 In Niedersachsen erhielt die »Deutsche Rechtspartei« 8,1 % der abgegebenen Stimmen, in Schleswig-Holstein 1,9 %.

11 Adenauer hatte von der Notwendigkeit gesprochen, die in das Zuständigkeitsgebiet des Bundes fallenden Gesetze der elf Länder auf ihre Rechtsgleichheit zu überprüfen.

denn?) – Wir brauchen keinen besonderen ERP-Minister[12]. Warum denn? Entweder hat er nichts zu tun, oder er hat deswegen viel zu tun, weil er der Überminister der Ökonomie ist, von dem alle anderen ökonomischen, finanziellen und sozialen Sparten abhängen. Nach der bisher nicht erfreulichen Verwendung der Marshall-Plan-Gelder auf allen Gebieten (Sehr wahr! bei der SPD) fordern wir die Vorlage eines Planes und eines detaillierten, vom Parlament kontrollierten Nachweises ihrer Verwendung. (Lebhafte Zustimmung bei der SPD.) Aber wir wollen keinen besonderen Minister. Wir wünschen am allerwenigsten, die etwas fadenscheinige Begründung diplomatischer Natur von der Notwendigkeit der Vertretung deutscher Interessen in Paris durch Männer in Kabinettsrang zu hören. Das ist etwas antiquiert.

Wir brauchen auch keinen besonderen Minister für den Verkehr mit dem Bundesrat[13]. (Sehr wahr! bei der SPD. – Zurufe rechts.) Was soll denn ein Sonderminister mit dem Bundesrat verkehren? Die Linie der Politik wird vom Bundeskanzler bestimmt; er hat zu ihrer Durchführung seine Beamten. Das ist doch eine Konstruktion zur Anbindung einer Partei als Regierungspartei. (Erneute lebhafte Zustimmung bei der SPD.)

Und, meine Damen und Herren, wir brauchen kein besonderes Ostministerium[14]. Wir brauchen auch nicht ein Staatssekretariat beim Bundeskanzler. Wir brauchen eine Abteilung beim Innenministerium (Sehr gut! bei der SPD), die die konkreten Fragen im Verkehr zwischen der Bundesrepublik und der Ostzone und außerdem eine Menge von sozialen und verwaltungsmäßigen Problemen auf diesem Gebiet zu behandeln hat. Wir sollten durch eine Abteilung beim Innenministerium manifestieren, daß das Verhältnis der deutschen Bundesrepublik zur sowjetischen Besatzungszone unter deutschem Blickwinkel ein innerdeutsches Problem ist. (Händeklatschen bei der SPD.) Es entstehen bestimmt nichtgewollte Gefahren dadurch, daß die Möglichkeit gegeben wird, durch die Errichtung eines besonderen Ministeriums diese Dinge auf der völkerrechtlichen Ebene zu diskutieren. Die Sozialdemokratie hat schon 1945 ihre Stimme für die deutsche Einheit erhoben. Sie war auch die erste deutsche Partei, die – am 31. Mai 1947 – den Versuch bejahte, auf der Grundlage der ökonomischen und administrativen Festigung der Westzonen eine anziehende Kraft auf die Ostzone auszuüben. Aber die Grundlinien dieser Politik können nicht in einem Ostministerium bestimmt werden, sie sind eine gesamtdeutsche Angelegenheit, unter voller Verantwortung des

12 Das »Bundesministerium für Angelegenheiten des Marshallplans«, das 1953 in »Bundesministerium für (europäische) wirtschaftliche Zusammenarbeit« umbenannt wurde, bestand bis 1957 und wurde von Franz Blücher (FDP, ab 1956: »Freie Volkspartei«) geleitet.

13 Das »Bundesministerium für Angelegenheiten des Bundesrates«, ab 1957 umbenannt in ». . . des Bundesrates und Länder«, bestand von 1949 bis 1969 und wurde von 1949 bis 1955 von Heinrich Hellwege (DP) geleitet.

14 Das »Bundesministerium für gesamtdeutsche Fragen« – 1969 in »Bundesministerium für innerdeutsche Beziehungen« umbenannt – wurde von 1949 bis 1957 von Jakob Kaiser geleitet.

Chefs der Regierung und unter verantwortlicher Mitarbeit aller Parteien dieses Hauses. (Bravorufe und Händeklatschen bei der SPD.)

Um Mißverständnissen, gewollten Mißverständnissen entgegenzutreten, möchte ich sagen: Die deutsche Einheit ist nur möglich auf der Grundlage der persönlichen und staatsbürgerlichen Freiheit und Gleichheit und der gleichen Wertung und Würdigung der Menschenrechte in allen Besatzungszonen. (Bravorufe und Händeklatschen bei der SPD und vereinzelt rechts.) Aber die deutsche Einheit ist nicht möglich in der Form einer russischen Provinz oder eines sowjetischen Satellitenstaates. (Lebhafte Zustimmung bei der SPD und in der Mitte.) Wir haben im Verkehr der Parteien miteinander hier schwere Hypotheken in allen Lagern, am stärksten aus der Tatsache heraus, daß die Oberschicht der heute formal noch bestehenden Christlich-Demokratischen Union (Lachen in der Mitte und rechts) und der Liberaldemokraten in der Ostzone Regierungspartei ist. (Sehr gut! bei der SPD.) Als Regierungsparteien sind sie voll verantwortlich für alles, was in der Ostzone geschieht. (Bravorufe und Händeklatschen bei der SPD.) Weil wir diese Verzerrung und Verquickung nicht wollen – (Zurufe rechts: Grotewohl! Dutzende!) – Nun, wir haben Grotewohl hinausgeschmissen (Lachen rechts), aber ihr seid noch immer dieselben Nuschkoten[15]. (Große Heiterkeit. – Bravorufe und Händeklatschen bei der SPD.)

Wir müssen bei dieser Politik auch abrücken von einem Rückfall in die missionarische Illusion der Brückentheorie. Das sind Illusionen, die 1933 aus der Hoffnung entstanden, mit einem totalitären Gegner, der das Ganze will, zu einem Kompromiß zu kommen, der einem die eigene politische Existenz und Selbständigkeit läßt. Wir dürfen nicht in eine Anerkennung der Blockpolitik hineinrutschen, die in Wirklichkeit die Herrschaft der stärksten Regierungspartei und der hinter ihr stehenden Besatzungsmacht ist. Wir sollten bei aller Anerkennung der Tatsache, daß man sich nicht immer distanzieren kann von allem und jedem in den Dingen des täglichen Lebens, derartige Dinge wie die beiden Godesberger Gespräche unterlassen[16]. (Sehr richtig! bei der SPD.) Ich verstehe, daß in den eisigen Stürmen des Kalten Krieges sich manche Leute in Deutschland den Charakter erkältet haben. Einige dieser Herren sind heute Mitglieder der Bundesregierung[17]. (Hört! Hört! links.) Da sie aber bei

15 Anspielung auf Otto Nuschke (1883 bis 1957), der 1945 zu den Mitbegründern der CDUD gehörte und diese – zusammen mit Georg Dertinger – nach der Absetzung von Kaiser und Lemmer Ende 1947 leitete.

16 Am 13. 3. und am 25. 8. 1949 trafen sich in der Wohnung des Mitbegründers der CDUD, Andreas Hermes, in Bad Godesberg mehrere Persönlichkeiten, die der CDU und der FDP nahestanden, auf Initiative von Rudolf Nadolny, um über die Möglichkeiten der Schaffung eines gesamtdeutschen Staates zu beraten. Nach dem zweiten Gespräch kündigte Nadolny vor der Presse eine bevorstehende offizielle Besprechung von Persönlichkeiten aus allen Teilen Deutschlands an, auf der ein »Bund der Einigkeit Deutschlands« gegründet werden sollte.

17 Gemeint sind Ludwig Erhard und Franz Blücher, die am ersten Godesberger Gespräch teilnahmen.

der zweiten Godesberger Tagung nicht dabeigewesen sind, dürfen wir die frohe Erwartung aussprechen, daß sie mit einem leichten politischen Schnupfen davongekommen sind. (Heiterkeit.)

Die neue Linie der Kommunisten aber, für die jeder Anreger solcher Tagungen nur ein Instrument der sowjetischen Staatspolitik ist, ist nicht deswegen interessant, weil sie von den deutschen Kommunisten kommt, sondern deswegen, weil sie nur möglich ist als die Auftragserfüllung sowjetrussischer Auftraggeber. Nun, werte Abgeordnete, haben wir einer solchen Versuchung nicht mit primitiven Anti-Deklamationen entgegenzutreten, sondern mit einer positiven Zeichnung des deutschen Staats- und Soziallebens. Nach der Ansicht der ganzen Sozialdemokratischen Partei ist der Boden, auf dem ein erfolgreiches Bestehen dieser Angriffe am ehesten möglich ist, der Boden des demokratischen Sozialismus. (Händeklatschen bei der SPD. – Abg. Dr. Freiherr von Rechenberg: Von Sozialismus haben die drüben genug!) Die Kommunisten versuchen es mit allen möglichen Mitteln. Wir haben dieses Liebeswerben schon mehr als ein dutzendmal seit Bestehen der ersten deutschen Republik gehört. Auch jetzt macht es wenig Eindruck auf uns, die Pferde der trojanischen Kavallerie galoppieren zu hören. Aber, meine Damen und Herren, seien Sie sich darüber im klaren, daß der Versuch, eine nationale Front zu errichten, auf der Grundlage der geistigen und politischen Verwüstung von fast eineinhalb Jahrzehnten eine gefährlichere Bedrohung ist. Nicht die sozialrevolutionäre, sondern die nationalrevolutionäre Parole des Ostens kann heute eine Gefahr für die deutsche Einheit und für die werdende Bundesrepublik bilden. (Sehr richtig! bei der SPD.) Wir sind in einer Situation, in der das deutsche Volk bereits wieder so weit ist, auch große soziale Versager als Heizstoff für einen neuen Nationalismus und für einen Neofaschismus zu verwerten. (Sehr richtig! bei der SPD.) Dieser Gefahr muß entgegengetreten werden.

Wenn übrigens die Herren von der Kommunistischen Partei die Freundlichkeit hatten, kürzlich bei der Wahl des Bundespräsidenten ihre Stimme für mich abzugeben, so möchte ich sie auf einen peinlichen Gegensatz aufmerksam machen. Im Osten wird noch strikt die Parole befolgt, und ihre Nichtbefolgung füllt auch heute noch die Konzentrationslager: »Die Schumacherlinge müssen nicht nur moralisch, sondern auch physisch vernichtet werden!« (Hört! Hört! bei der SPD.) Ich würde die Herren von der Kommunistischen Partei bitten, den arbeitenden Massen in Deutschland einmal diesen Zwiespalt der kommunistischen Natur zu erklären. (Abg. Reimann: Ich werde morgen darauf antworten, Herr Dr. Schumacher![18]) – Herr Reimann, die politische

18 Reimann erklärte als erster KPD-Sprecher in der Debatte am folgenden Tag, daß die Stimmabgabe für Schumacher bei der Bundespräsidentenwahl als »symbolischer Ausdruck« ihrer Bereitschaft zu werten sei, überall gemeinsam mit der SPD den Kampf gegen die »Wiederholung« einer Brüning- und Papenpolitik zu führen. Diese Bereitschaft ändere jedoch nichts an der strikten Ablehnung der »Anti-Ostpolitik« der SPD. Max Reimann (1898 bis 1977) – KPD-Sekretär vor 1933 – emigrierte zunächst (Saargebiet/UdSSR), wurde bei der Rückkehr 1939 verhaftet und war dann

Erfahrung lehrt: es gibt nicht nur Wölfe im Schafspelz, es gibt auch Schafe im Wolfspelz! (Große Heiterkeit und Händeklatschen.)

Präsident Dr. Köhler: Herr Abgeordneter, darf ich einen Moment unterbrechen. Ich nehme an, daß Sie mit Ihrer Bemerkung »Schafe im Wolfspelz« kein Mitglied des Hauses gemeint haben. (Heiterkeit.)

Dr. Sch.: Ich würde, Herr Präsident, mit Ihrer Erlaubnis Herrn Reimann die Entscheidung darüber überlassen. (Erneute Heiterkeit.)

Wenn wir die Frage der deutschen Einheit diskutieren, dann können wir an der Frage Berlin nicht vorübergehen. (Sehr gut!) Berlin wünscht keine Wohltaten und keine Wohltäterallüren. (Sehr gut!) Die besondere Finanzhilfe für Berlin ist nicht eine Angelegenheit freiwilliger Zuwendungen, sondern muß zu einem festen Bestandteil im Etat der deutschen Bundesrepublik gemacht werden. (Zuruf: So war es doch!) Man sollte auch nicht nur dieser Zuwendung von Mitteln der Allgemeinheit zustimmen. Man muß in der Wirtschaftspolitik Berlin durch Vergebung von Krediten und von Aufträgen mehr Hilfe leisten als bisher. Auf diesem Gebiet, wo egoistische Interessen westlicher Produzenten mit Berliner Produktionsinteressen konkurrieren können, haben wir als deutscher Westen für Berlin noch lange nicht das geleistet, was zu leisten unsere Aufgabe ist. (Sehr wahr!) Man darf doch nicht vergessen, daß man den Kampf der Berliner nicht für die deutsche Bundesrepublik zu Buche schreiben und dann, wenn eigene kleinere Interessen auf dem Spiel stehen, Berlins Lebensnotwendigkeiten irgend etwas verweigern kann. Berlin hat den Willen, Produktionsstätte und Steuerzahler zu werden. Aber um diesen Willen zu realisieren, brauchen wir eine andere Linie der Wirtschaftspolitik, zum Teil auch die Einlösung von Versprechungen, die in diesem Frühsommer von einem Herrn der Bundesregierung in Berlin gemacht worden sind[19]. (Sehr gut! bei der SPD.)

Mögen nun viele Leute diesen Zustand der Spaltung Deutschlands für relativ und vorübergehend zufriedenstellend erachten, wir Sozialdemokraten können das nicht. Die Frage der deutschen Einheit kommt hinein in jede andere politische Frage, die Deutschland berührt. Diese Frage kommt nicht mehr von der Tagesordnung. Wir können niemanden als einen Freund des deutschen Volkes empfinden, dessen praktische Politik die deutsche Einheit auf der demokratischen Grundlage verweigert und behindert. (Sehr gut! bei der SPD.) Wir können uns auch nicht damit einverstanden erklären, daß die deutsche Einheit zum Agitationsobjekt oder zum Agitationsinstrument einer politischen Richtung gemacht wird. Wir wünschen, daß bei aller Verschiedenheit der Auffassungen sozialer, politischer und kultureller Natur die Angelegenheit der deutschen Einheit überall in Deutschland die Angelegenheit der

bis 1945 im Gefängnis/KZ. 1946 wurde er KPD-Vorsitzender für das Ruhrgebiet, 1948 für die drei Westzonen. 1949 bis 1953 war er MdB, 1954 bis 1968 lebte er in der DDR, nach der Rückkehr in die BRD wurde er Ehrenvorsitzender der DKP.

19 Mitte Juni hatte der damalige Frankfurter Wirtschaftsdirektor Ludwig Erhard bei einem Aufenthalt in Berlin Unternehmern wie Arbeitern große Versprechungen gemacht.

gleichen Herzenswärme und der gleichen politischen Entschiedenheit wird. (Beifall links und in der Mitte.)

Wenn der Herr Bundeskanzler gestern mit Recht der dankenswerten Arbeit ausländischer und inländischer Organisationen seine Achtung zollte, dann begrüßen wir das. Wir hätten aber gewünscht, daß der Herr Bundeskanzler bei diesem Dank nicht nur so in den Vorstellungen seiner eigenen Welt steckengeblieben wäre. (Sehr gut! links.) Ich habe dabei an die Arbeiterwohlfahrt und ihre Leistungen denken müssen (Beifall bei der SPD), ich habe an das grandiose Hilfswerk ausländischer Arbeiterorganisationen denken müssen (Sehr gut! bei der SPD), und ich habe auch an die Quäker, die Mennoniten und Juden und ihre Hilfsorganisationen denken müssen. (Beifall links.) Es mag dem Wesen der Politik entsprechen, gegnerische Leistungen relativ gering einzuschätzen, und man kann es nicht übelnehmen, wenn sich die Gegner nicht zu gegenseitigen Propagandisten ihrer Leistungen machen; aber daß man beispielsweise über den Kampf der deutschen Sozialdemokratie um die deutschen Kriegsgefangenen so einfach hinweggegangen ist (Sehr richtig! bei der SPD), das ist auch nationalpolitisch von uns als nicht erfreulich empfunden worden. (Sehr wahr! bei der SPD.) Wir Sozialdemokraten danken von ganzem Herzen für die ungeheure Leistung des amerikanischen Volkes und des im amerikanischen Staatswesen organisierten amerikanischen Steuerzahlers an das deutsche Volk. Aber sogar für amerikanische Ohren wäre gestern der Dank eindringlicher gewesen, wenn nicht die Tatsache einfach ignoriert worden wäre, daß auch der britische Steuerzahler und das englische Volk ohne Unterschied der Parteien und unter eigenen Opfern und Entbehrungen Großes für das hilfsbedürftige deutsche Volk geleistet haben. (Beifall bei der SPD.) Ich bin zu meinem Bedauern gezwungen, festzustellen, daß sehr viele Menschen im Ausland sehr viel mehr Verständnis für die sozialen Nöte der Deutschen gezeigt haben als mancher Deutsche. (Sehr wahr! bei der SPD.) Es ist schmerzlich, aber es muß gesagt werden, daß die deutsche Sozialdemokratie nun einmal nicht in der Lage ist, einen Dank an die deutschen Hortungsgewinnler auszusprechen. (Beifall und Heiterkeit bei der SPD.)

Begrüßenswert war ohne Zweifel das Denken an die Kriegsbeschädigten, aber etwas mehr Konkretisierung wäre wohl nötig gewesen. (Sehr richtig! bei der SPD.) 1945 ist das als soziale Leistung beachtliche Reichsversorgungsgesetz durch einen Federstrich der Alliierten, die damit wohl praktischen Antimilitarismus zu betreiben vermeinten, außer Kraft gesetzt worden. Es wäre eine gute Sache, wenn die Bundesregierung sich entschließen könnte, ein neues, den geänderten Verhältnissen angepaßtes Reichsversorgungsgesetz für die Schwerbeschädigten des Krieges und für die Kriegshinterbliebenen anzukündigen. (Sehr richtig! bei der SPD.) Denn das Problem bei diesen so schmerzlich Geschlagenen ist doch, diese jungen Menschen heranzuholen an das Leben und heranzuholen an den Staat. (Bravo! bei der SPD.) Dazu gehört freilich eine Gesinnung warmer Kameradschaft, die über die finanz- und gesetzestechnischen Manipulationen hinausgehen muß. (Beifall bei der SPD.)

Dagegen kann eine Unterlassung nicht unwidersprochen bleiben: die deutschen Kräfte des Widerstandes und die deutschen Opfer des Faschismus gehören doch zu den wenigen außenpolitischen Aktiven des deutschen Volkes und der deutschen Außenpolitik (Sehr richtig! bei der SPD.) Von diesen Menschen ist gestern gar kein Wort gesagt worden. Man kann nicht gegen den Nazismus sein, ohne der Opfer des Nazismus zu gedenken. (Sehr gut! links.) Man kann sich nicht für die Hilfeleistung für einzelne Kategorien erwärmen – sie mögen noch so nötig sein –, wenn man die Opfer des Nazismus in einer selbstgewählten Rangordnung hinter die Rechte anderer zurückstellt. (Sehr gut! links.)

Zu matt und zu schwach ist gewesen, was gestern die Regierungserklärung über die Juden und über die furchtbare Tragödie der Juden im Dritten Reich gesagt hat[20]. Resignierte Feststellungen und der Ton des Bedauerns helfen hier nichts. Es ist nicht nur die Pflicht der internationalen Sozialisten, sondern es ist die Pflicht jedes deutschen Patrioten, das Geschick der deutschen und der europäischen Juden in den Vordergrund zu stellen und die Hilfe zu bieten, die dort notwendig ist. (Beifall bei der SPD.) Die Hitlerbarbarei hat das deutsche Volk durch Ausrottung von sechs Millionen jüdischer Menschen entehrt. An den Folgen dieser Entehrung werden wir unabsehbare Zeiten zu tragen haben. Von 600 000 deutschen Juden leben heute im Gebiet aller vier Zonen nur 30 000, meist ältere und kranke Personen. Auch sie erleben immer wieder beschämende und entwürdigende Vorfälle. In Deutschland sollte keine politische Richtung vergessen, daß jeder Nationalismus antisemitisch wirkt und jeder Antisemitismus nationalistisch wirkt. Das bedeutet nämlich die freiwillige Selbstisolierung Deutschlands in aller Welt. (Zustimmung bei der SPD.) Antisemitismus ist das Nichtwissen von den großen Beiträgen der deutschen Juden zur deutschen Wirtschaft, zum deutschen Geistesleben und zur deutschen Kultur und bei der Erkämpfung der deutschen Freiheit und der deutschen Demokratie. Das deutsche Volk stände heute besser da, wenn es diese Kräfte des jüdischen Geistes und der jüdischen Wirtschaftspotenz bei dem Aufbau eines neuen Deutschlands in seinen Reihen haben würde. (Beifall bei der SPD.)

Nun ist durch den Vorgang der internationalen Abwertung eine neue Erschwerung eingetreten. Man hat den Eindruck, als ob man in Deutschland und vielleicht auch sonst mancherorts nicht ganz begreift, daß sich hier ein Schicksal zu vollenden beginnt, das seit Jahrzehnten vorbereitet ist, hervorgerufen durch eine andere Verteilung der industriellen Produktion, durch die Tatsache, daß die anderen Kontinente, die früher Rohstoffe und Lebensmittel lieferten, heute selbst industrialisiert sind und damit das Ganze in Europa in eine besondere, geschwächte handelspolitische Situation gebracht haben. Diese überholte politische und ökonomische Struktur Europas ist der Grund der Wehrlosigkeit, bei der die endgültige Heilung auch durch große Dollar-

20 Adenauer hatte in seiner Regierungserklärung nur seine Verwunderung darüber zum Ausdruck gebracht, daß es in Deutschland nach all dem, was sich in nationalsozialistischer Zeit ereignet habe, noch Leute gebe, die Menschen deswegen verfolgten oder verachteten, weil sie Juden seien.

transfusionen nicht gebracht werden kann, so notwendig sie sind, um das Leben für die nächste Zeit zu erhalten.

Wir sind, nachdem wir jetzt mehrere Jahre im toten Winkel lagen, auch in die europäische Wirtschaftsgemeinschaft hineingezogen worden, und der erste Ausdruck war das Hineingezogenwerden – (Zurufe von der CDU: Denken Sie an die sozialistischen Experimente Englands!) – Nein, Sie haben meine drei letzten Sätze nicht verstanden. Lernen Sie sie bitte bis morgen auswendig. (Heiterkeit bei der SPD. – Zurufe.) Dieses Hineingezogenwerden hat sich jetzt zum ersten Mal bei der Abwertung geltend gemacht. Nun werden wohl Parallelen notwendig sein, Parallelen über Gebiete, die eben auch der Zwischenruf angedeutet hat und wo Sachkenntnis durchaus heilend wirken könnte. (Sehr gut! bei der SPD. – Zuruf rechts: Hoffentlich!)

Man braucht bloß die besondere Situation Großbritanniens und seine Möglichkeit, den inneren lohnpolitischen und preispolitischen Konsequenzen der Abwertung zu begegnen, mit der besonderen Situation Deutschlands zu vergleichen. Über den Rahmen der Anteilnahme am Verlust des Krieges hinaus sind breite Massen des deutschen Volkes heute gegenüber diesem Ereignis wehrloser als die arbeitenden Menschen irgendeines anderen europäischen Volkes.

Und weswegen sind sie wehrloser? Weil ihre soziale Polsterung durch die Geringfügigkeit der Reallöhne und durch die Einseitigkeit bei der Währungsreform und den hintertriebenen Lastenausgleich sehr viel schlechter ist als bei irgendeinem Volk in Europa. Wenn der Bundeskanzler erklärt, nur eine blühende Wirtschaft könne die Belastung aus dem Lastenausgleich tragen, dann werden wir daraus folgern müssen, daß man in den entsprechenden Kreisen der Regierung den radikalen endgültigen Lastenausgleich nicht gerade mit heißem Herzen will. Das bedeutet die Verschiebung des Lastenausgleichs. Der Lastenausgleich, der notwendig ist, ist doch ein Lastenausgleich, der weitgehend zu einer Veränderung der Eigentumsverhältnisse und vor allem zu einer Veränderung der Einkommensverhältnisse beiträgt.

Ich glaube nicht, daß man mit der heutigen sozialen Graduierung der Bevölkerung einen neuen lebensfähigen demokratischen Staat aufbauen kann. Wir haben jetzt gesehen, daß wir heute schon Reallöhne haben, die unter den anderen Reallöhnen Europas liegen, was man von den Realgewinnen der meisten Sachwertbesitzer nicht sagen kann. Wir haben eine weitere Bedrohung der Reallöhne im kommenden Winter durch die Ankündigung der Aufhebung der restlichen Bewirtschaftung, die sich vor allem bei der Bildung der Lebensmittelpreise und der Mieten geltend machen würde. In diese Situation der geschwächten sozialen Position tritt nun die Abwertung. Wir sollten soviel Respekt vor den Tatsachen und der Ehrlichkeit haben, um zu sagen, daß eine Reihe von Trostpillen der letzten Tage nicht aus guten Chemikalien gemacht worden sind. Die radikale Trennung des äußeren valutarischen Wertes der D-Mark von dem inneren Kaufkraftwert ist nicht vollständig, sondern nur recht beschränkt möglich; und selbst das auch nur dann, wenn besondere Regierungsmaßnahmen eingeleitet werden. (Sehr wahr! bei der SPD.)

Das gilt vor allen Dingen für die Preispolitik. Man kann nicht das Volk auffordern zu sparen bei steigenden Preisen. Man kann nicht diese Wirtschaftspolitik betreiben und dann mit der anerkennenswert offenen, aber noch nicht die ganze Schwere aufzeigenden Bemerkung des Herrn Bundeskanzlers weitergehen, die von »geringfügigen Veränderungen im Lohn- und Preisgebäude« spricht[21]. Geringfügig werden die Veränderungen nicht sein, wenn nicht staatliche Hilfe kommt. Aber die Möglichkeiten der staatlichen Hilfe, besonders in der Form einer positiven Preispolitik, sind ja durch die letzten 15 Monate deutscher Wirtschaftspolitik zerschlagen worden. (Sehr richtig! bei der SPD. – Zuruf rechts.) – Die bessere Position Großbritanniens besteht jetzt eben darin, daß es ein funktionierendes System der Planwirtschaft (große Heiterkeit rechts) mit Investitionslenkung hat. (Erneute Heiterkeit und Zuruf rechts: Deshalb die Abwertung!) – Meine Herren, Sie haben anscheinend von Planwirtschaft und Investitionslenkung nur in den Formen wahlpropagandistischer Formulierungen gelesen. (Unruhe. – Abg. Dr. Freiherr von Rechenberg: Die haben uns die Nazis vorgemacht!) – Verzeihung, Sie waren doch zum großen Teil Nazis, und nicht Großbritannien, wenn ich mich recht erinnere. (Lebhafter Beifall und Händeklatschen bei der SPD. – Unruhe und erregte Zurufe rechts: Unverschämtheit! Ordnungsruf! – Glocke des Präsidenten.)

Präsident Dr. Köhler[22]: Herr Abgeordneter Dr. Schumacher, ich möchte Sie fragen: Habe ich Sie richtig verstanden, daß Sie eben zu einem Teil des Hauses gesagt haben: Sie waren Nazis, und doch nicht Großbritannien!

Dr. Sch.: Ein großer Teil, habe ich gesagt. (Lebhafte Pfuirufe in der Mitte und rechts. – Abg. Renner[23]: Herr Präsident, kennen Sie nicht den Fragebogen verschiedener Abgeordneter? – Unruhe.)

Präsident Dr. K.: Herr Abgeordneter Schumacher, ich glaube, es dient dem ruhigen Ablauf – (Zuruf rechts: Preußische Arroganz ist das! Weitere Zurufe.) – Lassen Sie mich doch bitte ausreden. Herr Abgeordneter Dr. Schumacher, ich möchte Sie darauf hinweisen – (Zurufe links.) – Meine Damen und Herren, ich spreche jetzt und bitte, mich nicht zu unterbrechen und diese Zwischenrufe beizulegen. (Abg. Renner: Von wegen!) Herr Abgeordneter Dr. Schumacher, Sie haben einem Teil des Hauses den Vorwurf gemacht, es seien Nazis. (Abg. Reimann: Mit Recht!) Ich mache darauf

21 Adenauer hatte in seiner Rede davon gesprochen, daß die zu erwartende D-Mark-Abwertung und ihre Folgen kein »Grund zur Beunruhigung« seien, da die »zu erwartenden Veränderungen auf dem Gebiet von Preisen und Löhnen im ganzen nur zu relativ geringfügigen Verschiebungen führen« würden.

22 Erich Köhler (1892 bis 1958) gehörte während der Weimarer Republik zur DVP und war 1945 einer der Mitbegründer der CDU in Hessen. Von 1947 bis 1949 war er Präsident des Wirtschaftsrates, 1949 wurde er erster Präsident des Bundestages, im Oktober 1950 trat er wegen Erkrankung von diesem Amt zurück.

23 Heinz Renner (1892 bis 1964) war von 1922 bis 1933 Stadtverordneter der KPD in Essen. Nach Emigration und Haft war er 1946 kurze Zeit Oberbürgermeister von Essen, Ende des Jahres Sozialminister, von Juni 1947 bis Februar 1948 Verkehrsminister in NRW. Von 1949 bis 1953 war er MdB.

aufmerksam, daß diese Frage durch die Entnazifizierungsgesetze – (Große Heiterkeit bei der KPD und der SPD. – Zuruf: Sie waren es doch!) in juristischer Beziehung als erledigt gelten muß. Es wird die Aussprache hier erschweren, wenn derartige Kennzeichnungen erfolgen. Ich darf daher, Herr Dr. Schumacher, an Sie appellieren, diese Ausdrücke nicht zu wiederholen.

Dr. Sch.: Ich akzeptiere selbstverständlich die Richtlinien des Herrn Präsidenten. Ich möchte aber darauf aufmerksam machen, daß in diesem nicht sehr sinnvollen Zusammenhang die Einführung des Begriffs Nazi durch Zwischenrufe von jener Seite des Hauses (nach rechts) geschehen ist. Vielleicht können wir uns besser einigen, wenn sich die Herren einmal dahin konzentrieren würden zu erkennen: erstens, daß wir vor ihnen keine Angst haben, (Sehr wahr! bei der SPD. – Zurufe rechts), und zweitens, daß zu einer demokratischen Auseinandersetzung auch eine gewisse Selbstzucht der Zuhörer gehört. (Beifall und Händeklatschen bei der SPD. – Große Unruhe und Erregung rechts. Zuruf: Keine Beleidigungen, Herr Abgeordneter! – Glocke des Präsidenten.)

Präsident Dr. K.: Herr Dr. Schumacher, ich muß Sie noch einmal unterbrechen: Es geht nicht an, hier festzustellen, daß unter den Parteien des Hauses etwa irgendeine Angst der einen oder der anderen wegen der Auseinandersetzung besteht. Hier haben alle Fraktionen dasselbe Recht. Ich muß deshalb diese Feststellung energisch zurückweisen und bitte Sie, mir nicht noch einmal Gelegenheit zu geben, zu anderen Formen der Zurechtweisung zu schreiten. (Händeklatschen rechts. – Unruhe und Zurufe links: Unerhört!)

Dr. Sch.: Dann möchte ich feststellen, daß der Verlauf – (Weitere Unruhe und Zurufe links. – Abg. Reimann: Sie glauben wohl, Herr Köhler, Sie sind im Wirtschaftsrat?) – Ich möchte feststellen, daß der Verlauf der Sitzung (Abg. Reimann: Das ist doch unerhört!) ein reichlich unregulierter gewesen ist und daß es die Herren von der anderen Seite des Hauses für angemessen gehalten haben, permanent durch Randalieren und ungezügelte Zwischenrufe einen geordneten Ablauf der Debatte zu verhindern.

Nun kommen wir aber wieder zur Sache! Ich möchte den Herren nicht die Gelegenheit nehmen, auch etwas zu lernen. (Lachen und Zurufe rechts.) Gerade der geringe Reallohn hat die deutsche Wirtschaft und die arbeitenden Menschen in Deutschland gegen eine neuerliche Bedrohung besonders empfindlich gemacht. Es wäre gut, wenn sich alle Kreise des Volkes dazu verstehen könnten, die Quote der Abwertung geringer zu nehmen, als etwa vom Gesichtspunkt interessierter Kreise von Importeuren und Exporteuren wünschenswert erscheint. Großbritannien hat jetzt die Chance, die Lohn-Preis-Spirale weitgehend zu vermeiden. Die deutsche Chance ist gerade auf Grund der Frankfurter Wirtschaftspolitik eine sehr viel geringere.

Wir haben weiter in der Regierungserklärung die Feststellung vermißt, daß in Deutschland nicht nur binnenwirtschaftlich bestimmte Preise vorhanden sind, sondern auch Preise, welche von Lebensmitteln und Textilrohstoffen herrühren, die von außen eingeführt werden und darum in jedem Fall auf die Lebenshaltung der Konsumenten einwirken. Wir hätten gern gehört, was zur

Abwehr der schlimmen Konsequenzen dieser einfuhrabhängigen Preise getan wird. Wir hätten gern vernommen, wie die Dinge bei der Versorgung der minderbemittelten Schichten mit Brot und den sonstigen wichtigen Lebensmitteln aussehen sollen. Wir hätten gern etwas über ein Subventionsprogramm gerade auf diesen Gebieten gehört. (Sehr gut! bei der SPD.) Denn Sie können doch nicht glauben, daß das Schicksal der armen Leute immer tiefer herabgedrückt werden kann und nicht nur der Reallohn, sondern auch die Realrente im Uferlosen verschwindet. (Sehr richtig! bei der SPD.)

Nun, werte Abgeordnete, haben wir ja gewisse Reserven; wir haben gewisse Möglichkeiten, hier einzugreifen. Das ist die aktive Preispolitik. Das ist der Kampf um die Minderung der Besatzungskosten. Das ist ein mehr wirtschaftlicher Einkauf von ausländischen Lebensmitteln. (Sehr gut! bei der SPD.) Dann gibt es die Chance einer zusätzlichen Auslandshilfe auf dem Gebiet der Hilfe für die Flüchtlinge und Heimatvertriebenen.

Lassen Sie mich noch einen Punkt erwähnen, nämlich die Wiederaufnahme der eigenen Handelsschiffahrt. Sie dient zur Gewinnung von Devisen und zur Entlastung der Zahlungsbilanz. Wir haben heute 25 Prozent der Marshall-Plan-Gelder für Seetransporte der deutschen Importe aufzuwenden. (Hört! Hört! bei der SPD.) Ich möchte die Aufmerksamkeit der Bundesregierung darauf lenken, daß jetzt die Gelegenheit ist, die Serien von Fischerei- und Frachtschiffen freizubekommen, deren Größenklassen in London beschlossen worden sind.

Nun, werte Abgeordnete, wir haben heute einen Staat, den wir Sozialdemokraten als einen Staat der überwiegenden sozialen Restauration ansehen. Wir haben einen Staat, von dem wir befürchten, daß seine Führung, unter Ausnutzung gewisser Vorschriften des Grundgesetzes, gar zu leicht in Versuchung kommt, die Volksmassen als Objekte zu behandeln. Dem gegenüber haben wir unseren positiven sozialdemokratischen Gestaltungswillen auf allen Gebieten der Politik zu setzen. Zu dem gehören der Lastenausgleich und die Sozialisierung, die auch durch das Wahlergebnis nicht von der Tagesordnung verschwunden sind. Wir hätten gern gewußt, wie dieser einsame, in der Regierungserklärung so fremd dastehende Satz von der Änderung der Besitzverhältnisse in den Schwerindustrien zu verstehen ist[24]. (Lebhafter Beifall bei der SPD.) Deutlicher wäre es schon gewesen, wenn der Herr Bundeskanzler von Eigentumsverhältnissen gesprochen hätte (Sehr wahr! bei der SPD), und am allerdeutlichsten, wenn er sich erklärt hätte, wie er das nun eigentlich mit

24 Im Zusammenhang seiner Ausführungen über die »Rechtsbeziehungen zwischen Arbeitnehmern und Arbeitgebern«, die nach seiner Ansicht möglichst frei von »staatlicher Bevormundung« gehalten werden sollten, hatte Adenauer davon gesprochen, daß ein »verständiger Ausgleich sozialer Gegensätze« eine »unumgängliche Voraussetzung für den Aufstieg unseres Volkes« sei. Dieser Ausgleich müsse durch die Sozialpartner selbst herbeigeführt werden. Dann folgte der von Schumacher hier teilweise zitierte Satz: »Die sozial- und gesellschaftspolitische Anerkennung der Arbeitnehmerschaft macht eine Neuordnung der Besitzverhältnisse in den Grundindustrien notwendig.«

der Änderung der Besitzverhältnisse meint. Vielleicht eine Restauration der Besitzverhältnisse der alten Eigentümer? Oder eine irgendwie abgeblaßte Form einer Ersatzsozialisierung? Oder bestimmte Formen der fremden Kapitalbeteiligung? Ich habe hier eine katholische Tageszeitung der Schweiz, die »Neuen Zürcher Nachrichten«. Da spricht der Herr Bundeskanzler über die Ruhrindustrie und über die Notwendigkeit, sie mit Kredithilfe zu modernisieren. Er meint dazu: »Hier eröffnet sich die Möglichkeit einer ausländischen und damit französischen Kapitalbeteiligung (Hört! Hört! bei der SPD), die nicht nur wirtschaftlichen Nutzen, sondern wichtige Voraussetzungen für erhöhte Sicherheit mit sich bringen wird.« (Aha! bei der SPD.) Darüber hätten wir gern Genaueres vernommen.

Wir hätten auch gern gehört, wie das mit der großen Politik der Wirtschaft ist, nämlich mit der Arbeitsbeschaffung. Die Politik der Vollbeschäftigung ist unlöslich mit jeder positiven Politik für Flüchtlinge und für den Wohnungsbau verbunden. (Sehr gut! bei der SPD.) Es ist nicht möglich, diese Dinge aus dem großen ökonomischen Komplex herauszunehmen. Eins ist vom anderen abhängig. Und auch die wichtigsten Probleme sind nur Teiläußerungen des kardinalen Problems der Vollbeschäftigung. (Sehr richtig! bei der SPD.) Auch da vergleichen Sie bitte einmal Großbritannien und das Deutschland der Frankfurter Wirtschaftspolitik. (Sehr wahr! bei der SPD.) Man kann nicht bauen und man kann den Flüchtlingen und den Armen nicht helfen ohne Planung und Kontrolle.

Wir hätten gern gehört, wie der Ausnützung einer rein privatwirtschaftlich aufgefaßten Konjunktur entgegengetreten werden soll. Nach Kriegs-, Inflations-, Hortungs- und Demontagegewinnlern droht uns doch jetzt die Gefahr der Wiederaufbaugewinnler. (Zustimmung bei der SPD.) Vielleicht können wir im Verlauf der Aussprache erfahren, welche Maßnahmen die Bundesregierung dagegen anzuwenden bereit ist. Die Sozialisierung ist ja nicht nur ein ökonomisches, sondern auch ein politisches Problem. Geld kann in einer funktionierenden Demokratie, und gerade nach den Erfahrungen Deutschlands, auf dem Boden unseres Landes nicht die entscheidende politische Macht sein. Unser Volk erträgt das nicht, und die Idee und die Praxis europäischer Friedenspolitik ertragen das auch nicht. (Sehr richtig! bei der SPD.) Man wird also mit den geheiligten Prinzipien des Eigentums in Auseinandersetzungen kommen, in einem Ausmaß, das bisher nicht gekannt worden ist. Das wirtschaftspolitische Bild gerade des letzten Dreivierteljahres war durch eine Fülle von falschen Prognosen und Prophezeiungen beherrscht. Man kommt aber in keinem Falle, man möge von einer Auffassung ausgehen wie immer, an der Tatsache vorbei, daß es die Einkommensentwicklung ist, die den Markt bestimmt, und zwar die Einkommensentwicklung der breiten Massen. Bei schrumpfendem Sozialprodukt und zurückgehendem Reallohn bei steigender Arbeitslosigkeit ist die notwendige Konjunkturwende nicht möglich.

Wir haben in den letzten Monaten eine große Diskussion über zusätzliche Kredit- und Geldschöpfung gehört. Ich möchte bei dieser Gelegenheit sagen, daß die orthodoxe Geldpolitik der Bank deutscher Länder uns ein Hemmnis für unsere wirtschaftliche Entwicklung zu sein scheint. (Sehr richtig! bei der

SPD.) Nicht nur die personelle Besetzung in der Leitung, sondern auch die Organisation der Bank deutscher Länder erscheint uns nicht geeignet, die deutsche Volkswirtschaft zu fördern[25].

Man sollte sich auch hüten, in Berechnungen für die Zukunft große Beträge freiwilliger Auslandshilfen einzusetzen. Wir haben, glaube ich, gewisse Gründe zu der Befürchtung, daß die ausländischen Beiträge kaum größer sein werden als das eigene deutsche Aufkommen. (Sehr wahr! bei der SPD.) Die Aufgabe, vor der wir stehen, ist die Erhöhung des Produktionsvolumens, grob geschätzt um zusätzlich ein Drittel der vorhandenen Produktion in der Landwirtschaft, Industrie und Handwerk. Aber man kann ein solches Produktionsvolumen erfolgreich nur erhöhen, wenn die Senkung der Preise parallel geht. Das ist nur durch Konzentration der wirtschaftlichen Kräfte und der Rationalisierungspotenzen auf Massengüter möglich. Wenn nicht die Preise gleichzeitig zurückgehen, würde die Erhöhung des Produktionsvolumens nur zu einer übergroßen Lagerbildung mangels Kaufkraft führen.

Zur Landwirtschaft gewandt, möchte ich sagen: auch hier fehlt manches. Ich bin nicht ungerecht genug, um die Fülle der Probleme in einer einzigen, knapp anderthalbstündigen Regierungsdeklaration wiedergegeben zu sehen. Aber gewisse Linien sollten aufgezeigt werden – und nicht nur die negativen Linien der Aufhebung der Bewirtschaftung auch bei den Gütern, bei denen jetzt bei der Abwertung die Preise festgehalten werden müssen, wenn nicht das ganze Lohngebäude zusammenstürzen soll. Die Landwirtschaft hat noch andere Probleme. Wir haben immer noch nicht eine einheitliche Bodenreform. Die Flurbereinigung ist noch nicht verwirklicht. Wir haben wenig vom Ansiedeln ostvertriebener Bauern auf ausgelaufenen Höfen gesehen. (Sehr wahr! bei der SPD.) Wir haben auch noch das Problem der Importkasse positiv zu gestalten.

Das Problem der Erholung unserer Volkswirtschaft ist die Hebung der Massenkaufkraft durch Preisverbilligung, Lohnerhöhung und völlige Abkehr von der Produktion von Luxusgütern. Aber dazu ist die Planung in der Reihenfolge der Wichtigkeit der Güter nötig. Davon soll die Reihenfolge der Kredite abhängen, die zur Verfügung gestellt werden. Die Sicherung der Kreditverwendung erfordert jedoch ihrerseits wieder eine Kontrolle; sonst kommen wir nach den Erfahrungen der letzten 15 Monate nur zur Schaffung zusätzlicher Anlagekapazitäten, die keinen volkswirtschaftlichen Nutzen bringen. (Sehr richtig! bei der SPD.) Ich kann wegen der vorgeschrittenen Zeit ein solches Kreditprogramm und eine solche Skala der Reihenfolge im einzelnen nicht entwickeln. Zur Preispolitik muß gesagt werden, daß schlimmer als jedes Preisdiktat irgendeiner noch so verabscheuungswürdig geschilderten Bürokratie sich die Preisdiktatur auf der Grundlage der Verabredung der großen Warenbesitzer und Produzenten ausgewirkt hat. Die heutige Wirtschaftspolitik – so fürchte ich – zielt aber nach unseren Erfahrungen auf

25 Die Bank deutscher Länder wurde geleitet vom Zentralbankrat, dessen Präsident Karl Bernard war. Stellvertretender Präsident und zugleich Präsident des Direktoriums war Wilhelm Vocke.

Erhaltung der monopolwirtschaftlichen Elemente ab, und ich sehe die Gefahr der Entstehung neuer Monopole und Kartelle. (Zuruf in der Mitte: Sie werden sich wundern!) Das muß ja dann meine Sache sein!

Die Belebung des Baumarktes darf auch nicht in erster Linie auf eine Politik des Anreizes des privaten Kapitals umgedrängt werden, wenn die Ergebnisse der Bautätigkeit für die Mieter erträglich sein sollen. (Sehr richtig! bei der SPD.) Der Wohnungsbau, der in erster Linie zu fördern ist, ist der soziale Wohnungsbau. (Zustimmung bei der SPD.) Auch der Bau gewerblicher Einrichtungen hat in den meisten Fällen hinter diesen sozialen Wohnungsbau zurückzutreten. Der gewerbliche Wohnungsbau ist durch die bisherige Steuerpolitik und durch die Möglichkeit der Kompensation in der inflatorischen Periode unserer jüngsten Vergangenheit schon genügend gefördert worden. Nun haben wir die Ankündigung einer solchen Wohnungspolitik, wie sie der Herr Bundeskanzler gestern ausgesprochen hat[26]. Aber er hat, bevor er Regierungschef wurde, noch ein anderes Wort ausgesprochen; er hat nämlich gesagt, daß die Bundesregierung jedem Deutschen ein Heim schaffen werde. Nun, die Frankfurter Wirtschaftspolitik hat ja auch auf diesem Gebiet einen anderen Weg eingeschlagen; aber an dieses Wort des jetzigen Herrn Bundeskanzlers soll die Regierung erinnert werden von der Wiege bis zum Grabe. (Heiterkeit und Zustimmung bei der SPD.) Die Sozialdemokratische Partei hat der deutschen Öffentlichkeit ihren Plan A: Bau von einer Million Wohnungen in vier Jahren, vorgelegt. Und ich möchte bei dieser Gelegenheit noch auf eine Reihe anderer Projekte, insbesondere kommunaler Vereinigungen, die durchaus beachtenswert sind, hinweisen.

Man kann die Wohnungsfrage nicht von der Frage der Vertriebenen trennen. Das Schicksal der Vertriebenen ist von der Existenz einer Bundesfinanzhoheit abhängig. Die Länder werden dieses Problem nicht lösen können. Ich warne vor einer Politik, bei der von den Gemeinden her die Länder Probleme aufnehmen, sie an den Bund weiterschieben und der Bund sie dann der internationalen Hilfe empfiehlt. Internationale Hilfe ist not; aber es gibt auch eine deutsche Gesamthaftung gegenüber den Vertriebenen. (Lebhafte Zustimmung bei der SPD und der KPD.) Kein Mensch wird uns einreden können, daß für die Vertriebenen das getan worden ist, was hätte getan werden können. Ich warne auch davor, dieser großen Aufgabe der wirtschaftlichen und gesellschaftlichen Einsiedlung der Vertriebenen in unser Volksleben mit dem Hinweis auf die Oder-Neiße-Linie auszuweichen. Die Vertriebenen selbst werden freilich nicht als isolierter Faktor ihre Wünsche durchsetzen können. Sie werden Bestandteile der deutschen Parteien und des deutschen politischen Lebens sein müssen. Eine Hinwendung der Vertriebenen zum Rechtsradikalismus würde eine Abwendung von der sozialen Realität zur nationalistischen Illusion bedeuten. Freizügigkeit, Finanzausgleich zwischen den Ländern in der

26 Adenauer hatte in seiner Regierungserklärung die Bereitstellung finanzieller Mittel zur Förderung des Wohnungsbaus angekündigt, aber gleichzeitig auch Anreize für das Privatkapital zum Bau von Wohnungen (Lockerungen der Wohnraumbewirtschaftung und der Mietfestsetzungen) versprochen.

Flüchtlingsfrage und Konzentration aller Kräfte auf ein Problem, das wirklich ein deutsches Nationalproblem ist, das tut in dieser Frage not.

Sicher haben Sie von der sozialdemokratischen Entschließung in Dürkheim gehört. Sie haben die 16 Punkte kritisch würdigen können. Sie mögen ihnen im einzelnen zustimmen oder sie ablehnen – sie sind ein immanenter Bestandteil der Tätigkeit der Sozialdemokratie als einer Oppositionspartei im neuen deutschen Staatswesen. Aber nicht geringer ist die wirtschaftspolitische und soziale Bedeutung des gewerkschaftlichen Programms. (Zuruf rechts.) Das Mitbestimmungsrecht der Arbeiter erschöpft sich für uns nicht in der Mitbestimmung im Betrieb, sondern involviert die Mitbestimmung im deutschen Wirtschaftsleben. (Lebhafter Beifall bei der SPD. – Zuruf rechts.) Ich glaube, wenn wir einen Beitrag für die deutsche Einheit leisten wollen, dann sollten wir in der Linie der sozialen Geltung und der ökonomischen Mitbestimmung der arbeitenden Massen operieren. Ich kann hier im einzelnen nicht das große sozialpolitische Programm der Gewerkschaften aufzählen, das wohl in allen Punkten von der Sozialdemokratie vertreten wird[27], aber ich muß Ihnen sagen: wenn Sie für die deutsche Einheit sind, dann machen Sie den deutschen Westen auch sozial und hinsichtlich der Geltung des arbeitenden Menschen zum Magneten! (Beifall bei der SPD.) Die soziale Gestaltungskraft schafft die nationale Einheit und das deutsche Staatsvolk, das Vertrauen zu sich und seiner Zukunft in der Zusammenarbeit mit der Welt hat.

Der Herr Bundeskanzler hat einen Teil seiner gestrigen Ausführungen dem Verhältnis Deutschlands zu den anderen Mächten gewidmet. Er hat allerdings keine Planung und keine Konzeption einer vorwärtsschreitenden deutschen Außenpolitik entwickelt.

Ich möchte gegenüber dem Besatzungsstatut sagen, daß mir sein größter Vorteil der zu sein scheint, daß seine baldige Revision in Aussicht steht. (Sehr wahr! links.) Ich würdige, daß der Ton dieses Dokumentes freundlicher ist als frühere. Ich erkenne durchaus an, daß man mit diesem Besatzungsstatut operieren kann. Schmerzlich empfinden wir aber den Mangel an konkreten Rechtsvorschriften in Rechten und Pflichten sowie die Arbeit mit noch sehr allgemeinen Generalformeln.

Wir haben gestern auch nichts über die Ruhrbehörde gehört. Die Sozialdemokratische Partei hat vom ersten Tag an erklärt, daß sie auf eine Umwandlung der Ruhrbehörde tendiert, auf eine Umwandlung, die keine Hindernisse in Sachen der Sozialisierung schafft, und die einen entscheidenden Fehler aus der Welt schafft, nämlich den, daß in diesem Ruhrstatut alle möglichen materiellen Dinge geregelt sind, aber von den Menschen, die die Werte schaffen, nicht die Rede ist. (Sehr gut! links.) Wir empfinden es als einen schmerzlichen Mangel, daß im Ruhrstatut nicht die Geltung und das

27 Zugleich mit der Ausrufung eines Generalstreiks aus Protest gegen die Preissteigerungen bei gleichbleibenden Löhnen, der am 12. November 1948 stattfinden sollte, verabschiedete der Zweizonen-Gewerkschaftsrat am 6. November 1948 ein Zehn-Punkte-Programm zur Linderung der wirtschaftlichen und sozialen Not.

Aktionsrecht der Gewerkschaften – sowohl der deutschen wie der internationalen Gewerkschaften – eingebaut sind. (Sehr gut! links.)

Meine Damen und Herren, wir haben auch ein wenig und nur abschließend ein oder zwei Sätze über die Entwicklung der Kulturpolitik gehört. Wir haben mehr eine Generalformel vernommen. Nichts haben wir von dem erfahren, was nach den Kämpfen in Bonn und nach diesen Formen des Wahlkampfes zu vernehmen wohl durchaus notwendig ist. Es ist nicht möglich, sehr reale und veränderliche Machtansprüche auf der Ebene zeitloser, ewig gültiger Sitten- und Glaubensgesetze durchzufechten. Wir müssen wissen, daß hier reale Wünsche im Geiste gegenseitigen Entgegenkommens ausdiskutiert werden sollen. Aber uns macht besorgt, daß man in letzter Zeit Formulierungen vernimmt, daß die christliche Sozialpolitik nur zur christlichen Kulturpolitik gehöre, also ihr nachsteht. Nein, das soziale Element ist nicht irgendeinem anderen Element des menschlichen Zusammenlebens untergeordnet. (Sehr richtig!) Das soziale Element ist das ethische und das humane Element. Auch im Naturrecht ist das Recht auf das nackte Dasein das erste aller Rechte und steht weit vor dem gestern sorgfältig verschwiegenen Elternrecht. Ich glaube, ich kann eine Persönlichkeit zitieren, deren sittliche und religiöse Bedeutung auch vom Streit verschiedener Anschauungen nicht ergriffen werden kann. Ich meine Mahatma Gandhi, der sagte: »Den Armen erscheint Gott in der Gestalt von Brot.« (Sehr gut! bei der SPD.)

Wir akzeptieren keine Regelung, die die Konjunktur der Spaltung des deutschen Staatswesens ausnützt. Wir nehmen nur Regelungen an, die so getroffen, als ob sie für das ganze Deutschland getroffen sind (Bravorufe links), und die die kulturellen und sozialen Wünsche und Überzeugungen des gesamten deutschen Volkes in allen vier Zonen ausdrücken. (Lebhafter Beifall links.)

Wir haben bei der Prüfung der Verhältnisse zu anderen Ländern auch einiges über die Grenzen gehört. Es ist an der Zeit, festzustellen, daß die Sozialdemokratische Partei 1945 längere Zeit die einzige gewesen ist, die sich in Deutschland und vor der Weltöffentlichkeit gegen die Oder-Neiße-Linie gewandt hat. (Sehr richtig! bei der SPD. – Widerspruch in der Mitte.) Aber, werte Versammlung, man kann nicht die Grenzprobleme einer Seite einseitig diskutieren. Sogar die scheinbar kleineren Dinge der Grenzkorrekturen im Westen haben ihren bedeutsamen Wert über das Materielle hinaus, auch noch psychologisch-politisch. Ich meine, daß in keinem einzigen Fall durch solche Korrekturen ein so großer Nutzen für einen anderen erzeugt werden kann, daß er den Schaden aufwiegen könnte, der dem deutschen Volke in seinem Vertrauen gegenüber der internationalen Solidarität der Demokratie entsteht. Wir haben das Gefühl: es ist in der Beziehung der europäischen Völker untereinander zuviel von einem alten Anti-Europageist und zuwenig von dem Geist des wirklichen Neubaues »Europa«, der allein uns die großen kontinental-ökonomischen und politischen Probleme bewältigen lassen kann.

Im Vordergrund der Aussprache steht jetzt das Saargebiet. Trotz der Verfassung von 1947, über die zu diskutieren wohl deutsches Interesse ist, über die wir aber jetzt nicht diskutieren wollen, weil wir den Weg zur Verständigung nicht versperren möchten, ist in dieser Saarfrage doch klar: Der Wille des deutschen Volkes in seiner Gesamtheit geht auf den politischen Verbleib des Saargebiets in Deutschland. (Abg. Dr. Richter: Das haben Ihre Genossen im Saargebiet vergessen, Herr Dr. Schumacher!) – Haben Sie dabei die Auseinandersetzung in München mit anderen Mächten im Auge? (Erneute Zurufe.) – Verzeihen Sie, diese SPS ist eine selbständige Partei, die nicht zur deutschen Sozialdemokratie gehört[28]. Sie haben ganz vergessen, daß die Saarregierung in erster Linie von einer Partei gebildet wird, die Ihnen näher steht als mir[29]. (Sehr gut! bei der SPD.)

Nun, werte Abgeordnete, ich halte es nicht für angebracht, mit dieser Methodik und auf dieser Ebene eine nationale Frage zu erörtern (lebhafter Beifall bei der SPD), bei der ich zwar nicht genau weiß, ob wir uns in vollem Umfang einig werden, aber bei der doch eine Einigung im Bereich des Möglichen und Erstrebbaren liegt. Die Schaffung eines selbständigen Saarstaates und seine Vertretung im Europarat scheint mir ein bedrohliches Hemmnis für die Entwicklung der europäischen Zusammenarbeit zu sein. Wenn wir nämlich ein selbständiges Saargebiet im Europarat tolerieren und – wie ich dies aus den Worten des Herrn Bundeskanzlers herauszuhören vermeine – erst in Straßburg den Ausgleich dieser Frage diskutieren[30], haben wir ja bereits eine vollendete Tatsache akzeptiert (Zustimmung bei der SPD), die sehr schwer aus der Welt zu schaffen ist.

Grundsätzlich sollte die deutsche Außenpolitik in allen diesen Fragen von der These ausgehen, daß man wegen der Eiligkeit eines Termins niemals materielle Dinge preisgeben sollte. Diese Eiligkeit ist ja wahrscheinlich auch eine fiktive. Die Sozialdemokratie ist wegen ihrer Internationalität seit mehr als 80 Jahren angegriffen und meist sehr zu Unrecht angegriffen worden. Die Sozialdemokratie hat in einer Zeit, als keine andere Partei in Deutschland das tat, nämlich in ihrem Heidelberger Programm von 1925, die Vereinigten Staaten von Europa zu einem entscheidenden Bestandteil ihrer Außenpolitik gemacht. (Sehr gut! bei der SPD.) Sie werden wohl von uns annehmen, daß wir Europa wollen. Sie werden auch gerade aus meinem Ökonomischen Exposé dasselbe entnommen haben. Aber, werte Abgeordnete, eine deutsch-

28 Die »Sozialdemokratische Partei Saar« (SPS) hatte sich mit diesem Namen im Juni 1947 organisatorisch von der SPD getrennt, nachdem sie zunächst – im Oktober 1945 – als »Bezirk Saar« der Sozialdemokratischen Partei gegründet und im Februar 1946 als »Sozialdemokratische Partei Saargebiet« zugelassen worden war.

29 Im Saarland regierte von Dezember 1947 bis April 1951 eine Koalitionsregierung von CVP (Christliche Volkspartei) und SPS. Ministerpräsident und Innenminister war Johannes Hoffmann (CVP), Stellvertretender Ministerpräsident und Arbeitsminister Richard Kirn (SPS). Weiter gehörten der Regierung drei Minister der CVP, einer der SPS und ein Parteiloser an.

30 Adenauer hatte die Frage einer Mitgliedschaft des Saargebiets im Europarat gar nicht erwähnt, sondern lediglich den Wunsch ausgedrückt, daß im »Rahmen der Europäischen Union, deren Mitglied wir möglichst bald zu werden wünschen«, sich ein Ausgleich der Interessen Frankreichs, Deutschlands und der Saarbewohner finden lassen werde.

französische Verständigung, die so lebensnotwendig ist, kann doch nicht durch pathetische Schwüre geschaffen werden, sondern nur durch sachlichen demokratischen Austrag in der Diskussion der Probleme. Blankowechsel sollten wir auch hier nicht geben. Das würde nur hegemoniale Tendenzen in Europa fördern und den guten Willen der breiten Massen des deutschen Volkes zu internationaler Kooperation schwächen. Europa heißt Gleichberechtigung, meine Damen und Herren! (Lebhafter Beifall bei der SPD.)

Man sollte nichts akzeptieren, was die Vorwegnahme von Bestimmungen des Friedensvertrages bedeutet. Wir schwächen damit nicht nur unverantwortlich unsere Position im Westen; wir schwächen auch unsere Position im Osten. Jemand, der hier auf dem Gebiet der Kompromisse in die Loslösung des Saargebietes aus dem politischen Gebiet Deutschlands hineinrutscht, verliert den festen Boden des politischen Kampfes gegen die Oder-Neiße-Linie. (Zustimmung.)

Dabei sollten wir auch die Diskussion über die Demontage wohl entschieden führen, sollten aber eine gewisse Bereinigung der Argumente auf beiden Seiten vornehmen. Man sagt uns, die Welt sei nach den Erfahrungen vieler Jahrzehnte deutscher Geschichte um ihre Sicherheit besorgt. Das mag sein. Damit ist aber noch nicht der ganze Komplex illustriert. Wenn man um die Sicherheit besorgt ist, dann soll man auch offen sagen: um die Sicherheit vor wem! Wir wollen im deutschen Volk politisch und psychologisch Verständnis für die Sicherheitsbedürfnisse der nächsten Anrainer erwecken. Umgekehrt müßte man aber einsehen, daß gewisse Methoden der Auseinandersetzung mit uns auch nicht die richtigen sind. Wenn wir einen entscheidend wichtigen Teil unserer wirtschaftlichen Substanz mehr als vier Jahre nach Einstellung der Kriegshandlungen verteidigen, dann sind wir deswegen doch nicht Nationalisten. (Sehr richtig! bei der SPD.)

Man sollte es auch nicht auf die Ebene zu schieben versuchen, als ob die Deutschen bei dieser Verteidigung den Versuch einer Kraftprobe mit den Alliierten machen würden. Das ist eine Vergiftung der Situation. Man sollte realistisch betrachten, um welche Kapazitäten die Deutschen kämpfen. Es sind doch nicht die Kapazitäten Hitler-Deutschlands, um die gerungen wird. Genau die 14¼ Millionen [Tonnen] Produktionskapazität in der Stahlindustrie, um die wir uns heute wehren, hatte Westdeutschland – also die drei westlichen Zonen – in der Periode des sozialdemokratischen Kabinetts Hermann Müller. Diese Diskussionsgrundlage sollte man anerkennen. Man sollte auch akzeptieren, daß wir zu der damaligen Bevölkerung 7½ Millionen Flüchtlinge zusätzlich haben. Man sollte einsehen, daß die Größe des Wiederaufbaus, vor allem im Wohnungsbau, auch einen außerordentlichen starken Stahlbedarf bedeutet. Schließlich sollte man uns im europäischen Rahmen die Möglichkeit des Exports von Stahl und Stahlwaren geben; denn wir müssen schon aus der Bedrängnis unserer Lebensmittellage heraus exportieren. Mit der Politik, wie sie hier Teile des Auslands uns gegenüber einschlagen, kombiniert mit der Frankfurter Wirtschaftspolitik, werden wir bei Ablauf des Jahres 1952 ohne amerikanische Hilfe nicht in der Lage sein, die deutsche Wirtschaft erfolgreich zu gestalten. (Sehr gut! bei der SPD.) Wir haben schon

1945 offen über diese unsere Haltung gesprochen. Wir haben dieselbe Offenheit jetzt gezeigt, und die Welt konnte darum nicht überrascht werden. Wir hoffen auf die Erreichung eines möglichen Kompromisses in allen diesen Fragen, der allen Beteiligten Genüge tut. Wir müssen aber offen sagen: wir können und wir wollen aus ökonomischen und politischen Gründen nicht auf Unverzichtbares verzichten.

Nun, verehrte Abgeordnete: Das ist in kurzen Zügen gegenüber dem Programm der Regierung das Programm der Opposition. Nicht überall ist die glatte Antithetik gegeben; sehr oft haben wir Forderungen, die scheinbar im bisherigen Programm der Regierung noch keine Rolle spielen. Wir sind nicht die bloße Negationserscheinung dieser Regierung. Wir sind etwas Selbständiges. So wollen wir unsere Opposition führen, mit dem Ziel, für die Politik der sozialistischen Demokratie einmal in diesem Haus die parlamentarische Mehrheit zu finden. (Lebhafter Beifall bei der SPD.)

Zeittafel

13. 10. 1895: Kurt Schumacher im westpreußischen Kulm geboren.

August 1914: Kriegsausbruch. Schumacher meldet sich nach einem Notabitur als Kriegsfreiwilliger.

2. 12. 1914: In einer Schlacht an der Ostfront wird Schumacher schwer verwundet und verliert den rechten Arm.

Dezember 1915: Nach mehreren Lazarettaufenthalten und nach Verleihung des Eisernen Kreuzes II wird er aus dem Militärdienst entlassen. 1915 bis 1919: Studium der Rechts-, Staats- und Wirtschaftswissenschaften an den Universitäten Halle, Leipzig, Berlin.

8. 1. 1918: Schumacher tritt in die Sozialdemokratische Partei Deutschlands ein.

November 1918: Revolution in Deutschland, Absetzung des Kaisers und Waffenstillstand. – Schumacher ist Mitglied des Arbeiter- und Soldatenrats von Groß-Berlin.

24. 8. 1920: Schumacher wird an der Universität Münster zum Dr. rer. pol. promoviert.

1. 12. 1920: Schumacher wird politischer Redakteur der »Schwäbischen Tagwacht« in Stuttgart, des Zentralorgans der württembergischen SPD.

1924–1931: Kurt Schumacher ist Abgeordneter des württembergischen Landtags und gehört seit 1928 dem Fraktionsvorstand an.

Februar 1925: Gründung des »Reichsbanners Schwarz-Rot-Gold«, eines Verbandes zur Verteidigung der Republik und Demokratie. Schumacher ist maßgeblich beteiligt und wird Vorsitzender des Reichsbanners Stuttgart.

August 1926: Abschluß des Promotionsverfahrens bei Johann Plenge in Münster (Westfalen). Titel seiner Dissertation: »Der Kampf um den Staatsgedanken in der Deutschen Sozialdemokratie«.

14. 9. 1930: Bei den Wahlen zum deutschen Reichstag wird Kurt Schumacher SPD-Abgeordneter (MdR). Die NSDAP wird zur zweitstärksten Partei im Reichstag.

23. 2. 1932: Schumachers einzige Rede im Reichstagsplenum. Goebbels hatte die SPD als »Partei der Deserteure« beschimpft; Schumacher antwortet: »NSDAP appelliert an den inneren Schweinehund im Menschen.«

30. 1. 1933: Hitler wird vom Reichspräsidenten Hindenburg zum Reichskanzler ernannt. Schumacher wendet sich auf einer Massenveranstaltung am *1. 2. 1933* auch an die KPD, mit einem gemeinsamen »gewaltigen Gegenschlag« zu antworten.

5. 3. 1933: Bei den letzten relativ freien Reichstagswahlen wird die NSDAP klarer Wahlsieger. Die SPD erhält über sieben Millionen Stimmen – trotz Wahlbehinderungen und Terror. Schumacher wird wiederum Reichstagsabgeordneter.

23. 3. 1933: Bis auf die SPD (die gewählten KPD-Abgeordneten dürfen ihr Mandat nicht mehr ausüben) stimmen alle im Reichstag vertretenen Parteien für das sogenannte Ermächtigungsgesetz (»Gesetz zur Behebung der Not von Volk und Reich«).

22. 6. 1933: Die Sozialdemokratische Partei Deutschlands wird verboten.

6. 7. 1933: Schumacher wird in Berlin verhaftet.

1933–1943: Nach Gefängnisaufenthalten in Berlin und Stuttgart kommt Schumacher in das Konzentrationslager Heuberg (Württemberg), wo er bis Dezember 1933 verbleibt. Weiterer »Aufenthalt«: eineinhalb Jahre im KZ Kuhberg (bei Ulm). Im Juni 1935 wird er in das KZ Dachau verlegt, später vorübergehend nach Flossenbürg.

1937: Marie Fiechtl, mit der Schumacher seit 1925 eng befreundet war und die bis 1933 am Stuttgarter Rundfunk gearbeitet hatte, richtet aus ihrer Emigration in den USA ein Gesuch an Hitler, ihren Verlobten aus dem KZ Dachau zu entlassen. Das Gesuch wird im August 1937 abgelehnt.

16. 3. 1943: Entlassung als Schwerkranker aus dem KZ Dachau, obwohl er es abgelehnt hat, eine Verzichtserklärung auf weitere Tätigkeit gegen das Regime abzugeben. Zwangsaufenthalt in Hannover, wo eine Schwester Schumachers lebt. Er muß sich in der Folgezeit regelmäßig bei der Polizei melden und arbeitet als Buchhalter in einer Leimfabrik.

24. 8.–20. 9. 1944: Schumacher erneut in einem KZ (Neuengamme). Der KZ-Aufenthalt steht im Zusammenhang mit den zahlreichen Verhaftungsaktionen gegen Oppositionelle nach dem 20. Juli (Attentat auf Hitler).

10. 4. 1945: Hannover wird von amerikanischen Truppen befreit.

19. 4. 1945: Der Ortsverein Hannover der Sozialdemokratischen Partei wird wieder gegründet. Vorsitzender des Hannoveraner SPD-Ortsvereins wird Kurt Schumacher. Schon vor der deutschen Kapitulation (8. Mai 1945) hat Schumacher mit dem Wiederaufbau der SPD begonnen.

Mai 1945: Das »Büro Dr. Schumacher« in Hannover wird zur inoffiziellen Parteizentrale der SPD.

6. 5. 1945: Programmatische Rede Schumachers (Titel: »Wir verzweifeln nicht«) vor Funktionären der Sozialdemokratischen Partei in Hannover.

10. 6. 1945: Zulassung der Parteien durch die sowjetische Militärregierung in ihrem Besatzungsgebiet. Mitte Juni 1945 konstituiert sich in Berlin ein Zentralausschuß der Sozialdemokratischen Partei Deutschlands, der hinsichtlich der SPD einen gesamtdeutschen Führungsanspruch erhebt und eine enge Zusammenarbeit mit der KPD anstrebt.

Juli/August 1945: Schumacher läßt sich von verschiedenen Bezirks- und Landesorganisationen der SPD durch ein schriftliches Mandat mit der »politischen und organisatorischen Führung der Partei im gesamten Reich« beauftragen.

5./6. 10. 1945: Erste und (bisher) letzte SPD-Reichskonferenz der Nachkriegszeit in Wennigsen bei Hannover. Eine Delegation der Ostzonen-SPD (u. a. Grotewohl) nimmt an der Konferenz teil. Eine Aussprache Kurt Schumachers mit Otto Grotewohl ergibt: Bis zur Verwirklichung der Reichseinheit und damit der Parteieinheit wird der Zentralausschuß in Berlin als Führung der Sozialdemokratischen Partei in der östlichen Besatzungszone angesehen. Der politische Beauftragte der SPD in den drei westlichen Besatzungszonen ist Schumacher.

November 1945–April 1946: Schumacher und die SPD-West widersetzen sich dem Zusammenschluß von SPD und KPD, der am 20. und 21. 4. 1946 für die Ostzone vollzogen wird.

9.–11. 5. 1946: Erster Nachkriegsparteitag der SPD in Hannover. Schumacher wird zum Ersten Vorsitzenden seiner Partei gewählt. Sein Stellvertreter: Erich Ollenhauer.

1946–1947: Die Landtagswahlen in den westlichen Besatzungszonen haben für die SPD nicht den von Schumacher gewünschten Erfolg, auch wenn sie insgesamt mehr Landtagssitze (mit Einschluß von Berlin) gewinnen kann als die CDU/CSU.

9. 4. 1947: Schumacher wird vorübergehend in der französischen Zone mit Redeverbot belegt wegen Kritik an den Maßnahmen der Besatzungsbehörden.

6.–8. 6. 1947: Eine internationale Sozialistenkonferenz in Zürich lehnt trotz Anwesenheit des Antifaschisten Schumacher die Aufnahme der SPD in eine Vorläuferorganisation der Sozialistischen Internationale ab.

Sommer 1947: Bei der Wahl der fünf Direktoren im Frankfurter Wirtschaftsrat (einem Quasi-Parlament der amerikanischen und britischen Zone) kann die SPD nicht durchsetzen, daß ihr der wichtigste Posten, der des Direktors für Wirtschaftsfragen, übertragen wird.

28. 11.–1. 12. 1947: Die Internationale Sozialistenkonferenz in Antwerpen stimmt für die Zulassung der SPD.

Dezember 1947: Kurt Schumacher spricht auf einer Skandinavienreise in Stockholm an der Universität Oslo und als erster Deutscher nach dem Krieg im dänischen Rundfunk.

März 1948: Schumacher erkrankt schwer. Ende September muß dem Kriegsteilnehmer von 1914, der einen Arm verloren hatte, auch noch ein Bein amputiert werden. Ein Jahr lang kann Schumacher nur vom Krankenhaus bzw. von seiner Wohnung aus in das politische Geschehen eingreifen.

11.–14. 9. 1948: Parteitag der SPD in Düsseldorf. Das Hauptreferat Schumachers (»Die Sozialdemokratie im Kampf für Freiheit und Sozialismus«) muß verlesen werden.

8. 5. 1949: Der Parlamentarische Rat nimmt das Grundgesetz an. Schumacher und die Führungsgremien der SPD haben sich mit ihrer Ablehnung des von den Alliierten geforderten westdeutschen Staatenbundes durchgesetzt: Die Verfassung schreibt die Gründung eines Bundesstaates vor. Schumacher kann nach seiner schweren Krankheit auf dem Hamburger Landesparteitag der SPD an diesem Tag seine erste Rede halten.

14. 8. 1949: Bei den Wahlen zum ersten Deutschen Bundestag entfallen u. a. auf die CDU/CSU 139, die SPD 131, die FDP 52 und die KPD 17 Mandate.

29./30. 8. 1949: Der Parteivorstand der SPD beschließt in Bad Dürkheim die »Richtlinien der Politik der SPD im Bundestag«. Die »Richtlinien« verhindern – dem Wunsch Schumachers entsprechend – das Zustandekommen einer Großen Koalition.

12. 9. 1949: Theodor Heuss (FDP) wird von der Bundesversammlung gegen die Kandidatur Schumachers zum Bundespräsidenten gewählt.

15. 9. 1949: Der Bundestag wählt mit einer Stimme Mehrheit Konrad Adenauer (CDU) zum ersten Bundeskanzler der Bundesrepublik Deutschland. Die sozialdemokratische Bundestagsfraktion (deren erster Vorsitzender Kurt Schumacher am *6. 9. 1949* geworden war) stimmt gegen Adenauer. Die erste Bundesregierung besteht aus Mitgliedern der CDU/CSU, FDP und DP.

21. 9. 1949: Schumacher hält seine erste Rede im Bundestag: Er entwickelt in seiner Entgegnung auf die erste Regierungserklärung Adenauers das »Programm der Opposition«.

24./25. 11. 1949: In einer Nachtsitzung des Bundestages wird Schumacher so von Adenauer provoziert, daß er diesen in einem Zwischenruf als »Bundeskanzler der Alliierten« bezeichnet.

1950/1951: Unter dem Gesichtspunkt der negativen Folgen für eine mögliche Wiedervereinigung lehnt die von Schumacher geführte SPD den Beitritt der Bundesrepublik zum Europarat und zur Europäischen Gemeinschaft für Kohle und Stahl (später: Montanunion) ab.

21. 12. 1951: Schumacher erkrankt schwer an einem Kreislaufkollaps. Wieder muß er monatelang versuchen, vom Krankenbett her in das politische Geschehen einzugreifen.

10. 3. 1952: Die Sowjetunion schlägt den Westmächten den Abschluß eines Friedensvertrages mit Deutschland vor. Die sogenannte Stalin-Note (später von den Westmächten unter Einflußnahme Konrad Adenauers abgelehnt) sieht die Wiederherstellung eines einheitlichen deutschen Staates, den Abzug aller Besatzungstruppen, die Neutralität Deutschlands und die freie Betätigung demokratischer Parteien und Organisationen vor. Schumacher und die SPD stehen dem Vorschlag der Sowjetunion zwar skeptisch gegenüber, fordern aber – im Gegensatz zur Bundesregierung unter Adenauer – eine eingehende Prüfung.

März/April 1952: Schriftwechsel Konrad Adenauers mit Kurt Schumacher zur Deutschlandpolitik der Westmächte.

27. 5. 1952: Mit der Unterzeichnung des Vertrages über die Europäische Verteidigungsgemeinschaft verpflichtet sich die Bundesrepublik, einer zu gründenden europäischen Armee Soldaten zur Verfügung zu stellen. Die SPD erklärt, eine solche Politik versperre den Weg zur friedlichen Wiedervereinigung Deutschlands in Freiheit.

31. 7. 1952: Die SPD veröffentlicht den Entwurf eines Aktionsprogramms, zu dem Schumacher noch das Vorwort schreiben konnte. Wirtschaftliche Ziele: gerechte Verteilung des Ertrages der Volkswirtschaft, Politik der

Vollbeschäftigung, Mitbestimmung der Arbeitnehmer in sozialen, personellen und auch wirtschaftlichen Fragen.

20. 8. 1952: Kurt Schumacher stirbt.

24. 8. 1952: Beisetzung Kurt Schumachers in Hannover unter großer Anteilnahme der Bevölkerung.

Quellenverzeichnis/Auswahlbibliographie

a) Reden und Schriften Kurt Schumachers

Schumacher, Kurt: Nach dem Zusammenbruch. Gedanken über Demokratie und Sozialismus, Hamburg 1948

–: Der Kampf um den Staatsgedanken in der deutschen Sozialdemokratie. Hrsg. v. Friedrich Holtmeier, Stuttgart 1973

Schumacher, Kurt/Ollenhauer, Erich/Brandt, Willy: Der Auftrag des demokratischen Sozialismus, Bonn-Bad Godesberg 1972

b) Unveröffentlichtes Archivmaterial

Akten über den KZ-Häftling Kurt Schumacher, Gedenkstätte Dachau

Korrespondenzen, Protokolle, Archivalien aus dem Nachlaß von Kurt Schumacher. Archiv der Friedrich-Ebert-Stiftung, Bonn

Private Korrespondenz von Kurt Schumacher mit Marie Fiechtl. Nachlaß Schumacher

Protokolle der Sitzungen des Reichtstages, des Bundestages und des Landtages von Württemberg, an denen Kurt Schumacher teilgenommen hat. Archiv und Bibliothek des Deutschen Bundestages, Bonn

Protokolle des SPD-Parteivorstandes 1945–52. Archiv für soziale Demokratie, Bonn

Unterlagen und Korrespondenzen aus dem Nachlaß von Jakob Kaiser, Ernst Lemmer, Hans Speidel, Richard Thilenius, Herbert Blankenhorn u. a. Bundesarchiv Koblenz

c) Schriften von Zeitgenossen, Literatur über Schumacher und zur Zeitgeschichte

Adenauer, Konrad: Briefe 1945–1947. Bearb. v. Hans Peter Mensing, Berlin 1983

–: Erinnerungen, Bd. 1 und 2 (1945–1953 und 1953–1955), Stuttgart 1965/66

Albrecht, Willy (Hrsg.): Kurt Schumacher. Reden, Schriften, Korrespondenzen. 1945–1952, Bonn 1985

Benz, Wolfgang: Die Gründung der Bundesrepublik. Von der Bizone zum souveränen Staat, München 1984

Borsdorf, Ulrich/Niethammer, Lutz (Hrsg.): Zwischen Befreiung und Besatzung. Analysen des US-Geheimdienstes über Positionen und Strukturen deutscher Politik 1945, Wuppertal 1976

Brandt, Willy: Links und frei. Mein Weg 1930 bis 1950, München 1984

Braunthal, Julius: Geschichte der Internationale, 3 Bde., Bonn 1978

Buczylowski, Ulrich: Kurt Schumacher und die deutsche Frage. Sicherheitspolitik und strategische Offensivkonzeption vom August 1950 bis September 1951, Stuttgart-Degerloch 1973

Dow, Dieter/Klotzbach, Kurt (Hrsg.): Programmatische Dokumente der deutschen Sozialdemokratie, Bonn 1984

Edinger, Lewis J.: Kurt Schumacher. Persönlichkeit und politisches Verhalten, Köln und Opladen 1967

Eichler, Willy: Beiträge zum demokratischen Sozialismus, 1979

Grotewohl, Otto: Wo stehen wir, wohin gehen wir. Rede am 14. September 1945 vor den Funktionären der SPD in Berlin, Berlin 1945

Heine, Friedrich: Dr. Kurt Schumacher. Ein demokratischer Sozialist europäischer Prägung, Göttingen, Zürich, Frankfurt a. M. 1969

Henkels, Walter: Bonner Köpfe in Wort und Bild, Berlin 1981

Hoegner, Wilhelm: Flucht vor Hitler. Erinnerungen an die Kapitulation der ersten deutschen Republik 1933, München 1977

–: Der schwierige Außenseiter. Erinnerungen eines Abgeordneten, Emigranten und Ministerpräsidenten, München 1959

Jahn, Hans Edgar: Die deutsche Frage von 1945 bis heute. Der Weg der Parteien und Regierungen, Mainz 1985

Keil, Wilhelm: Erlebnisse eines Sozialdemokraten, 2 Bde., Stuttgart 1947/48

Kirst, Wolf-Dieter: Kurt Schumacher als Redner. Eine rhetorische Analyse, Gießen 1981

Klotzbach, Kurt: Der Weg zur Staatspartei. Programmatik, praktische Politik und Organisation der deutschen Sozialdemokratie 1945 bis 1965, Berlin/Bonn 1982

Kolb, Eberhard: Die Weimarer Republik im Zwischenkriegseuropa, München 1984

Kühn, Heinz: Aufbau und Bewährung. Die Jahre 1945–1978, Hamburg 1981

–: Die Kunst der politischen Rede, Düsseldorf 1985

Löbe, Paul: Der Weg war lang. Lebenserinnerungen, Berlin-Grunewald 1954

Miller, Susanne/Potthoff, Heinrich: Kleine Geschichte der SPD. Darstellung und Dokumentation 1848–1983, Bonn 1983

Müller, Joseph: Bis zur letzten Konsequenz, 1975

Reitz, Rüdiger: Christen und Sozialdemokratie, 2 Bde., Stuttgart 1984

Ritter, Waldemar: Kurt Schumacher. Eine Untersuchung seiner politischen Konzeption und seiner Gesellschafts- und Staatsauffassung, Hannover 1964

Ritzel, Heinrich G.: Kurt Schumacher in Selbstzeugnissen und Bilddokumenten, Reinbek 1972

Schmid, Carlo: Erinnerungen, Bern, München, Wien 1980
Schmidt, Helmut: Beiträge 1967, in: ders.: Strategie des Gleichgewichts, 1969
Scholz, Arno: Kurt Schumacher – Leben und Leistung, in: Turmwächter I, S. 7–464
Scholz, Günther: In Bonn schlägt's zwölf, Berlin 1961
–: Herbert Wehner, Düsseldorf 1986
Söllner, Alfons (Hrsg.): Zur Archäologie der Demokratie in Deutschland, Bd. 1 und 2, Frankfurt am Main 1986
SPD-Jahrbücher 1946–1952. Hrsg. vom SPD-Parteivorstand, Bonn 1947–1953
Schulz, Klaus Peter: Auftakt zum kalten Krieg, 1965
Schwarz, Hans-Peter: Adenauer. Der Aufstieg: 1876–1952, Stuttgart 1986
–: Die Ära Adenauer. Gründerjahre der Republik 1949–1955, Stuttgart 1981
–: Vom Reich zur Bundesrepublik. Deutschland im Widerstreit der außenpolitischen Konzeption in den Jahren der Besatzungsherrschaft 1945–1949, Stuttgart 1980
Turmwächter der Demokratie. Ein Lebensbild von Kurt Schumacher. Hrsg. v. A. Scholz und W. G. Oschilewski, 3 Bde., Berlin-Grunewald 1952–1954
Werner, Emil: Im Dienste der Demokratie. Die bayrische Sozialdemokratie nach der Wiedergründung 1945, München 1982
Wesemann, Fried: Kurt Schumacher. Ein Leben für Deutschland, Frankfurt a. M. 1952

Personenregister